KB091232

고전장원제와
봉건적 부역노동제도의 형성

서유럽 대륙지역을 중심으로

고전장원제와
봉건적 부역노동제도의 형성
서유럽 대륙지역을 중심으로

2015년 3월 31일 초판 1쇄 인쇄
2015년 4월 10일 초판 1쇄 발행

지은이 이기영
펴낸이 윤철호
펴낸곳 (주)사회평론아카데미

편집 이선엽·고하영·김천희
디자인 김진운·황지원
마케팅 이영은·이경화·조서연

등록번호 2013-000247(2013년 8월 23일)
전화 02-2191-1133
팩스 02-326-1626
주소 121-844 서울특별시 마포구 월드컵북로12길 17(2층)

ISBN 979-11-85617-38-1 93900

고전장원제와
봉건적 부역노동제도의 형성

서유럽 대륙지역을 중심으로

이기영 지음

사회평론

책 머리말

"고전장원제와 봉건적 부역노동제도의 형성"이라는 제목의 이 책은 필자가 2000년대에 썼던 논문들의 일부를 모은 것이다. 여기에 전재된 논문들의 대부분은 필자의 여타 논문들과 마찬가지로 애초에는 한 권의 책으로 펴낼 계획이 없이 쓴 것들이다.

그렇지만 필자는 평소 서유럽의 봉건사회에 관한 몇 가지 관심사를 중심으로 논문을 써 왔다. 그리고 주요한 관심사 중 하나가 고전장원제와 그 근간을 이루는 부역노동이 언제 어떻게 형성되었는가 하는 것이었다. 그렇기 때문에 이 책을 구성하는 논문들이 아무런 체계성과 연관성이 없이 작성되었다고는 할 수 없을 것이다. 다만 책으로 펴내려고 했을 때, 전체 체계에서 크게 빠진 부분이 있어 최근에 마지막으로 보완하는 논문을 썼다. 그것이 이 책의 제1부 제Ⅳ장에 있는 "영주권의 형성"이라는 글이다.

이 책에 수록된 다른 글들도 아무런 가필 없이 학술지들에 게재된 그대로 옮겨 놓은 것이 아니라 일부 말을 다듬고 더러 머리말과 맺음말 부분을 조정 또는 수정했음은 물론이다. 나아가 미처 다루지 못한 부분이나 소홀한 부분 또는 논란이 있는 부분에 대해서는 가능한한 필자가 뒤늦게 발견한 사료나 연구성과를 반영해서 보충·수정하는 작업을 벌이기도 했다. 그리하여 제1부 제III장처럼 이 책에서 장(章)으로 표시된 논문에 따라서는 대폭적인 수정과 보완이 이뤄졌다. 필자가 이렇게 해서 관련 논문들을 한 권의 책으로 뒤늦게 출간하고자 한것은 무엇보다 논문들을 여러 전문 학술지에 흩어져 있는 상태로 두는것보다 책으로 발간하는 것이 관련 연구자들이나 관심을 가진 일반 독자들에게 연구물에 보다 쉽게 접근할 수 있는 편의성을 제공한다고 생각했기 때문이다.

필자는 그동안 써 온 자신의 논문들이 몇 가지 한계를 지니고 있음을 잘 알고 있다. 우리나라와는 멀리 떨어져 있는 낯선 서유럽의 중세사를 연구하다 보니 원사료와 참고문헌의 입수가 쉽지 않았다. 특히최신의 참고문헌을 제때에 확보하지 못하는 경우가 허다했고, 꼭 필요한 참고문헌을 끝내 입수하지 못하는 경우도 적지 않았다. 또 서구 학계의 연구 동향과 내용을 정확히 파악하지 못하고 논문을 쓰는 경우도없지 않았다. 우리나라에서는 미개척 분야라고 할 수 있는 서유럽 중세 전기의 역사를 연구함에 있어, 관련 문헌을 충분히 확보하고 사료에 대한 서지학적 연구성과와 중세사에 대한 서양 학계의 연구성과를두루 소화하면서 연구를 진행한다는 것은 한 개인의 능력과 노력으로는 감당하기 어려운 일임을 절감하고 있다.

그렇지만 어려운 연구여건과 제한된 능력 속에서 필자 나름대로최선의 연구방법이라고 판단하여 고수한 기본원칙이 있다. 그것은 원사료에 입각한 연구였다. 역사연구는 당연히 원사료를 바탕으로 하여 이뤄져야 하지만, 우리나라에서 서양사를 연구하는 경우에도 사료에 바탕을 두어야 하며 어쩌면 그럴 필요성이 더욱 크다는 것이 필자의 생각이다. 그렇지 않으면 우리의 서양사 연구가 서양 학계의 앞선 연구에 휘둘리고 연구가 겉돌게 되어 우리 학계의 발전을 위한 연구토대가 마련되기 어려울 것이기 때문이다. 필자는 이런 견지에서 사료의 분석에 기초해서 논문을 쓰려고 부단히 노력해 왔다. 이 책에 실린 글들도 기본적으로 이런 원칙에 충실하려고 했던 것들이다.

한편, 필자는 평소 미처 입수하지 못한 자료를 꾸준히 구하여 보충하고 중세사 학계의 연구성과를 파악하여 반영하려고 노력하기도 했다. 논문들을 엮어 책으로 발간하려고 계획하면서부터는 수년간 이런 작업을 계속했다. 그리하여 이 책에서는 논문 상태에서 부족했던 상당 부분이 보완되었다고 할 수 있다. 그렇지만 이 책은 아직도 완전히 극복하지 못한 여러 가지 한계를 지니고 있고 미진한 부분들이 적지 않다. 우리나라의 미래 연구자들이 필자의 한계와 문제를 극복하고 더욱 발전시켜 주기 바란다.

필자는 1980년대 초반 이래 수십 편의 논문을 썼지만, 책으로 내는 일에는 등한하여 비교적 최근에 쓰였다고 할 수 있는 논문들을 모은 이 책이 필자 단독의 저서로는 처음이다. 처음 출판되는 이 책에서 오늘의 이 결실을 있게 한 분들을 기억하고 감사의 뜻을 표하는 것이 도리일 것이다. 필자는 이 분들의 희생과 가르침과 도움 없이는 연구자가 될 수 없었으리라고 확신한다.

먼저, 필자를 낳고 키운 가족의 공은 이루 말할 수 없이 크다. 필자가 김천 시골의 소농 집안 출신으로서 공부할 수 있었던 것은 부모님과 형제자매의 희생 덕분이다. 특히 부모님의 삶은 역사공부의 출발점이자 목표였다. 필자는 고등학교 때 자식들의 교육을 위해 고생하시며 늙어 가시는 부모님 같은 민초들의 삶이 쌓여 역사가 된다고 생각했으며, 부모님의 삶의 의미를 이해하기 위해 일생 동안 역사를 공부하기로 결심했다. 2000년대에 이 책의 논문들을 쓰고 수정하는 동안 언제나 옆에서 이해해 주고 직접적으로 도와 준 제2의 가족의 공에 대해서는 말한다는 것 자체가 새삼스러울 뿐이다.

　필자가 어려운 시골 출신임에도 불구하고 역사 연구의 길을 꾸준히 갈 수 있었던 것은 좋은 학교환경과 훌륭한 은사들을 만날 수 있는 행운을 가졌기 때문이라고 믿는다. 김천고등학교에서 역사교육을 담당하시고 2년간 필자의 담임을 맡으셨던 고 김건묵 선생님은 지적·정신적으로 이끌어 주시고 물질적으로도 도와주셨다. 선생님은 필자가 바쁜 농촌생활 환경에서 조용히 공부하기 어렵다고 했을 때 선생님 집 근처에 입주아르바이트를 주선해 주셨고, 백남운의『조선사회경제사』와 같은 책들을 읽게 하시고 일본어로 된 이 책을 읽을 수 있도록 일본어를 가르쳐 주시기도 했다.

　대학과 대학원 과정에서는 학문적으로 훌륭하신 선생님들의 전문적인 지도를 받았다. 애정이 깊고 학구적 관심이 크신 이민호 선생님, 학자적 인품과 지성이 빛난 민석홍, 양병우, 나종일 선생님 등의 엄격하면서도 자상한 가르침과 격려는 필자의 학문적 성장에 비옥한 자양분이 되었다.

　언제나 자애로운 형님으로서 격려해 주고 물심양면으로 지원을 아끼지 않아 온 강철구 교수, 바쁜 유학생활 중에도 1980년대에 입수하기 무척 어려웠던 많은 사료와 참고문헌들을 몇 상자씩 복사해 보내 주었던 안병직 교수 등 선후배, 동료들의 도움은 필자가 학문의 길에서 좌절하지 않고 어느 정도 연구성과를 거두는 데 동력이 되었다.

　이 모든 분들에게 깊은 감사를 드리며, 이 책을 바친다. 그리고 어려운 출판여건 속에서도 이 학술서적을 발간하기로 용단을 내려 준

윤철호, 김천희 사회평론아카데미 대표와 능숙한 일솜씨와 성실한
자세로 좋은 책을 만들어 준 이선엽 편집자에게도 큰 감사의 뜻을 전
한다.

2015년 1월

이기영

차례

제2부 봉건적 부역노동제도의 형성

총설

서양 중세사에서 고전장원제란 영주가 소유한 대토지가 영주의 직영
지와 농민보유지로 이분되어 직영지는 후자를 보유한 예속민의 무상
(無償) 강제노동인 부역노동(賦役勞動)으로 경작되는 장원 체제, 곧 지
대가 노동지대로 되어 있는 장원제를 가리킨다. 중세 서유럽 농촌사회
의 일반적 토지소유 형태가 일찍이 고전장원제라고 본 역사가들은 독
일의 K. Th. 이나마–스테르네그, K. 람프레히트, 프랑스의 N. D. 퓌
스텔 드 쿨랑주, H. 세 등이었다. 그들은 1900년을 전후하여 이분적
공간구조와 부역노동에 의한 경작체계로 조직된 대규모 장원제도가
8세기 중엽부터 12~13세기 이전이나 중세 말까지 서유럽에서 보편
적 토지소유 형태였다며, 이런 구조의 대장원제의 해체와 중세 봉건사
회의 해체를 사실상 동일시했다.[1] 그렇지만 그들은 막상 '고전장원'이

---

1 K. Th. von Inama-Sternegg, *Deutsche Wwirtschaftsgeschichte*, vol. I. *Deutsche Wwirtschaftsgeschichte bis zum Schluss der Karolingerperiode* (Leipzig: Duncker & Humblot, 1879), pp. 278~346; K. Lamprecht, *Deutsches Wirtschaftsleben im Mit-*

라는 용어를 사용했던 것은 아니다. 그저 '장원(Grundherrschaft, do-
maine)'이란 말을 쓰거나 기껏해야 '대장원(grosse Grundherrschaft)'
이란 말을 썼을 뿐이다.[2]

장원제에 대한 '고전학설'로 알려진 이들의 주장에 대해 곧 A. 돕
슈나 A. 뒤마와 같은 연구자는 카롤링시대에 장원 외에도 여러 가지
형태의 토지소유가 존재했으며 오히려 중소 규모의 토지소유가 우세
했다는 반론을 제기했다.[3] 1960년대부터는 중세사 학계에서 고전학설
에 대한 비판이 본격화되어 고전장원제의 위상을 대폭 축소해서 보는

telalter. Untersuchungen über die Entwicklung der materiellen Kultur des platten Landes auf Grund der Quellen, zunächst des Mosellandes, 특히 vol. I.2. Darstellung (Leipzig: Alphons Dürr, 1886), pp. 667~987; N. D. Fustel de Coulanges, L'histoire des institutions politiques de l'ancienne France, vol. 4. L'alleu et le domaine rural pendant l'époque mérovingienne (Paris: Hachette, 1889), 특히 pp. 220~464; H. Sée, Les classes rurales et le régime domanial en France au Moyen Âge (Paris: Giard & Briere, 1901; 재인쇄: Genève, Slatkine Reprints, 1980), 특히 pp. 21~278, 301~458, 526~536, 559~601 참조. 한편 P. 비노그라도프는 영국의 중세사회에서도 이와 같은 장원제가 지배했다고 주장했다. P. Vinogradoff, The Growth of the Manor (Third Edition, London: George Allen & Unwin, 1920); 같은 저자, Villainage in England: Essays in English Mediaeval History (Oxford: the Clarendon Press, 1892; 재인쇄: Clark, New Jersey, The Lawbook Exchange, 2005) 참조.

2   '고전장원(klassische Grundherrschaft, domaine classique, classical manor)'이란 말은, 후대의 중세사 연구자들이 지대가 생산물이나 화폐 형태를 띤 장원제도가 중세 후기에 상당 기간 존속했음을 확인하고 이와 구별하기 위해 중세 전기의 장원에 붙여 쓴 것이다. 오늘날에도 연구자와 지역에 따라서는 고전장원이란 용어 대신에 '대장원(grand domaine)'이나 이분장원(二分莊園, domaine bipartite) 또는 '빌리카치온(Villikation)'이란 말이 쓰이고 있다. 중세 전기의 고전장원에 대해 중세 후기의 장원은 '지대장원' 또는 '순수장원'이라고 불린다.

3   A. Dopsch, Die Wirtschaftsentwicklung der Karolingerzeit vornehmlich in Deutschland, 2vols.(2nd ed., Weimar: Hermann Böhlaus Nachfolger, 1921~1922), vol. 1의 pp. 1~361 및 vol. 2의 pp. 1~95, 360~367; A. Dumas, "Quelques observations sur le grand et petite propriété à l'époque carolingienne", Revue Historique de Droit Français et Etranger(이하, RHDFE로 줄여 씀), Ser. 4, vol. 5(1926), pp. 213~232, 613~637, 672 참조.

견해가 대세를 이루었다. G. 뒤비, P. 도케스, A. 페르헐스트, L. 쿠헨부흐 등은 고전장원제는 주로 루아르 강과 라인 강 사이의 갈리아 북부지역에서 카롤링시대 전기에 국한되어 발달하고 고전장원제 외에도 다양한 토지소유 형태가 병존했다고 주장했다.[4] 이런 견해는 1980년대에 중세 초기의 농촌사회와 장원에 관한 세 차례에 걸친 서유럽 중세사 연구자들의 국제 콜로퀴움을 통해 확인되었다고 평가되고 있다.[5] 고전이론의 주창자들이 장원제에 대한 연구가 크게 축적되지 못한 상태에서 섣불리 중세 서유럽의 농촌경제를 고전장원제 개념으로 획일화한 면이 없지 않으므로, 그 후 장원제 연구가 진전됨에 따라 고전이론이 비판받는 것은 당연하다 할 것이다.

그렇지만 고전장원제에 대한 비판자들을 포함해서 지금까지 중세

4　G. Duby, *L'économie rurale et la vie des campagnes dans l'Occident médiéval (France, Angleterre, Empire, IXᵉ-XVᵉ siècles). Essai de synthèse et perspectives de recherches*, 2 vols. (Paris: Aubier, 1962), pp. 91, 96, 113~129, 377~379; 같은 저자, *Guerriers et paysans VIIᵉ-XIIᵉ siècle. Premier essor de l'économie européenne* (Paris: Gallimard, 1973), pp. 97~107; ; P. Dockès, *La liberation médiévale* (Paris: Flammarion, 1979), pp. 115~133; A. Verhulst, "La genèse du régime domanial classique en France au haut Moyen Âge", *Agriculture e mondo rurale in Occidente nell'alto medioevo*, 13(1966), p. 139; 같은 필자, "La diversité du régime domanial entre Loire et Rhin à l'époque carolingienne. Bilan de quinze années de recherches", W. Janssen & D. Lohrmann, ed., *Villa-Curtis-Grangia. Landwirtschaft zwischen Loire und Rhein von der Römerzeit zum Hochmittelalter* (München & Zürich: Artemis, 1983), p. 133; L. Kuchenbuch, "Probleme der Rentenentwicklung in den klösterlichen Grundherrschaften des frühen Mittelalters", W. Lourdaux & D. Verhulst, ed., *Benedictine Culture 750-1050* (Leuven: Leuven Univ. Press, 1983), pp. 132~172 참조.

5　세 차례의 콜로퀴움 성과는 각각 W. Janssen 외, ed., *Villa-Curtis-Grangia*와 A. Verhulst, ed., *Le grand domaine aux époques mérovingienne et carolingienne. Die Grundherrschaft im frühen Mittelalter* (Gent: Belgisch Centrum voor Landelijke Geschiedenis, 1985) 및 W. Rösener, ed., *Strukturen der Grundherrschaft im frühen Mittelalter* (Göttingen: Vandenhoeck & Ruprecht, 1989)라는 책으로 묶여져 출판되었다.

사 학계에서 '고전장원'이라는 개념은 여전히 일반적으로 사용되고 있으며 고전장원의 기본적 중요성이 부정되지도 않는다.[6] 비판자들도 고전장원제가 적어도 루아르 강과 라인 강 사이지역에서 지배적인 토지소유 형태였음은 부정하지 않는다. 뿐만 아니라 지역사 차원의 연구가 진척됨에 따라 비판자들 사이에서 근래에는 오히려 고전장원제의 실시권역을 더 넓게 확대해서 보는 경향이 나타나고 있다. 이런 변화는 고전장원제의 형성과 확산수준에 관한 학설로 학계의 상당한 호응을 받고 평생을 고전장원제에 관한 연구에 전념하다시피 함으로써 비판적 연구의 대표자라고 불릴 만한 페르헐스트에게서[7] 분명히 볼 수 있다. 그는 「중세 초기 프랑스에서의 고전장원제의 형성」이라는 1966년 발간의 논문에서는 고전장원제가 북부 갈리아의 중심이 되는 지방들에서 발달했으며, 시간적으로는 8세기 중엽에서 9세기 중엽까지 짧은 기간에 존속했다고 했다.[8] 그러나 그 후 1983년도에 발간된 「카롤링시

6   이를테면, G. Duby, *L'économie rurales et la vie des campagnes*, pp. 97~107, 415~436; 같은 저자, *Guerriers et paysans*, pp. 98, 103~107; A. Verhulst, "La genèse du régime domanial classique", pp. 135~160; 같은 필자, "Etude comparative du régime domanial classique à l'Est et à l'Ouest du Rhin à l'époque carolingienne", A. Verhulst, *Rural and Urban Aspects of Early Medieval Northwest Europe* (Aldershot: Variorum, 1992), pp. 87~101; L. Kuchenbuch, *Grundherrschaft im früheren Mittelalter* (Idstein: Schulz-Kirchner, 1991), p. 33; Y. Morimoto, "Essai d'une analyse du polyptyque de l'abbaye de St. Bertin(Milieu du IX^{e}siècle). Une contribution à l'étude du régime domanial 《classique》", *Annuario*, 1970-1, pp. 31~53, 특히 p. 33; W. Rösener, *Agrarwirtschaft, Agrarverfassung und Ländliche Gesellschaft im Mittelalter* (München: R. Oldenbourg, 1992), pp. 10, 59~68; J. P. Devroey, "The large estate in the Frankish kingdoms", J. P. Devroey, *Études sur le grand domaine carolingien* (Aldershot & Brookfield: Variorum, 1993), pp. 1~8 등 참조.

7   고전장원제의 형성에 관한 페르헐스트의 학설이란 전술한 그의 논문 "La genèse du régime domanial classique"에서 고전장원제는 로마시대의 'fundus'라는 대토지소유와는 관계가 없으며 7~8세기에 왕실을 비롯한 권력층의 주도로 개간과 곡물경작에 유리한 황토지대에서 형성되었다는 것이다. 이에 관한 더 자세한 내용은 후술하는 제1부 제III장 "토지경영체제로서의 고전장원제의 형성"의 머리말 참조.

대 루아르 강과 라인 강 사이의 장원제의 다양성」이라는 논문과 1995
년의 「(700년경~900년경의) 경제조직」이라는 논문 및 그가 사망하던
2002년의 『카롤링시대의 경제』라는 저술을 거치면서는 점차 그 실시
지역이 확장되어서 갈리아 북부지역은 물론이고 라인 강과 엘베 강 및
알프스 산맥 사이, 그리고 이탈리아의 북부와 중부 지역으로까지 확대
되며 발달시기도 9세기 말경까지 연장된다.[9]

　그러나 시야를 더 넓혀서 보면, 고전장원제는 그 존재양상과 발
달수준이 지역에 따라 다소 차이가 나기는 하지만 그 실시범위가 이
보다 훨씬 넓다. 이를테면, 잘 알려져 있듯이 고전장원제는 프랑스 노
르망디 지방 출신의 노르만족에게 정복된 영국에서도 11세기 말엽부
터 13세기까지 널리 시행되었다. 또 폴란드 및 러시아를 비롯한 엘베
강 동쪽의 동유럽에서는 지역에 따라 그 성립시기와 부역노동 일수
에 차이가 있기는 했지만, 대략 15~17세기부터 18세기 말이나 19세
기 중엽까지 장원의 대토지가 영주직영지와 농노들의 보유지들로 구
분되고, 매주 3일 이상에 이르는 농노들의 무거운 부역노동 부담으로
영주직영지가 경작되는 고전장원제가 발달했다.[10] 유럽의 기타 지역

8　A. Verhulst, "La genèse du régime domanial classiqu", p. 141 참조.
9　A. Verhulst, "La diversité du regime domanial", pp. 133, 142; 같은 필자, "Economic
　　organization", *The New Cambridge Medieval History* (이하 *NCMH*로 줄여 씀), vol.
　　II: R. McKitterick, ed., *c. 700-c. 900* (Cambridge: Cambridge Univ. Press, 1995),
　　p. 488; 같은 필자, *The Carolingian Economy* (Cambridge: Cambridge Univ. Press,
　　2002), p. 33 참조.
10　러시아를 비롯한 동유럽의 고전장원제에 관해서는 필자의 논문「토지소유 형태로서
　　의 고전장원제의 역사적 위상―러시아를 중심으로―」, 『서양중세사 연구』(2014. 9),
　　217~264쪽; E. Melton, "Manorialism and rural subjection in East Central Europe,
　　1500 - 1800", K. Bradley 등, ed., *The Cambridge World History of Slavery*, vol. 3:
　　D. Eltis and S. L. Engerman, ed., *AD 1420–AD 1804* (Cambridge: Cambridge Univ.
　　Press, 2011), pp. 297~324(제 12장); 같은 필자, "The Russian peasantries, 1450-
　　1860", T. Scott, ed., *The Peasantries of Europe from the Fourteenth to the Eighteenth*

에서도 비록 장원농민의 부역노동 부담이 작고 농민보유지 보유자들의 부역노동으로 경작되는 영주직영지의 규모가 작기는 했을지라도, 고전장원제 형태의 토지소유가 얼마간은 발전했다. 스페인을 중심으로 한 이베리아 반도에서는 13세기부터 예속민들이 생산물지대와 더불어 매주 1~3일이나 연간 수십 일에 달하는 부역노동 부담을 지는 장원제가 보급되었다.[11] 스웨덴을 비롯한 스칸디나비아 지역에서도 14세기 이후 예속농민들의 부역노동 부담이 매주 1~4일이나 연간 10여일로 비교적 적기는 하지만 이런 부역노동을 사용한 장원제가 곳곳에서 시행되었다.[12] 심지어 프랑스의 지방사 연구자들이 고전장원제가 부재한 반면에 자유로운 소농들이 우세했다는 강력한 반론을 제기하는 프랑스의 서부와 남부 지역에서도, 10세기 이후 자유농민의 예속민화와 소작농민들이 노동지대를 지불하는 대장원의 발전이 없었던 것이 아니다. 비록 비교적 규모가 작은 영주직영지가 주로 영주의 솔거노예들에 의해 경작되고 농민보유지 보유자들의 주요 지대는 생산물이나 화폐로 되어 있었지만, 곳에 따라서는 영주직영지의 경작을 위한 농민보유지 보유자들의 부역노동이 다소간 행해지는 대장원

Centuries (London & N.Y.: Longman, 1998), pp. 239~240; J. Blum, Lord and Peasant in Russia: from the Ninth to the Nineteenth Century (Princeton: Princeton Univ. Press, 1961), pp. 219~228, 442~463; 아노스트 클리마(Arnošt Klima), 「전산업시대 보헤미아에서의 농업계급구조와 경제발전」, R. 브레너 외, 이연규 역, 『농업계급구조와 경제발전─브레너 논쟁─』 (집문당, 1991), pp. 270~281 참조.

11   R. Smith, "Spain", M. M. Postan, ed., The Cambridge Economic History of Europe (이하 CEHE로 줄여 씀), vol. I: M. M. Postan, ed., The Agrarian Life of the Middle Ages (2nd Edition, Cambridge: Cambridge Univ. Press, 1966〔1971년 재인쇄〕) 중 Chapter VII. "Medieval agrarian society in its prime", pp. 433~436; P. Anderson, Passages from Antiquity to Feudalism (London: Verso, 1978), pp. 167~172 참조.

12   S. Bolin, "Scandinavia", CEHE, vol. 1, Chapter VII. "Medieval agrarian society in its prime", pp. 652~659; P. Anderson, Passages from Antiquity to Feudalism, pp. 178~181 참조.

제가 발전했던 것이다.[13]

비록 근래의 연구를 바탕으로 지역별로 면밀한 연구가 필요하기는 하지만,[14] 고전장원제의 이와 같은 대체적인 분포 및 발전을 고려할 때 고전장원제는 전근대 유럽사회의 폭넓은 경제적 토대를 이루는 주요한 봉건적 토지소유 형태였다고 할 수 있을 것이다. 따라서 유럽 봉건사회의 토대가 언제, 어떻게 마련되었는지를 이해하기 위해서는 고전장원제가 역사적으로 어느 시점에서 어떤 배경 아래 어떤 과정을 거쳐 형성되었는지를 검토함이 필요하다고 하겠다. 이런 면에서 고전장원제의 형성이라는 문제가 이 책의 우선적이고도 가장 중요한 논의주제가 된다.

고전장원제는 두 가지 주요 측면으로 구성되어 있다. 하나는 장원의 토지가 공간적으로 영주직영지와 농민보유지로 구분되어 있었다는 것이고, 다른 하나는 장원이라는 대토지의 경영에 장원농민들의 부역노동이 사용되었다는 점이다. 두 가지 다 고전장원제를 여타의 토지소유 형태와 구별시키는 본질적 구성요소들이며 상호 불가분하게 결합되어 있다. 그러나 영주의 대토지 경영이라는 관점에서 볼 때, 이 두 가지 구성요소 가운데서도 더 중요한 것은 부역노동 사용 측면이라고 할 수 있다. 왜냐하면 장원토지의 소유주인 영주가 토지를 두 가지 부분으로 유지하기 위해 부역노동을 사용한 것이 아니라, 농민들의 부역

13   A. Verhulst, "Economic organization", pp. 498~499; Y. Morimoto, "État et perspectives des recherches sur les polyptyques carolingiens(ca. 1980~1986)", Y. Morimoto, *Études sur l'économie rurale du haut Moyen Âge* (Bruxelles: De Boek, 2008), pp. 41~42 참조.

14   W. Rösener, "Strukturformen der adeligen Grundherrschaft in der Karolingerzeit", W. Rösener, ed., *Strukturen der Grundherrschaft im frühen Mittelalter* (2. Auflage, Göttingen: Vandenhoeck & Ruprecht, 1993), p. 180에서도 이런 연구의 필요성을 제기하고 있다.

노동을 대토지경영에 이용할 필요성에서 토지를 불가피하게 직영지 부분과 농민보유지 부분으로 구분했다고 볼 수 있기 때문이다. 영주가 토지를 소유하지 못한 농민들의 노동을 무보수의 강제노동으로 이용하기 위해서는 최소한 그들에게 생계유지와 노동력 재생산용으로서의 작은 토지를 분양해 줄 수밖에 없다. 바로 이런 불가피성이 고전장원에 영주의 직영지와 함께 농민보유지가 존재하는 소이다. 대토지 소유자가 노예노동이나 임금노동만을 사용하여 토지를 경영하는 경우에는 지주의 직접경영지 부분만 존재할 뿐, 농민보유지 부분은 존재하지 않게 되며 존재할 필요도 없는 것이다.

부역노동은 장원농민의 입장에서도 중요했다. 그것은 말 그대로 무보수의 강제노동이었으며 고전장원에서 그 부담은 농민의무의 핵심을 이루고 매우 컸기 때문이다. 고전장원의 농민은 영주가 분양해 준 소작지를 경작해서 가족의 생계를 유지했지만, 그 대가로 무거운 부역노동에 시달려야 했다. 부역노동은 농민의 육체와 정신을 일상적으로 짓누르는 삶의 멍에이자 불도장과 같은 것이었다. 따라서 전근대의 농촌사회에서 농노란 흔히 부역노동을 수행하지 않으면 안 되는 운명을 지닌 사람을 일컬을 정도였다. 또한 부역노동은 영주직영지와 농민보유지를 연결하는 매개고리였고 영주와 농민 사이의 계급관계를 규정하는 핵심적 요소였다는 점에서도 중요한 의미를 지닌다. 부역노동을 중심으로 한 쪽은 부역노동을 가능한 한 많이 수탈하고자 하고 다른 한 쪽은 될 수 있으면 기피하고자 함으로써, 영주와 장원농민 사이의 관계는 언제나 대립과 갈등이 끊이지 않는 긴장관계의 연속이었다고 할 수 있다. 이 책의 제1부에서 '봉건적 토지소유 형태로서의 고전장원제의 형성'이라는 제목 아래 고전장원제의 형성을 고찰하고, 이와 함께 제2부에서 '봉건적 부역노동제도의 형성'이라는 제목 아래 부역노동제도의 형성을 특별히 비중 있게 다루게 된 것은 부역노동의 이와 같은 중요성 때문이다.

전술한 바와 같이 고전장원제는 뒤늦게 영국과 동유럽 등지에서도 발달했지만, 이 책에서 고전장원제와 봉건적 부역노동제도의 형성을 고찰하는 지리적 범위는 서유럽 대륙에 국한된다. 앞의 지역들까지 포함하면 고찰의 대상지역이 너무 넓은 데다 고전장원제는 일찍이 서유럽 대륙에서 형성되어 그 주변으로 확산되었기 때문이다. 서유럽 대륙이란 영국이나 아일랜드와 같은 도서들을 제외하고 대서양 연안의 프랑스 서부로부터 엘베 강 서쪽의 독일에 이르는 지역을 가리킨다.[15] 그리고 이와 같은 범위의 서유럽 대륙 가운데서도 이베리아 반도, 이탈리아 반도, 브르타뉴 반도와 같은 돌출된 반도 지역들의 대부분은 논의에서 제외된다. 서유럽 대륙의 몸통에 해당하는 지역이 여기서 다루는 공간적 범위라고 할 수 있다. 이것은 고전장원제가 성립하는 시점인 9세기 초 카롤루스 대제 시절의 프랑크제국의 영토와 대체로 일치한다. 그렇지만 이 권역 안에서도 집중적으로 다루는 지역이 있는가 하면, 아예 고찰의 대상이 되지 않는 지역도 있다. 루아르 강과 라인 강 사이의 북부 갈리아 지역은 고전장원제의 발상지이자 발달의 중심지였기 때문에, 고전장원제의 형성과 관련하여 집중적으로 다뤄야 할 곳이다. 반면에 북해 연안의 프리지아와 같은 지방은 고찰의 대상이 되지 못한다. 또 포 강 유역을 중심으로 한 북부 이탈리아 지역은 넓은 의미의 이탈리아 반도에 속하지만 고찰의 대상이 되기도 한다. 서유럽 대륙 가운데

---

15   일반적으로 '서유럽'이란 용어는 명확하게 규정된 지리적 범위를 가리키는 말이 아니다. 자연지리학이나 정치학에서 쓰는 공간적 범위가 다르고, 시대에 따라서도 포괄하는 지리적 범위가 달랐다. 특히 '서유럽'의 동쪽 경계선 설정은 역사적으로 일정하지 않고 유동적이었다. 그렇기 때문에 이 책에서 다루는 '서유럽 대륙'이란 말의 공간적 범위를 분명히 할 필요가 있다.

서도 고전장원제와 봉건적 부역노동제도의 형성과 관련하여 지역에 따라 얼마나 고찰의 대상이 되느냐 하는 문제는 물론 이에 관한 사료와 관계가 있다. 프랑크왕국의 영향력이 강하고 고전장원제가 발전한 지역일수록 고전장원제의 형성에 관한 사료가 풍부한 편이다.

이 책에서 다루는 시간적 범위는 기본적으로 중세 초기이다. 뒤에서 보게 되듯이, 중세 초기 프랑크왕국시대에 고전장원제와 봉건적 부역노동제도가 본격적으로 형성되었기 때문이다. 그러나 고전장원제와 관련된 여러 가지 요소들은 고대사회와 무관하게 중세 초기에 갑자기 형성되었던 것은 아니다. 여러 요소들의 형성은 로마시대와 민족대이동 전의 게르만사회의 단계에서도 진행되거나 그 유산에 영향을 받았기 때문에, 경우에 따라서는 고대까지 고찰의 범위가 확대될 것이다.

제1부 봉건적 토지소유 형태로서의
고전장원제의 형성

I. 서론

토지가 영주직영지와 농민보유지로 이분되고 농민보유지 보유자들의 부역노동으로 직영지가 경작되는 고전장원제에서, 농민보유지는 영주직영지 경작에 필요한 부역노동 수행을 위한 농민의 가족 생계유지용의 작은 토지다. 따라서 농민보유지를 보유한 장원농민은 소농(小農)으로 존재하게 된다. 그러므로 뒤의 제III장의 머리말에서 비교적 자세히 논하겠지만, 고전장원제는 소농의 부역노동에 의한 영주직영지 경작체제라고 해도 좋을 것이다. 이런 토지경작체제가 서유럽 대륙에서 어떻게 형성되었는가 하는 것이 이 책의 제1부에서 다뤄야 할 핵심적 문제다.

그러나 고전장원제는 단순한 토지경영체제가 아니다. 그것은 갈리아 북부지역을 중심으로 한 중세 전기의 서유럽 대륙에서 지배적인 봉건적 토지소유 형태로서,[1] 봉건적 토지소유의 여러 가지 요소와 특

---

1   고전장원제의 존속시기와 해체시기에 대해서는 필자의 논문 「9~11세기 센 강과 라인 강 사이지역의 토지소유제와 농업생산체제」, 『고고역사학지』, 9(1993), 44~54쪽 참조.

성을 포괄한다. 그중에서도 핵심적인 것은 고전장원제가 영주와 농민
사이의 토지소유관계와 권력관계를 내포하고 이 두 부분이 서로 긴밀
하게 결합되어 있었다는 사실이다. 고전장원제는 토지소유관계 면에
서 영주의 독점적 대토지소유제이며, 권력관계 면에서는 영주권(領主
權)으로 표현되는 칼 마르크스의 이른바 '경제외적(經濟外的) 강제'[2]
를 수반한다.

 고전장원은 그 하나하나가 원칙적으로 1개 촌락을 기초로 하여 그
주위의 토지들로 구성되는 큰 규모의 토지였다. 9~10세기에 작성된
여러 수도원의 영지명세장(polyptychum)들을 근거로 하여 고전장원
의 크기를 추산해 보면, 장원의 크기는 영지와 장원에 따라 달랐지만
그 평균적 크기는 곡물경작지·포도밭·초지 따위와 같은 농경지만
으로도 영주직영지가 99헥타르이고 농민보유지가 265헥타르로, 합계
364헥타르에 달할 정도로 컸다.[3] 더욱이 장원에는 농경지 외에 임야나
황무지와 같은 비농경지가 딸려 있어 이의 면적이 농경지 면적의 3배
가까이 되었으므로, 농지와 비농지를 합한 장원 하나의 면적은 1,000
헥타르가 넘는 대규모였다.[4] 고전장원은 이처럼 그 규모가 매우 컸기
때문에, 학계의 일부에서는 '대장원'이라고 불리기도 한다. 문헌사료를
통해 토지소유 규모를 알 수 있는 수도원들의 영지에는 이런 규모의
장원이 평균 29개씩이나 있었고 100개 이상의 장원으로 구성된 영지
도 일부 존재했다.[5] 사료 부족으로 그 크기를 잘 알 수 없기는 하지만,

2   K. Marx, 『자본론』(백의〔白衣〕, 1990), 제III권, pp. 968~975 참조.

3   필자의 논문, 「고전장원의 공간적 기본구조와 크기」, 『서양사연구』, 11(1990), 10~29쪽
     참조.

4   같은 논문, 30쪽 참조.

5   필자의 논문, 「9~11세기 센 강과 라인 강 사이지역의 토지소유제와 농업생산체제」,
     38~39쪽 참조.

주교좌교회의 영지와 세속귀족들의 영지 및 여러 지방에 흩어져 있었던 카롤링왕조의 지역왕령지도 이와 엇비슷한 수의 장원들로 구성되었던 것으로 추측된다. 영주는 장원 농경지 부분의 독점적 소유자였고 비농경지도 일부 사적으로 소유했다. 이에 비해 장원농민들은 임야, 황무지 등 비농경지를 영주와 함께 공유하는 것 외에는 토지를 소유하지 못했다. 따라서 농업의 생산수단으로서 절대적 중요성을 지니는 농경지를 중심으로 해서 볼 때, 봉건적 토지소유로서의 고전장원제는 영주적 대토지소유제와 다름없었다. 영주층의 독점적 대토지소유가 봉건제사회의 경제적 토대이자 기본적인 특징들 가운데 하나였다.[6]

고전장원제라는 봉건적 토지소유의 또 하나의 주요한 특징은 자본주의적 토지소유와는 달리 영주의 대토지 소유와 경영이 경제외적 강제와 긴밀하게 결부되어 작동되었다는 점이다. 고전장원제에서 영주는 장원농민들의 잉여노동의 표출형태인 부역노동으로 경작되는 영주직영지의 농산물을 토대로 귀족적 생활을 향유했다. 따라서 고전장원제에서 지대는 노동지대였으며, 영주의 토지소유 목적은 농민들로부터 노동지대를 수취하는 것이었다고 할 수 있다. 장원농민에 대한 영주의 노동지대 수취권은 지주와 소작인이라는 토지소유관계에서 발생함은 물론이다. 그러나 이런 단순한 경제적 관계만으로는 지대가 농민으로부터 영주에게 안정적으로 수취되기 어렵다. 장원농민은 결혼과 독자적인 가족생활을 영위하면서 농민보유지의 보유와 자율적 경영, 농기구와 역축의 소유, 공유지 이용권의 보유 등 제반 생산수단과 노동조건을 점유하고 생산물을 소유·축적함으로써 독립의 가능성과

6 비록 중세 말기로 갈수록 영주의 토지소유를 잠식해 가면서 농민의 토지소유나 도시 부르주아들의 토지소유가 형성되고 확대되기는 하지만, 중세 후기의 순수장원제 아래서도 영주의 대토지소유제는 기본적으로 유지되었다.

경향성을 지닌 자립적 소농이었기 때문이다. 게다가 보통 농민노동의 절반 이상을 차지했던 영주를 위한 무보수 강제노동은 그의 농민보유지 경영과 가족의 생계유지를 위협하는 장애요인으로 작용했다. 이와 같은 사정으로 말미암아 영주가 장원농민의 부역노동을 영속적으로 확보하는 데는 토지소유관계만으로는 부족하고 경제외적 강제가 필요 불가결하다. 노동력까지도 상품화되어 상품 생산과 유통의 경제법칙이 지배하는 자본주의사회에서는 직접생산자에 대한 경제외적 강제가 필요하지 않지만, 자립적 조건을 갖춘 농민의 잉여노동이나 잉여생산물을 지대의 형태로 영주가 수탈하는 봉건사회에서는 권력 면에서나 인신적으로 직접생산자를 영주에게 예속시키는 강제가 필수적일 수밖에 없다. 우리가 봉건사회의 토지소유주를 지주라고 부르지 않고 영주(領主, 불어로는 seigneur)라고 하고 그 소유토지를 특별히 영지(領地, 불어로는 domaine)라고 부르는 것은, 이처럼 봉건적 토지소유에서 지주는 경제외적 강제를 행사하는 지배자였기 때문이다. 그렇지만 봉건사회의 경제외적 강제는 중세 후기의 생산물지대나 화폐지대 단계에서보다 농민의 잉여노동을 부역노동의 형태로 조야하게 수취하는 고전장원제 단계에서 더욱 강력하게 요구되었다.

소농의 부역노동에 의한 영주직영지 경작체제라고 할 수 있는 고전장원제는 이와 같이 영주적 대토지소유제를 바탕으로 하고, 소농의 부역노동 수행에는 경제외적 강제가 수반되었다. 결국 봉건적 토지소유 형태로서의 고전장원제는 토지소유 면에서는 영주적 대토지소유제였으나 그 실제 경영 면에서는 소농의 부역노동으로 경작되었으며, 소농의 부역노동을 통한 영주직영지 경영에는 강력한 경제외적 강제가 뒷받침되는 토지소유제도였다고 요약될 수 있을 것이다. 따라서 봉건적 토지소유로서의 고전장원제의 형성에 대한 고찰에는 토지경영체제로서의 고전장원제적 구조의 형성뿐만 아니라, 영주적 대토지소유제와 영주권의 형성도 포함되어야 한다. 그렇지만 그 고찰은 영주적 대토지소유제의 형성, 토지경영체제로서의 고전장원제의 형성, 영주권의 형성 순서로 진행되어야 할 것이다. 왜냐하면 고대 로마사회에서 대토지소유제가 발달하여 중세사회로 이어진 데서도 보듯이 영주적 대토지소유제의 형성은 고전장원제 형성의 전제조건이고, 경제외적 강제로서의 영주권의 형성은 고전장원제 고유의 생산관계 형성에 따라 농민으로부터 영주의 노동지대 수취를 보장하기 위해서 요구되었다고 볼 수 있기 때문이다.

제1부에 게재된 장별 글들의 출처는 다음과 같다. 제II장의 "영주적 대토지소유제의 형성"은 원래『역사교육』, 제79집(2001. 9), 101~130쪽에「서유럽의 고전적 봉건제 발달지역에서 영주적 대토지소유제는 어떻게 형성되었는가?」라는 제목으로 게재된 논문을 곳에 따라 크게 수정·보충한 글이다. 제III장의 "토지경영체제로서의 고전장원제의 형성"은『서양사론』, 제67호(2000. 12), 5~39쪽에 게재된「고전장원제의 성립과 그 배경」이라는 논문을 바탕으로 한 것이다. 그러나 제III장의 글은 이 책 가운데서 본래의 논문을 가장 많이 보충하거나 고쳤다는 점에서 바탕논문과는 크게 다르다. 제III장의 머리말의 상당 부분은『프랑스사 연구』, 제31호(2014. 8), 197~218쪽에 게재된「고전장원제 연구의 주요 동향과 과제」라는 비평논문의 제III절 "고전장원제의 형성에 관한 논의와 연구과제"(206~214쪽)를 전재하여 추가한 것이다. 제III장의 제3절 "소작농의 부역노동에 의한 영주직영지 경작체제의 형성"도 이런 머리말과 마찬가지로 학계의 근래 연구성과를 반영하는 등 크게 보충하고 수정했다. 제III장 중 제2절 "고전장원제의 일반적 성립시기"는 바탕논문의 제2절에 들어 있는 이와 관련된

내용 대신에, 이에 관한 필자의 또 다른 별개의 논문이면서도 이보다
더 자세하게 다룬 논문인 「고전장원제와 영주권의 성립시기」(『서양중
세사 연구』, 제18호[2000. 12], 93~117쪽)의 제2절 "고전장원제의 성
립시기"(97~104쪽) 부분을 전재한 것이다. 제IV장 "영주권의 형성"은
『프랑스사 연구』, 제26호(2012. 2), 5~35쪽에 게재된 논문이지만, 학
술지 게재 시의 분량 제한으로 짧게 줄인 원래 부분을 되살리거나 뒤
늦게 필자가 발견한 근래의 학계 성과를 참조하여 설명을 덧붙이는 등
곳에 따라 다소간 추가하거나 보충했다. 글의 일부 체계도 약간 변경
되었다. 이와 같이 이 책의 제1부는 전체적으로 원래의 논문을 많이
수정하고 장에 따라서는 대폭 고친 것이지만, 글의 기조는 어느 장절
에서나 원래대로 유지되었다.

II. 영주적 대토지소유제의 형성

1. 머리말

앞의 '총설'에서도 일부 말한 바와 같이, 중세 서유럽에서 고전장원 형태의 대규모 장원이 지배했다는 고전학설에 대해 중세 농촌사회에는 다양한 형태의 토지소유가 존재했으며 오히려 중소 토지소유제가 우세했다는 반론이 제기되어 왔다.[1] 사실 카롤링시대만 하더라도 서유럽 농촌사회에는 고전장원 형태의 대소유지 외에 중소농민들의 자유지들이 적지 않게 존재하고 고전장원제의 발달 중심지에서도 상당 부분의 토지가 고전장원제에 편입되지 않고 있음을 당시의 토지 관련 사

---

[1]   앞에서 인용된 A. Dopsch, *Die Wirtschaftsentwicklung der Karolingerzeit*, vol. 1의 pp. 1~361 및 vol. 2의 pp. 1~95, 360~367; A. Dumas, "Quelques observations sur le grand et petite propriété", pp. 213~232, 613~637, 672; G. Duby, *L'économie rurale et la vie des campagnes*, pp. 91, 96, 114~115, 124~129; 같은 저자, *Guerriers et paysans*, pp. 104~105 등 외에도, R. Latouche, *Les origines de l'économie occidentale, IVe-XIe siècles* (Paris: Albin Michel, 1970), pp. 180~182, 200~201도 참조.

료들에서 어렵지 않게 확인할 수 있다. 그러나 앞의 제1부의 서론에서 보았듯이, 고전장원 1개의 평균크기는 농경지만으로도 평균 360여 헥타르에 이르며 비농경지까지 포함하면 1,000헥타르가 넘을 정도로 크다. 그리고 고전장원제의 핵심적 발달지역이었던 센(Seine) 강과 라인 강 사이지역의 경우 9~10세기에 농경이 가능한 전체 토지 가운데 70% 이상이 고전장원제 형태의 대토지소유제의 지배 아래 있었던 것으로 추산되며, 이 시기와 그 후에도 대토지소유제는 중소 자유농민들의 토지를 희생시켜 가며 더욱 확대되고 있었다.[2] 이처럼 고전장원 하나하나의 크기로 보나 고전장원제의 발달지역에서 고전장원제로 편성된 토지가 전체 토지면적 가운데 압도적 부분을 차지한다는 구체적 통계로 보나 또 고전장원제의 성립 후에도 대토지소유제가 계속 확대되고 있었다는 점으로 보나, 고전장원제 형태의 토지소유는 영주적 대토지소유제이고 고전장원제는 대토지소유제의 발달을 전제로 하는 것임은 분명하다고 하겠다. 이와 같은 영주적 대토지소유제는 어떤 배경아래 어떤 과정을 거쳐 형성되었을까?

이 문제에 대해서는 서유럽 봉건제의 발상지이자 고전적 발달의 중심지였던 루아르 강과 라인 강 사이의 갈리아 북부지역을 중심으로 해서 살펴볼 것이다. 그런데 바로 뒤의 제III장에서 보게 되듯이, 이 지역에서 영주적 대토지소유제의 전기적 형태인 고전장원제는 9세기 무렵에는 명백히 성립한다. 이에 반해 대토지소유제는 일찍이 기원전 2세기와 1세기에 로마사회에서 노예노동력을 사용한 라티푼디움(latifundium) 형태로나 소작제 방식의 경영형태로 크게 발달했었다.

2　필자의 논문, 「9~11세기 센 강과 라인 강 사이지역의 토지소유제와 농업생산체제」, 40~43쪽; W. Rösener, "Strukturformen der adeligen Grundherrschaft", pp. 167~168 참조.

그 후 사회의 혼란이 격심해지고 농민들의 세금부담이 과중해지는 로마제정시대에 이르러 대토지소유는 소토지소유자들의 희생 위에 더욱 확대되었다.[3] 로마사회의 이런 대토지소유제 발달이 로마제정기(帝政期)가 시작될 무렵부터 로마화가 진행되었던 갈리아 지방의 중세 영주적 대토지소유제의 발전과 관련이 없을 수 없다. 그렇기 때문에 대토지소유제의 형성에 관한 고찰의 시간적 주요 범위는 로마제정시대로부터 9세기까지가 된다.

그렇지만 이 기간에 영주적 대토지소유제가 형성되는 과정에서 이 주제와 관련하여 주목되는 몇 가지 주요한 계기와 문제들이 있다. 우선 고전장원제가 일찍이 전형적인 형태로 발달했던 루아르 강과 라인 강 사이지역을 비롯한 갈리아 지방에서 실제로 로마시대에 대토지소유제가 발달하여 중세사회로 이어졌는가 하는 점이다. 다음으로 문제가 되는 것은 이 지역에 정착하여 봉건사회 형성의 주요한 다른 한 축을 담당하게 되는 프랑크족을 비롯한 게르만족 사회의 토지소유제는 민족대이동 전에 대토지소유제로 발전할 소지를 지니고 있었으며, 대이동을 거쳐 정착할 무렵에 토지소유에 변화가 있었는가 하는 점이다. 마지막으로 게르만족이 정착한 이후 중세 초기의 서유럽 사회에서 로마사회의 유산인 대토지소유제가 적어도 유지되든가 확대되든가 했는가 하는 점이다. 이 마지막 문제는 봉건제의 본격적 형성기인 중세

3 F. Lot, *The End of the Ancient World and the Beginnings of the Middle Ages*, trans. by Ph. & M. Leon from *La Fin du monde antique et le début du Moyen Âge* (London: Routledge & Kegan Paul, 1931; 재인쇄: New York, Harper, 1961), pp. 128~134; E. Stevens, "Agriculture and rural Life in the later Roman Empire", *CEHE*, vol. I. *The Agrarian Life of the Middle Ages*, pp. 115~122; M. I. Finley, *The Ancient Economy*, 지동식 역, 『서양고대경제』 (민음사, 1993), pp. 159~165; 김경현, "로마제정기의 경제", 김진경 외, 『서양고대사강의』 (한울, 1996), 326~331, 350~353쪽 참조.

초기에 봉건사회의 대토지소유제가 어떤 배경 아래서 어떤 과정을 거쳐 형성되었는지를 알 수 있게 한다는 면에서 특히 그 의의가 크다. 여기에서는 이 세 가지 문제를 중심으로 영주적 대토지소유제의 형성을 살펴볼 것이다.

2. 게르만족의 서유럽 정착기까지의 토지소유 동향

첫 번째 문제와 관련해서 갈리아 북부 지방에서 로마제국 시대에 대토지소유제가 발달했다는 사실은 근래 고고학적 발굴성과와 항공사진 분석을 통해 증명되고 있다. 쾰른 서쪽 인근지역에 대한 발굴조사를 바탕으로 한 H. 페트리코비쓰의 연구에 의하면,[4] 라인 강 서쪽의 오늘날 독일 지역과 라인 강 하류 이남의 네덜란드로부터 아이펠 고원에 이르는 지역에서는 비교적 집약적인 농경이 2세기 이후 크게 확대되었으며, 이런 농경 지역에서는 대토지소유제가 발달하여 '장원' 또는 '농장(農莊)'이라고 우리말로 번역될 수 있는 '빌라(villa rustica)' 하나의 평균 크기는 1km², 즉 100헥타르에 달하는 대규모였다. 빌라는 프랑크족의 약탈 활동으로 큰 피해를 입었으나 새로이 생겨나기도 하여 4세기에도 다수의 빌라가 존재했다고 한다. 한편 프랑스 북부지방의 대평원에 대한 항공사진 촬영을 토대로 한 R. 아가쉬의 연구에 의하면,[5] 여기서도 폭과 길이가 수백 미터에 이르는 대규모의 로마시대 빌

---

4   H. von Petrikovits, "L'économie rurale à l'époque romaine en Germanie inférieure et dans la région de Trèves", W. Janssen 외, ed., *Villa-Curtis-Grangia*, pp. 1~16.

5   R. Agache, "Typologie et devenir des villae antiques dans les grandes plaines de la Gaule septentrionale", W. Janssen 외, ed., *Villa-Curtis-Grangia*, pp. 17~29.

라들이 장방형 또는 사다리꼴 모양으로 질서정연하게 배치되어 있음
이 발견되었다. 항공기로 촬영된 빌라들은 지주의 대저택을 포함하여
1세기 말과 2세기 초에 건설되었으나 대부분 3세기 후반에 파괴된 것
들이다.[6] 파괴되지 않고 남은 빌라들과 재건된 대규모 빌라들은 중세
초기까지 존속한다고 한다. 또 J. 메츨러 등은 룩셈부르크의 에히테르
나하(Echternach) 지역에 대한 고고학적 연구를 통해 로마시대에 건
설된 빌라가 중세 초기 이곳에 건립된 수도원이 소유한 영지의 기초가
되었음을 밝혀냈다.[7] 그들에 의하면, 기원후 1세기 중엽에 건축된 이
빌라 속의 주건물은 길이가 118미터, 폭이 62미터나 되는 대형 건물이
었다.[8]

　고전장원제가 발달했던 갈리아 북부지방에서 일찍이 로마시대
에 대토지소유제가 발달하고 이것이 중세사회로 이어졌을 것임은 고
대 로마사회의 라티푼디움이라는 대소유지에서 사용된 기본 노동력이
었던 많은 수의 노예의 존재에 관한 중세 초기의 문헌기록들을 통해서
도 확인된다. 고전장원제에서 농민보유지(mansus)로는 그 최초 보유
자의 신분이 자유인이나 노예, 또는 반자유인을[9] 각각 표시하는 자유

6　S. Mitchell, *A History of the Later Roman Empire. AD. 284-641* (Malden〔Michigan,
　　USA〕: Blackwell, 2008), p. 352에서도 응접실, 회랑, 목욕탕이 딸린 상류층의 대저택
　　들은 300년 이후에는 더 이상 발견되지 않는다고 한다.

7　J. Metzler, J. Zimmer & L. Bakker, "Die römische Villa von Echternach(Luxemburg)
　　und die Anfänge der mittelalterlichen Grundherrschaft", W. Janssen 외, ed., *Villa-
　　Curtis-Grangia*, pp. 30~45.

8　S. Mitchell, *A History of the Later Roman Empire*, p. 354에 의하면 갈리아 남부지역에
　　서도 로마제국시대에 대토지소유제가 발달했다.

9　반자유인이란 자유인과 부자유인 사이의 다양한 예속신분을 가리키며, 중세 초기의 라
　　틴어 문서들에서 lidus, litus, ledus, laetus 등으로 불렸다. 이런 라틴어 명칭의 어원과
　　뜻은 모호하지만, 이 신분은 노예는 아니면서도 주인에게 상당 정도 예속되어 있었고 법
　　적 권능이 제한되어 있었다. 그래서 반자유인은 생제르맹데프레 수도원의 영지명세장
　　을 비롯한 일부 문헌기록에서 주인에게 예속의 표시로서 신공(身貢, litimonium)을 바

인망스(mansus ingenuilis), 노예망스(mansus servilis), 반자유인망스 (mansus lidilis)가 있었다. 고전장원제가 성립한 9세기에 대부분 작성된 영지명세장들에 의하면 전체 농민보유지 가운데 노예망스가 10~20% 성도를 차지하고 영지에 따라서는 35%까지 점하며, 반자유인망스가 영지에 따라 2% 정도가 되고, 나머지는 자유인망스다.[10] 이런 통계수치는 그 최초의 보유자가 원래는 모두 노예 출신이었다고 할 수 있는 앞의 두 종류의 농민보유지를 합쳐도 자유인망스보다는 훨씬 적은 것이기는 하지만, 노예 출신의 토지보유자가 결코 적지 않았음을 보여주는 것이기도 하다. 더욱이 고대의 솔거노예(率居奴隷)들 모두가 주인으로부터 생계유지 수단으로 소규모의 토지를 분양받아 영주직영지를 경작하는 장원농민이 된 것이 아니었다. 실제로 영지명세장들에

처야 했다. 그리고 자유인과의 결혼이 원칙적으로 금지되었으며, 왕 앞에서 은화(銀貨)의 투척을 통해 해방되는 절차를 밟아야만 자유인이 될 수 있었다. 반자유인 신분은 로마제정 후기에 주로 로마제국의 변경지역에 농민으로 정착하여 로마군의 병사 역할을 담당했던 게르만족 출신의 둔전병(屯田兵, laetus)들이나 작센족처럼 프랑크족에게 복속된 타 종족 출신 또는 상이한 신분 사이의 결혼에서 출생한 자녀도 포함되는 등 그 구성과 기원이 복잡하다. 그러나 그 다수는 완전한 자유인으로 해방되지 못하고 주인에게 반쯤 종속된 상태로 해방된 소위 '해방노예(libertus, denarialis, cartularius)'였다. 해방노예를 포함한 반자유인의 신분에 관해서는 B. Guérard, ed., *Polyptyque de l'abbaye Irminon ou dénombrement des manses, des serfs et des revenus de l'abbaye de Saint-Germain-des-Prés sous le régne de Charlemagne* (이하 B. Guérard, ed., *Polyptyque d'Irminon*로 줄여 씀), vol. I. *Prolegomènes, Commentaires et Éclaircissements* (Paris: L'Imprimerie royale, 1844) (이하 B. Guérard, *Prolegomènes*로 줄여 씀), pp. 250~276; J. Ellul, *Histoire des institution de l'époque franque à la Révolution* (Paris: Presses universitaires de France, 1967), p. 63; E. Zöllner, *Geschichte der Franken bis zur Mitte des sechsten Jahrhunderts* (München: C. H. Beck, 1970), p. 115; H.-W. Goetz, "Social and military institutions", *NCMH*, vol. II: R. McKitterick, ed., *c. 700-c. 900*, p. 460; 이기영, 「초기 프랑크사회에서의 로마인의 지위」, 『서양사연구』, 4(1982. 6), 125, 140~142, 148~150쪽; 이기영, 「영주권의 형성」, 『프랑스사 연구』, 26(2012. 2), 10~11쪽(이 책의 제1부 제IV장 제1절) 참조.

10   필자의 논문, 「고전장원제 하의 농민보유지제도」, 이민호 교수 정년기념 사학논총 간행위원회, 편, 『유럽사의 구조와 전환』(느티나무, 1993), 391~395쪽 참조.

의하면 장원에는 토지를 보유한 노예 외에도 토지를 보유하지 못한 노예들이 많이 있었다. 토지를 보유하지 못하고 장원에 존재하는 노예의 수가 심지어 100명 이상에 이르는 경우도 있었다.[11] 또 영지명세장외에 9세기 전후의 계약문서나 특허장들에도 기부를 비롯한 토지거래에 수십 명의 노예가 수반되고 있음을 흔히 볼 수 있다.[12] 고전적 노예제시대라고 할 수 있는 로마공화정 말기와 제정 초기 이탈리아의 전체인구 가운데 노예는 $\frac{1}{3}$가량을 차지하는 데 지나지 않았다는 사실을 감안할 때,[13] 중세 초기의 문헌에 나타나는 노예의 존재규모에 관한 이와같은 수치들은 중세 초기와 로마제국시대의 갈리아 북부지역에는 고전적 노예시대에 못지않게 노예가 많았으며[14] 따라서 노예노동력을 사

---

11 예컨대, B. Guérard, ed., *Polyptyque de l'abbaye de Saint-Remi de Reims ou dénom-brement des manses, des serfs et des revenues de cette abbaye, vers le milieu du neu-vième siècle de notre ére* (Paris: L'Imperimerie Impériale, 1853)(이하 B. Guérard, ed., *Polyp. de St. Remi*로 줄여 씀), 제XVII(pp. 55~56), XX(pp. 75~77)장 참조.

12 예컨대, 8세기에 관한 C. Zeuss, ed., *Traditiones possessionesque Wizenburgenses. Codices duo cum supplementis* (Speyer: J. F. Kranzbühler, 1842) (이하 C. Zeuss, ed., *Traditiones Wizenburgenses*로 줄여 씀), no. LXII(pp. 66~67), LXVII(p. 72), LXXI(pp. 77~78), CLXXVIII(pp. 166~167), CCXLI(pp. 231~232) 등과 9~10세기에 관한 *Monumenta Germaniae Historica*(이하 *MGH*로 줄여 씀), *Diplomata regum Germaniae ex stirpe Karolinorum*, tomus I. *Ludowici Germanici, Karolomanni, Ludowici Iunioris diplomata* (Berlin: Weidmann, 1932-1934; 재인쇄: München, 1980), no. 126(p. 176) 및 A. D'Herbomez, ed., *Cartulaire de l'abbaye de Gorze*, Mettensia II (Paris: C. Klincksieck, 1898)(이하 *Cart. de Gorze*로 줄여 씀), no. 87(pp. 157~158), 88(pp. 160~161) 등 참조.

13 노예제가 발달했던 로마 공화정 말기와 제정 초기 이탈리아의 총 인구 가운데 노예는 $\frac{1}{3}$가량을 차지했을 뿐이다. M. I. Finley, *Ancient Slavery and Modern Ideology*, 송문현 역, 『고대 노예제와 모던 이데올로기』 (민음사, 1993), p. 107; P. Anderson, *Passages from Antiquity to Feudalism*, p. 62; 김경현, 「서양 고대세계의 노예제」, 역사학회 편, 『노비·농노·노예—예속민의 비교사—』 (일조각, 1998), p. 45; 차전환, 「노예제에서 소작제로의 이행」, 허승일 외, 『로마 제정사 연구』 (서울대 출판부, 2000), 175쪽 참조.

14 특히 프랑크 왕국이 건립되는 5세기 말엽부터 7세기 말까지의 갈리아사회가 일종의 노예제사회였음에 대해서는 필자의 논문 「서유럽 중세 초기 노예제사회로부터 농노제로

용한 대토지소유제가 발달했을 것임을 추측케 하는 것이다.

한편 후술하는 바와 같이 서유럽에 정착한 게르만인들이 로마인들로부터 대토지와 함께 콜로누스(colonus)를 인수하여 대토지를 소작제 방식으로 경영했다는 중세 초기의 여러 문헌기록들로 볼 때, 서유럽 대륙에서 로마제정 후기부터는 노예노동력의 사용으로 경영되는 대토지소유제와 더불어 소작제 방식으로 경영되는 대토지소유제도 발달했다고 하겠다. 그러나 갈리아 지방에서 로마시대의 대소유지는 빌라 1개의 크기가 9세기 이후의 고전장원에서 비농경지를 제외하고 농경지만으로 된 크기의 ⅓에도 미치지 못할 만큼 봉건사회의 대소유지에 비해 그 규모가 훨씬 작았다.

로마제국시대에 갈리아 북부 지방에서 이와 같이 그 규모가 중세에 비해 그리 크지는 않았지만 그런 대로 큰 규모의 토지소유제가 발달하게 된 결정적 계기는 물론 갈리아에 대한 로마의 군사적 정복과 지배였다. 기원전 1세기에 카이사르가 이끄는 로마군(軍)에 정복되기 전에 갈리아의 켈트족 사회에는 예속적 농민들에 의해 경작되는 제법 큰 규모의 소유지가 존재했다.[15] 그러나 갈리아에서 대토지소유제가 크게 발달한 것은 로마가 갈리아를 정복한 이후였다. 로마인들은 켈트족으로부터 토지를 몰수하여 로마식 대토지소유제로 발전시키고 더욱 확대시켰다. 그 중에서도 황제영지의 확대가 가장 두드러진 현상이었다. 그렇지만 그와 함께 로마제정시대의 혼란한 사회상황 속에서 갈리아 지방의 유력자들이 소규모 소유지를 겸병하고 황제영지를 잠식함으로써 사적인 일반 대토지소유제도 점차 발달했다.

다음으로, 서로마제국 지역으로 이주하여 로마인 사회와 더불어

의 이행과정」, 『역사교육』, 99(2006. 9), 259~268쪽 참조.

15   E. Stevens, "Agriculture and rural life in the later Roman Empire", pp. 118~119 참조.

봉건사회 형성의 다른 한 축을 형성했던 게르만족의 사회에서 토지소유제가 민족대이동을 전후한 시기에 어떤 상태에 있었으며 어떤 변화를 겪었는가 하는 문제를 검토해 보자. 기원전 1세기 중엽에 쓴 카이사르의 『갈리아 전기(De bello Gallico)』에 의하면,[16] 당시의 게르만족 사회는 토지의 공유제가 실시되고 대가족 중심으로 경제활동이 이뤄지는 원시공동체에 가까운 사회였다. 그러나 그 후 1세기 반쯤 지난 기원후 1세기 말경에 작성된 타키투스의 『게르마니아(Germania)』에 의하면, 게르만족 사회에서 토지는 여전히 공유제였지만 "사회적 지위에 따라(secundum dignationem)" 크기가 다르게 분배되었으며,[17] 일반 자유인(ingenuus)뿐만 아니라 귀족(nobilis)과 해방노예(libertus)도 존재했다. 또한 로마사회의 '소작인처럼(ut colono) 주인에게 밀이나 가축 또는 피륙을 공납하는 외거노예(servus)'도 있었다.[18] 이와 관련하여 사료에는 외거노예가 주인의 토지를 소작한다는 직접적인 언급이 없다. 그렇지만 외거노예가 주인에게 공납하는 밀이나 가축 및 피륙은 토지의 경작을 통해 산출될 수 있는 농산물이고, 공동체의 성원이 아니어서 공유제 하의 토지에 대한 지분을 가질 수 없는 외거노예가 경작하는 토지는 둘 사이의 관계로 봐서 주인이 대여해 준 토지일 수밖에 없다. 그렇기 때문에 이들의 관계를 지주-소작인 관계로 볼 수 있을 것이다.[19] 따라서 민족대이동이 있기 훨씬 전에 이미 게르만족

---

16 J. Caesar, *Commentarii de bello Gallico*, 박광순 역, 『갈리아 전기』 (범우사, 1991), 131, 217~218쪽 참조.

17 P. C. Tacitus, *Germania* (Texte établi et traduit par H. Goelzer, H. Borneque & G. Rabaud, Paris: Société d'édition "Les belles lettres", 1922), 제XXVI장(pp. 190~191).

18 "…. Frumenti modum dominus aut pecoris aut uestis ut colono iniungit, et seruus hactenus paret; …."(P. C. Tacitus, *Germania*, 제XXV장[p. 190])

19 R. Koebner도 그의 논문 "The settlement and colonization of Europe", *CEHE*, vol. I, pp. 14, 17에서 이들의 관계를 지주-소작인 관계로 본다.

사회에는 다소 큰 토지를 갖고 소작노예를 거느린 비교적 부유한 계층
이 존재했는가 하면 그렇지 않은 일반 자유인층과 소작농층이 존재했
다고 하겠다.

　그 후 게르만족 사회는 내부적으로 생산력이 발전하고 외부적으
로는 대토지소유제와 노예제가 발달했던 로마사회와의 접촉이 잦아짐
에 따라 민족대이동 전까지 원시공동체적 조직이 거의 전면적으로 해
체되는 가운데 토지의 사유제가 발전하고 토지소유의 집중이 진행된
것으로 보인다. 그런 변화가 일어났으리라는 것은, 전술한 바와 같이
토지공유제와 평등한 토지분배 원칙이 관철되고 있던 기원전 1세기
중엽의 원시공동체적 게르만족 사회가 기원후 1세기 말경에는 불평등
한 토지분배와 점유 현상이 나타나는 사회로 비교적 급속히 변모했던
사실로부터 짐작할 수 있다. 또한 그런 변화의 가능성은, 로마제국의
국경으로부터 멀리 떨어져 있어 로마사회의 영향을 별로 받지 않았던
라인 강과 엘베 강 사이의 동부 게르마니아 사회에 대한 1960 · 70년
대 동독 학자들의 집중적인 연구 성과를 통해서도 방증된다. 동부 게
르마니아에서 사적 토지소유제와 계급관계가 언제 형성되었는지에 대
해서는 그들 사이에 견해 차이가 있으나, 대체로 그들은 중세 초기 프
랑크왕국에 정복되기 전에 토지사유제가 발전하고 계급적 분화가 진
행되어 봉건제로의 발전 전망을 가질 정도였다고 보고 있다.[20] 동부 게

20　J. Herrmann, "Frühe klassengesellschaftliche Differenzierungen in Deutschland",
　　Zeitschrift für Geschichtswissenschaft(이하 ZG로 줄여 씀), 14(1966), pp. 398~422;
　　같은 필자, "Sozialökonomische Grundlagen und gesellschaftliche Triebkräfte für
　　die Herausbildung des deutschen Feudalismus", *ZG*, 19(1971), pp. 752~789; 같
　　은 필자, "Der Prozeß der revolutionären Umwälzung zum Feudalismus in Europa
　　und die Herausbildung des deutschen Volkes", *ZG*, 20(1972), pp. 1228~1233; W.
　　Bleiber, "Politische Macht und sozialökonomische Grundlagen bei der Ausbildung
　　feudaler Verhältnisse in West- und Mitteleuropa", *ZG*, 21(1973), pp. 810~829; E.

르마니아 지역의 사정이 이렇다고 할 때, 카이사르가 갈리아를 정복한 기원전 1세기부터 로마제국과 접경하여 직접적인 교류관계를 갖고 로마사회로부터 큰 영향을 받았던 프랑크족과 같은 서(西)게르만족 사회에서 사적 토지소유제의 형성과 이에 기초한 계급분화가 일찍부터 빠르게 진행되었을 것임은 말할 것도 없을 것이다.

그러나 게르만족 사회가 토지소유 면에서 획기적인 대변화를 겪는 것은 게르만족이 로마인이 거주하고 있던 지방으로 대이동하여 정착할 무렵이었다. 게르만족이 로마제국의 잔존 군대와의 전쟁이 수반된 대이동 과정을 거쳐 로마인들이 거주하는 서유럽에 정착할 즈음에는 이미 서로마제국이 와해되고 게르만족이 점령자로서 우월한 위치에 서 있었다. 이런 상황에서 게르만족은 '군인의 민가숙영제도(hospitalitas)'라는 로마사회의 관행에 따라 로마인들로부터 토지를 할양받았다. 아프리카로 이주한 반달족을 제외하고 게르만족은 로마인들로부터 토지를 모조리 빼앗지는 않았지만, 막대한 토지를 양도받았다. 이를테면, 6세기 초의 부르군트 법에 의하면[21] 오늘날 프랑스의 부르

Müller-Mertens, "Die Genesis der Feudalgesellschaft im Lichte schriftlicher Quellen. Fragen des Historikers an den Archäologen", *ZG*, 12(1964), pp. 1384~1402; 같은 필자, "Zur Feudalentwicklung im Okzident und zur Definition des Feudalverhältnisses", *ZG*, 14(1966), pp. 52~73 참조. 이들 가운데 특히 J. 헤르만은 사적 토지소유제와 계급관계가 형성되는 시점을 기원후 2~3세기라고 보는 데 비해, W. 블라이버는 5세기 후반 이후라고 본다.

21 *MGH, Leges* (Hannover, 1863; 재인쇄: Stuttgart, Vaduz, 1965), "Leges Burgudionum" 중 "Lex Gundobada"(이하 "Lex Gundobada"라고 함), 제LIV조(pp. 557~558) 참조. 여기서 말하는 부르군트 법은 부르군트 왕국의 법으로서, 두 가지 종류의 법전으로 구성되어 있었다. 하나는 부르군트 왕국의 헌법 격인 "군도바트 법(Lex Gundobada)"이고, 다른 하나는 왕국 내의 로마인들에게 적용되는 일종의 특별법인 "부르군트(왕국)의 로마인 법(Lex Romana Burgundionum)"이다. 이들 두 법전 다 군도바트(Gundobad) 왕(재위: 473~516년)이 편찬한 것으로 알려져 있다. 법률에 따라 반포 시기가 다르지만, 그 대부분은 500~502년에 편찬되고 517년에 일부 추가된 것으로 추

고뉴 지방을 중심으로 정착한 부르군트족은 로마인들이 소유했던 농지의 $\frac{2}{3}$를 할양받고, 노예(mancipia)의 $\frac{1}{3}$, 임야의 $\frac{1}{2}$, 택지(curtis)와 과수원의 $\frac{1}{2}$을 정복된 로마인들로부터 분양받았다. 그리고 500년 전후에 편찬된 서고트 법에 의하면[22] 서고트족도 로마인들로부터 토지의 $\frac{2}{3}$를 할양받았다.[23]

그런데 이와 같은 게르만왕국들의 법령 기록과 관련하여 W. 고파르트는 게르만인들이 로마인들로부터 양도받은 것은 토지가 아니라 토지에 대한 조세수입이며 그 제도적 근원도 로마사회에서의 군인의 민가숙영제도가 아니라 조세제도라는 새로운 학설을 제기했다.[24] 고파

정되고 있다.

22   *MGH*, Legum Sectio I. *Legum nationum Germanicarum*, tomus I: K. Zeumer, ed., *Leges Visigothorum* (Hannover: Hahn, 1902; 개정판, 1973)의 "Legum codicis Euriciani fragmenta", CCLXXVI~CCLXXVII(pp. 4~5); "Lex Visigothorum", 제X책 제I장 제8조(pp. 385~386)와 제16조(p. 389), 제II장 제1조(p. 391) 참조. 서고트 법(Lex Visigothorum)은 '판결 책'이라는 뜻의 "Liber Iudiciorum"으로도 불리는 것으로, 654년에 편찬되고 681년에 증보된 서고트 왕국의 법전을 가리킨다. 이 법은 왕국 내의 서고트인과 로마인 모두에게 적용되었다. 서고트 법은 그 이전 471~476년간에 에우릭(Euric) 왕이 왕국 내의 서고트 사람들에게 적용하기 위해 반포한 "에우릭 법전(Codex Euricianus)"과 에우릭 왕의 아들 알라릭 2세가 왕국 내의 로마인들에게 적용하기 위해 506년에 공포한 "알라릭의 적요(Breviarium Alaricianum)"라고도 불리는 "서고트(왕국)의 로마법(Lex Romana Visigothorum)"을 토대로 한 것이다. "에우릭 법전(Codex Euricianus)"은 현재 제276장에서 제336장까지의 부분만 전해지고 있다.

23   게르만인에 대한 로마인의 토지할양에 관한 자세한 논의에 대해서는 F. Lot, "Du régime de l'hospitalité", *Revue belge de Philologie et d'histoire*(이하 *RBPH*로 줄여 씀), 7(1928), pp. 976~1011; A. H. Jones, *The Later Roman Empire, 284-602* (Baltimore: Johns Hopkins Univ. Press, 1986), pp. 248~253; M. Bloch, "Une mise au point: les invasions" *Mélanges Historiques*, I(Paris: Fleury & EHESS, 1983), pp.132~135 참조.

24   W. Goffart, *Barbarians and Romans· the Techniques of Accommodation 418-584* (Princeton: Princeton Univ. Press, 1980) (이 책 전체가 게르만족에 대한 로마인의 토지할양이라는 기존의 학설을 비판하고 저자 자신의 새로운 학설을 설명하는 데 바쳐지고 있다.); 같은 필자, "The barbarians in late antiquity and how they were accommodated in the West", L. K. Little & H. B. H. Rosenwein, ed., *Debating the Middle Ages: Issues and Readings* (Oxford: Blackwell, 1998), p. 44 참조.

르트의 이런 주장은 19세기 이래 오랫동안 견지되어 온 전통적 견해
에 대한 정면 도전이지만, 학계 일각에서 지지를 받거나 수용되고 있
다.[25] 또한 K. 브룬너와 같은 연구자도 고파르트의 학설을 인용(引用)
하는 것은 아니지만 서고트족과 부르군트족이 로마인들로부터 실제로
양도받은 것은 토지가 아니라 수입이라고 한다.[26] 게르만족 군인들에
게 개별적으로 조세수입의 몫을 할당했다는 이런 주장은, 게르만족의
정착과정이 선주민으로부터 큰 저항을 받지 않고 진행되었다는 사실
을 설명할 수 있고 후의 이슬람국가들에서나 비잔틴제국의 사례에서
보듯이 그 가능성이 없는 것이 아니라는 점에서 논리적인 강점을 지니
고 있다. 그러나 이런 주장은 사료상의 어떤 확실한 근거도 없다는 근
본적인 문제점이 있으며 그 밖에도 여러 가지 문제를 안고 있다고 지
적되고 있다.[27] 반면에 게르만족에 대한 로마인의 토지할양에 관한 문

---

25   예컨대, R. Collins, *Early Medieval Europe 300-1000* (London: Macmillan, 1991),
     pp. 191~192, 212; J.-P. Devroey, *Économie rurale et société dans l'Europe franque
     (VIe-IXe siècles)*, vol. 1. *Fondements matériels, échanges et lien social* (Paris: Belin,
     2003), p. 238 참조.

26   K. Brunner, "Continuity and discontinuity of Roman agricultural knowledge in the
     early Middle Ages", D. Sweeney, ed., *Agriculture in the Middle Ages. Technology,
     Practice, and Representation* (Philadelphia: Univ. of Pennsylvania Press, 1995),
     pp. 24~25 참조.

27   S. J. B. Barnish, "Taxation, land and barbarian settlement in the Western Empire",
     Papers of the British School at Rome, 54(1986), pp 170~195; W. Liebeschutz, "Cities,
     taxes, and the accommodation of the barbarians: the theories of Durliat and Gof-
     fart", W. Pohl, ed., *Kingdoms of the Empire: The Integration of Barbarians in Late
     Antiquity* (Leiden: Brill, 1997), pp. 141~150; G. McDorman, "Slaves and slavery
     in the Burgundian settlement", *Essays in History*, 44(2010), 페이지 표시 없음(출
     처: http://www.essaysinhistory.com/articles/2011/3); Ch. Wickham, *Framing
     the Early Middle Ages: Europe and the Mediterranean, 400-800* (Oxford: Oxford
     Univ. Press, 2005), pp. 84~87; I. N. Wood, "The barbarian invasions and first set-
     tlement", A. Cameron & P. Garnsey, ed., *The Cambridge Ancient History*, vol. 13.
     The Late Empire, A.D. 337-425 (Cambridge: Cambridge Univ. Press, 1998), pp.

헌기록은 전술한 두 게르만왕국의 법을 비롯하여 꽤 많은 편이다.[28] 그래서 학계의 다수 의견은 여전히 게르만 군인들이 로마인들로부터 넘겨받은 것은 토지의 소유권이라는 입장이다.

한편 양쪽의 견해가 대립하는 양상을 보이기는 하지만, 시간적으로 길게 보면 일정한 합의점이 도출될 수 없는 것도 아니다. 고파르트의 '가설'을 비판하는 전통적 견해에서도 게르만족이 조세 형태의 토지수입을 할당받은 적이 전혀 없었다고 주장하는 것은 아니다. 고파르트 자신도 '처음에는(initially, at first)' 게르만인들이 조세수입을 할당받았지만 곧 토지소유자로 변모하고 말았다고 함으로써,[29] 시간이 지나면서 사실상 토지할양과 다름없는 과정이 진행되었음을 인정한다고 할 수 있다. 따라서 현 학계의 논의를 전체적으로 정리하면, 대체로 게르만인들이 애초에는 토지의 수입을 할당받기도 했지만 차차—특히 전술한 게르만왕국의 법령들이 편찬될 무렵에는— 몰수나 다름없는 방법으로 토지를 양도받는 결과에 이르렀으며, 그 밖에도 로마인들로부터의 수증과 매입 및 사기, 그리고 황무지나 임야의 개간 등 다양한 방법으로 많은 토지를 소유하게 되었다는 것으로 수렴될 수 있다.[30] 그러므로 학계의 지배적 견해로 봐서나 대체적인 합일점으로 봐서나, 결국 서로마제국 지역으로 집단 이주한 부르군트족, 서고트족, 동고트족

522~526; M. Innes, *Introduction to Early Medieval Western Europe, 300-900: the Sword, the Plough & the Book* (London: Routledge, 2007), p. 101 참조.

28 S. J. B. Barnish, "Taxation, land and barbarian settlemen", p. 170 참조.

29 예컨대, W. Goffart, *Barbarians and Romans*, pp. 38, 114, 225, 230; 같은 필자, "The barbarians in late antiquity", p. 44 참조.

30 이와 같은 견해를 보이는 글로는 M. Innes, *Introduction to early medieval Western Europe*, p. 101; R. Doehaerd, *The Early Middle Ages in the West. Economy and Society*, trans. by W. G. Deakin from *Le haut Moyen Âge occidental. economies et sociétés* (Amsterdam: North-Holland Publishing Co., 1978), pp. 81~87 참조.

등의 게르만족이 대토지를 소유하게 된 결정적 계기는 로마인들로부터 대규모의 토지를 할양받고 여러 가지 방법으로 토지를 취득하게 된 정착과정에서 마련되었다고 하겠다.

이와 같은 방법으로 게르만족이 로마인들로부터 대규모의 토지를 획득했지만, 게르만인들 사이에 토지가 균등하게 분배된 것은 아니었다. 예컨대, 부르군트 법 제LXVII조는 게르만인들이 로마인들의 임야를 할양받아 분배할 때 이미 '자작지를 소유한 자들이나 소작지를 보유한 자들이 있어, 가진 토지의 크기에 따라 임야를 분배한다.'고 하고 있다.[31] 그리고 제L조에는 왕령지나 여타 대소유지의 관리인을 뜻하는 "actor possessionis nostrae"(제1항), "actor patrimoni nostri vel cuiuslibet alterius"(제3항), "nostrum seu privati hominis actor"(제5항) 등의 말들이 나타나고, 제XXXVIII조 제10항(p. 548)에는 '모든 부르군트인과 로마인의 콜로누스와 노예'라는 말이 보인다.[32] 또 남의 이를 때려서 빠지게 하는 경우의 배상금 액수를 규정한 제XX-VI조에 의하면, 로마사회의 귀족과 동일한 신분으로 취급되는 "부르군트족의 유력자(optimas Burgundionus)"가 존재하고, 그 아래에 "부르군트인과 로마인 양쪽 출신의 보통의 자유인(mediocres personae ingenuae, tam Burgundionibus quam Romanis)"이 위치하며, 그 아래 "하층민(inferiores personae)"이 있고, 그 다음에 해방노예(libertus)가, 마지막 맨 아래 단계에 노예(servus)가 위치해 있었다. 이런 기록들은 부르군트족이 로마인들로부터 토지를 취득하여 그들 사이에 분

---

31 "Quicumque agrum aut colonicas tenent, secundum terrarum modum vel posses-sionis suae ratam, sic silvam inter se noverint dividendam: Romano tamen de silvis medietate et in exartis servata."

32 "Quod de Burgundionum et Romanorum omnium colonis et servis praecipimus custodiri."

배할 때 평등하게 분배하지 않았음을 분명하게 보여주며, 이런 불평등한 분배가 토지소유상의 사회적 격차를 더욱 확대하여 토지의 집중과 대토지소유제의 발달을 촉진했을 것임을 시사하는 것이다.

그러나 정작 대체로 루아르 강과 라인 강 사이의 갈리아 북부지역으로 이동하여 정착한 프랑크족의 부족법에는 로마인들로부터 토지를 할양받았다는 기록을 찾아볼 수 없다. 이의 원인에 대해 돕슈는 민족대이동이 있기 훨씬 전부터 프랑크족이 로마 당국에 군사적 봉사를 수행하는 대신 토지를 분양받아 경작하는 등의 방법으로 북부 갈리아 지방에 평화적·점진적으로 이주하여 5세기 프랑크왕국의 건립 전까지 북부 갈리아 인구의 절반을 게르만인이 차지할 정도였기 때문이라고 보고 있다.[33] 그러나 그러면서도 그는 프랑크족의 왕은 로마제국의 황제영지와 교회토지 및 소유주가 없는 토지를 대규모로 인수하여 그의 군사봉사자들에게 분배해 주었다고 한다.[34] A. H. M. 존스도 이와 비슷하게 프랑크족은 대규모의 조직적인 이주 과정이 보이지 않지만, 프랑크왕국의 창설자인 클로비스가 즉위하기 훨씬 전부터 라인 강 하류와 뫼즈 강 사이지역 및 라인 강 중류지역에 정착했었으며 왕들은 가로챈 사유지와 재판과정에서 몰수된 토지 및 착복한 교회토지를 그들의 측근들에게 수여했다고 한다.[35] 한편 R. 쾨프너는 북부 갈리아에서 곳에 따라서는 사람 이름과 '-ingen' 또는 '-heim'이라는 접미사가 결합되어 프랑크족 수장(首長)들의 영지임을 표시하는 지명들이 집중적으로 나타나며, 프랑크족의 귀족들은 갈로-로마인 귀족들의 인근에

33   A. Dopsch, "Agrarian institutions of the Germanic kingdoms from the fifth to the ninth Century", *CEHE*, vol. I, pp. 186~187.

34   A. Dopsch, 같은 글, pp. 187~188.

35   A. H. M. Jones, *Later Roman Empire*, pp. 248~249.

정주하기를 선호했다고 한다.[36] 이와 같은 연구결과들은 프랑크족의
대이동이 평화적으로만 전개된 것이 아님을 말해 주는 것인 동시에,
부르군트족이나 서고트족의 정착과정에서처럼 프랑크족의 대이동과
정착 과정에서도 프랑크족의 왕에 의한 로마 황제영지의 인수와 더불
어 수장층을 비롯한 프랑크인들에 대한 로마인들의 대규모 토지할양
이 이루어졌을 것임을 뜻하는 것이다. 사실 프랑크족은 게르만족의 대
이동 전에 시시각각 로마제국의 영내로 개별적으로 또는 무리를 지어
이주하기는 했지만, 라인 강 하구의 원주지로부터 갈리아 북부 지방으
로 대거 이동을 시작한 것은 4세기 중엽 이후부터이며 그 이동과정은
로마제국 군대와의 전쟁을 수반하는 것이었다. 프랑크족의 갈리아 북
부 정착과 프랑크왕국의 건설도, 476년 서로마제국의 황제가 폐위된
뒤에까지 센 강과 루아르 강 사이지역에 잔존해 있던 샤그리우스 지휘
하의 로마군대를 486년 수아송 전투에서 프랑크족 군대가 최종적으로
섬멸시킴으로써 비로소 완성될 수 있었던 것이다.

　왕을 비롯한 프랑크인들이 로마인들로부터 토지를 어떻게 획득
했든 간에, 북부 갈리아 지방에 건설된 프랑크왕국의 사회에 적용된
프랑크족의 부족법은 그들이 갈리아에 정착한 후 사적 토지소유제와
대토지소유제가 확립되고 확대되고 있었음을 보여 준다. 프랑크왕국
이 건설된 지 20년쯤 지난 508~511년 무렵에 편찬된 것으로 추정되
는 살리프랑크족의 살리 법(Lex Salica)[37] 제LVIIII조에는 '자유지' 또
는 '사유지'라고 번역될 수 있는 'alodis'라는 토지의 상속에 관한 규정
이 있으며, 제XLI장 제6항과 제7항에는 각각 '로마인 토지소유자(Ro-

36　R. Koebner, "The settlement and colonization of Europe", pp. 35~36.
37　이 책에서 참고하는 것은 J. H. Hessels, ed., *Lex Salica: The ten Texts with the Glosses and the Lex Emendata* (London: John Murray, 1880)(이하 *Lex Salica*로 줄여 씀)이다.

manus possessor)'와 '로마인 소작인(Romanus tributarius)'이 나타나
고 제LXXVIIII조 제2항에도 '로마인 소작인(Romanus tributarius)'이
란 말이 보인다. 또 제XIV조 제6항과 제XLII조 제5항에는 대소유지를
뜻하는 '빌라(villa)를 침입하면 처벌 받는다.'고 규정되어 있다. 한편
살리 법보다 훨씬 늦었지만 6세기에 기원하고 630~750년간에 집성된
것으로 알려진 리부아리아프랑크족의 리부아리아 법(Lex Ribuaria)[38]
제65조에서도 노예를 'tributarius'라고 불리는 소작인으로 해방하는
방식이 규정되어 있고, 제63조에서도 빌라나 포도밭이나 여타 소유지
의 매입과 관련해서 빌라를 비롯한 소유지의 규모가 대·중·소로 구
분되고 있다.[39] 이 리부리아 법의 기록들 또한 대규모의 소유지가 프랑
크왕국의 초기부터 존재했음을 증언하는 것이라고 하겠다.

우리는 이런 프랑크족의 부족법에 보이는 'tributarius'나 'villa'와
같은 토지소유의 불평등한 관계와 대소유지를 표현하는 말들이 로마
인들의 토지소유에만 적용된 것이라고 볼 수는 없다. 왜냐하면 이들
부족법은 특별한 언급이 없는 한 어디까지나 프랑크족을 대상으로 해
서 적용되는 법이었기 때문이다. 따라서 프랑크족의 정복지역에서도
로마인들로부터 토지를 할양받고 할양받은 토지를 사회적 지위에 따
라 불평등하게 분배함으로써 로마인 사회처럼 대토지소유제와 지주-
소작인 관계가 형성되었다고 볼 수 있을 것이다.

그렇게 볼 만한 이유들이 또 있다. 프랑크족의 이주지인 루아르

---

38 이 책에서 참고하는 리부아리아 법은 *MGH*, F. Beyerle & R. Buchner, ed., *Lex Ribuar-
ia* (Hannover: Hahn, 1954)이다.

39 "Si quis **villam aut vineam vel quamlibet possessiunculam** ab alio comparaverit,
et testamentum accipere non potuerit, **si mediocris res est**, cum sex testibus, et **si
parva**, cum tres, quod **si magna**, cum duodecim ad locum traditionis cum totidem
numero pueros accedat, ⋯."

강과 라인 강 사이지역과 함께 장차 고전장원제의 전형적 발달지역의 일부를 구성하고 부르군트족의 핵심적 정착지가 되는 부르고뉴에서도, 전술한 바와 같이 게르만족이 토착의 로마인들로부터 대규모의 토지를 할양받고 토지분배상에 심한 격차가 나타나고 있는 것이다. 또 그 밖에, 로마인 사회로 이동한 여타 게르만 부족들의 정착지들에서도 예외 없이 대규모의 토지할양이나 토지의 배분과 소유에 큰 격차가 나타난다. 서고트족의 정복지에서도 앞에서 본 바와 같이 로마인들로부터 대규모의 토지 할양이 있었고, 이탈리아를 정복하여 로마인들로부터 토지의 ⅓을 할양받은 동고트족 사회에서도 대토지소유제가 발전했으며,[40] 북부 이탈리아를 점령한 롬바르드족의 경우에도 점령 당시부터 토지소유에 불평등이 심했다.[41] 알레만족과 바바리아족의 부족법과 이들의 이주 지역에서 발굴된 고분의 분석 결과에 의하면, 이들 부족의 정착 과정에서도 특권적인 가문들에 의한 대토지 점취와 대토지소유제의 발전이 있었다.[42]

3. 게르만족의 정착 후 중세 초기의 대토지소유제 발전

앞에서 본 바와 같이, 프랑크족을 비롯한 게르만족은 서로마제국 지역의 점령 과정에서 로마인들로부터 대규모의 토지를 획득하여 지위에

---

40 A. Dopsch, "Agrarian institutions of the Germanic kingdoms", pp. 181~182 및 M. Bloch, "Une mise au point: les invasions-occupation", pp. 132~133 참조.

41 A. Dopsch, "Agrarian institutions of the Germanic kingdoms", pp. 182~184 참조.

42 R. Koebner, "The settlement and colonization of Europe", pp. 36~39 및 A. Dopsch, "Agrarian institutions of the Germanic kingdoms", pp. 194~196; W. Rösener, "Strukturformen der adeligen Grundherrschaf", pp. 136~137 참조.

따라 불평등하게 분배함으로써 중세 초기의 게르만왕국들은 로마사회
와 마찬가지로 대토지소유가 지배적인 사회로 출발하였다. 그러나 토
지할양으로 인해 형성된 일부 게르만인의 대토지소유나 토지양도 후
산존한 로마인의 대토지소유나 둘 다 원래 봉건사회의 장원 크기보다
훨씬 작았던 로마시대의 대소유지가 분할된 것이므로, 중세 초 토지
할양 직후의 대소유지는 대체로 그 규모가 9세기 이후보다 작음은 물
론 그 전시대보다도 더 작을 수밖에 없었다. 이처럼 축소된 작은 규모
의 대소유지가 9세기 이후의 장원과 영지 규모로 확대되고 사회적으
로 대토지소유제가 일반화되는 것은 물론 중세 초기의 과정에서다. 특
히 갈리아 북부지역을 점령한 후 서유럽 일대로 팽창하여 대제국을 건
설한 프랑크왕국에서 대토지소유제의 발전은 급속하고 광범위했으며,
중세 초기의 역사에서 일대 추세를 이루었다. 프랑크왕국 가운데서도
왕실과 세속의 세력가들 및 대형 교회기관들이 집중되어 있었던 루아
르 강과 라인 강 사이지역의 대토지소유제 발전이 두드러졌다.

   광대한 크기의 메로빙조의 왕령지는 로마제국의 황제영지나 교회
토지 또는 무주지(無主地) 등을 토대로 창출되었다. 그 후 왕령지는 정
복활동이나 법령 위반자의 토지몰수를 통해 늘어나기도 했지만,[43] 몇
몇 칙령을 통해서 볼 때[44] 신민들로부터의 수증(受贈)을 통한 확대도

---

43   법령 위반자의 토지 몰수의 사례로는 예컨대, *MGH, Diplomatum Karolinorum*,
     tomus I. *Pippini, Carlomanni, Caroli Magni diplomata* (Hannover: Hahn, 1906;
     제인쇄: München, 1979), no. 205(pp. 274~275) 참조.

44   *MGH*, A. Boretius, ed., *Capitularia regum Francorum*, 2 vols. (Hannover: Hahn,
     1883) (이 칙령집은 모두 2권으로 되어 있다. 제1권은 A. 보레티우스가 단독으로 편찬
     하고 제2권은 보레티우스와 V. 크라우제[Krause]가 공동으로 편찬했지만, 칙령의 일련
     번호는 제1권으로부터 제2권까지 연속된다. 그래서 아래에서는 편의상 편찬자의 명시
     나 제1권과 제2권의 구분 없이 그냥 *Capitularia*로 줄여 쓴다.), no. 140의 칙령문서 제
     4조(p. 287) 및 no. 183 "Ansegisi capitularium liber quartus"의 제37조(p. 442) 참조.

상당했던 것으로 보인다. 그러나 왕령지는 왕의 신하들과 교회기관에 대한 토지수여로 말미암아 뒤에 가서 전체 규모 면에서는 확대되지 못했던 것으로 추측된다.

고위 관리와 왕의 가신(fidelis) 및 왕령지 관리인들과 같은 세속 권력층은 충성심을 확보하려는 왕으로부터 많은 토지를 하사받았을 뿐만 아니라, 교회기관으로부터도 은대지(beneficium) 또는 프레카리아(precaria)라는 이름의 형태로 상당한 크기의 토지를 양도받았으며,[45] 많은 법률서식들이 보여주듯이 토지의 매입을 통해서도 토지를 축적했다. 또한 세속 권력층은 프랑크 왕국의 법률서식(法律書式. formula)들에서 종종 보듯이 서민층으로부터도 토지를 기부받았다.[46]

그러나 중세 초기의 기록 속에서 고위 성직자들과 함께 종종 '세력가(potens)'나 '명망가(inlustris vir)'로 불렸던 권력층 사이에서[47] 가

---

45   예컨대, J. Halkin & C. G. Roland, ed., *Recueil des chartes de l'abbaye de Stavelot-Malmedy* (Bruxelles: Kiessling et Cie, P. Imbreghts, 1909) (이하 *Chartes de Stavelot-Malmedy*로 줄여 씀), no. 13(p. 38) 참조. 10세기의 일이기는 하지만, A. Lesort, ed., *Chronique et chartes de l'abbaye de Saint-Mihiel* (Paris: C. Klincksieck, 1909-1912), no. 20(pp. 97~99), 27(pp. 120~122)도 참조.

46   예컨대, *MGH*. K. Zeumer, ed., *Formulae Merowingici et Karolini aevi* (Hannover: Hahn, 1886) (이하 K. Zeumer, ed., *Formulae*로 줄여 씀), "Marculfi formulae", liber II, no. 37(p. 97), 38(p. 98) 및 "Formulae Salicae Lindenbrogianae", no. 6(p. 271) 참조.

47   중세 초기의 문헌기록에서 '세력가'나 '명망가'라고 불린 권력층은 사실상 귀족이라고 할 수 있을 것이다. S. 에어리는 이미 8~9세기에 비록 출생과 직무에 기초한 폐쇄적 집단은 아니었지만 조상에 대한 긍지, 토지소유, 전쟁과 통치 면에서의 지도적 위치, 호사스런 소비생활, 사냥 등의 생활양식에 기초한 귀족(aristocracy)이 서유럽에 존재했으며, 이들은 카롤링왕조의 등장과 팽창으로 부와 권력을 확대할 수 있는 기회를 가지게 되었으나 그 이전부터 강력한 독자적 세력으로 존재했다고 한다. S. Airlie, "The aristocracy", *NCMH*, vol. II: R. McKitterick, ed., *c. 700-c. 900*, pp. 431~433 참조. H.-W. 괴츠도 세속과 교회의 관직을 보유하고 대토지를 소유한 정치적·경제적 상류층으로서의 귀족(nobility)이 이 시기에 존재했다고 본다. H.-W. Goetz, "Social and military institutions", pp. 457~458 참조. 에어리에 의하면 귀족은 카롤루스 대제 시절에

장 흔했던 토지축적 방법은 이른바 '빈민들(pauperes)'이라고 하는 사
회적 약자층으로부터 그들의 막강한 권력을 이용하여 토지를 탈취하
는 것이었다. 한 칙령은 프랑크왕국에서 최고위 관리 노릇을 한 고위
성직자들과 세속의 관리들이 어떻게 그들의 징병권과 재판권을 남용
하여 약자들의 재산을 빼앗았는지를 적나라하게 보여 준다.[48] 세력가
들에 의한 너무나 부당한 토지탈취가 잦아서 이의 반환을 요구하는 소
송사건이 많았으며,[49] 프랑크왕국의 왕들은 각종 탈취 행위를 금지하
는 칙령을 거듭 내려야 했다.[50] 또 왕들은 약자에 대한 강자의, 가난한
자에 대한 부자의 억압과 횡포로 자유인들이 토지나 자유인 신분을 잃
는 사태를 방지하기 위해 지방마다 수시로 조사요원을 파견하거나 고
소된 사건별로 조사케 하여 시정 명령을 내려야 할 정도였다.[51]

　　그렇지만 이들 칙령과 여타 사료들에 의하면, 토지의 탈취에는 권
력남용에 의한 노골적인 강탈만 있었던 것이 아니다. 세력가들이 앞에

도 왕실에 협력하면서도 독자적 세력을 유지하여 왕실과 긴장관계에 있었다. S. Airlie,
"Charlemagne and the aristocracy: captains and kings", J. Story, ed., *Charlemagne.
Empire and Society* (Manchester: Manchester Univ. Press, 2005), pp. 90～102 참조.

48　*Capitularia*, no. 73의 제2～5조(p. 165).

49　탈취된 토지의 반환을 요구하는 법률서식이 여럿 존재할 정도로 그런 소송사건이 많았
다. 예컨대, K. Zeumer, ed., *Formulae*, "Formulae Salicae Bignonianae", no. 13(pp.
232～233) 및 "Formulae Salicae Merkelianae", no. 29(p. 252) 참조.

50　*Capitularia*, no. 44의 제16조(p. 125), no. 59의 제9조(p. 146), no. 62의 제12조
(p. 150), no. 66의 제3조(p. 155), no. 78의 제22조(p. 174), no. 88의 제2～4조(pp.
187～188), no. 141의 제1～3조(p. 289), no. 154의 제1～2조(p. 312) 및 no. 183
"Ansegisi capitularium liber primus"의 제115조(p. 410), "Ansegisi capitularium liber
secundus"의 제32조(p. 421), "Ansegisi capitularium liber quartus"의 제44조(p. 443)
등 참조.

51　예컨대, *Capitularia*, no. 141의 제1～2조(p. 289); *MGH*, G. H. Pertz, ed., *Scriptores
rerum Germanicarum*, tomus II (Hannover, 1829; 재인쇄: Sttutgart, 1976), no.
XVI의 819년조(年條)(p. 195); K. Zeumer, ed., *Formulae*, "Formulae imperiales",
no. 5(p. 291), 9(p. 293), 14(p. 296), 51(pp. 324～325) 참조.

서 말한 기부와 매매의 방식으로 토지를 취득했다고 할지라도, 실제로는 강압적인 권력을 행사하거나 흉계와 술수를 쓰거나 또는 기근 시절의 궁핍한 형편을 악용하여 토지를 양도받거나 정당한 땅값을 지불하지 않고 싼 값으로 매입하는 경우들이 많았다.[52] 세속의 세력가에 의한 토지강탈은 비단 약자들에만 한정되지 않고 심지어 때로는 교회기관에 대해서도 행해졌다.[53] 이런 토지탈취에 관한 사료들은 주로 카롤링시대에 작성된 것이지만, 메로빙시대에도 문헌기록이 부족해서 그럴 뿐 마찬가지의 사태가 벌어졌다고 하겠다. 왜냐하면 중세 초에 들어서면서부터 '세력가'와 '가난한 자' 또는 '약자'라고 표현되는 말들이 문헌기록에 많이 나타나고,[54] 중세 초기의 약육강식적 사회상황이 카롤링시대에도 그대로 이어지기 때문이다.

수도원과 주교좌교회와 같은 교회기관의 경우에는 개간을 통해서 상당한 토지를 획득했던 것으로 보인다. 특히 수도원의 경우 흔히 외진 미개척지에 건립되고 수도의 덕목으로 근로활동이 강조되었던 까닭에 개간에 의한 토지확장이 무시될 수 없을 정도였던 것으로 추측된다. 이것은 영지 관련 문서들 속에 개간지가 가끔 언급되는 것으로 봐서 알 수 있다. 또한 기부금 수입이 많았던 교회기관은 토지의 매입을 통해서도 소유지의 확장을 꾀했다. 중세 초기 토지매매에 관한 문서들 가운데 매입의 주체가 교회기관인 경우가 압도적으로 많으며, 영지의

---

52 이에 관한 예들은 많지만, 그 가운데서 특히 *Capitularia*, no. 154의 제1∼2조(p. 312) 및 no. 183 "Ansegisi capitularium liber secundus"의 제31∼32조(p. 421) 참조.

53 K. Zeumer, ed., *Formulae*, "Formulae imperiales", no. 46(pp. 321∼322); *Ludowici Germanici, Karolomanni, Ludowici Iunioris diplomata*, no. 131(pp. 182∼183) 참조.

54 예컨대, *Capitularia*, no. 3의 제12조(p. 6), no. 4의 제1조(p. 8), no. 7의 머리말(p. 15) 및 제4조(p. 16), no. 9의 제14조(p. 22), 19∼20(p. 23), 24조(p. 23) 등 참조.

형성에 매입이 제법 기여하고 있음을 볼 수 있다.

　　그러나 교회기관의 경우 대토지 축적에 가장 크게 기여한 것은 외부인의 토지기증이었다. 예컨대, 알자스 지방과 라인란트팔츠 지방의 경계에 위치한 바이센부르크(Weißenburg) 수도원의[55] 영지에 관한 문헌에 의하면,[56] 이 수도원의 토지거래에 관한 총 267건의 계약문서 가운데 토지매입에 관한 문서가 20건이고 토지교환에 관한 것이 2건이며, 나머지 245건 모두는 이 수도원에 대한 외부인의 토지기증에 관한 문서이다. 이들 문서는 7세기부터 10세기에 걸쳐 작성된 것들이지만, 8세기의 것이 가장 많다. 또 프랑스 동북부 로렌 지방의 메스(Metz) 시 인근 소재 고르즈(Gorze) 수도원에 관한 문헌에 따르면,[57] 이 수도원의 경우 수도원이 건립된 직후인 745년부터 100년간 기록되어 있는 전체 36건의 토지거래 문서 가운데 33건이 기부에 관한 것이고 매입과 교환에 관한 문서는 각각 1건과 2건뿐이다.

　　이처럼 수도원을 비롯한 교회기관의 대영지는 토지기증에 의해 성립했다고 해도 과언이 아닐 정도로 대토지 축적에서 기부의 비중이 압도적으로 높다. 설립 당시부터 왕이나 부유한 세력가의 대규모 토지기증을 물적 기초로 하여 출발했던 교회기관은 그 후에 왕실과 귀족

55　이 수도원의 중세 라틴어식 이름은 '비젠부르크(Wizenburg)'였다. 오늘날 이 수도원과 이 수도원을 중심으로 구성된 도시는 프랑스령에 속하며, 프랑스식 이름은 '비상부르(Wissembourg)'다. 그러나 프랑스식 이름인 '비상부르(Wissembourg)'란 말은 독일어식 이름인 '바이센부르크(Weißenburg)'에서 유래하고 이의 프랑스식 음역이다. 게다가 중세에 이 수도원이 소유한 대부분의 토지는 현재까지 오랜 기간 독일에 속해 온 라인란트팔츠를 비롯한 라인 강 중류 지역의 독일령에 분포해 있었다. 그래서 이 책에서는 이와 같은 역사적 특성을 감안하여 이 수도원의 이름을 '바이센부르크(Weißenburg)'라고 부르겠다.

56　여기서 참고하는 자료는 전술한 C. Zeuss, ed., *Traditiones Wizenburgenses*라는 사료집이다.

57　앞에서 인용된 *Cart. de Gorze* 참조.

그리고 일반 대중의 교회기관에 대한 토지기증이 끊임없이 이어지고 확산됨에 따라 그 소유 규모가 엄청나게 확대되어 갔던 것이다. 일찍이 로마시대부터 로마법과 관습은 교회기관에 대한 재산기부를 장려했고,[58] 카롤링조의 칙령들은 이런 기부 행위를 보장하고 성직자들에게 사람들이 교회에 보시를 하도록 권고해야 한다고 하고 있으며,[59] 알레만 법(Lex Alamannorum)과[60] 바바리아 법(Lex Baiuwariorum)은[61] 어느 누구도 교회에 대한 기부 행위를 금지해서는 안 된다고 규정하고 있다. 이와 같은 법적·관습적 보장 속에 교회기관에 대한 재산의 기부는 중세 초기의 사회적 대세가 되고 일반적 관행으로 정착되었던 것으로 보인다.[62] 교회기관에 토지를 기증하는 법률서식들이 프랑크왕국 시대에 많이 나타나고 있는 것은 그런 추세의 반영이라고 하겠다.

교회기관에 대한 토지의 기증자는 왕에서 빈농에 이르기까지 광범한 계층에 걸쳐 있다. 왕이나 고위 관리, 고위 성직자, 일반 귀족 등과 같은 상류층은 몇 개의 농민보유지로 구성된 토지를 기증하는 경우도 더러 있기는 하나 대체로 장원 1개 수준의 비교적 큰 규모의 토

---

58   K. Zeumer, ed., *Formulae*, "Formulae Andecavenses", no. 46(p. 20) 참조.

59   *Capitularia*, no. 64의 제5조(p. 153), no. 139의 제6조(p. 282) 및 no. 183 "Ansegisi capitularium liber primus"의 제159조(p. 413) 참조.

60   *MGH, Legum tomus III*, "Lex Alamannorum", 제I조 제1항(p. 45). 이 책에서 참고하는 알레만 법은 *MGH, Legum tomus III* (Hannover: Hahn, 1863; 재인쇄: Stuttgart, Vaduz, Anton Hiersmann · Kraus Reprint Ltd, 1965), pp.34~170이지만, 그 가운데서도 특히 pp.41~70의 "Lex Alamannorum a Hlothario constituta, sive legem liber primus"이다.

61   *MGH, Legum tomus III*, "Lex Baiuwariorum", 제I조 제1항(p. 269). 이 책에서 참고하는 바바리아 법은 *MGH, Legum tomus III*, pp.257~449에 게재된 것이지만, 그중에서도 주로 참고하는 것은 pp.257~334의 "Lex Baiuwariorum, Textus legis primus"이다.

62   고르즈 수도원에 관한 문헌기록을 보면, 10세기 말엽 이후에는 기부에 의한 토지축적 건수가 현저히 줄어든다. 전술한 바이센부르크 수도원의 토지기부 문서도 10세기 중엽 이후에 관한 것은 거의 없다.

지를 기증한다.[63] 지배층의 토지기증은 왕의 특허장과 같은 공식문서에 기록되어 있기 때문에 눈에 잘 띄어 전체 토지기증에서 비중이 높은 것처럼 보인다. 그러나 중하층민의 중소 규모의 토지기증은 정부의 공식문서에 기록되는 경우가 드물기 때문에 잘 드러나지 않기는 하지만, 대단히 많다. 서민층에 의한 중소 규모의 토지기부가 매우 많았음은 전술한 바이센부르크 수도원의 토지기증 관련 문서들과, 일부 수증 토지의 크기가 특별히 기록되어 있는 생제르맹데프레(Saint-Germain-des-Prés) 수도원의 영지명세장[64] 제XII장, 그리고 루르 강변에 위치하

---

63   R. Le Jan, "Malo ordine tenent. Transferts patrimoniaux et conflits dans le monde franc(VIIᵉ-Xᵉ sièecle)", *Mélanges de l'Ecole françcaise de Rome. Moyen-Age*, 111(1999). pp. 951~972에 의하면, 교회기관에 대한 세속 귀족층의 토지기증은 기증자의 사후 상속인들이 기증토지에 대한 상속권을 주장하고 나서 갈등과 분쟁이 잦았다고 한다.

64   이 책에서 참조하는 생제르맹데프레 수도원의 영지명세장에 관한 편찬본들은 세 가지다. 하나는 근대에 들어 19세기 중엽에 가장 먼저 편찬된 전술의 B. Guérard, ed., *Polyptyque d'Irminon*이다. 이 책은 2권으로 되어 있다. 제1권은 "Prolegomènes, Commentaires et Éclaircissements"라는 제목의 주석 및 해설로 되어 있다. 제1권과 마찬가지로 역시 Paris에서 1844년에 'L'Imprimerie royale'라는 출판사에서 발간된 제2권은 "Polyptyque"라는 제목으로 pp. 1~282에 걸쳐 이 수도원의 영지명세장이 게재되어 있으며, 부록으로 그 밖의 문서들이 첨부되어 있다. 따라서 필자의 이 저서에서 일반적으로 이 편찬본과 관련하여 영지명세장의 출처를 말할 때는 제2권을 가리킨다. 이 저서에서 편찬자 B. 게라르의 주석 및 해설을 참고할 때는 앞에서 말한 바와 같이 B. Guérard, *Prolegomènes*로 줄여 표기하며, 각 권에 부록된 문서의 출처를 밝힐 때는 vol. I 또는 vol. II의 해당 문서와 페이지를 표시하도록 한다. 두 번째 편찬본은 A. Longnon, ed., *Polyptyque. de St. Germain-des-Prés*, Première partie. *Texte du polyptyque* (Paris: H. Champion, 1886; 재인쇄: Genève, Mégariotis Reprint, 1978)이다. 세 번째 편찬본은 가장 최근에 편찬된 D. Hägermann, ed., *Das Polyptychon von Saint-Germain-des-Pres* (Köln, Weimar, Wien: Böhlau, 1993)이다. 이 세 편찬본의 영지명세장 기록은 기본적으로 같다. 그렇지만 구두점의 표시나 장(章) 속의 소제목 표기에 있어 다소 차이가 나기도 한다. 특히 앞의 두 원서는 이 점에서 서로 비슷하나, 이들 두 원서와 맨 뒤의 원서 사이에는 제법 차이가 난다. 일반적으로 이 저서에서 생제르맹데프레 수도원의 영지명세장을 가리킬 경우에는 게라르의 편찬본을 중심으로 한 것으로, B. Guérard, ed., *Polyp. de St. Germain*으로 줄여 쓰겠다. 그러나 그 밖의 편

여 비교적 뒤늦은 9~11세기에 토지기증이 행해지고 있음을 보여 주는 베르덴 수도원의 영지 형성에 관한 문서와[65] 같은 일부 기록을 통해 확인된다. 서민층의 기증토지는 고전장원제 하의 농민보유지 1개 크기에[66] 해당하는 소농의 소유지인 경우가 많으며 그보다 더 작은 면적으로 된 영세농의 토지도 상당히 많다. 가끔 몇 개의 농민보유지를 합친 크기의 토지를 기증하는 부농들도 보인다. 그리고 거의 예외없이 지배층의 기증토지는 기증자가 소유한 토지의 일부를 떼어 주는 데 불과한 반면에 서민층의 기증토지는 대부분의 경우 그의 전(全) 재산이라는 차이가 있다. 또한 지배층의 경우에는 토지기증 후 신분이나 지위상의 변동이 없지만, 중소농민층의 경우에는 뒤의 제III장 제3절에서 보듯이 보통 토지기증 후 자신의 '간청(petitio, postulatio, supplicium)'에 의해 기부토지를 일정한 부담을 지는 조건 아래 일생 동안만 경작·이용하다가 결국 토지를 일신의 자유와 더불어 모두 잃고 예속민이 된다는 것이 특징이다.

이와 같이 중하층민에 의한 중소 규모의 토지기증이 워낙 많았으며, 앞에서 보았듯이 교회기관에 기증하는 세속 권력층의 소유지도 많은 부분이 사회적 약자층으로부터 직·간접적으로 탈취한 것이었다.

찬본을 특별히 지칭할 경우에는 각각 A. Longnon, ed., *Polyp. de St. Germain*과 D. Hägermann, ed. *Polyp. von St. Germain*으로 줄여 쓰도록 하겠다.

65 R. Kötzschke, ed., *Die Urbare der Abtei Werden a.d. Ruhr*, A. *Die Urbare vom 9.-13.Jahrhundert* (Bonn, 1906; 재인쇄: Düsseldorf, Droste, 1978) (이하 *Urbare der Werden*으로 줄여 씀), 제V장(pp. 152~167).

66 고전장원제 아래서 농민보유지의 크기는 지역에 따라, 그리고 같은 장원 안에서도 농민보유지에 따라 달랐으나, 대체로 파리 대분지의 중심부에서는 10헥타르쯤 되었고 그 외곽이나 주변지역에서는 15헥타르 전후 수준이었다. 필자의 논문들인 「고전장원제 하 농민보유지의 지역별 크기」, 『프랑스사 연구』, 20(2009. 2), 6~21쪽; 「고전장원제 하의 농민보유지제도」, 399~403쪽; 「고전장원의 공간적 기본구조와 크기」, 11~17, 26쪽 참조.

이런 점들을 고려할 때, 결국 교회기관이 축적한 대토지의 압도적인 부분은 서민층의 소규모 토지로부터 유래한다고 할 수 있다. 중세 초기에 교회기관을 비롯한 세력가들의 대토지소유제 발전은 중소 자유 농민층의 완전한 희생 위에 진행되었다고 해도 과언이 아닐 것이다.

그럼 중세 초기에 교회기관에 대한 서민층의 토지기부가 그렇게 많았던 까닭은 무엇일까? 자녀를 갖지 못한 사람이 남은 생애 동안 의식주를 의탁하기 위해 전 재산을 바친다든가,[67] 묘지용의 토지를 기증한다든가,[68] 국왕을 위한 군역을 수행하는 대신 수도원에 토지를 기증한다든가[69] 하는 경우들도 있었다. 그렇지만 이런 기부는 극히 이례적인 일이었다. 이런 경우들을 제외하고, 문헌에 기록된 일반적인 토지기부의 동기와 목적은 명목상으로는 왕으로부터 서민에 이르기까지 거의 예외 없이 기부자나 기부자와 그의 조상 또는 기부자와 그 가족의 '영혼구제(remedium animae)', 다시 말하면 죄의 사(赦)함을 받거나 죄를 줄여 '영혼의 안녕(salus animae)'을 도모하는 것이었다. 교회기관에 재산을 기부하는 일부 문서에서 '주면 받을 것이고, 베풀면 세상이 저희 것'이라는 성경의 구절이 인용되고 있고,[70] 전술한 바와 같이 일찍이 로마시대로부터 중세 초기에 걸쳐 교회에 대한 보시 행위가 장려되고 법적으로 보장되었으며, 중세 초기가 기독교 신앙이 서유럽에 급속히 보급되는 시대였다는 점들에 비춰볼 때, 보시 행위에 대한 이런 기

---

67 K. Zeumer, ed., *Formulae*, "Formulae Salicae Lindenbrogianae", no. 18(pp. 279~280) 및 H. Wopfner, ed., *Urkunden zur deutschen Agrargeschichte* (Stuttgart· W. Kohlhammer, 1925 1928), no. 34(p. 46) 참조.

68 B. Guérard, ed., *Polyp. de Saint-Remi*, 제XXII장 제47항(p. 88) 참조.

69 B. Guérard, ed., *Polyp. de St. Germain*, 제III장 제61항 참조.

70 예컨대, *Cart. de Gorze*, no. 4(pp. 10~11) 및 수도원장 Rose, J. Roux & E. Soyez, ed., *Cartulaire du chapitre de la cathedrale d'Amiens* (Amiens, 1905), 제I권, no. 1(p. 1) 참조.

독교적인 믿음에서 교회기관에 재물을 기부하는 사람들이 제법 있었을 것이다. 특히 왕을 비롯한 부유한 상류층의 기부는 대부분 이와 같은 믿음이나 내세에 대한 불안감에서 행해졌을 가능성이 크다.[71] 또 고위 성직자들이 수도원을 비롯한 교회기관에 자신의 사유재산을 가끔 기부하는 행위도 대체로 순수한 종교적인 신념에서 이뤄졌을 것이다.

그러나 기독교 신자들의 교회에 대한 기부 행위는 어느 시대고 늘 있는 현상이므로, 종교적인 이유로는 중세 초기 교회기관에 대한 중소 규모의 토지 소유자들의 대대적인 재산기부를 통한 대토지소유의 형성 추세가 설명될 수 없다. 앞에서 보았듯이, 토지기부가 교회기관에 대해서만 행해진 것이 아니라 왕실과 세속의 세력가들을 대상으로 해서도 이루어졌다는 사실은 기부에 종교적 이유만 있었던 것이 아님을 입증하는 것이다. 교회기관에 대한 서민층의 재산기부의 동기와 목적이 비록 종교적 동기에서 자발적으로 행해진 것처럼 기독교적으로 표현되고는 있지만, 그렇게 표현되는 토지기부의 대세 배경에는 기부자

---

71 그러나 구체적인 연구를 해 보면 교회기관에 대한 왕을 비롯한 세속 권력층의 토지기증도 실상은 단순히 내세에서의 영혼구제를 받기 위한 것만은 아니고 다른 동기가 작용했다. J. 바르비에는 프랑크 왕국의 왕들이 교회기관에 토지를 하사한 것은 교회를 보호하고 후원해야 한다는 종교적 의무감과 더불어, 왕의 관대한 이미지 형성이나 평화유지와 같이 이데올로기적 · 법적 · 행정적 측면에서의 통치목적 때문이었다. J. Barbier, "Du patrimoine fiscal au patrimoine ecclésiastique. Les largesses royales aux églises au nord de la Loire (milieu du VIIIᵉ siècle – fin du Xᵉ siècle)", *Transferts patrimoniaux en Europe occidentale*(*VIIIᵉ-IXᵉ siècle*) (*Mélanges de l'Ecole française de Rome. Moyen-Age*, Volume 11, Numéro 111-21) (Rome, 1999), pp. 577~605 참조. 그리고 M. Innes, *State and Soociety in the Early Middle Ages: the Middle Rhine Valley, 400-1000* (Cambridge: Cambridge Univ. Press, 2000), pp. 13~50에 의하면 지방의 유력자들은 자기 고장의 교회기관에 대한 토지기증을 통해 교회와 친족 차원에서 대대로 이어지는 상호 보호의 유대관계를 형성했으며, 토지기증은 많은 경우 기증토지를 프레카리아 등의 형태로 되돌려 받아 용익권을 향유하고 장례식, 추모식, 기도 등과 같은 방식으로 교회가 베풀어 주는 특혜를 누리는 현실적 이익이 있었다고 한다.

가 거역할 수 없는 힘과 중세 초기사회의 특별한 상황이 작용하고 있었다고 볼 수밖에 없는 중대한 사실이 있다. 그것은 서민층의 토지기부가 그들의 토지와 인신의 자유를 모두 잃고 예속민으로 전락하는 파멸석인 결과를 낳는다는 점이다. 전술한 바와 같이, 서민층의 기부토지는 대체로 기부자가 소유한 재산의 일부가 아니라 소유토지의 전부였다. 게다가 뒤의 제1부 제III장 제3절에서 보는 바와 같이, 기부자는 그의 간청을 통해 기부토지를 겨우 그의 일생 동안만 경작함을 허락받을 수 있을 뿐 기부 후에는 기부토지에 대한 소유권을 완전히 상실하며, 기부자는 단순히 토지만 바치지 않고 인신적으로도 수증기관에 일정한 의무를 수행하는 예속민으로 전락한다. 서민층의 이와 같은 토지기부 행위는 세력가의 핍박으로 자신의 재산과 인신을 온통 바치고 예속민이 되는 투탁(投託)에 다름 아니다. 아무리 종교적 동기와 목적의식이 절실했다고 하더라도 그 많은 농민들이 투탁을 통해 이런 몰락의 운명을 자초했을 리는 없는 것이다.

중세 초기에 투탁 행위의 유행은 서민층이 자신의 재산과 생명을 스스로의 힘으로는 온전히 지키기 어려운 불안하고 암담한 사회적 혼란상황을 전제로 하는 것이다. 실제로 중세 초기에는 대혼란이 지속되었다. 이 시기의 혼란상황은 근본적으로 로마사회의 경제적·사회적·정치적 토대를 이루고 있던 노예제가 해체되고 이에 따라 거대한 중앙집권적 로마제국이 붕괴한 데서 비롯된다고 하겠다. 게다가 중세 초기는 게르만족의 대이동과 이슬람 세력과 같은 외세의 서유럽에 대한 침략이 끊이지 않았고, 그런 속에 건립된 게르만왕국들은 관료제와 상비군제의 미비로 매우 취약했다. 그 결과, 무법적이고 폭력적인 무질서가 중세 초기의 사회를 지배했다.[72] 교회기관에 대한 토지기부의 보다 상세한 동기 및 배경을 밝히고 있는 문서들에는 '세상의 종말이 다가온다.'든가 '인간의 덧없음과 파멸(fragilitas seu casus humani generis)' 또는 '신에 대한 두려움' 등과 같은 표현이 나타난다.[73] 이런 말들은 단순한 종교적 수사가 아니라 중세 초기의 혼란스럽고 불안한 사회적 현실을 어느 정도 반영한다고 생각된다. 중세 초기의 폭력적인 혼란상황 속에서 특히 세속의 세력가들은 사회적 약자였던 중소농민의 토지를 온갖 수단과 방법을 다 써서 빼앗았던 것이다.[74] 토지를 잃을 위기상황에 직면하여 많은 농민들은 기왕이면 정신적 안식과 종교적 구원을 얻을 수 있고 세속의 세력가들에 비해 덜 가혹한 대접을 받으리라고 기대되는 교회기관을 토지투탁의 대상으로 삼았던 것으로 짐작된다.

그러나 교회기관에 대한 서민층의 토지기증은 약육강식적 혼란상황에 처한 농민들이 종교기관에서 도피처를 찾을 수 있다는 기대감에서 자발적으로 행해진 것만은 아니다. 영혼구제라는 미명 아래 엄청나게 많은 토지를 기증받았던 교회기관의 경우에도 세속의 권력자들과 마찬가지로 실상은 그들의 막강한 영향력을 행사하여 여러 가지 방

---

72 프랑크왕국을 중심으로 한 중세 초기사회가 폭력과 무질서가 만연한 사회였음에 대한 구체적 논의로는 G. Halsall, "Violence and society in the early medieval west: an introductory survey", G. Halsall, ed., *Violence and Society in the Early Medieval West* (Woodbridge(Suffolk): Boydell Press, 1998), pp. 1~45; P. Fouracre, "Attitudes towards violence in seventh- and eighth-century Francia", G. Halsall, ed., 같은 책, pp. 60~75; J. Nelson, "Violence in the Carolingian world and the ritualization of ninth-century warfare", G. Halsall, ed., 같은 책, pp. 90~107; C. Wickham, "Rural society in Carolingian Europe", *NCMH*, II: R. McKitterick ed., *c. 700-c. 900*, pp. 510~537 참조.

73 예컨대, K. Zeumer, ed., *Formulae*, "Formulae Turonenses", no. 1(p. 135)과 "Additamenta e codicibus formularum Turonensium", no. 1(p. 159) 및 "Formulae Slicae Lindenbrogianae. Additamenta", no. 2(p. 83) 참조.

74 중세 초기의 서유럽은 도처에서 폭력이 사회의 저변에 만연해 있는 속에 토지가 생존의 유일한 기초였다. C. Wickham, "Rural society in Carolingian Europe", pp. 510~537 참조.

법으로 농민들로부터 많은 토지를 강탈했음을 증언하는 여러 증거들
이 있다. 811년 카롤루스 대제의 한 칙령은 주요 교회기관의 관리책임
자인 주교와 수도원장들에 대해 '천국의 행복을 권고하고 지옥의 징벌
로 위협하면서 갖은 방법으로 자신의 재산을 쉬지 않고 늘리지 않았는
지, 그리고 단순하고 배운 것이 적고 경계심이 적은 부자와 가난한 자
의 재산을 하나님이나 성자의 이름으로 빼앗지 않았는지 조사받아야
한다.'고 하고 있다.[75] 이것은 성직자들과 교회기관에 의한 토지탈취가
영혼구제라는 종교적인 명분으로 위장된 채 격심했음을 분명하게 증
언하는 것이다.

또 다음과 같은 칙령들은 교회기관의 책임자들이 자유민의 토지
를 노골적으로 빼앗는 행패가 만연했음을 전하고 있다. 811년 군사원
정에 관한 "Capitula de rebus exercitalibus in placito tractanda"라는
칙령의 몇몇 조문은 주교와 수도원장 또는 그들의 대리인들이 세속의
권력자들에 못지않게 그들의 권력을 남용하여 가난한 자유민의 재산
을 악랄하게 빼앗음으로써 가난한 사람들의 탄원이 많았음을 보여 주
며,[76] 공의회(公議會)의 결의에 바탕을 둔 826년경의 칙령은 세속의 권
력자들과 더불어 고위 성직자들이 '나쁜 의도와 술책으로 가난하고 권
력이 없는 사람들의 재산을 매입하거나 강제로 빼앗아서는 안 된다.'
고 하고,[77] 819년의 한 칙령은 이들 성직자들이 일반 자유민의 자유와

75   "Inquirendum etiam, si ille seculum dimissum habeat, qui cotidie possessiones
     suas augere quolibet modo, qualibet arte non cessat, suadendo de coelestis regni
     beatitudine, comminando de aeterno supplicio inferni, et sub nomine Dei aut
     cuiuslibet sancti tam divitem quam pauperem, qui simpliciores natura sunt et minus
     docti atque cauti inveniuntur, sic rebus suis expoliant et legitimos beredes eorum
     exheredant, …"(*Capitularia*, no. 72의 제5조[p. 163])
76   *Capitularia*, no. 73의 제2, 3, 5조(p. 165) 참조.
77   "…, placuit nobis, ut nec episcopi nec abbates nec comites nec vicarii nec iudices

재산을 빼앗았을 경우의 조치방법을 규정하고 있다.[78] 칙령 외의 여타 문헌사료들에서도 중세 초기에 수도원과 같은 교회기관들이 일반 자유민들로부터 토지를 빼앗거나 부역노동을 수행하는 예속민을 확보·유지하기 위한 목적으로, 그런 운명의 덫으로부터 벗어나려는 사람들을 세속 법정에 제소하는 등 얼마나 끈질기고 악착같이 노력했는지를 보여주는 사례들이 제법 많이 나타난다.[79]

이와 같이 일반 자유농민들로부터 교회기관에 의한 토지탈취가 종교적 명분을 띠었든 띠지 않았든 격심했다는 사실은 교회기관의 대토지 축적에서 토지기부의 형식을 빌리지 않은 농민으로부터의 노골적인 토지강탈이 상당히 많았을 것임을 뜻한다. 그러나 동시에 그것은, 종교기관의 특성상 교회기관이 양도받는 대부분의 토지가 영혼구제를 받기 위한 토지기증이라는 형식을 띠었을 것임을 감안할 때, 농민들의 자발성에 기초한 듯이 보이는 교회기관에 대한 농민들의 토지기부의 많은 부분도 실상은 교회기관의 명시적 또는 암시적 압력과 강권(强勸)을 받고 농민 자신의 의사에 반하여 행해졌을 것임을 말해 주는 것이기도 하다.[80] 교회기관에 대한 농민들의 토지기증이 그들의 토

nullusque oranino sub mala occasione vel malo ingenio res pauperum vel minus potentum nec emere neo vi tollere audeat; ….”(*Capitularia*, no. 154의 제2조[p. 312] 및 no. 183 “Ansegisi capitularium liber secundus”, 제32조[p. 421])

78   *Capitularia*, no. 141의 제1조(p. 289).

79   예컨대, K. Zeumer, ed., *Formulae*, “Formulae Senonenses recentiores”, no. 1~6(pp. 211~214); “Formulae Salicae Bignonianae”, no. 7(p. 230); “Formulae Salicae Merkelianae”, no. 32(p. 253); “Formulae Salicae Lindenbrogianae”, no. 21(p. 282); H. Wopfner, ed., *Urkunden. zur deut. Agrargeschichte*, no. 44(pp. 52~53) 참조.

80   바로 이런 사정 때문에 교회기관에 대한 토지기부 문서들에서 가끔 영혼구제를 받기 위해 ‘자발적으로(ex spontanea voluntate)’ 기증이 행해졌다는 말이 특별히 강조되곤 했을 것이다. K. Zeumer, ed., *Formulae*, “Formulae Augienses. collectio B”, no. 37(p. 361) 및 M. Gysseling & A. C. F. Koch, ed., *Diplomata Belgica ante annum milles-*

지와 인신의 자유를 온통 잃고 예속민으로 전락하는 파멸적인 결과를 수반했다는 사실 자체가 농민들의 토지기증이 자발성에 의한 것이 아니라 강압으로 인한 불가피한 선택이었음을 증명한다고 하겠다. 그와 같은 토지기증이란 사실상 토지탈취나 다름없는 것이다.

중세 초기에 중소농민의 희생 위에 진행된 이러한 대토지소유제의 발전에 대해 프랑크왕국 당국은 어떠한 태도를 취했을까? 앞에서 보았듯이 프랑크왕국의 왕들은 사회적 약자에 대한 세력가의 토지탈취를 금지하는 칙령을 거듭 내리고 부당한 토지탈취에 대해서는 조사케 하여 시정하도록 하는 조치를 취하고 있다. 그러나 그렇다고 해서 프랑크왕국의 왕들이 대토지소유제 자체를 반대했다고 볼 수는 없다. 왕들이 금지하고 단속한 대상은 어디까지나 법적으로 규정된 절차와 방법을 어기고 권력을 남용하여 사회적 약자들의 토지를 탈취하는 노골적인 불법 행위들뿐이다. 그리고 그런 조처를 취하게 된 목적은 프랑크왕국의 납세 담당자이자 군역 수행자들인 자유민들이 재산을 잃고 거지나 도둑 또는 불량배(malefactores)가 됨으로써 왕에 대한 복종심(regale obsequium)이 약화되고,[81] 사회가 어지럽혀지는 것을 막으며,[82] 군역을 제대로 수행토록 하기 위함이었다.[83] 조세수입과 군역 수행 및 치안유지가 크게 손상받지 않는 한, 왕들은 대토지소유제의 확대·발전을 억제하려고 하지 않았다. 오히려 대토지소유제의 발전을 당연시하고 장려하는 태도를 취했다. 일찍이 곳곳에 대규모의 왕령

---

inum centesimum scripta, I. *Teksten* (Brussel: Belgisch Inter-Universitair Centrum voor Neerlandistiek, 1950) (이하 *Diplomata Belgica*로 줄여 씀), no. 29(pp. 51~52) 참조.

81 *Capitularia*, XII. "Ansegisi capitularium", liber primus, 제115조(p. 410) 참조.

82 *Capitularia*, no. 44의 제16조(p. 125), no. 72의 제5조(p. 163), XII. "Ansegisi capitularium", liber primus, 제115조(p. 410) 참조.

지를 가지고 있었던 프랑크왕국의 왕들은 고위 성직자와 관리 및 가신들 그리고 교회기관들에게 대토지를 하사하고 앞에서 본 바와 같이 법령을 통해 교회기관에 대한 토지기증을 보장하여 대영지의 형성을 촉진하려고 하지 않았던가. 또 왕실법정을 비롯한 공공법정은 언제나 토지를 빼앗겼다고 주장하는 약자보다도 대토지소유자의 입장을 적극 옹호하고 후자에게 유리한 판결을 내리곤 했다.[84] 더욱이 메로빙조 초기부터 조세제도가 붕괴되면서 점차 왕령지가 왕실의 재정적 기초가 되고, 자유민으로 구성되는 보병 중심의 군대가 8세기 초반부터 기병 위주의 엘리트군대로 개편되는 등 봉건적인 재정 및 군사 제도가 확립되어 감에 따라 중소농민을 보호할 이유가 없어지고 있었다. 이런 상황에서 당시로서 막대한 비용이 드는 전문적인 기사 중심의 봉건적 군사제도는 대규모의 봉토를 물적 토대로 하는 것이기 때문에, 대토지소유제의 발달은 장려되어야 했다.

4. 맺음말

카이사르가 이끄는 로마군대에 정복되기 이전에도 갈리아에 거주하고 있던 켈트족의 사회에 다소 큰 규모의 소유지들이 존재하지 않았던 것은 아닌 것으로 보인다. 그러나 루아르 강과 라인 강 사이지역을 중심으로 한 갈리아 지방에서 대토지소유제가 본격적으로 발달하게 된 것

---

83 *Capitularia*, no. 73 "Capitula de rebus exercitalibus in placito tractanda"(pp. 164~165) 참조.

84 예컨대, K. Zeumer, ed., *Formulae*, "Formulae Senonenses", no. 20(p. 194), "Formulae Senonenses recentiores", no. 2~6(pp. 211~214), "Formulae Salicae Bignonianae", no. 7(p. 230), "Formulae Salicae Merkelianae", no. 5(p. 270) 참조.

은 로마의 정복 이후였다. 갈리아 북부지역에 대한 근래의 고고학적 연구는 로마제국의 지배 아래서 빌라라고 불린 대토지소유가 이 지역에서 발달했음을 밝혀 보이고 있다. 또한 우리는 중세 초기의 문헌기록을 통해서도 갈리아 북부지역을 중심으로 한 서유럽에서 콜로누스와 같은 소작농민에 의해 경작되는 대토지소유제와 더불어 노예노동력을 주로 사용하는 대토지소유제가 로마제국시대에 발달했음을 확인할 수 있었다. 그러나 이 시기의 대소유지 규모는 봉건사회의 대소유지보다는 훨씬 작았다.

한편, 서유럽의 봉건사회 형성에서 다른 한 축을 담당하게 되는 게르만족 사회는 기원전 1세기 중엽 카이사르의 갈리아 정복 당시만 해도 토지의 공유제와 평등한 분배가 실시되었다. 그렇지만 그 후 로마화된 갈리아사회와의 접촉과 자체의 생산력 발전으로 민족대이동 전까지 토지공유제의 토지사유제로의 이행과 예속적 토지소유관계의 발전이 완만하게 진행되면서도 점차 가속화되었다. 그러나 게르만족 사회에서 토지공유제가 붕괴되고 토지소유상에 불평등이 격심해져서 대토지소유제가 형성되게 되는 결정적 계기는 게르만족의 대이동 후 정착과정에서였다. 로마인과의 무력투쟁이 수반된 민족대이동을 통해 갈리아 지방의 점령자 내지 정복자로 등장한 게르만인들은 로마인들로부터 대규모의 토지를 할양받아 그들 사이에 차등적으로 분배하였고, 대토지를 소유한 자들은 경작노동력으로 노예나 콜로누스를 사용하는 로마형 대토지경영 방식을 채용했다.

그렇지만 봉건시대의 대소유지보다 작았던 로마인들의 대소유지가 게르만인들에게 할양됨으로써 토지할양 직후의 대소유지는 대체로 그 전보다도 그 규모가 더욱 축소되었다. 이렇게 축소된 대소유지는 중세 초기를 통해 엄청나게 확대되었고, 대토지소유제는 사회에 널리 확산되었다. 중세 초기의 대토지소유자들은 왕실과 세속 권력층, 그리고 수도원이나 주교좌교회와 같은 교회기관들이었다. 이들 세력가는 수단과 방법을 가리지 않고 토지를 축적하여 막대한 규모의 토지를 소유했다. 분명히 개간사업이나 자발적 기증과 같은 순리적 방법을 통한 토지의 확장이 대소유지의 형성에 기여했음이 틀림없다. 특히 수도원과 같은 교회기관의 대토지 축적에는 개간활동이 제법 중요한 역할을 담당하였으며, 신앙심에 의한 자발적 토지기증도 상당했던 것으로 추정된다. 그러나 세력가들이 소유하게 된 토지의 많은 부분은 실상은 직·간접적인 강제와 압력을 통해 사회적 약자들로부터 탈취한 것에 지나지 않는다. 교회기관을 포함한 세력가들은 로마제국의 붕괴로부터 봉건적 질서가 성립하기까지의 격심한 과도기적 혼란상황 속에서 그들의 막강한 권력과 영향력을 행사하여 노골적으로 중소농민들로부터 토지를 빼앗거나, 기만과 술책으로 토지를 양도받기도 하고 싼값으로 매입하기도 했으며, '영혼구제'라는 종교적 명분 아래 토지와 인신을 투탁받아 농민들의 재산과 인신의 자유를 박탈하기도 했다. 물론 세속의 권력자들은 왕으로부터도 많은 토지를 하사받았고, 교회기관의 경우에는 왕실과 세속 권력자들로부터도 상당한 규모의 토지를 기부받았다. 그렇지만 고위관리들과 왕의 측근들 및 교회기관에 하사된 토지의 원천인 왕령지는 프랑크족의 갈리아 정복과정에서 몰수된 로마제국의 황제영지를 토대로 하여 형성된 것이고, 세속 귀족층이 교회기관에 기증한 다수의 토지도 따지고 보면 일반농민들로부터 부당한 방법으로 취득한 것이다.

그러므로 중세 초기의 대토지소유제 발전은 기본적으로 정복과정과 중소농민의 희생을 통해 폭력적이고 강압적인 방식으로 이루어졌다고 해도 과언이 아닐 것이다. 이처럼 대토지소유제의 형성과 발전이 주로 폭압적인 방법에 의거했다는 사실은 비단 중세 초기에만 해당되는 것이 아니다. 앞에서 보았듯이, 게르만족의 민족대이동과 정착이 있기 전까지의 갈리아사회에서도 마찬가지였다. 고전적 봉건제가 발달하게 되는 갈리아 북부 지방을 중심으로 한 서유럽의 공간에서 정복전쟁에 의한 선주민 토지의 탈취와 사회적 약자에 대한 세력가의 재산 강탈이라는 토지축적의 폭력적 성격이 로마의 갈리아 정복으로부터 시작하여 봉건사회가 성립하는 9세기 이후까지 영주적 대토지소유제의 형성과정을 관통하고 있다. 이러한 폭압적 방법에 의해 중소 규모의 소유지들이 대소유지들로 재편되어 가는 과정이 그 오랜 기간의 일대 역사적 추세였으며 고대사회로부터 중세 봉건사회로 이행하는 과도기의 주요한 특징이다. 특히 무법적이고 폭력적인 혼란상황이 지속된 중세 초기를 거치면서 막대한 토지가 대영지로 편입됨으로써 비로소 토지를 독점 소유한 영주 계급과 토지를 소유하지 못하고 잉여노동을 지대로 영주에게 바치는 농노 계급 사이의 봉건적 토지소유관계가 성립했던 것이다. 이와 같이 영주적 대토지소유제는 폭압적 방법으로 중소농민층의 사적 소유지와 공유지를 희생시키면서 성립했기 때문에, 그것이 성립한 후에도 역시 폭력과 강제력을 통해 유지될 수밖에 없었던 것이다. 그래서 서유럽의 봉건사회에서 대토지소유자는 단순한 지주가 아니라, 기사들로 조직된 무력을 독점하고 재판권을 비롯한 공권력을 사점하여 대토지의 경작농민들을 직접 지배하는 영주로 존재할 수밖에 없었을 것이다.[85]

85　영주권의 폭력적 성격과 그 내용에 관해서는 필자의 논문, 「고전장원제에서의 영주권과 농민─영주권의 구성과 성격을 중심으로─」, 『역사학보』, 151(1996), 277~334쪽 참조.

III. 토지경영체제로서의 고전장원제의 형성

1. 머리말

유명한 아날(Annales) 학파의 창시자이자 중세사가인 M. 블로크는 1941년『케임브리지 유럽경제사』에「예속적 경작과 장원제의 형성」이라는 '고전장원제(the classical seignorial system)'의 형성에 관한 장문의 글을 기고했다.[1] 이 기고문은 고전장원제가 어떻게 형성되었는지를 보기 드물게 상세히 다룬 중요한 논문이다. 그는 여기에서 고전장원의 생성은 사료 부족으로 불분명하다고 전제한다. 그러면서도 그는 고전장원은 태곳적의 촌락 수장제를 출발점으로 하여 긴 역사적 변화과정을 거쳐 형성되었으며, 고전장원제가 완전히 형성되어 뚜렷한 모습을 드러내는 것은 9세기였다고 주장한다. 그에 의하면 고전장원은 태고시대, 로마시대 초기, 로마시대 후기, 중세 초기 등 시대별로 주요 단

---

[1] 필자가 참고한 것은 M. Bloch, "The rise of dependant cultivation and seigneurial institutions", *CEHE*, vol. I, pp. 235~290임.

계를 거쳐 형성되었다. 그에게 있어 고전장원 형성의 가장 중요한 단계와 계기는 로마시대 이전부터 갈리아를 비롯한 유럽에 널리 존재했던 태고시대의 농촌 수장제다. 중세 장원제에 흔적을 남기고 있는 태곳적의 촌락 수장제가 고전장원의 '가장 중요한 핵심'이라고 그는 보는 것이다. 영주를 위한 중세 장원농민들의 부과조 납부와 부역 수행, 개구리가 영주의 수면을 방해하지 않도록 주민들이 성채의 해자 물을 막대기로 두드리는 중세 프랑스의 관습, 영주의 초야권, 장원제의 저변에서 작동되었던 촌락공동체의 집단적 농업규제 등은 아주 먼 옛날의 촌락 수장제의 관습에서 유래한다는 것이다. 그 다음으로 고전장원 형성의 주요한 계기는 로마시대의 노예제 발전 및 쇠퇴와 자유민의 예속적 소작농민화이고, 마지막으로 주요한 계기는 중세 초기의 사회적 혼란상황이다.

그의 설명은 설득력이 있고, 후세 연구를 위한 중요한 여러 시사점을 제시한다. 특히 로마시대의 노예제 성립이 지주의 대규모 직영지를 창출하고, 그 후의 노예제 쇠퇴가 직영지 경작을 위한 부역노동력의 부족을 초래하여 자유인 출신 소작농들의 부역노동을 증가시키는 계기가 되었다는 해석은 고전장원제 형성의 결정적 계기에 대한 정확한 지적이라고 할 수 있다. 그러나 아득한 옛날의 촌락 수장제가 고전장원제의 구조와 얼마나 유사성이 있는지에 대해서는 의문이 들지 않을 수 없다. 그 스스로 한편으로는 '초기의 수장제는 아직 진정한 장원제와 거리가 멀다.'고 실토하기도 한다.[2] 그리고 고전장원제의 형성에 대한 그의 논의는 제한된 지면에서 영주권의 형성 문제까지 함께 다루는 데다 태곳적의 농촌 수장제로부터 형성된 길고 긴 역사를 취급하다

---

2   M. Bloch, 같은 글, p. 286.

보니, 고전장원제의 형성과정을 개관하는 수준을 벗어나지 못하는 한 계도 지니고 있다.

블로크와는 달리 고전장원제가 로마사회에서 비롯되며 이미 로 마제정 후기에 고전장원제가 형성되었다는 견해가 있다. 이런 견해는 1960 · 70년대의 동독 학계에서 상당히 유력한 학설을 형성했다. 동독 의 마르크시스트 역사가들 외에도 서구 학계의 일각에서도 이런 견해 가 제기되었다. 이런 견해의 소지자들은 로마제정 후기에 이미 대소유 지가 지주의 직접경영지와 소작농민들의 보유지로 구성되고 직영지는 소작농들의 부역노동으로 경작되는 장원제가 형성되었을 뿐만 아니라 지주가 재판권을 행사하고 대소유지별 자급자족적 경제체제가 확립되 는 등 중세 전기와 같은 봉건적 토지소유관계와 생산관계가 성립되었 거나 크게 발전했다고 본다.[3]

3 동독 학계의 견해에 대해서는 E. Müller-Mertens, "Zur Feudalentwicklung im Okzi- dent", pp. 52~73, 특히 61~63을, 서구 학계의 예로는 J. Percival, "Seigneurial aspects of late Roman estate management", *English Historical Review*, 84(1969), pp. 449~473 및 같은 저자, *The Roman Villa. An Historical Introduction* (London: Batsford, 1976), pp. 120~122; P. Sarris, "The origins of the manorial economy: new insights from late antiquity", *Economic History Review*(이하 *EHR*로 줄여 씀), 119(2004), pp. 279~311을 참조. 다만 P. 새리스는 로마시대의 장원은 고전장원 구조 를 갖추기는 했지만, 중세 초기와는 달리 도시를 상대로 한 상업적 농업생산을 했다고 한다.

  한편 카롤링시대에 'villa'라고 불린 고전적 형태의 장원은 경제적 의미의 대소유 지가 아니라 국가의 공적 징세단위이자 징세구역이고, 고전장원 속의 농민보유지인 망스(mansus)도 징세단위이며, 'villa'의 우두머리는 영주가 아니라 공적 세금 징수 관이며 9세기의 영지명세장(polyptychum)들은 사적 토지대장이 아니라 국가의 공 적 징세대장이라면서, 이와 같은 조세체계는 로마시대에 생겨나서 9세기까지 전해 진 것이라는 주장이 있다. J. Durliat, "Du *Caput* antique au manse médiéval", *Pal- las*, 29(1982), pp. 67~77; 같은 필자, "Le polyptyque d'Irminon et l'impôt pour l'armée", *Bibliothèque de l'École des chartes*, 141(1983), pp. 183~208; 같은 필자, "Qu'est-ce qu'un polyptyque?", *Media in Francia.: recueil de mélanges offert à Karl Ferdinand Werner à l'occasion de son 65ème anniversaire*, 1989, pp. 129~138; 같

그러나 이런 주장은 로마제정 후기에 일부 토지보유 노예들의 지
주직영지에 대한 경작부역 수행과 서유럽과 멀리 떨어져 있는 아프리
카나 이집트와 같은 속주에서 발견되는 일부 소작농민들의 부분적 부
역노동 수행을 고전장원제의 성립이라고 지나치게 확대해석하는 문제
점을 안고 있다. 사실 이런 주장을 하는 학자들 대부분이 스스로 이에
관한 증거사료가 적고 불확실함을 고백하고 있다.[4] 증거자료가 빈약한

은 필자, "Le système domanial au début du IXe siècle d'après le *capitulaire de villis*
et le polyptyque d'Irminon", J. Cusenier & R. Guadagnin, ed., *Un village au temps
de Charlemagne* (Paris: Réunion des musées nationaux, 1988), pp. 105~109; E.
Magnou-Nortier, "La gestion publique en Neustrie: les moyens et les hommes", H.
Atsma, ed., *La Neustrie. Le pays au nord de la Loire de 650 à 850* (Sigmaringen: Jan
Thorbecke, 1989), pp. 271~320; 같은 필자, "Le grand domaine: des maîtres, des
doctrines, des questions", *Francia*, 15(1987), pp. 659~700; 같은 필자, "À propos
de la villa et du manse dans les sources méridionales du haut Moyen Âge", *Annales
du Midi*, 96(1984), pp. 85~91; 같은 필자, "La terre, la rente et le pouvoir dans les
pays de Languedoc pendant le haut Moyen Âge", *Francia*, 9(1981), pp. 79~115;
동, 10(1982), pp. 21~66; 동, 12(1984), pp. 53~118; G. Grantham, "The early
medieval transition. On the origins of the manor and feudal government. Some
problems of interpretation" (McGill University, Sept. 2003), pp. 1~38(미발간 논문.
출처: http://people.mcgill.ca/files/george.grantham/Nashville4.doc.) 참조. 그러나
고전장원제를 전면 부정하고 일종의 조세제도론을 주장하는 이런 학설은 카롤링시대의
농촌 영지가 왜 하필 영주직영지와 농민보유지들로 구성되고 전자는 후자의 부역노동
으로 경작되는 체계로 조직되어 있었는지를 설명할 수 없는 근본적인 결함을 가지고 있
다. J. P. Devroey, "Polyptyques et fiscalité à l'époque carolingienne. Une nouvelle
approche?", *RBPH*, 63(1985), pp. 783~794, 특히 789~791에서는 이런 학설이 증
거에 기초하지 않은 단순한 가설에 불과하다는 비판을 받으며, D. Hägermann, ed.,
Polyptychon und die notitia de Areis von Saint-Maur-des-Fossés(Sigmaringen: Jan
Thorbecke, 1990), p. 70의 각주 403번에서는 생모르데포세(Saint-Maur-des-Fossés)
수도원의 영지명세장에 비춰볼 때도 성립하지 않는다는 반박을 받고 있다. 9세기의 영
지명세장이 고대 로마시대의 징세대장을 그대로 이어받은 것이 아니라는 점에 관해서는
L. Kuchenbuch, "Die Klostergrundherrschaft im Frühmittelalter. Eine Zwischenbi-
lanz", F. Prinz, ed., *Herrschaft und Kirche. Beiträge zur Entstehung und Wirkung-
sweise episkopaler und monastischer Organisationsformen Festschrift Karl Bosl*
(Stuttgart: Anton Hiersemann, 1988), pp. 315~317 참조.

4   E. Müller-Mertens, "Zur Feudalentwicklung im Okzident", p. 61; J. Percival, "Sei-

상황에서 동독의 마르크시스트 역사가들 가운데서도 상당한 이견이
표출되었다. 이를테면, J. 헤르만과 같은 학자는 서로마제국 지역에서
기원 2~3세기 이후 콜로누스들의 소작제 발전과 노예의 소작농화와
같은 봉건적 생산관계가 성립되기는 했으나, 이런 봉건적 생산관계가
크게 발전하지는 못했다고 한다.[5] 더욱이 「유럽에서 봉건제로의 혁명
적 변혁과정과 독일민족의 형성」이라는 제목의 1972년 동독 역사가들

gneurial aspects", pp. 459~468; P. Sarris, "Origins of the manorial economy", pp.
301, 310 참조. P. 새리스는 증거사료가 제한적이고 단편적이라고 하면서도, 5~7세기
이집트의 대토지소유에 관한 파피루스 문서의 분석을 근거로 해서 갈리아 지방을 비롯
한 서로마제국 권역에서도 고전장원제적 구조가 로마제국 후기에 성립해서 존재하고 로
마제국 몰락 이후에도 거의 온전한 상태로 서유럽에 전해져 존속했음을 '분명히 증언
하는 많은 증거'가 있다고 한다. 그러나 그가 제시하는 상당 부분의 증거라는 것이 정황
제시와 추론들이다. 구체적 증거라는 것들도 일부 외거노예의 토지보유와 지주직영지
에 대한 부역노동 수행을 보여주는 것들이든가, 콜로누스가 경작부역을 수행했는지 여
부를 따지지 않고 콜로누스의 존재 자체만으로 고전장원이 존재했다고 하는 것들이다.
그는 6세기 이탈리아에서 이분장원(二分莊園)이 존재했다는 "반박의 여지가 없는 증거
(irrefutable evidence)"로서, 6세기 라벤나 교회의 토지대장에 나타나는 토지보유자들
의 매주 3일씩의 부역노동 제공을 들고 있다(pp. 307~308). 그러나 여기에 기록된 전
체 52명의 토지보유자 가운데 이런 부역노동 제공자는 단 6명에 지나지 않으며, 여타 토
지보유자는 모두 화폐지대나 현물지대를 바친다. L. Kuchenbuch, *Grundherrschaft
im früheren Mittelalter*, pp. 68~70에 게재된 라벤나 교회의 토지대장 참조. 한편 페
르헐스트는 로마제국 후기와 중세 초에 콜로누스가 부역노동을 수행했다는 기존의 주
장을 검토하여 갈리아 지역에 관한 한 6세기까지는 콜로누스가 부역노동을 수행했다
는 어떤 문헌기록도 없다고 한다. 그는 서유럽에서는 다만 이탈리아에 관해서만 콜로누
스의 부역노동 수행 기록이 나타난다며, 371년 7월 13일에 이탈리아의 총독을 대상으
로 하여 공포된 법령과 전술한 라벤나 교회의 토지대장을 언급하고 있다. A. Verhulst,
"Quelques remarques à propos des corvées de colons à l'époque du Bas-Empire et
au haut moyen âge", *Revue de l'Université de Brusselle*s, 1(1977) (이 논문은 A. Ver-
hulst, *Rural and Urban Aspects of Early Medieval Northwest Europe* 〔Aldershot: Var-
iorum, 1992〕에 재수록되어 있다. 필자가 참고한 것은 재수록된 논문임), pp. 92~93
참조. 그러나 371년 법령의 규정내용을 들여다보면, 도망간 콜로누스가 잡혀 송환되는
경우에 그 주인(dominus)에 대해 손실보상과 더불어 단순히 "노동의 복구(redhibitio
operarum)"가 이뤄져야 한다고 할 뿐 그 이상의 언급이 없다. A. Verhulst의 이 논문, p.
92의 각주 12번에 제시되어 있는 유스티니아누스 법전, 제XI책, LIII, 1 참조.

5   J. Herrmann, "Sozialökonomische Grundlagen", pp. 759~760 참조.

의 집단적 연구보고서에서는 봉건적 사회체제가 성립하는 것은 로마 제정 후기가 아니라 로마제국이 붕괴하고 게르만왕국들이 건설된 이후라고 한다.[6] 또 W. 사이파르트와 같은 학자는 2세기부터 5세기나 6세기 사이의 시기는 노예제 우세의 사회도 아니고 봉건제 우세의 사회도 아니며, 양 특성이 병존하는 과도기라고 본다.[7]

고전장원제의 형성기를 더욱 좁혀서 고전장원제가 중세 초기 프랑크왕국의 메로빙시대 후기에 형성되었다고 주장하는 견해도 있다. 이런 견해의 대표자는 페르헐스트라고 할 수 있다. 그는 1966년에 발간된 전술의 「중세 초기 고전장원제의 형성」이라는 논문에서[8] 고전장원제는 구조 면에서 로마의 대토지소유제(fundus)와는 관련이 없으며 7~8세기에 프랑스 북부의 몇몇 지역에서 형성되었다고 한다.[9] 그에 의하면 이들 지역에서 고전장원제가 형성되게 된 것은 이들 지역이 로마시대 이래 밀집정착지이고 곡물재배에 적합한 비옥한 석회질 고원과 점토질 평야가 넓게 분포함으로써 개간을 통한 대규모의 왕령지와 귀족의 영지가 발달할 수 있었기 때문이다. 이와 함께 바바리아 법 및 알레만 법과 같은 메로빙시대의 일부 부족법들에서 보는 바와 같은 부역노동에 대한 법제적 차원의 조치와 교회와 귀족에 대한 왕령지의

---

6   J. Herrmann, "Der Prozeß der revolutionären Umwälzung", pp. 1228~1233 참조.

7   W. Seyfarth, "Die Spätantike als Übergangszeit zwischen zwei Gesellschaftssystem", *ZG*, 15(1967), pp. 281~290 참조.

8   A. Verhulst, "La genèse du régime domanial classique", pp. 135~160.

9   이런 그의 주장에 관해서는 A. Verhulst, "Quelques remarques à propos des corvées", pp. 89~95; 같은 필자, "La diversité du regime domanial", p. 133도 참조. 1966년도의 논문보다 11년 뒤에 쓰인 앞의 논문에서 페르헐스트는 갈리아에 관한 한 로마제국 후기는 물론이고 중세 초에도 콜로누스가 지주직영지에서 부역노동을 수행했다는 기록은 없으며, 이에 관한 기록이 나타나는 것은 7세기부터라고 상론하고 있다. 18년 뒤에 쓰인 뒤의 논문에서도 고전장원제는 로마의 토지소유 조직과 관련이 없고 본질적으로 7~8세기의 창출물이라고 한다.

하사와 같은 왕권의 역할도 고전장원제의 형성에 기여한 주요 요인이라고 한다.[10] 그는 그 후 1983년도에 발간된 「카롤링시대 루아르 강과 라인 강 사이의 장원제의 다양성. 15년간의 연구평가」라는 글에서,[11] 자신의 '가설'을 다시 요약하여 강조한다. 그러면서 그는 그의 이런 가설은 명시적으로든 암묵적으로든 푸르캥(G. Fourquin), 두아르트(R. Doehaerd), 뒤비, 항숍(F. L. Ganshof) 등 중세 초기의 경제를 연구하는 역사가들의 일반 저서에서 채택됨으로써 타당성이 확인되고 있다고 한다. 사실 그의 이런 견해는 근래의 중세사 학계에서 상당히 폭넓게 받아들여지고 있는 편이다.[12] 필자로서도 그의 학설이 고전장원제가 서유럽 가운데서도 특히 북부 프랑스라는 공간에서 형성되게 된 지리적 환경요인을 잘 설명하고 있다고 생각된다.

그러나 페르헐스트가 7~8세기에 고전장원제가 형성되는 데 기여한 요인이라고 한 인문적·지리적 조건들은 하필 왜 이 시기에 이르러 고전장원제라는 특별한 형태의 대토지경영 체제가 형성되고 있었는지를 설명하지는 못한다. 인구가 밀집한 비옥하고 광활한 땅에서 왕권의 적극적 역할이 존재하기만 하면, 어느 때든 대토지가 직영지와 농민보

10 W. 뢰저너도 앞에서 본 A. 페르헐스트처럼 고전장원제의 형성과 확산에는 이미 고전장원제로 조직되어 경영된 왕령지의 장원제가 모델로서 기능하고, 그런 왕령지를 봉토로 수여하는 등 카롤링 왕정(王廷)의 역할이 컸다고 한다. W. Rösener, "Strukturformen der adeligen Grundherrschaft", pp. 133~134, 154~155, 176~177 참조.

11 A. Verhulst, "La diversité du regime domanial", pp. 133~148, 특히 133~134 참조.

12 J.-P. Devroey, "The large estate in the Frankish kingdoms", pp. 4~5; H.-W. Goetz, "Serfdom and the beginnings of a 'seigneurial system' in the Carolingian period: a survey of the evidence", *Early Medieval Europe*, 2(1993), pp. 32~33; L. Kuchenbuch, "Die Klostergrundherrschaft im Frühmittelalter, pp. 318~321; W. Rösener, *Agrarwirtschaft*, pp. 59~66; 같은 필자, "Zur Erforschung der frühmittelalterlichen Grundherrschaft", W. Rösener, ed., *Strukturen der Grundherrschaft*, pp. 19~28; Y. Morimoto, "État et perspectives des recherche", pp. 31~45 등 참조.

유지로 구성되고 지대가 부역노동 형태를 띠는 고전장원제가 형성되는 것은 아니기 때문이다. 동일한 조건 아래서 로마제국에서처럼 노예노동력을 사용한 직영지 위주의 대토지경영 체제가 수립될 수도 있고, 중세 후기처럼 직영지 없이 생산물지대나 화폐지대를 지불하는 소작지 중심의 대토지소유제가 발전할 수도 있는 것이다. 페르헐스트 역시 대규모의 직영지 창출에는 노예제의 쇠퇴에 따른 예속민에 대한 부역부과가 필요하고 부역부과는 왕과 그의 신하들의 대표적 특권인 벌령권(罰令權, bannum)의 행사를 통해서 가능하다고 함으로써,[13] 노예제 쇠퇴가 영주직영지에 대한 예속민들의 부역노동 수행의 역사적 전제조건이었음을 전혀 언급하지 않는 것은 아니다.

   그렇지만 그는 정작 예속민의 부역노동 수행이 요구되는 직영지를 포함한 고전장원제의 역사적 형성배경에 대해서는 단순히 "국왕과 그의 신하들의 생활양식에 이상적이고도 적합한 토지경영 형태는 장원 형태와 특히 대규모 직영지의 창출이었다."고 할 뿐,[14] 더 이상 설명이 없다. 앞에서 거론한 두 논문에서 그가 거듭 역설하는 것은 중세 초기의 고전장원은 로마사회와는 무관하며, 왕령지의 집중, 개간, 토양학적·지형학적 유리한 조건 등의 요인들이 결합되어 프랑스 북부에서 7~8세기에 생성되었다는 점이다. 그가 이처럼 북부 프랑스에서 고전장원 형성의 조건이라고 한 것은 고전장원제가 형성된 역사적 맥락의 배경이나 요인이 아니라 중세 초기라는 특정 시점에 다른 지역들과는 달리 이 지역에서 특별히 고전장원제가 형성된 그야말로 지리적으로 '유리한 조건'이라고 할 수 있다. 그가 벌령권을 가진 왕령지가 갈리아 북부에서 고전장원제 형성의 원천인 것처럼 말하는 것도 고전장

---

13   A. Verhulst, "La genèse du régime domanial classique", p. 152.
14   같은 논문, p. 152.

원제의 형성과 관련하여 지적되어야 할 또 하나의 문제점이다. 뒤에서 보는 바와 같이 왕령지와 관계없이 중세 초기에 사회 일반에서 세력가들이 중소농민의 토지를 빼앗고 예속시키며 부역을 부과하여 고전장원 체제를 발전시키는 현상이 널리 전개되었기 때문이다.

지금까지 살펴본 바와 같이 고전장원제의 형성에 대해서는 그 시기와 과정, 배경 등의 면에서 견해들이 크게 엇갈리는 셈이다. 무엇보다 주목되는 것은 형성에 관한 논의의 시간적 범위를 좌우하는 고전장원제의 성립시점에 관한 의견이 일치하지 않는다는 점이다. 앞에서도 본 것처럼 고전장원제가 이미 로마시대에 성립되었다고 주장하는 역사가들이 있는가 하면, 블로크는 9세기가 되어서야 고전장원제가 뚜렷한 모습을 드러내게 된다고 하고,[15] 페르헐스트는 그 성립시점을 8세기 중엽이라고 하며,[16] 어떤 연구자는 7~8세기라고도 하고,[17] 심지어 7세기부터 고전장원제의 특징적인 주요 윤곽이 나타났다고 모호하게 말하기도 한다.[18]

이와 같이 여러 가지 측면에서 고전장원제의 형성에 관한 견해가 다양한 까닭은 무엇일까? 사료의 부족을 비롯한 여러 가지 원인을 들 수 있을 것이다. 그러나 사료의 부족만 하더라도 정도의 차이는 다소간에 있지만 과거에 대한 역사연구에서 일반적으로 존재하는 문제다.

---

15 M. Bloch, "The rise of dependant cultivation", p. 237 및 같은 필자, *Seigneurie française et manoir anglais*, 이기영 역, 『서양의 장원제 ─프랑스와 영국의 장원제에 대한 비교사적 고찰─』(까치, 2002), p. 39 참조.

16 A. Verhulst, "La genèse du régime domanial classique", pp. 139~141 및 같은 필자, "La diversité du régime domanial", p. 133. 두아르트도 고전장원제가 카롤링시대부터 존재했다고 함으로써 그 성립시기를 8세기 중엽쯤으로 보는 셈이다. R. Doehaerd, *The Early Middle Ages*, p. 108 참조.

17 G. Fourquin, *Histoire économique de l'Occident médiéval* (Paris: Armand Colin, 1969), p. 66.

18 G. Duby, *Guerriers et Paysans*, p. 98.

고전장원제 형성에 관한 앞의 연구사 검토에서도 어느 정도 짐작할 수 있듯이, 가장 큰 원인은 고전장원제의 개념을 분명하게 정의하지 않은 데 있다고 할 수 있다. 특히 토지경영체제로서의 고전장원제의 구조적 특징이 명확하게 규정되지 않은 것이 문제의 핵심이라고 하겠다. 왜 냐하면 블로크의 경우에는 태곳적의 촌락 수장의 권위와 수장에 대한 촌락 구성원들의 공납 같은 것들도 고전장원제의 특성인 양 관련시키 고, 일부 역사가들은 로마시대의 대소유지에서 지주에 대한 소작농들의 지대가 실제로는 주로 생산물이나 화폐 형태를 띠었음에도 불구하고 고전장원제가 성립했다고 주장하기 때문이다. 따라서 고전장원제의 형성과정과 성립시기 및 형성배경을 논하기 전에 무엇보다 먼저 고전장원제의 구조적 기본특징을 명확히 함이 요구된다고 하겠다. 이에 대한 분명한 규정 위에 고전장원제의 형성 과정과 배경, 성립시기 등이 논의되어야 할 것이다.

앞의 제1부 서론에서 말한 것처럼, 고전장원 하나의 면적은 농경지와 비농지를 합쳐 보통 1,000헥타르가 넘는 대규모였다. 9세기에 큰 수도원들의 경우 각 영지는 수십 개의 이런 장원들로 구성되어 있었다. 따라서 고전장원제는 로마사회의 라티푼디움과 마찬가지로 대토지소유제였다고 할 수 있다. 그러면서도 고전장원제가 로마의 대토지소유제와 확연하게 구별되는 것은 그 구조적 특징 때문이다. 로마의 라티푼디움에서는 기본적으로 노예노동력으로 경작되는 지주 직접경영지만 존재한 데 비해, 고전장원제는 구조 면에서 토지가 영주직영지와 농민보유지로 이분되고 영주직영지는 농민보유지를 보유한 농민들이 제공하는 부역노동으로 경작된다는 것이 근본적인 차이점이다. 고전장원의 이런 구조는 고전장원제를 여타의 대토지소유제와 구별시켜주는 근본적이고도 가장 중요한 특징이다. 따라서 무엇보다 고전장원제의 형성과 그 배경을 보다 정확히 논하기 위해서는 구조 면에서 그 세부적 특징을 좀 더 살펴볼 필요가 있다.

우선 고전장원은 영주직영지와 농민보유지로 이분된 공간구조를 취하고 있다는 점이 특징이다. 영주직영지는 농민에게 분양되지 않고 영주가족의 귀족적 생활 유지용으로 남겨진 토지이고, 농민보유지는 영주가 그의 직영지를 경작하는 노동을 수행하는 농민의 생계유지용으로 분양해 준 토지이다. 이와 같은 고전장원의 이분적 공간구조는 고전장원제에 선행해서 서유럽에 존재했던 로마사회의 라티푼디움제와 다름은 물론, 중세 후기에 유행했던 순수장원제의 공간구조와도 판이한 것이다. 라티푼디움적 토지소유제나 순수장원제 모두 고전장원제와 마찬가지로 대토지소유제이기는 하나, 대토지소유주의 직접경영지와 농민보유지로 이분되어 있지 않았다. 라티푼디움 체제에서는 원칙적으로 농민보유지가 존재하지 않으며 오직 그 소유주의 직접경영지 부분만이 존재했다. 반면에 순수장원제에서는 영주직영지가 전혀 존재하지 않거나 아주 작아서 사실상 농민보유지만 존재한 것이나 다름없었다. 고전장원제는 이와 같이 공간구조 면에서 이 두 대토지소유제와 명확히 구별되면서도, 역사적으로 대토지소유주의 직접경영지만 존재하는 라티푼디움적 대토지소유제로부터 사실상 농민보유지만 존재하게 되는 순수장원제로 옮아가는 과도기적 중간 형태의 대토지소유제였다고 할 수 있다.

고전장원제의 구조에서 또 하나의 특징은 농민보유지의 경작과 그 보유자의 결혼 및 가족생활 영위를 통해 영주직영지의 경작노동력이 영속적으로 재생산된다는 점이다. 고전장원에서 농민보유지를 보유한 농민은 그의 보유지를 경작하여 먹고살면서 영주직영지 경작을 위해 요구되는 노동을 수행할 뿐만 아니라, 한편으로는 결혼세를 부담하기는 했지만 결혼생활을 통해 그의 자녀를 낳아 양육하며 가족생활을 하였다. 노예제와는 달리 영주가 직접생산자인 장원농민에게 결혼과 가족생활을 허용했던 것은, 장원 외부에서 대토지 경영에 필요한 노동력이 조달되지 못하는 상황에서 노동력을 계속적으로 확보하기 위함이었다고 할 수 있다. 농민의 노쇠와 사망으로 인한 노동력의 고갈을 피하는 방법은 농민으로 하여금 결혼생활을 통해 그 자녀를 생산·양육하도록 하는 수밖에 없었기 때문이다. 그러므로 고전장원제 아래서 농민보유지는 영주직영지 경작농민의 단순한 생계유지 수단이 아니라 그 자녀의 양육까지를 포함하는 의미의 생존수단인 동시에, 영주의 입장에서는 영주직영지 경작에 필요한 노동력의 재생산 수단이라는 의의를 갖는다. 그래서 고전장원제는 영주직영지를 경작하는 농민에게 생존수단으로 일정 크기의 토지를[19] 분양해 주고 가족생활을 영위하게 하여, 그 자체로 노동력을 재생산하게 함으로써 토지경영에 필요한 노동력을 내부에서 안정적이고도 계속적으로 확보하는 체제라고 할 수 있을 것이다. 이처럼 고전장원제가 직접생산자의 노동력이 토지소유주로보터 분양받은 농민보유지의 경작과 가족생활을 통해 재생산되는 체제였다는 점은 중세 후기의 순수장원제에서도 마찬가지이다. 그러나 후자에서는 농민보유지가 단순한 영주직영지 경작농민의 생계유지 수단이 아니라 그 속에서 영주에게 생산물이나 화폐 형태로

---

19 농민보유지는 영주직영지를 경작하는 농민의 생계유지 수단이었기 때문에 당시의 생산력 수준에서 한 세대의 농민이 근근이 생계를 꾸려 갈 수 있는 최소한의 크기로 되어 있었다. 농민보유지의 크기는 곳과 보유지에 따라 크게 달랐으나, 앞의 제II장 제3절에서 말한 바와 같이 대체로 파리 대분지의 중심부에서는 10헥타르 쯤되었고 그 주변지역에서는 15헥타르 전후쯤 되었다. 당시의 농업생산력 아래서 이런 크기의 토지는 농민이 간신히 생존을 유지할 수 있는 수준의 것이었다. 필자의 논문, 「고전장원 하 농민의 생활수준」, 『서양사론』, 45(1995), 1~54쪽 참조.

지불할 지대까지 생산되어야 했다는 점에서 고전장원제와 다르다. 고전장원제를 포함한 봉건적 토지경영체제에서 농민보유지의 경작과 결혼 및 가족생활을 통해 토지경작자의 노동이 재생산되어 노동력이 안정적으로 계속해서 조달될 수 있었다는 것은 로마사회의 라티푼디움에서 사용된 노예노동과는 전혀 다른 노동력 확보방법이다. 노예제에서는 노예에게 결혼과 가족생활이 보장되지 않아 원칙적으로 노예 자체에 의한 노예의 재생산이 없으며, 따라서 노예는 정복전쟁과 같은 방법으로 외부로부터 대량 공급되어야 했다.

고전장원제적 구조의 세 번째 특징은 농민보유지든 영주직영지든 장원토지의 실질적 경영은 농민보유지를 보유한 농민들에 의해 소규모로 이루어진다는 것이다. 농민보유지는 물론 그것을 보유한 농민이 그의 가족원의 조력을 받아 스스로 경작하였다. 뿐만 아니라, 영주직영지 경작을 위한 부역노동도 소가족제로 된 한 세대의 농민가족이[20] 생계를 이어 갈 만한 크기의 농민보유지 단위로 부과되어 수행되었다. 그렇지만 고전장원제 아래서 농민은 단순히 수동적으로 장원의 토지를 경작한 것은 아니었다. 농민은 각종 부역과 현물공납 의무를 지고 영주의 감독과 감시를 받기는 했지만, 기본적으로 독립적 가족생활을 영위하면서 농업경영의 주체 역할을 담당했다. 따라서 고전장원제 아래서 농민보유지와 영주직영지를 포함한 장원의 거의 모든 토지는 작은 토지를 보유한 소농들에 의해 자율성을 바탕으로 경영되었다고 할 수 있다.[21] 고전장원의 실질적 경영이 소가족제에 기초한 소농경영이

20 고전장원제 아래서 농민가족의 전형적 형태는 1부1처와 미혼의 자녀로 구성되는 4~5명 크기의 소가족제였다. 필자의 논문, 「고전장원제 하의 가족제」, 『역사학보』, 143(1994), 187~224쪽 참조.
21 고전장원제 아래서 영주직영지 경작에 필요한 노동력의 대부분은 이와 같은 농민보유지를 보유한 농민들이 제공했다. 9세기에 작성된 영지명세장들에 대한 분석에 의하면,

었다는 점은 고전장원제가 토지소유의 크기 면에서는 대토지소유제였
다는 특징과는 상치된다. 고전장원제의 이와 같은 소경영적 특성은 대
규모 노예집단에 의해 대토지가 경작되었던 라티푼디움의 대경영 방
식과는 다른 점이다. 한편 고전장원제와 마찬가지로 봉건적 토지경영
체제의 하나인 순수장원제에서도 소농경영이 우세하기는 하나, 그 속
에서 대농 내지 부농과 영세농 내지 빈농으로의 양극적 농민층 분해가
진행되고 있었다는 사실은 고전장원제와의 차이점이다.

　　고전장원제의 구조적 특징으로 마지막으로 들 수 있는 것은 농민
보유지 보유자들의 기본 의무인 영주직영지 경작노동은 무상의 강제
노동 즉 부역노동이라는 점이다. 고전장원이 농업경영의 자율적 주체
역할을 담당한 소농들에 기초해서 경영되기는 했지만, 그것은 어디까
지나 영주가족의 귀족적 생활영위에 필요한 물자를 생산하기 위해 농
민의 잉여노동을 착취하는 토지소유였다. 농민은 자신과 가족의 생존
에 필요한 최소한의 노동을 자신의 보유지에서 행하고, 잉여노동을
영주직영지를 경작하는 방식으로 영주에게 바치지 않으면 안 되었다.
이 잉여노동은 무상의 강제노동 즉 부역노동으로서, 영주가 전적으로
징발·사용하여 그의 직영지에서 잉여생산물을 산출한다. 따라서 고
전장원제에서 토지소유주가 농민으로부터 지불받는 지대는 노동지대
였다. 그렇지만 고전장원제 아래서는 필요노동과 잉여노동이 시간적
으로나 공간적으로 분명히 구분됨으로써 농민은 적어도 자신의 보유
지 노동에서는 기본적인 자율성을 가지며 생산력의 발전에 따라서는

고전장원제에서 영주직영지 경작노동력의 ⅔ 이상은 농민보유지 보유자들에 의해 제공
되고 그 나머지는 대부분 솔거노예들에 의해 조달된 것으로 추정된다. 필자의 논문, 「고
전장원제 하의 농업노동력」,『서양사론』, 37(1991), 55~74쪽 및 「9세기 생베르탱 수
도원영지의 경작노동력 구성」,『민석홍박사 화갑기념 사학논총』(삼영사, 1985), 393~
414쪽 참조.

어느 정도 잉여생산물도 획득할 수도 있었다. 농민에 대한 이런 잉여노동 수탈방식은, 주인으로부터 직접 최소한의 의식주를 제공받으면서 가혹하게 사역당했던 노예제적 착취방식과는 다른 것이다. 반면에 순수장원제에서는 영주직영지 경작을 위한 농민의 부역노동 수행이 거의 요구되지 않고 지대가 생산물이나 화폐의 형태로 물화(物化)되어 있다.

이와 같이 고전장원제는 장원이라는 대토지가 영주직영지와 농민보유지로 이분되고 영주직영지는 농민보유지 보유자들이 수행하는 노동으로 경작된다는 것이 구조적 기본특징이지만, 이런 기본적인 틀 속에서 세부적으로는 장원의 토지가 영주직영지와 농민보유지로 구분되는 공간구조를 가진다는 것, 농민보유지의 경작과 그 보유자의 가족생활 영위를 통해 영주직영지를 경작하는 노동력이 영속적으로 재생산된다는 것, 농민보유지든 영주직영지든 장원 토지의 실질적 경영은 농민보유지를 보유한 소농들의 자율성을 바탕으로 소규모로 경영된다는 것, 영주직영지 경작노동은 곧 농민보유지 보유자들의 잉여노동이고 부역노동 형태를 띤다는 것 등의 특성을 지닌다고 할 수 있다. 이들 세부적 특성들은 구조적으로 서로 긴밀하게 결합되어 있으며, 결합된 전체 모습은 고전장원제를 역사상 여타의 대토지 경영방식들과 확연히 구분해 준다. 토지경영 구조 면에서 이런 세부적 특징들을 고려한 고전장원제란 소작농의 부역노동에 의한 영주직영지 경작체제라고 요약될 수 있을 것이다. 여기서는 고전장원제의 형성 과정과 배경 및 성립시기를 이와 같은 구조적 기본특징을 중심으로 살펴볼 것이다.

그러나 고전장원제의 형성과정과 배경을 다루기 전에 성립시기가 먼저 고찰되어야 할 것이다. 고전장원제의 성립시기는 고전장원제의 형성과정과 배경에 대한 고찰의 시대적 하한선을 정할 뿐만 아니라 그

상한선까지도 어느 정도 지시하는 의미를 지니기 때문이다. 고전장원제의 성립시기 파악에는 소급적 연구방법이 적용되어야 할 것이다. 고전장원제가 널리 시행된 시기로부터 고전장원 체제가 일반적으로 성립했다고 볼 수 없는 시기로 역추적하여 그 성립시점이 추정되어야 할 것이기 때문이다. 이와 함께 고전장원제의 성립시기와 직결되어 있는 고전장원제의 형성과정에 대한 검토도 고전장원제의 구조를 형성하는 특징적 요소들이 두루 결합되어 완비된 상태로부터 그렇지 못한 단계로 추적하는 소급적 연구방법을 사용하는 것이 효과적일 것이다. 고전장원제의 형성과정에 대한 고찰에서 이처럼 소급적 연구방법을 사용하는 것은 영주적 대토지소유제의 형성과정이나 영주권의 형성과정과는 달리 이에 관한 중세 초기의 사료가 상대적으로 훨씬 적기 때문이기도 하다.

2. 고전장원제의 일반적 성립시기

고전장원제가 루아르 강과 라인 강 사이지역을 중심으로 한 프랑크왕국에서 언제 일반적으로 성립하였는지에 대해서 정확히 알기는 어려우나, 현존 사료를 통해 그 대강의 성립시기는 짐작할 수 있다. 중세 전기(前期)에 북부 갈리아 일대에 걸쳐 거대한 규모의 토지를 소유했던 대수도원들의 상당수는 장원의 분포와 조직, 장원별 재산과 수입, 농민들의 의무와 부담 등 토지소유와 관련된 현황을 알 수 있는 영지명세장을 작성하여 남기고 있다. 대부분 9세기에 작성된 이들 영지명세장은 각 영지가 대체로 영주직영지와 이의 경작에 부역노동을 제공해야 할 의무를 지닌 농민보유지들로 구성된 고전장원들로 조직되어 경영되었음을 분명하게 보여 준다.[22] 이들 영지명세장 가운데 비교적 영지 규모가 가장 크면서도 영지명세장 전체의 작성시점이 가장 빠른 축에 속하는 것은 대체로 823~828년간에 작성된 것으로 추정되는 오늘날 파리 시 도심 소재 생제르맹데프레 수도원의 영지명세장이다.[23] 그러나 부분적이기는 하지만 이보다 좀 더 일찍 작성된 것은 바이센부르크 수도원의 영지명세장[24] 중 818~819년경에 작성된 제Ⅰ~ⅩⅩⅤ장 부분이다. 이 수도원의 영지명세장은 9세기부터 13세기 후반까지의 토지소유 현황을 총 300여개의 장에 걸쳐 기록하고 있지만, 제Ⅰ~ⅩⅩⅤ장의 기록이 가장 이른 810년대에 작성되고 가장 상세하다.[25] 이와 같

22　필자의 논문, 「고전장원의 공간적 기본구조와 크기」, 10~28쪽 참조.

23　생제르맹데프레 수도원 영지명세장의 작성연대를 게라르는 806~816년이라고 추정하지만(B. Guérard, *Prolegomènes*, pp. 26~28 참조), 대부분의 연구자들은 820년대로 본다. F. Lot, "Note sur la date du polyptyque de Montierender", *Le Moyen-Âge*, 35(1924), p. 117; E. Perroy, *Le monde Carolingienne* (Paris: C.D.U. & SEDES, 1974), pp. 13, 19; Ch. Ed. Perrin, "Observation on the Mansus in the Region of Paris in the early ninth Century", R. Cameron, ed., *Essays in French Economic History* (Illinois: Richard D. Irwin, 1970), p. 22: L. Kuchenbuch, *Grundherrschaft im früheren Mittelalter*, p. 117; J.-P. Devroey, "Problèmes de critique autour du polyptyque de l'abbaye de Saint-Germain-des-Prés", A. Hartmut, ed., *La Neustrie*, pp. 443~444; 같은 필자, "Au-delà des polyptyques. Sédimentation, copie et renouvellement des documents de gestion seigneuriaux entre Seine et Rhin (IXe-XIIIe siècle)", X. Hermand, J.-F. Nieus & É. Renard, ed., *Décrire, inventorier, enregistrer entre Seine et Rhin au Moyen Âge: formes, fonctions et usages des écrits de gestion* (Mémoires et documents de l'École des chartes, 92. Paris, 2012), pp. 56~63; A. Verhulst, "Economic organization", p. 490; 같은 필자, *Carolingian Economy*, p. 37 참조.

24　이 책에서 참고하는 바이센부르크 수도원의 영지명세장은 전술한 C. Zeuss, ed., *Traditiones Wizenburgenses*, pp. 269~316에 수록된 "Edelini abbatis liber possessionum" 및 Ch. Dette, ed. & comment., *Liber possessionum Wizenburgensis* (Mainz: Gesellschaft für Mittelrheinische Kirchengeschichte, 1987), pp. 93~160에 수록된 "Liber possessionum Wizenburgensis"이다(이하 이 책에서, 이들 두 영지명세장을 포함한 바이센부르크 수도원의 영지명세장만을 일반적으로 일컬을 경우에는 "Polyp. von Wizenburg"라고 하겠다.).

은 영지명세장들이 고전장원제가 성립한 후에 작성되었을 것임을 고
려할 때, 고전장원제는 9세기 초엽 이전에 성립했다고 볼 수 있다.

물론 고전장원제는 곳에 따라 형성시기가 다르고 영지에 따라 명
세상의 작성연대가 다를 수 있다. 이를테면 844~859년경에 작성된
생베르탱(Saint-Bertin) 수도원의 영지명세장에 의하면,[26] 해안 늪지대
에 가까운 플랑드르 남부 지방의 끝자락에 위치한 이 수도원의 영지
가운데 상당 부분의 토지가 이 시기에 아직 고전장원으로 완전하게 성
립하지 못한 상태에 있었다. 그렇지만 이런 토지도 고전장원들로 발전
해 가는 과정에 있었을 뿐이며, 이 영지 전체의 토지면적을 두고 볼 때
는 압도적인 부분이 기본적으로 고전장원제로 조직되어 있었다.[27] 다
만 이런 생베르탱 수도원의 영지명세장은 루아르 강과 라인 강 사이지
역 가운데서도 이 수도원의 영지와 같이 당시 변두리 지역에서는 부분
적으로 9세기 중엽에도 중소 규모의 토지가 대소유지에 편입되어 고
전장원제로 재편되고 있었다는 한 사례를 제시한다고 하겠다.

변두리에 위치한 이런 영지와는 대조적으로, 당시 상대적으로 인
구가 조밀하고 고전적 봉건제 발달의 핵심지역이었던 파리 분지의 중

25   이 명세장을 구성하는 여러 부분의 작성시기와 주요 장원들의 지리적 위치에 관해서는
Ch. Dette, ed., *Liber possessionum Wizenb.*, pp. 32~33, 40~50, 72, 171; 같은 필자,
"Die Grundherrschaft Weißenburg im 9. und 10. Jahrhundert im Spiegel ihrer Her-
renhöfe", W. Rösener, ed., *Strukturen der Grundherrschaft*, p. 182 참조.

26   이 책에서 참고하는 생베르탱 수도원의 영지명세장은 F. L. Ganshof, ed., *Le polyp-
tyque de l'abbaye de Saint-Bertin(844-859). Edition critique et commentaire* (Paris:
Imprimerie nationale, 1975)(이하 *Polyp. de St. Bertin*으로 줄여 씀)이다. 이 명세
장의 작성연대에 관해서는 F. L. Ganshof ed., *Polyp. de St. Bertin*, p. 2와 같은 필자,
"Problèmes de critique textuelle soulevés par le polyptyque de Saint-Bertin", *Atti del
II congresso internationale della Socit italiana di storia del diritto*(Firenze: Olschki,
1971), pp. 1~2 참조.

27   필자의 논문, 「9세기 생베르탱 수도원영지의 경작노동력 구성」, 397~401쪽 참조.

심부에 그 토지가 분포했던 앞의 생제르맹데프레 수도원영지의 명세
장과 860년대에 작성된 랭스 소재 생르미(Saint-Remi) 수도원영지의
명세장에서는 고전장원제식 토지경영 조직의 기초가 되는 농민보유지
제도의 해체 조짐까지 벌써 나타나고 있음을 볼 수 있다. 본래 고전장
원제 아래서 농민보유지는 영주직영지를 경작하는 농민의 생계유지
수단이었기 때문에 1세대의 농민가족이 2개 이상을 가질 필요가 없었
고, 반쪽이나 그 이하를 갖게 되면 영주직영지에 대한 경작부역 수행
에 장애가 발생할 우려가 있었다. 그래서 농민보유지는 1세대의 농민
가족이 1개만 보유하는 것이 원칙이었다. 그럼에도 불구하고 이 두 영
지명세장에 의하면, 농민보유지가 벌써 명세장이 작성되던 무렵에 반
쪽 또는 $\frac{1}{4}$쪽으로 분할된다든가 하나의 농민보유지를 2세대 이상이
함께 보유한다든가 하여 농민의 토지보유가 영세화하고 있다. 특히 전
체 농민보유지 가운데 하나의 농민보유지를 2세대 이상의 농민가족이
공동보유하는 비율이 생제르맹데프레 수도원의 영지에서는 44%나 되
고 생르미 수도원의 영지에서는 25%에 이른다.[28] 이런 농민보유지제
도의 붕괴 현상은 고전장원제의 성립과 해체 시기가 영지에 따라 상당
히 달랐을 것임을 추측게 하는 동시에, 전체적으로 보면 봉건제 발달
의 중심지에 있던 대영지들에서는 적어도 생제르맹데프레 수도원의
영지명세장이 작성되기 이전인 9세기 초두에는 고전장원제가 성립해
있었을 것임을 명확히 하는 것이라고 하겠다.

9세기 초두에는 고전장원제가 성립했을 것임은 카롤루스 대제
가 반포한 일부 칙령을 통해서 확인된다. 810년경 카롤루스 대제의
한 칙령은[29] 자세한 서술을 통해 교회기관의 영지가 이미 고전장원

28　필자의 논문, 「고전장원제 하의 농민보유지제도」, 404~409쪽 참조.
29　*Capitularia*, no. 128(pp. 250~256).

들로 조직되어 있었음을 명백히 한다. 바이에른 지방의 아우크스부르크 주교좌교회의 영지에 관해서 기술하고 있는 이 칙령의 앞 부분 (제7~9조)에 의하면 이 영지에는 8개의 장원에 총 1,507개의 농민보유지(mansus)들이 있었으며, 그중에서 토지경영 현황이 상세히 묘사된 한 장원은 1개의 영주직영지와 42개의 농민보유지들로 구성되고 농민보유지 보유자들에게는 영주직영지 경작부역을 비롯한 각종 부역과 공납의 의무가 부과된다. 이 칙령은 비록 특정 영지에 관해서 기술하고 있지만, "Brevium exempla ad describendas res ecclesiasticas et fiscales"라는 이 칙령의 제목이 말해 주듯이 프랑크제국 내에서 '교회영지와 왕령지의 재산 현황에 관한 명세장 작성의 모범적 예'를 제시하고자 한 것이다. 따라서 이는 프랑크왕국의 중심지인 북부 갈리아로부터 멀리 떨어진 바이에른 지방까지를 포함해서 제국 내 교회영지와 왕령지 일반이 이와 같이 고전장원제로 이미 조직되어 있었을 것임을 전제하는 것이라고 할 수 있다.[30]

또 800년쯤에 역시 카롤루스 대제가 포고한 두 칙령도 고전장원제가 9세기 초두에는 성립했을 것임을 입증한다. 하나는 800년경에 카롤루스 대제가 르망(le Mans) 파구스 곧 멘(Maine) 지방에서 반포한 "Capitulum in pago cenomannico datum"이라는 제목의 칙령이다.[31] 교회영지와 왕령지에 거주하는 사람들의 거듭된 요청으로 반포

---

30 이 칙령의 뒷 부분(제25~38조)에서 왕령지의 영주직영지, 곧 왕실직영지의 재산현황에 관해서는 상세하게 언급하면서도 농민보유지들에 관해서는 전혀 언급이 없다. 그러나 이는 농민보유지가 존재하지 않았기 때문이 아니라, 앞의 교회영지에 관해서도 8개의 장원들 중 1개의 장원에 관해서만 영주직영지와 더불어 농민보유지들의 현황을 언급했듯이 장원 명세장 작성의 모범적 사례를 제시하는 칙령에서 장원마다 반복해서 기술할 필요가 없었기 때문이라고 할 수 있다.

31 *Capitularia*, no. 31(pp. 81~82).

된 이 칙령에 의하면 농민보유지(factus)를 보유한 사람들은 "영주의 밭(campus dominicus)"에서 자신의 쟁기로 갈이질 작업을 할 때, 역축을 갖고 있느냐의 여부에 따라 그리고 갖고 있더라도 하루에 갈이질 부역을 수행할 만한 수의 역축을 갖고 있는지의 여부에 따라 갈이질 부역의 일수(日數)가 다르다. 영주(senior)에게 매주 제공해야 하는 주부역(週賦役)의 일수도 보유자에 따라 2일이나 3일 또는 6일로 차이가 있다. 이런 기록은 교회영지와 왕령지가 소작농의 부역노동에 의한 영주직영지 경작체제라고 볼 수 있는 고전장원제로 조직되어 경영되었음에 대한 명백한 증거라고 하겠다.

　다른 하나는 800년이나 그 직전에 포고된 것으로 추정되는, 장원관리령이라고 할 수 있는 "Capitulare de vllis"라는 제목의 칙령이다.[32] 이 칙령은 왕령지의 관리인들이 왕령지를 어떻게 관리해야 하는지를 다루고 있기 때문에, 앞의 칙령과는 달리 이 칙령을 통해서는 장원의 구조가 어떻게 되어 있는지를 쉽게 알기가 어렵다. 그렇지만 이 칙령의 제39조에는 당시의 사료 속에서 농민보유지를 가리키는 용어로 일반적으로 사용된 망스(mansus)의 보유자들이라는 의미의 'mansuarii'라는 말이 나타나고, 제50조에서는 왕령지의 예속민이 망스라는 농민보유지를 보유하고 있다고 하며,[33] 제62조에서는 농민보유지에 대해 쟁기로 갈이질해야 할 부역 의무가 부과되고 있다.[34] 이런 농민보유지 보유자의 갈이질 부역 의무는 영주직영지의 존재를 전제하는 것이다. 따라서 이 칙령의 이런 언급들도 왕령지가 영주직영지와 농민보유지로 구성되고 영주직영지는 농민보유지 보유자들의 부역노동으로 경

32　같은 사료, no. 32(pp. 82~90).

33　"…; similiter et fiscalini qui mansas habuerint inde vivant, …."

34　"…de mansis qui arare debent, …."

작되는 고전장원들로 조직되어 경영되었음을 증명하는 것이다.[35]

이와 같은 두 칙령을 통해서 볼 때, 왕령지와 교회영지에서 800년 무렵에는 분명히 고전장원제가 성립했다고 하겠다. 더욱이 이런 토지 경영 구조를 보여주는 사료들이 대체로 왕국 내에 보편적인 효력을 갖는 왕의 칙령임을 고려할 때, 당시 프랑크왕국에서 왕령지와 교회영지는 널리 고전장원제로 조직되었을 것으로 짐작된다. 그렇지만 800년경에 반포된 앞의 두 칙령에서는 세속 귀족들의 영지에 관해서는 언급이 없기 때문에, 이 무렵에 세속 귀족층의 영지에서도 고전장원제가 확립되었는지는 이들만으로는 알 수 없다. 그렇다고 해서 세속 귀족층의 영지 경영방식에 관한 이 시점의 직접적인 사료가 특별히 따로 있는 것도 아니다. 그러나 일찍이 중세 초기부터 세속 귀족층과 왕실 및 교회기관 사이에 빈번히 이루어졌던 토지의 기증이나 교환 또는 매매 과정에서 영지의 경영방식이 흔히 그대로 계승되었으며,[36] 9세기 초엽 이후의 일부 사료는 세속 귀족들의 영지가 교회영지나 왕령지처럼 고전장원들로 조직되어 경영되었음을 증언한다.[37] 그래서 800년 무렵에 세속 귀족층의 영지도 왕령지 및 교회영지와 비슷한 토지경영 구조와 발전 추세를 보였을 것이라고 추정된다.

W. 뢰저너가 독일 남서부를 중심으로 카롤링시대 수도원에 대한

35   카롤링조의 왕령지가 고전장원제로 조직되어 경영되었음에 대해서는 필자의 논문, 「카롤링조 왕령지의 경영조직」, 『이원순교수 화갑기념 사학논총』(삼영사, 1986), 533~556쪽 참조.

36   필자의 논문, 「9~11세기 센 강과 라인 강 사이지역의 토지소유제와 농업생산체제」, 49~50쪽 참조.

37   예컨대, 생제르맹데프레 수도원장의 세속 봉신이 보유한 은대지가 기록되어 있는 B. Guérard, ed., *Polyptyque d'Irminon*, pp. 278~280의 "Fragmenta duo ad polyptychum Irminonis pertinentia"라는 부록(이르미노 엮음, 이기영 역, 『생제르맹데프레 수도원의 영지명세장』〔한국문화사, 2014〕, pp. 565~572) 참조.

귀족가문의 토지기부 문서와 귀족에 대한 왕들의 토지수여 문서들을 분석한 결과는 세속 귀족의 영지에서도 800년 무렵에 고전장원제가 프랑크왕국의 주요 지역들을 중심으로 널리 성립했을 것임을 보여 준다. 그에 의하면 프랑크왕국에 비교적 일찍이 정복되어 편입된 라인 강 중류지역과 독일 남서부의 알레만족 거주지역에서 귀족영지는 이미 8세기 중엽에 부역농장으로서의 지주직영지와 이에 종속된 농민보유지들로 구성된 이분적 장원제로 조직되어 있었다. 그렇지만 이 시점의 귀족영지에서는 이와 함께 많은 솔거노예 노동력도 사용되었다. 그러나 820년경 이후에는 농민보유지 보유자들의 무거운 부역노동을 중심으로 하여 직영지가 경영되는 고전장원제가 크게 발전한다. 이들 지역과는 달리 그 동쪽 바이에른 지역과 마인프랑켄 지역에서는 8세기에 왕령지와 교회기관의 영지는 고전장원제로 조직되어 있기는 했지만, 귀족의 대소유지는 주로 솔거노예 노동력으로 경작되었다. 프랑크왕국의 중심지에서 멀리 떨어져 있는 이들 두 변두리 지역의 귀족영지에서 영주직영지가 농민보유지 보유자들의 부역노동으로 경영되는 고전장원제가 집중적으로 나타나는 것은 9세기 중엽이다. 따라서 그는 이들 두 주변부 지역에서는 좀 더 늦기는 했지만 8세기로부터 9세기로의 전환기에 장원제의 획기적인 발전이 있었으며, 9세기 초두에 반포된 "Capitulare de vllis"와 "Brevium exempla"라는 두 칙령이 이런 발전에 대한 단적인 증거라고 본다.[38]

그러나 800년 무렵에 고전장원제가 성립했음이 확실하다고 할지라도, 고전장원제의 보편적 확립 시점이 9세기 이전으로 거슬러 올라가는 것 같지는 않다. 무엇보다도 9세기 이전에는 고전장원제적 토지

---

38   W. Rösener, "Strukturformen der adeligen Grundherrschaft", pp. 130~179 참조.

경영 조직을 기술하는 영지명세장이 보이지 않기 때문이다. 또 앞에서 말한 800년경의 두 칙령도 앞의 것은 영지 내 예속농민들의 탄원으로 역축의 소유 여부와 수에 따라 영주직영지에서의 부역 일수를 달리 규정한 것이고, 뒤의 것은 왕령지를 그 관리인들이 어떻게 관리해야 하는지를 상세하게 규정한 것이다. 이런 사실은 800년 무렵까지 고전장원제로 조직된 영지의 관리에 관한 왕국 차원의 체계적인 규정이 없었으며, 따라서 그 이전에는 체계적인 제도정비 과정을 거친 고전장원제의 확립이 없었음을 뜻한다고 볼 수 있다.

그렇지만 9세기 이전에 대토지의 고전장원제적 구조에 관한 기록이 없는 것은 아니다. 몇몇 증서류 사료나 게르만 부족법에서 고전장원제적 구조에 관한 언급이 일부 발견된다. 765년의 한 증서에 의하면,[39] 메스의 대주교가 고르즈 수도원에 기증하는 재산들 가운데 3개의 장원(villa)은 각각 영주직영지(curtis indominicata)와 7개 내지 7½개의 농민보유지(mansus)들로 구성되고 농민보유지 보유자는 경작부역을 비롯하여 수송부역 및 기타의 공납 의무를 진다. 이 장원들은 농민보유지가 9세기의 고전장원들에서 보는 것만큼 많지 않다는 문제점이 있지만,[40] 기본구조 면에서는 고전장원들이라고 할 수 있다. 그러나 8세기의 증서류 사료에 나타나는 장원들의 다수는 영주직영지와 농민보유지 가운데 어느 한 부분만 존재한다든가 영주직영지와 농민보유지를 갖춘 경우라도 영주직영지에 대한 농민보유지 보유자의 경작부역에 관한 언급은 없다든가 함으로써,[41] 고전장원으로 보기에는 중대한

---

39 *Cart. de Gorze*, no. 11(pp. 24~28).

40 9세기의 고전장원제에서는 하나의 장원에 영주직영지 외에 평균적으로 교회기관과 세속귀족 소유지의 경우에는 대략 20개, 왕령지의 경우에는 대략 30개 정도의 농민보유지들이 있었다. 필자의 논문, 「9~11세기 센 강과 라인 강 사이지역의 토지소유제와 농업생산체제」, 38~40쪽 참조.

결함을 지니고 있다. 물론 토지기증을 증명하는 이런 증서류 사료에서
그런 현상이 나타나는 것은 장원 전체가 통째로 기증되지 않고 그 일부
만 기증되는 경우가 많았기 때문이라고 볼 수도 있다. 그러나 그렇다
고 하더라도, 증서류를 비롯한 8세기의 문헌사료에서 온전한 고전장원
제로 조직된 장원을 찾아보기 힘든 사정이 모두 그런 이유 때문인지는
의문이다. 더욱이 그런 기록 속에 더러 보이는 'mansus tributarius'나
'mansus censualis'라는 농민보유지는 지대가 노동의 형태로 되어 있
는 것이 아니라 현물이나 화폐 형태로 부과된 토지이다.

그렇지만 이런 증서류 사료와는 달리 8세기의 두 게르만 부족법
은 영지들이 구조 면에서 고전장원제로 조직되어 경영되었을 커다란
가능성을 제시한다. 740년대에 집성된 것으로 추정되는 바바리아족의
부족법인 바바리아 법의 제I조 제13항에서 교회영지에 소속된 콜로누
스(colonus)는 영주직영지 가운데 일정 면적의 곡물경작지를 경작해
야 하고, 포도밭에서 포도를 재배하며, 기타의 잡역과 각종 현물공납
을 이행해야 한다고 기록되어 있다. 또 외거노예(servus)는 '매주 주인
의 밭에서 3일간 일하고 자신의 밭에서 3일간 일해야 한다.'고 규정되
어 있다.[42] 콜로누스의 의무에 관한 이런 규정은 후에 818년 무렵 프랑
크왕국의 한 칙령에도[43] 거의 똑같은 글귀로 나타나며, 그 의무 내용은
9세기의 영지명세장들에 기재된 고전장원에서의 농민의 의무와 같다.
따라서 콜로누스와 외거노예의 의무에 관한 이 규정은 소작농의 부역

---

41 예컨대, A. Bruckner, ed., *Regesta Alsatiae aevi Merovingici et Karolini 496-918*
     (이하 *Regesta Alsatiae*로 줄여 씀), I. *Quellenband* (Strasbourg-Zürich: P. H. Heitz,
     1949), no. 272(p. 172) 및 *Cart. de Gorze*, no. 19(pp. 43~44) 참조.

42 "Servi … Opera vero 3 dies in ebdomada in dominico operent, 3 vero sibi faciant."
     (p. 280)

43 *Capitularia*, no. 140 "Capitula per se Scribenda"(p. 286)

노동에 의한 영주직영지 경작체제라고 할 수 있는 고전장원제로 조직
되어 경영되었음을 증명한다고 하겠다.

또 바바리아 법보다 더 이른 710~720년경에 편찬된 알레만족
의 부족법인 알레만 법 제XXII조 제3항에서도 외거노예는 '자신의 밭
과 주인의 밭에서 반반씩 경작작업을 수행하거나, 아니면 자신의 밭과
주인의 밭에서 매주 3일씩 일해야 한다.'고 한다.[44] 그리고 제XXIII조
제1항에서는 '콜로누스라고 불리는 교회영지의 자유인은 왕령지의 콜
로누스들과 마찬가지로 교회에 대해 모든 것을 이행해야 한다.'고 되
어 있다.[45] 이 알레만 법에서는 왕령지의 콜로누스들이 어떤 내용의 의
무를 지고 있었는지에 관해서 더 이상 언급이 없다. 그러나 앞에서 인
용한 바바리아 법 속의 콜로누스의 의무와 왕령지 예속민들에 관한
800년경의 두 칙령에서의 의무 규정으로 볼 때, 교회기관 소속의 콜로
누스들은 영주직영지 경작부역을 비롯한 여러 가지 의무를 졌을 가능
성이 높다고 하겠다. 따라서 8세기 전반의 두 게르만 부족법으로 봐서
는 그들 부족의 영역에서 대토지가 소작농의 부역노동에 의한 영주직
영지 경작체제라고 할 수 있는 고전장원제로 조직되어 경영되었다고
할 수 있을 것이다.

그렇지만 고전장원제에 관한 이런 두 부족법의 조항은 실제로 당
시 그들 부족의 영역에서 고전장원제가 널리 실시되고 있었음을 반영
한 것이라고 보기는 어렵다. 오히려 이들 조항은 프랑크왕국의 중심지
인 북부 갈리아에서 고전장원제가 형성되고 있는 상황에서 프랑크왕

44　"Servi dimidiam partem sibi et dimidiam in dominico arativum reddant. Et si super
　　haec est, sicut servi ecclesiastici ita faciunt, tres dies sibi et tres in dominico." (p. 52)

45　"De liberis autem ecclesiasticis, quod colonus vocant, omnes sicut coloni regis ita
　　reddant ad ecclesiam." (p. 52)

국 당국이 그들의 왕국에 편입된 알레만족 지역과 바바리아족 지역의 왕령지와 교회영지에서도 고전장원제가 확대·시행되어야 한다고 판단하고 이의 시행을 추진하는 과정에서 예속민이 신분에 따라 부역노동을 비롯한 의무를 어떻게 수행할 것인지를 규정한 것이라고 봐야 할 것이다. 왜냐하면 중세 초기 프랑크왕국의 영역에서 각 부족법은 일찍이 508~511년에 성문법으로 작성되어 프랑크왕국에서 지배적 부족법의 역할을 담당했던 살리 법의 영향을 받고 프랑크 왕들의 칙령들이 일부 추가되어 뒤늦게 칙령의 형태로 편찬되었으며, 다수의 게르만 부족법이 고래로부터 전해져 오는 각 부족의 관습법을 토대로 하여 법전으로 편찬된 데에는 프랑크 국왕들의 역할이 컸기 때문이다. 바바리아 법의 "전문(前文, Prologus legis)" 말미에 메로빙왕조의 테오데리쿠스 왕이 법률 전문가들에게 그의 지배를 받는 부족들의 법을 작성하도록 지시하면서 '각 부족의 관습법을 존중하되 기독교도의 법에 따라 작성하라.'는 작성지침을 내렸다는 기록은[46] 부족법의 편찬에서 프랑크 국왕이 주도적 역할을 담당했다는 단적인 증거다. 그리고 이 전문에서 '기독교도의 법에 따라' 작성하라고 한 것이나 특히 장원 예속민의 신분에 따른 경작부역 등의 의무를 규정한 바바리아 법 제Ⅰ조의 모두(冒頭) 제목인 '메로빙왕국 안에 주거하는 왕과 공작들 그리고 모든 기독교도들에게 적용되는 칙령'이라고 한 말은[47] 프랑크왕국의 중심부에서 형성

---

46 "Ipso autem dictante iussit conscribere legem Francorum et Alamannorum et Baioariorum unicuique genti, quae in eius potestate erat, secundum consuetudinem suam, addidit quae addenda erant, et inprovisa et inconposita resecavit; et quae erant secundum consuetudinem paganorum, mutavit secundum legem christianorum."(p.259)

47 "Hoc decretum apud regem et principibus eius, et apud cuncto populo christiano, qui infra regnum Merovungorum consistunt."(p. 269)

되고 있던 고전장원제라는 토지경영체제를 '기독교도의 법'이라는 이름 아래 왕국에 새로이 편입된 변방지역들에 보편적으로 확대·적용하려는 의도를 표현한 것이라고 볼 수 있다. 알레만 법 제I조 앞의 머리말 (p. 45)에서 '클로타르 왕 시절에 33명의 주교, 34명의 공작, 65명의 주백(州伯) 등 교속의 유력자들의 합의를 거친 알레만 법이 시작된다.'고 한 말[48] 역시도 알레만 법 편찬에 있어 프랑크 왕의 주도권과 이 부족법에 왕국 중심부의 경제정책을 관철하려는 의지를 보여 주는 것이라고 하겠다.

그러므로 영지 예속민의 의무에 관한 바바리아 법과 알레만 법의 규정으로 볼 때, 고전장원제는 프랑크왕국에 뒤늦게 편입된 주변부 지역들에서는 8세기 중엽까지는 아직 널리 실시되지 못했다고 할 수 있을 것이다. 전술한 바와 같이 뢰저너의 연구에 의하면 실제로 8세기에는 바이에른과 마인프랑켄 지역에서 세속 귀족의 소유지가 고전장원제로 조직되지 않았으며, 독일 남서부 지역의 귀족토지에서도 지주직영지 경작에 농민보유지 보유자들의 부역노동뿐만 아니라 솔거노예들의 노동력도 큰 역할을 담당했다. 뿐만 아니라 고전장원제는 프랑크왕국의 중심부에서도 9세기와 같은 형태로 완성되지 않았던 것으로 보인다. 카롤링조의 왕령지에 관해 큰 연구업적을 남긴 W. 메쯔에 의하면, 이 두 부족법의 이런 조항도 왕령지를 근거로 한 것이며 8세기의 경과 중에 교회기관의 영지에 적용된 것이라고 한다.[49] 또 이 책의 제2부 제VI장 "중세 초기 봉건농민의 부역노동 부담추이"에서 보듯이 이들 부

48   "Incipiunt lex Alamannorum, qui temporibus Chlothario rege una cum proceribus suis, id sunt 33 episcopi et 34 duces et 65 comites vel cetero populo adunatu."
49   W. Metz, *Das Karolingische Reichsgut. Eine Verfassungs- und Verwaltungsgeschichtliche Untersuchung* (Berlin: Walter de Gruyter, 1960), pp. 72~77.

족법에서 경작부역을 비롯한 콜로누스의 부역노동 부담은 9세기의 영
지명세장들에 보이는 고전장원들에서 농민들에게 부과되는 부역노동
부담의 절반 수준밖에 되지 않는다.

　요컨대, 고전장원제의 구조적 특징들과 관련된 8세기의 자료들을
종합해서 볼 때, 8세기에 프랑크왕국에서 고전장원제가 널리 그리고
완전한 형태로 성립했다고 말하기는 어렵다. 8세기는 고전장원제가 그
틀이 갖춰지고 갈리아 북부지역을 중심으로 형성되는 가운데 프랑크
왕국의 변두리 지역들로 확산되는 과정에 있었던 것으로 추측된다. 프
랑크왕국의 주요 지역들에서 소작농의 부역노동에 의한 영주직영지 경
작체제라고 규정할 수 있는 고전장원제가 범사회적 제도로서 완비되어
성립한 시점이 8세기 말엽일 가능성을 전적으로 배제할 수는 없으나,
지배적인 토지경영체제로 확립된 것은 9세기 초입이라고 판단된다.

　물론 8세기 이전에는 토지경영체제로서의 고전장원제의 골조가
제대로 형성되지 못했던 것으로 보인다. 8세기 이전의 사료에서 대토
지의 고전장원제적 경영구조에 관한 기록을 찾아보기 어렵기 때문이
다. 8세기 이전 메로빙조의 특허장들에서도 '장원(villa)'이나 고전장
원제 시대에 농민보유지를 뜻하는 'mansus'와 같은 말이 더러 나타난
다. 그러나 장원이 영주직영지와 농민보유지로 구성된다든가 영주직
영지에 대한 부역노동이 농민보유지에 부과된다든가 하는 기록은 찾
아보기 어렵다.[50] 뿐만 아니라 'mansus'라는 용어의 의미도 문헌기록
에 처음으로 나타나는 6세기에는 단순히 집을 지칭하는 데 지나지 않
았으며, 7세기 초쯤부터는 농업경영의 중심이란 뜻으로 변천하였으

50　*MGH, Diplomata*, tomus I (Hannover, 1872; 재인쇄: Stuttgart, Anton Hiersemann,
　　1981) 중 pp. 1~88의 "Diplomata regum Francorum e stirpe Merovingica" (이하
　　"Diplomata Merovingica"로 줄여 씀) 참조.

며, 7세기 중엽이나 후반 이후에 들어서야 비로소 장원 내에서 집과 농경지가 긴밀하게 결합된 농장 내지 농민보유지라는 뜻을 지니게 되었던 것이다.[51]

나만 7세기 후반의 것으로 추정되는 알자스 지방의 에베르스하임(Ebersheim) 수도원에 관한 한 문서의 경우에는 어떤 고위관리가 이 수도원에 기증하는 20개의 장원(curtis)들 가운데 다수가 영주직영지(curtis dominica)와 농민보유지(mansus servilis et censualis)들로 구성되어 있음을 볼 수 있다.[52] 그렇지만 경작부역을 비롯한 농민의 의무에 관한 기술은 보이지 않는다. 장원이 영주직영지와 농민보유지들로 구성되어 있는데도 경작부역에 관한 언급이 없다면, 이들 장원은 어떻게 된 구조일까? 'mansus servilis et censualis'라는 농민보유지의 명칭은 에베르스하임 수도원의 장원들이 어떤 구조로 되어 있었는지를 짐작케 하는 단서를 제공한다. 원래 'mansus servilis et censualis'라는 말은 'mansus servilis'라는 말과 'mansus censualis'라는 말을 결합해서 편의적으로 표기한 용어로 추측된다. 'mansus servilis'는 9세기의 영지명세장들에서 많이 볼 수 있는 용어로, 노예 신분 출신의 농민보유지인 노예망스라고 하는 것이다. 이것은 노예가 외거와 동시에 주인으로부터 생계유지용의 작은 토지를 분양받아 가족생활을 영위하면서 주인의 직영지 경작을 위한 부역노동을 수행하는 농민보유지다. 이에 비해 'mansus censualis'는 그 수식어 'censualis'가 주로 현물이나 화폐 형태로 된 지대의 납부 의무를 뜻하는 것으로, 자유인 신

---

51 F. L. Ganshof, "Observations sur le manse à l'poque mérovingienne", *RHDFE*, 33(1955), p. 633; J.-P. Devroey, "The large estate in the Frankish kingdoms", p. 3; D. Herlihy, "The Carolingian *mansus*", *EHR*, 13(1960), pp. 82~85 참조.

52 *Regesta Alsatiae*, I. *Quellenband*, no. 67(pp. 26~27).

분 출신의 소작농민이 현물 내지 화폐 형태의 지대를 지주에게 지불하는 농민보유지다. 따라서 이런 농민보유지는 영주직영지를 경작하는 부역노동 형태의 노동지대를 지불하는 9세기 고전장원의 '자유인망스(mansus ingenuilis)'와는 다른 것이다.

　그러므로 7세기 후반에 에베르스하임 수도원영지의 장원들은 영주직영지와 농민보유지들로 구성되어 있었지만, 자유인 출신의 소작농들은 현물이나 화폐 형태의 지대를 지불하고 영주직영지는 농민보유지를 보유한 외거노예들이나 또는 아직 토지를 보유하지 못하고 솔거하는 노예들에 의해 경작되었다고 할 수 있을 것이다. 이런 장원은 이른바 '메로빙시대의 장원(villa)'이라고 불리는 것이다. 페르헐스트에 의하면 메로빙시대의 장원은 카롤링시대의 고전적 대장원에 비해 대체로 그 크기가 더 작고 미개간지가 더 많으며, 농민보유지의 수도 더 적고 따라서 직영지 부분이 훨씬 더 크며, 직영지는 주로 노예나 '외거화(外居化)되지' 않은 예속민들에 의해 경작되고 농민보유지 보유자들의 유일한 부역노동은 일정 면적의 작은 땅뙈기를 할당받아 경작하는 정적부역(定積賦役, riga)이란 점 등이 특징이다.[53] 따라서 8세기 이전의 중세 초기에는 고전장원제의 구조적 특징을 이루는 요소들이 7세기나 그 직전에 부분적으로 형성되거나 상호 결합하는 양상이 전개되는 한편, 로마시대처럼 여전히 지주의 직접경영지가 솔거노예나 외거노예들에 의해 경작되고 자유인 출신의 소작농들은 지주에게 생산물이나 화폐 형태의 지대를 지불하는 이원적(二元的)인 토지경영체제가 지속되는 가운데 소작농들의 부역노동은 아주 제한적으로 부과되는 수준에 있었다고 할 것이다.

53　A. Verhulst, "Genèse du régime domanial classique", pp. 145~147 참조.

3. 소작농의 부역노동에 의한 영주직영지 경작체제의 형성

비록 루아르 강과 라인 강 사이지역을 비롯한 프랑크왕국의 주요 지역
들에서 고전장원제가 일반적인 토지경영 조직으로 성립한 시점이 800
년 무렵이고 8세기에는 고전장원제의 기본틀이 마련되면서 곳에 따
라 고전장원제가 높은 수준으로 형성되었다고 할지라도, 고전장원제
의 기본적인 구조를 이루는 특징적 요소들, 즉 영주직영지와 농민보유
지로 구분되는 장원토지의 이분적 공간구조, 농민보유지의 경작과 그
보유자의 결혼 및 가족생활을 통한 영주직영지 경작노동력의 재생산,
소농들의 자율성에 바탕을 둔 실질적 소경영 체제, 영주직영지 경작노
동력의 부역노동적 성격 등은 그보다도 더 오랜 기원과 형성 및 결합
과정을 가졌을 수 있다. 따라서 고전장원제의 성립과정과 그 배경을
이해하기 위해서는 고전장원 체제가 일반적으로 또는 국지적으로 성
립한 시기뿐만 아니라, 소작농들의 부역노동에 의한 영주직영지 경작
체제라고 요약될 수 있는 고전장원제의 구조적 특징을 이루는 여러 가
지 요소들의 형성과정까지도 고찰함이 필요하다고 하겠다.

　　소작농들의 부역노동 수행에 의한 영주직영지 경작체제가 형성되
기 위해서는 기본적으로 자유인과 부자유인으로 구분되었던 고대사회
의 신분들이 지주의 직접경영지에 경작부역을 제공하는 예속적 소작
농들로 전환되어야 한다. 9세기 고전장원제로 조직된 영지들의 명세
장에 의하면 영주직영지에 대한 경작부역 의무가 부과되는 농민보유
지, 즉 당시의 사료에서 보통 '망스(mansus)'라고 일컬어졌던 농민토
지의 종류에는 앞에서도 말했듯이 자유인망스, 반자유인망스, 노예망
스가 있었다. 이들 망스의 이름은 농민보유지가 성립되던 당시의 최
초 보유자의 신분을 표시하며, 이들 농민보유지의 종류는 고대의 주요

신분들이 고전장원에서 영주직영지 경작을 위해 부역노동을 수행하는 농민들로 바뀌었음을 나타낸다. 그런데 서유럽에서 고전장원제 발달에 선행했던 로마시대와 중세 초의 생산양식은 노예제였고[54] 따라서 고전장원제는 노예노동에 의한 토지경영체제의 붕괴를 전제로 하므로, 우리는 이들 세 신분 가운데 주인의 직접경영지에 대한 노예의 경작부역 수행 소작농으로의 이행부터 살펴봐야 할 것이다.[55]

이미 주인의 직접경영지에서 경작부역을 수행하고 있던 노예의 경우, 고전장원제적 토지경영 구조 속에서 부역노동을 수행하는 소작농으로 이행하기 위해서는 독자적인 가족생활의 영위와 외거화, 그리고 토지보유가 필요하다. 그런데 주인의 직접적인 부양에 의존하던 솔거노예가 자신의 생계유지용 토지를 보유하게 된다는 것은 곧 가족생활의 영위와 외거화를 전제로 하거나 수반한다. 그리고 노예가 주인으로부터 분양받아 보유하는 토지를 경작하게 되면, 주인의 토지를 경작하기 위해 온 노동을 제공해 오던 노예의 지주 직접경영지 경작을 위한 부역노동은 고전장원제에서 보는 것처럼 크게 축소되고 제한되어 수행될 수밖에 없다. 그러므로 노예의 부역노동 수행 소작농으로의 전환에 있어 가장 중요한 국면은 토지보유라고 할 수 있다. 따라서 우리는 사료를 통해 노예의 가족형성, 외거화, 토지보유, 제한된 부역노동 수행과 같은 노예의 소농으로의 이행과정이 언제 어떻게 일어났는지를 추

54 로마사회의 노예제는 로마제정 후기부터 쇠퇴하고 있었지만, 로마제국 말기와 게르만족 대이동기의 분쟁과 혼란으로 많은 노예가 발생함으로써 중세 초의 서유럽에서는 다시 노예제가 발달했다. 이에 대해서는 필자의 논문, 「서유럽 중세 초기 노예제사회로부터 농노제로의 이행과정」, 259~267쪽 참조.
55 노예제가 쇠퇴하면서 고전장원제가 형성되었음에도 불구하고, 오랫동안 고전장원제의 형성에 관한 연구는 자유인의 장원 편입에 초점이 맞춰져 왔다. 고전장원제의 형성을 노예의 소농으로의 성장이라는 관점에서 연구하기 시작한 것은 그리 오래된 일이 아니다. Y. Morimoto, "État et perspectives des recherches", pp. 37~39 참조.

적하되, 무엇보다 노예의 토지보유 현상을 눈여겨봐야 할 것이다.

8세기에 노예의 상당수는 이미 가족생활을 영위하고 있었다. 토지의 수증, 매입, 교환 등에 관한 문서가 이례적으로 많이 남아 전해지고 있는 바이센부르크 수도원의 영지에 관한 문헌에 의하면, 8세기 후반에 이 수도원에 토지와 함께 기증되는 노예들은 독신으로 된 1인 세대를 포함한 전체 세대 가운데 최저 20~30%, 보통 절반 가까이가 가족을 구성하는 경향이 있다.[56] 노예 수가 많지 않은 경우 심지어 100% 다 가족을 구성하고 있는 경우도 있다.[57] 8세기 전반에 관한 기록은 후반에 비해 훨씬 적고 가족상황에 관한 기록이 모호한 경우가 더러 있어 정확하게 가늠하기가 어렵지만, 노예의 가족구성 비율이 대체로 약간 낮은 경향을 보인다. 그러나 가족구성 비율이 전체 세대의 85%를 차지하거나[58] 노예 수가 아주 적은 경우 모두 가족을 구성하고 있는 경우도 없지 않다.[59] 8세기 이전에 대해서는 7세기 말쯤 토지와 함께 기증되는 1세대의 노예가 처자식을 거느리고 있기는 하나,[60] 노예에 관한 그 밖의 기록이 없어 무엇이라고 말하기 어렵다. 바이센부르크 수도원영지에 관한 문서 외의 문헌에서도 7세기 이전 중세 초기의 노예의 가족구성에 관한 자료는 찾아보기 어렵다.

이와 같이 8세기 전반과 7~6세기로 갈수록 노예의 가족구성 비율이 다소 낮고 가족생활에 관한 기록이 별로 없는 원인은 이 시기의

---

56   예컨대, C. Zeuss, ed., *Traditiones Wizenburgenses*, no. LIII(pp. 56~57), LXXI(pp. 77~78), CLXXVIII(p. 167) 참조.

57   같은 사료, no. LXI(pp. 65~66). 여기서 6세대 19명은 모두 가족을 이루고 있다.

58   같은 사료, no. CCXLI(p. 232).

59   같은 사료, no. XLI(p. 43)에서는 1세대가, no. CCXXXII(p. 222)에서는 2세대가 모두 결혼한 부부들이다.

60   같은 사료, no. XXXVIII(p. 40).

문헌기록이 전반적으로 매우 적은 데 있다고 생각할 수도 있을 것이다. 그러나 그렇게 보기는 어렵다. 왜냐하면 노예의 가족생활에 관해서뿐만 아니라 다른 관심사항들에 관해서도 전체적으로 문헌기록이 8세기 전반 이전에 비해 특별히 8세기 후반에 더 많다고 볼 수 없는 데다, 중세 초로 갈수록 노예의 가족생활에 관한 언급이 드물어지는 경향이 나타나기 때문이다. 그러므로 중세 초로 갈수록 노예의 가족생활에 관한 기록이 적은 주요 원인은 다른 데 있다고 봐야 할 것이다. 그것은 로마제정 후기에 쇠퇴하던 노예제가 중세 초에 부활한 사실과 관련되어 있는 것으로 추측된다. 중세 초에 노예제사회가 다시 성립하여 지속되다가 7세기 말 이후 해체되기 시작함에 따라,[61] 노예제의 해체현상으로서 노예의 가족구성에 관한 문헌기록이 8세기 초반부터 점차로 증가하기 시작했을 가능성이 크다.

　가족을 구성하고 있는 중세 초기의 노예들은 토지와 함께 기증되거나 교환되고 있다. 그렇지만 그런 노예들이 더 이상 주인의 가내 하인 노릇을 하지 않고 토지를 경작하는 한, 그 토지 위에나 그 근처에 별도의 집을 보유하고서 외거하고 있었던 것으로 봐야 할 것이다. 토지경작 노예의 이런 외거화는 문헌사료에서 흔히 '토지에 거주하는' 또는 '토지보유자로서 정주하는'라는 뜻의 "super ipsam terram commanentes"라고 하는 글귀로 표현되고 있다. 695~711년쯤에 어떤 사람이 바이센부르크 수도원에 "나는 … 노예 즉 이름들이 테우타리우스와 볼프린디스인 2명의 노예를 그들의 보유지와 그들이 거주하는 것으로 보이는 집 및 특유재산과 함께 양도한다."는 재산기부 문서의 기록은[62] 노예(mancipia)가 자신이 경작하는 토지(hoba)에 집(casa)

61　중세 초기 노예제사회의 성립과 해체과정에 대해서는 앞에서도 인용된 바 있는 필자의 논문, 「서유럽 중세 초기 노예제사회로부터 농노제로의 이행과정」, 259~292쪽 참조.

을 갖고 외거하고 있었음을 분명하게 보여 준다.

우리는 이 재산기부 기록에서 또한 노예가 'peculiare'라는 자신의 특유재산을 소유하고, 특히 'hoba'라고 불리는 토지까지[63] 보유하

---

62 "…ego…trado …et **mancipia** id est duo his nominibus theutario. uuolflinde **cum hobas eorum casa ubi ipse manere uidentur. cum peculiare eorum**…."(C. Zeuss, ed., *Traditiones Wizenburgenses*, no, CCXXVIII〔pp. 218~219〕)

63 'hoba'는 중세의 다른 기록들에서는 huoba, huba, hova, huva 등의 형태로도 쓰였으며, 독일사에서는 보통 '후페(Hufe)'라고 불린다. 후페는 중세 초기에 프랑크왕국의 서부지역 문헌기록에서는 보이지 않고 동부지역에서 망스(Mansus)라는 용어와 함께 자주 나타난다. 처음에 후페는 농경지를, 망스는 주거공간을 뜻하는 분명한 차이가 존재했다. 그러나 8세기 후반쯤부터 두 용어 다 농민보유지를 지칭하기 시작하고 문헌기록에서 병용되었다. 이에 따라, 두 용어의 뜻이 동일했는지 그렇지 않았는지에 대한 학계의 논란이 많다. 대체로 독일 중부의 헤센 주 북부 소재 헤르스펠트(Hersfeld) 수도원의 토지대장인 "장크트 룰루스의 명세장(Breviarium Sancti Lulli)"이나 역시 같은 헤센 주에 위치한 풀다 수도원의 장원문서 및 오늘날 에센 시에 소재한 베르덴(Werden) 수도원의 영지 관련 문서를 토대로 한 연구에서는 망스가 새로이 형성되고 있던 부역농장 또는 이분장원 체제에 편입되어 영주직영지에 대해 부역노동과 공납의 의무를 지는 예속적 농민보유지였던 데 비해, 후페는 이런 장원체제에서 벗어나 부역 의무를 지지 않고 단지 공납 의무만 이행한 은대지 형태의 토지나 자유차지(自由借地)를 뜻한다고 한다. F. Lütge, "Hufe und Mansus in den mitteldeutschen Quellen der Karolingerzeit, im besonderen in dem Brevarium St. Lulli", *Virteljahrschrift für Sozial- und Wirtschaftsgeschichte*(이하 *VSWG*로 줄여 씀), 30(1937), pp. 105~128; D. Hägermann, "Quellenkritische Bemerkungen zu den karolingerzeitlichen Urbaren und Güterverzeichnissen", W. Rösener, ed., *Strukturen der Grundherrschaft*, pp. 65~67; H. Th. Hoederath, "Hufe, Mansus und Mark in der Quellen der Grossgrundherrschaft Werden am Ausgang der Karolingerzeit. Eine wirtschaftliche Untersuchung", *Zeitschrift der Savigny-Stiftung für Rechtsgeschichte*, *Germanistische Abteilung*, 68(1951), pp. 211~233; U. Weidinger, "Untersuchungen zur Grundherrschaft des Klosters Fulda in der Karolingerzeit", W. Röesner, ed., *Strukturen der Grundherrschaf*, p. 249 참조. 이와는 반대로 망스와 후페 간에는 별 차이가 없었다는 견해도 강력하게 제기되고 있다. 두 토지를 동일시하는 이런 견해는 주로 독일 서남부에 위치한 바이센부르크 수도원이나 스위스 동북부에 위치한 장크트갈렌(St. Gallen) 수도원의 토지 관련 문서를 분석한 연구자들에게서 볼 수 있다. W. Schlesinger, "Hufe und mansus im Liber Donationum des Klosters Weißenburg", *Beitrag zur Wirtschafts- und Sozialgeschichte des Mittelalters. Festschrift für H. Helbig zum 65. Geburtstag* (Köln-Wien: Böhlau, 1976), pp. 33~85; A. zur Nieden, *Der Alltag der Mönche:*

고 있었음을 볼 수 있다. 노예의 특유재산 소유는 로마시대부터 있어
온 일로,[64] 중세에 들어 7세기 말 이전의 법률서식집에도 노예가 특유
재산을 소유하고 있었음이 보이며,[65] 8세기의 문헌에는 자주 나타난
다. 그렇지만 노예의 소작농으로의 변모에 있어 주로 동산으로 구성
되었을 특유재산 소유보다 중요한 것은 농업생산의 기본수단인 토지
의 보유다. 노예의 토지보유는 앞의 제III장 제2절에서 살펴본 710~

Studien zum Klosterplan von St. Gallen (Hamburg: Diplomica, 2008), p. 100; E.
Schmieder, "Hufen und Mansus. Eine Quellenkritische Untersuchung", *VSWG*,
31(1938), pp. 348~356 참조. 특히 여기에서 인용된 문장의 출처가 되는 바이센부르크
수도원에 대한 토지기증 문서들을 면밀하게 분석한 W. 슐레징어는 이들 문서에서 망스
라는 말과 후페라는 말은 각각 7세기와 8세기 초부터 나타나고 처음에는 그 뜻이 달랐
지만, 이미 8세기 말부터는 동일한 뜻으로 사용된다고 한다. 따라서 후페와 망스의 뜻은
지역과 시간에 따라 달라졌지만, 700년경에 바이센부르크 수도원에 기증되는 재산에 관
한 문서에 기록된 'hoba'는 당시에는 아직 노예의 단순한 보유지에 지나지 않았으나 결
국 9세기 무렵에는 고전장원 체제 내의 정상적인 농민보유지로 발전해갔다고 할 수 있
을 것이다.

64 로마사회에서 노예의 특유재산 소유는 기원전 5세기의 십이표법 시대로까지 거슬러 올
라가며 노예 가운데 상당수가 특유재산을 소유했다. 로마시대 노예의 특유재산 소유
에 관해서는 차영길, 「로마 노예의 특유재산(peculium)에 관한 연구―공화정 말~제
정 초의 노예제에 미친 영향을 중심으로―」, 『사총』, 28(1984), pp. 99~130; 같은 필
자, 「Peculium과 노예노동의 조직화: 비문사료(碑文史料)를 중심으로」, 『서양고대사 연
구』, 1(1993. 9), 147~167쪽 참조.

65 예컨대, K. Zeumer, ed., *Formulae*, "Formulae Andecavenses", no. 23(p. 11) 참조.
*Formulae*를 구성하는 여러 법률서식집의 작성연대는 같은 법률서식집 안에서도 모두
같은 것이 아니며, 작성연대 추정도 연구자에 따라 상당한 차이가 난다. 특히 A. Rio는
최근 발행된 그녀의 법률서식집 연구서인 *Legal Practice and the Written Word in the
Early Middle Ages: Frankish Formulae, c. 500-1000* (Cambridge: Cambridge Univ.
Press, 2009)에서 K. 조이머를 비롯한 기존 연구자의 법률서식집 작성 연대와 장소 추정
을 매우 회의적으로 보는 편이다. 그래서 법률서식집의 정확한 작성연대 추정은 더욱 어
렵고 복잡해진 실정이다. 이런 사정에도 불구하고 앙제(Angers)에서 수집된 여기 인용
의 법률서식집인 "Formulae Andecavenses" 가운데도 빠른 것은 6세기에, 늦은 것은 7
세기 후엽에 작성된 것으로 추정되고 있기는 하지만, 대체로 그 대부분은 7세기에 작성
된 것으로 보고 있다. K. Zeumer, ed., *Formulae*, pp. 2~3 및 A. Rio, *Legal Practice
and the Written Word*, pp. 68~80 참조.

720년경의 알레만 법 제XXII조 제3항과 740년대의 바바리아 법 제I조 제13항에 선명하게 드러나 있으며, 8세기 중엽의 여타 문서들에도 'hoba' 또는 'sors'라는 농민보유지 형태로 자주 나타난다.[66]

　노예의 토지보유에 관한 7세기 이전의 기록은 드물다. 그렇지만 기록이 없는 것은 아니다. 앞에서 본 바와 같이, 7세기 후반 알자스 지방의 에베르스하임 수도원에 기증되는 한 고위관리의 20개 장원 중 다수에서 '노예망스(mansus servilis)'가 존재한다. 이 '노예망스'라는 말은 현물이나 화폐 형태의 지대지불 의무를 뜻하는 'censualis'라는 말과 합성된 'mansus servilis et censualis'라는 형태로 되어 있기는 하지만, 노예망스가 7세기 후반에는 알자스 지방 등지에서 형성되어 있었거나 적어도 형성되고 있었음을 보여 준다고 하겠다. 거의 비슷한 시기의 법률서식집에도 노예주가 그의 노예가 성실히 봉사했음을 높이 평가하여 망스나 소규모 망스(mansellus)를 수여하는 법률서식이 존재한다.[67] 북부 이탈리아의 랑고바르드 왕국에서는 이들 문서보다 앞선 643년에 반포된 로타리(Rothari) 왕의 칙령에 '맛사(massa)' 즉 망스를 보유하는 노예라는 뜻을 가진 'servus massarius'라는 용어와 망스보유 노예의 살인배상금 등에 관한 규정이 적지 않게 나타난다.[68] 이런 현상은 적어도 이탈리아 북부지역에서는 후의 고전장원제 아래서 일반화된 농민보유지인 망스가 이미 7세기 중엽에 형성되어 있었

66　예컨대, C. Zeuss, ed., *Traditiones Wizenburgenses*, no. XV(p. 23. 730~739년), CXXXI(p. 127. 767년) 및 *Cart. de Gorze*, no. 2(p. 6. 754년). 특히 맨 뒤의 문서에 의하면, 주인의 포도밭을 재배하는 노예나 양떼를 돌보는 노예는 예외 없이 모두 자신의 생계유지수단으로 'sors'라는 농민보유지를 보유하고 있다.

67　K. Zeumer, ed., *Formulae*, "Marculfi formulae", liber II, no. 36(pp. 96~97) 참조. "Marculfi formulae"라는 마르쿨프의 법률서식집의 작성연대는 일반적으로 650년대로 추정되고 있다. K. Zeumer, ed., *Formulae*, pp. 32~34; A. Rio, *Legal Practice and the Written Word*, pp. 82~88 참조.

고 이를 노예들이 보유하는 일이 드물지 않았음을 증언하는 것이다.

노예의 토지보유를 직접적으로 언급하는 7세기 초엽 이전의 문헌기록은 찾아보기 어렵다. 그렇지만 노예가 이미 토지를 보유한 소작농으로 존재했을 가능성을 시사하는 간접적인 기록은 없는 것이 아니다. 6세기 초의 부르군트 법이 그것이다. 칙령 형태로 반포된 "부르군트인의 법"에서 "모든 부르군트인과 로마인의 콜로누스와 노예들이 보호되기를 권고하노라."라고 한다든가,[69] "부르군트의 로만인 법"에서 '주인(또는 지주)이 타인의 노예나 콜로누스가 자신의 집이나 농지로 도망 와 있는 것을 인지하고서도 법관이나 도망자의 주인에게 넘겨주지 않는다면,'라고 한다.[70] 이런 법 조문은 'servus'로 표기된 외거노예가 예속적 소작농인 콜로누스와 유사한 취급을 받고 있는 것으로 미뤄볼 때, 여기의 외거노예가 토지를 보유했을 가능성을 암시한다고 하겠다. 또 이 시기에 노예가 이미 자신의 재산을 소유하고 있음을 당연한 법률상의 전제로 삼고 있는 법 조문도 있다. "다른 사람에게서 자신의 소유물을 인지한 자에 관해서(De his, qui aput alios res suas agnoscunt)"라는 제목으로 된 "부르군트인의 법"의 한 조항에서는 "노예가 부정(不正)하게 인지하면, 인지된 소유물의 품등에 비례해서 매를 맞는다."고 하고,[71] 역시 6세기 초에 편찬된 살리 법에서는[72] "노예 자신

---

68 MGH, Leges, tomus IIII: F. Bluhme, ed., Leges Langobardorum (Legum tomus IV) (Hannover 1868; 재인쇄: Stuttgart: Anton Hiersemann, 1965) 중 "Edictus Rothari", 제132(p. 30), 134(p. 31), 137(p. 31), 234(p. 58), 352(p. 81)조 참조.

69 "Quod de Burgundionum et Romanorum omnium **colonis et servis** praecipimus custodiri."("Lex Gundobada", 제XXXVIII조 제10항[p. 548])

70 "Quod si dominus **servum aut colonum** alienum, regionis dumtaxat nostrae, sciens in domo vel in agro suo consistentem iudicibus non praesentat, aut admonitus a fugitivi domino eum adsignare dissimulat,"("Lex Romana Burgundionum", 제VI조 제2항[p. 599])

71 "Si servus male agnovit, pro qualitate rei agnitae fustigetur"("Lex Gundobada", 제

의 소유물(res ipsius servi)"이라는 말이 사용되고 있다.[73]

노예의 소작농화는 물론 중세 초에 처음으로 나타난 현상이 아니다. 그것은 고대사회에까지 거슬러 올라간다. 로마사회에서 노예의 소작농화 현상은 기원전 1세기부터 시작되었고, 3세기 후반 무렵부터는 널리 확산되어 있었다.[74] 앞의 제II장에서 본 것처럼 기원후 98년에 쓴 타키투스의 『게르마니아』 제XXV장에 의하면, 이 시기의 게르만사회에서는 노예(servus)가 아예 로마사회의 '콜로누스처럼' 소작농민으로 존재했다.

이와 같이 6세기와 7세기 초엽에는 노예의 토지보유에 관한 직접적인 기록을 찾아보기 어렵기 때문에, 로마시대와 민족대이동 전의 게르만족 사회에 적지 않았던 노예의 토지보유는 중세 초에 잠시 중단되었을 가능성을 배제할 수 없다. 그러나 중세 초에도 노예의 토지보유에 관한 간접적인 증거가 전혀 없는 것은 아니므로, 노예의 토지보유 전통은 중세 초에 크게 약화된 것 같기는 하지만 대체로 면면히 이어져 왔다고 할 수 있을 것이다. 앞에서 말했듯이, 노예의 토지보유에는 비록 명시적인 언급이 없더라도 노예의 외거화와 가족생활 영위가 병행되었을 것임은 물론이다.[75]

LXXXIII조 제3항[p. 568])

72 일반적으로 살리 법의 편찬연대는 프랑크왕국의 건설자인 클로비스(Clovis) 왕의 말년인 507년(또는 508년)과 511년 사이로 추정되고 있다.

73 *Lex Salica*, 제XXVI조 제2항(codd. 6 & 5, cod. 10, Lex emend.) 참조.

74 차전환, 「노예제에서 소작제로의 이행」, 178쪽; W. Seyfarth, "Spätantike als Über-gangszeit", pp. 284~285; A. H. Jones, *Later Roman Empire*, pp. 794~795; M. Bloch, "How and why ancient slavery came to an end", W. R. Beer, ed. & trans., *Slavery and Serfdom in the Middle Ages.* (Berkeley: Univ. of California Press, 1975) (이하 *Slavery and Serfdom*으로 줄여 씀), pp. 4~8 참조.

75 그러나 반대로 노예가 외거하고 가족생활을 한다고 해서 반드시 토지를 보유했던 것은 아니다. 이를테면, 850년대 전후에 작성된 생르미 수도원의 영지명세장 제XIX장 제

또한 노예의 토지보유는 틀림없이 주인의 직접경영지 경작을 위해 수행되는 노예의 부역노동 축소도 수반했을 것이다. 노예가 자신의 보유지를 경작하여 독자적으로 생계를 유지하자면 주인을 위한 경작부역은 제한될 수밖에 없기 때문이다. 그럴 경우 주인을 위한 노예의 경작부역은 매일 이루어지던 것이 절반 수준으로 줄어드는 것이 보통이었다. 그것은 중세 초기 기독교의 보급에 따라 중노동이 금지된 일요일을 제외한 1주일 중 3일의 부역이 요구되는 주부역 형태로 표현되었다. 주 3일씩의 부역수행은 고전장원제로 조직되어 경영된 9세기 수도원영지들의 명세장들에서 흔하게 나타나며, 전술한 8세기 전반의 바바리아 법과 알레만 법에서도 이미 토지보유 외거노예들에게서 볼 수 있는 바다.

그러나 노예의 토지보유에 따른 매주 3일씩의 주부역 수행이 명기된 중세 최초의 문헌기록은 '노예는 자신의 밭과 주인의 밭에서 절반씩 또는 매주 3일씩 일해야 한다.'고 한 710~720년경의 알레만 법 제XXII조 제3항의 규정이다. 토지보유자가 지주를 위해 1주일에 며칠씩 부역노동을 수행해야 한다는 기록이 그 이전에도 없는 것은 아니다. 6세기 중엽 라벤나 교회의 단편적(斷片的)인 토지대장에도 그런 기록이 보인다.[76] 이 문서에서 의무가 기재된 52명의 토지보유자 가운데 46명은 화폐지대나 현물지대를 바치는 데 비해, 6명은 현물지대와 함께 매주 1~3일씩의 노동지대를 바친다. 그러나 이들 6명의 신분에 관

16~17항(B. Guérard, ed., *Polyp. de St. Remi*, p. 465)에는 '장원 내에(intra villam)' 거주하는 남녀 노예가 4명, '장원 바깥 거주자(forasticus)"인 남녀노예가 7명 기재되어 있다. 외거노예임이 틀림없는 이들 9명의 노예 가운데 2명은 그 앞의 항들에서 망스 보유자임이 확인되므로, 나머지 9명이 토지를 보유하지 않은 셈이다. 그리고 9명 중 3명은 자녀를 두고 있어, 가족생활을 하고 있다고 볼 수 있다.

76　L. Kuchenbuch, *Grundherrschaft im früheren Mittelalter*, pp.68~70 참조.

해서는 아무런 명시가 없기 때문에, 토지보유자의 신분이 무엇인지는
알 수 없다. 다만 주부역이 토지보유 외거노예의 원초적 부역노동 방
식이라는 점에서는,[77] 이들 토지보유자가 노예일 가능성이 있다고 하
겠다. 그렇지만 이 문서에는 노예에 관한 언급이 일절 없고, 주부역이
기재된 난(欄) 다음의 다른 인접 난에는 콜로누스 신분의 보유지를 뜻
하는 'colonia'들이 존재하며, 주부역 수행의 의무가 있는 6명의 토지
보유자 가운데 절반인 3명의 부역 일수가 1~2일에 불과하다는 점에서
는 노예 신분이라고 보기는 어렵다. 설사 이런 주부역 수행자가 노예
신분이라고 인정하더라도, 토지보유 외거노예의 주부역 일수가 3일이
안 되는 것으로 볼 때는 이례적인 현상이라고 할 것이다. 원래 노예는
주인을 위해 무제한적 부역노동을 수행했던 것이므로, 토지보유 노예
의 주부역 일수가 오히려 3일 이상일 가능성이 더 크다고 하겠다.

　　따라서 710~720년경의 알레만 법 이전에는 노예의 토지보유에
따른 일정한 방식의 부역노동 축소를 명시한 중세 초기의 확실한 문서
는 없는 셈이다. 그러나 토지보유 외거노예가 주부역 형태로 부역노동
을 수행하는 방식은 710년대의 알레만 법보다 더 일찍 발전했을 가능
성은 충분히 있다. 왜냐하면 일반적으로 사회의 관행이 먼저 존재하고
나중에 그 관행이 법제화되는 경향이 있는 데다, 어떤 신분의 토지보
유자에게 부과된 것인지는 불확실하지만 이미 6세기 중엽 라벤나 교
회의 토지대장에 주부역이 부분적으로나마 나타나기 때문이다.

　　요컨대, 중세 초기 노예 신분의 토지보유에 따른 주인의 직접경영
지 경작을 위한 부역노동 부담 추세는 다음과 같았다고 정리될 수 있
을 것이다. 토지보유 외거노예의 주부역이 7세기 전반 이전에는 1주일

---

77   이 책 제2부 제III장 제2절 참조.

에 3일 이상이거나 3일 미만인 경우가 제법 있었을 가능성이 있다. 그렇지만 7세기 후반 무렵에 3일로 고정되는 추세가 나타나고, 8세기 초반에는 매주 3일씩의 주부역 제도가 정착되어 고전장원제가 일반적으로 성립되기 직전의 시기인 8세기에 보편적 사회 현상으로 전파되어 간 것으로 추측된다.[78] 생산물지대를 지불하던 게르만족 사회 계통의 외거노예의 지대도 게르만족 대이동 후 중세 초기의 이와 같은 추세에 따라 점차 매주 3일씩의 주부역을 수행하는 방식의 노동지대로 바꾸어 갔을 것으로 짐작된다.

다음으로 살펴볼 것은 노예의 소농으로의 발전과 마찬가지로 노예제의 붕괴 선상에서 진행된 반자유인의 지주직영지에 대한 경작부역 수행 소작농으로의 이행이다. 노예는 노예 신분을 유지한 채 외거하면서 주인의 토지를 경작하기도 하고 완전 자유인으로 해방되기도 했지만, 주인에게 반쯤 종속된 상태로 해방되기도 했다. 이처럼 새로운 종속 상태로 해방된 신분이 반자유인으로서의 해방노예다. 해방노예는 노예와는 달리 일종의 인격체로 인정받았다. 그래서 부르군트 법에 의하면 해방노예(libertus)는 법정에서 증언할 자유인이 모자라는 경우에는 증언할 수도 있었다.[79] 그러나 완전한 자유인이 못되고 주인에게 예속되어 있어서, 살리 법에서는 반자유인(litus)이 기본적으로 부자유인의 범주로 분류되는 예속민이었다.[80] 법률서식집이나 증서류 등의 문서에서 반자유인(libertus 또는 litus)은 토지에 부속된 것으로

---

78 그러나 8세기에 주부역제도가 확산되어 가면서도, 이 책 제2부 제VI장에서 보는 바와 같이 노예의 경작부역을 비롯한 부역노동 부담은 다시 크게 증가하는 추세가 나타난다.

79 "Lex Gundobada", 제LX조 제2항.

80 *Lex Salica*, 제XXXV조에서 노예(servus)와 반자유인(litus)에 관한 범죄는 "노예의 살인과 약취(De homicidiis seruorum uel expoliatis)"라는 제목 아래 함께 다루어지고 있다.

간주되어 토지와 함께 노예처럼 기증의 대상이 되기도 했다.[81] 따라서 게르만 부족법들에서 반자유인(litus 또는 libertus)은 다시 해방 절차를 밟아야만 완전한 자유인이 될 수 있었다.[82]

9세기의 영지명세장들에 의하면 농민보유지들 가운데 반자유인 망스의 수는 가장 적고 장원에서 토지를 보유한 신분들 가운데서도 반자유인 신분은 가장 적다. 이로 미루어 볼 때, 반자유인의 수는 중세 초기사회에서 자유인과 노예 신분에 비해서 아주 적었던 것으로 추측된다. 그래서인지 반자유인에 관한 중세 초기의 문헌기록은 매우 적다. 그렇다고 해서 토지소유관계 면에서 반자유인이 어떤 상태에 있었는지 전혀 알 수 없는 것은 아니다. 북부 이탈리아에 관한 787년 무렵의 한 칙령은 '가난 때문에 교회의 토지를 경작하는 노예나 반자유인(aldio)은 관리들로부터 공사(公私)의 부역을 강요받아서는 안 되고 그의 보호자나 주인이 명령하는 작업을 수행해야 한다.'고 하고 있다.[83] 이것은 반자유인이 기본적으로 주인의 토지경작을 위해 부역노동을 수행하는 소작인이었음을 말해 주는 것이다. 이로 봐서, 중세 초기의 농촌사회에서 반자유인의 대다수는 노예주가 그의 대토지 경영에 필요한 부역노동을 계속적으로 유지·확보하기 위해 솔거노예를 해방시킴과 동시에 토지를 분양해 주어 독자적인 경작과 가족생활 속

---

81 예컨대, K. Zeumer, ed., *Formulae*, "Formulae Turonenses", no. 1(p. 135), 4(p. 137), 5(p. 138), 14(p. 143), 16(p. 144), 17(p. 144) 및 *Cart. de Gorze*, no. 1(pp. 3~4), 14(p. 35) 참조.

82 *Lex Salica*, 제XXVI조 제1항 및 *Lex Ribuaria*, 제60, 64조 참조.

83 "Ut servi, aldiones, libellarii antiqui vel illi noviter facti, qui … pro sola paupertate et necessitate terram aecclesiae colunt vel colenda suscipiunt, non a comite vel a quolibet ministro illius ad ulla angaria seu servitio publico vel privato cogantur vel conpellantur; sed quicquid ab eis iuste agendum est a patrono vel domino suo ordinandum est."(*Capitularia*, no. 93의 제5조[p. 197])

에 노동력을 재생산케 하면서 직영지 경작을 위한 부역노동을 수행하
도록 한 농민이라고 할 수 있을 것이다.

반자유인의 주축을 이루는 해방노예는 일찍이 로마공화정 말기와
제정 초기에 많았다.[84] 처음에는 도시에서 교육이나 훈련을 받은 노예
들이 해방되는 경우가 많았다. 도시의 이런 해방노예가 원주인의 직영
지 경작을 위한 부역노동을 수행하지 않았음은 말할 것도 없을 것이다.
그렇지만 해방노예들 중에는 농촌에서 주인으로부터 작은 토지를 분양
받아 생계를 유지하면서 주인의 직영지 경작을 위한 부역노동을 수행
하는 자들도 있었다. 부역농민 형태의 이런 해방노예는 로마제정 초기
에는 많지 않았으나, 토지경작 노동력의 부족난이 심해진 후기에는 많
았다. 타키투스의 『게르마니아』에 의하면[85] 게르만사회에도 'libertus'
라고 불리는 해방노예가 존재했다. 그렇지만 게르만사회에서 해방노예
가 주인의 직영지 경작을 위한 부역노동을 수행했는지는 기록상 알 수
가 없다. 그러나 자유인공동체로 조직된 게르만사회에서 해방노예가
토지를 소유하기 어려웠던 만큼 주인의 토지를 소작하고 부역노동 형
태의 지대를 바쳤을 가능성이 있으며, 그렇지 않은 게르만계 해방노예
들도 적어도 게르만족 대이동 후 지대가 점차 부역노동 형태를 띠게 되
는 중세 초기의 사회추세에 따라 노동지대를 바치게 되는 변화가 일어
났으리라고 짐작된다. 따라서 대체로 중세 초기에나 고대에나 해방노
예를 비롯한 농촌사회의 반자유인층은 애초부터 주인의 직영지 경작을
위한 부역노동을 제공한다는 조건 아래 반쯤 종속된 상태로 해방되어

---

84   H. Mouritsen, *The Freedman in the Roman World* (Cambridge: Cambridge Univ.
      Press, 2011), pp. 120~141 및 G. E. M. de Ste Croix, "Slavery and other forms of un-
      free labour", L. J. Archer, ed., *Slavery and Other Forms of Unfree Labour* (London:
      Routledge, 1988), p. 26 참조.
85   *Germania*, 제XXV장.

가족생활을 영위하고 토지를 보유한 농민이라고 할 수 있을 것이다. 이 때문에 반자유인의 경우에는 시간의 경과에 따른 장원 속의 완전한 부역농민으로의 성장과정이 결여되었으리라고 추측된다.

마지막으로 자유인이 대토지소유자의 직접경영지에서 경작부역을 수행하는 예속농민으로 변화해 간 과정을 살펴보자. 로마제정 후기 이후 중세 초기의 자유인에는 두 가지 부류가 있었다. 하나는 법적으로는 아직 자유인에 속했지만 실질적으로는 예속적 소작인의 처지에 있었던 콜로누스이고, 다른 하나는 자신의 토지를 어느 정도 소유하고 예속관계에 들지 않은, 법적으로나 실질적으로나 자유로운 신분 집단이다. 따라서 자유인의 부역농민으로의 발전과정은 두 부분으로 나눠 살펴봐야 할 것이다.

콜로누스는 원래 로마사회에서 제정 초기까지만 해도 지주와 대등한 위치에서 토지의 임차계약을 맺는 자유로운 소작인이었다. 그 후의 로마사회에서도 법적으로는 자유인이었다. 게르만족의 대이동 후 앞의 제II장에서 본 게르만인들에 대한 로마인들의 토지할양과 함께 로마사회의 콜로누스는 대토지의 경작노동력으로서 게르만인들에게 인수되었다.[86] 그리하여 콜로누스는 게르만족의 일부 부족법에서도 자유인으로 취급되고 있다.[87] 그러나 콜로누스는 로마제정 후기에 거듭된 국가 당국의 토지긴박 조치로 말미암아 거주이전의 자유를 상실하고 토지에 매이게 됨으로써 실제로는 자유인에 비해 열등한 신분으로 전락했으며, 외거노예와 비슷한 신분으로 취급되었다.[88] 6세기 초의

---

86 "모든 부르군트인들과 로마인들의 콜로누스에 관해서(Quod de Burgundionum et Romanorum omnium colonis …)"라고 기록된 "Lex Gundobada", 제XXXVIII조 제10항의 말은 로마인과 마찬가지로 부르군트인도 콜로누스를 거느리고 있음을 보여 준다.

87 "Lex Alamannorum", 제XXIII조 제1항의 "콜로누스라고 불리는 교회의 자유인에 대해(De liberis autem ecclesiasticis, quod colonus vocant, …)"라는 기록 참조.

부르군트의 로마인 법과[89] 9세기 초의 한 칙령은[90] 콜로누스가 다른 사람의 영지로 도망간 경우에는 노예와 마찬가지로 원주인의 영지로 송환할 것을 규정하고 있다. 또 부르군트 법에서는 법령을 위반한 콜로누스에 대해서는 노예처럼 구타하는 처벌을 하고 있다.[91]

콜로누스는 부르군트 법과 같은 게르만 부족법과[92] 생르미 수도원의 영지명세장을 비롯한 9세기의 영지명세장들[93] 등 중세 초기의 문헌에서 'colonica'라고 불린 소작지를 보유했다. 법률서식집에 따르면 그는 토지보유에 따라 'colonaticus'[94] 또는 'colonitium'이라고[95] 불리는 의무를 이행해야 했다. 그러나 이런 말이 나타나는 법률서식들에는 막상 그 의무의 내용이 무엇인지에 관해 아무런 언급이 없다. 그렇지만 콜로누스의 소작지에 관한 기록이 집중적으로 나타나는 생르미 수도원의 영지명세장 제XXVIII장에 의하면, 콜로누스 신분 출신의 농민들은 자유인망스를 보유하고 고전장원제 하의 다른 일반 농민들과 마찬가지로 영주직영지의 경작과 관련된 각종 부역과 잡역 및 공납 의무를 지고 있다. 9세기 중엽에 작성된 이 영지명세장보다 1세기 이상 앞선 8세기 중엽의 바바리아 법 제Ⅰ조 제13항과 8세기 초엽의 알레만 법 제XXIII조에서도, 앞에서 본 바와 같이 콜로누스가 지주에게 지불하는 지대의 지배적 형태는 노동지대였다.

---

88 로마제국에서 콜로누스의 지위하락과 예속에 관한 보다 자세한 논의에 대해서는 이 책의 제1부 제Ⅳ장 제2절 참조.

89 "Lex Romana Burgundionum", 제Ⅵ장 제2조(p. 599).

90 *Capitularia*, no. 56의 제4조(p. 143).

91 "Lex Gundobada", 제XXXVIII조 제7항 및 제XXXIX조 제3항.

92 예컨대, "Lex Gundobada", 제LXVII조 및 제XXXVIII조 제7항.

93 예컨대, B. Guérard, ed., *Polyp. de St. Remi*, 제XXVIII장 "Colonicae" 참조.

94 K. Zeumer, ed., *Formulae*, "Formulae Senonenses", no. 20(p. 194) 및 "Formularum codicis S. Emmerami fragmenta", no. I의 1(p. 463).

95 K. Zeumer, ed., *Formulae*, "Formulae Senonenses recentiores", no. 2(p. 212).

이보다 앞선 중세 초기에도 콜로누스의 노동지대 지불에 관한 문헌기록이 드물기는 하지만 없는 것은 아니다. 랭스 대주교좌교회의 고위 성직자이자 연대기 작가인 플로도아르드(Flodoard. 894~966)가 948~952년 사이에 쓴 《랭스 교회사(Historia Remensis ecclesiae)》에는 7세기 초엽쯤(613년 이전~627년 또는 631년)에 재직한 주교 손나티우스(Sonnatius)가 랭스 주교좌교회의 영지와 관련하여 "부역을 배정함으로써 주교좌에 소속된 몇몇 장원의 콜로누스 보유지들을 설치했다."는 간략한 기록이[96] 나타난다. 이 기록은 콜로누스 신분의 농민들이 토지를 보유하는 대가로 부역노동을 수행하게 되었음을 뜻한다고 볼 수 있을 것이다. 또 전술한 바와 같이, 6세기 중엽쯤 북부 이탈리아의 라벤나 교회가 소유한 것으로 추정되는 파도바 지역 소재 영지에 관한 문서에서도 토지보유자의 일부가 현물공납과 더불어 매주 1~3일씩의 노동지대를 지불하고 있다. 노동지대 지불이 명기된 이들 토지보유자의 신분이 무엇인지는 명시되어 있지 않지만, 이 문서에 기록된 일부의 토지보유자가 콜로누스 신분인 것으로 미뤄볼 때, 주부역 형태의 노동지대를 지불하는 이들 소작농이 콜로누스일 가능성이 있다고 하겠다.

그러나 이들 8세기 이전 중세 초기의 문헌기록이 콜로누스의 노동지대 지불을 언급하는 것으로 볼 수 있기는 하지만, 확실한 것은 아니다. 콜로누스의 토지보유에 대해 부역을 할당했다는 손나티우스 주교에 관한 기록은 7세기 초엽 당시의 증언이 아니라 랭스 주교좌의 문서고 책임자로도 근무했던 기록자 플로도아르드가 고문서에 의거해서 간단히 요약해 간접적으로 전한 것이어서 정확한 내용이 무엇인지

---

96 "Colonias etiam villarum quarumdam episcopii depositis ordinavit servitiis."(*MGH*, *Scriptores in folio*, XIII[Hannover: Hahn, 1881], J. Heller & G. Waitz, ed., "Flodoardi historia Remensis ecclesia", p. 454[ib. II])

알 수 없다는 한계를 지니고 있기 때문이다. 또 6세기 중엽 라벤나 교회의 토지문서에 기록된 주부역 형태의 노동지대 지불도 그 지불자의 신분이 명시되어 있지 않을 뿐만 아니라, 이 단편적 문서에 기재된 전체 52명의 토지보유자 가운데 노동지대 지불자는 6명에 불과하고 나머지 46명의 지대는 모두 화폐지대이거나 현물지대이다.[97] 게다가 뒤의 제2부 제III장에서 보는 바와 같이 주부역은 본래 노예 신분 출신의 원초적 부역형태이기 때문에 지불자의 신분이 콜로누스라고 단정하기는 어려운 면이 있다.[98] 더욱이 7세기 후반 또는 8세기 초의 것으로 추정되는 프랑스 루아르 강 유역의 투르 지방 소재 생마르탱(St. Martin) 수도원의 단편적인 토지대장에서 'colonica'라는 콜로누스의 보유지에 대해서는 모두 곡물 위주의 현물지대가 부과되고 있다.[99] 이 토지문서는 랭스교회의 손나티우스 주교가 콜로누스의 보유지들에 부역을 부과했다는 7세기 초엽보다 꽤 더 뒤의 것임에도 불구하고 지대가 현물 형태로 되어 있는 것이다.

이처럼 8세기 이전의 중세 초기에 콜로누스 신분이 어떤 형태의

---

97 L. Kuchenbuch, *Grundherrschaft im früheren Mittelalter*, pp.68~70에 게재된 6세기 중엽 라벤나 교회의 단편적인 토지대장의 라틴어 원문에 따르면, 이 문서는 크게 두 부분의 난으로 구분되어 있다. 노동지대에 관한 기록은 농민보유지의 종류와 보유자에 관해서 아무런 언급이 없는 앞의 난에 나타난다. 앞의 난과는 달리 뒤의 난 가운데 일부에는 'colonia'라는 콜로누스의 보유지와 그 보유자가 기재되어 있다. 뒤의 난에 기재된 26명뿐만 아니라, 앞의 난에 기재된 26명의 토지보유자 가운데서도 20명은 화폐지대나 현물지대를 바치며 나머지 6명만이 현물지대와 함께 주부역 형태의 노동지대를 바칠 뿐이다.

98 그럼에도 불구하고 W. Goffart는 그의 논문 "From Roman taxation to medieval seigneurie:three notes", *Speculum*, 47(1972), p. 386에서 이 'colonia'라는 기록에 비춰 볼 때, 콜로누스의 일부가 매주 부역노동을 부담했음에 의문의 여지가 없다고 한다.

99 L. Kuchenbuch, *Grundherrschaft im früheren Mittelalter*, pp. 90~91 및 P. Gasnault, "Les documents comptables du VIIe siècle provenant de Saint-Martin de Tours", *Francia*, 2(1974), pp. 1~18, 특히 10~18 참조.

지대를 지불했는지에 관해서는 문헌기록상 확실성과 일관성이 없는 상태다. 그러나 그렇다고 해서 콜로누스의 부역에 관한 일부 문헌기록으로 볼 때 원래 로마사회에서 콜로누스가 지주에게 지불한 일반적 형태의 지대였던 화폐지대나 현물지대가[100] 중세에 들어서도 8세기 이전까지 아무런 변화 없이 온전히 유지되었다고 말하기도 어렵다. 콜로누스의 지대에 관해 중세 초기의 잔존 문헌기록이 전하는 바를 전체적으로 볼 때, 8세기 이전 콜로누스의 지대에 대해서는 대체로 다음과 같이 말할 수 있을 것이다. 중세에 들어서도 콜로누스의 지대는 여전히 화폐나 현물 형태로 된 기조를 유지했지만, 한편으로는 곳에 따라 시시각각 노동지대로 바뀌는 부분적 변화가 나타났으며, 그러다가 700년을 전후해서 노동지대가 지배적 형태를 이루는 획기적인 대전환이 일어났던 것으로 보인다고.

많은 농민이 콜로누스로 전락한 로마제정 후기사회에서도 여전히 예속되지 않은 자유농민이 남아 있었지만,[101] 민족대이동 후 게르만족이 로마인들로부터 토지를 할양받아 정착한 중세 초기의 게르만왕국 사회에서 대부분의 게르만인들은 처음엔 토지를 소유한 자유로운 농민이었다. 특히 갈리아 북부 지역과 라인 강 좌안(左岸) 지역에서는 로마의 대토지소유자들이 일찍이 떠나고 프랑크족이 이주하여 잔존한 콜

---

100 로마시대 콜로누스의 일반적 지대형태가 화폐나 현물이었음에 관해서는 차전환,「로마 공화정 말 제정 초기의 colonus와 소작제의 기원」,『역사교육』, 63(1997), 141, 147, 154, 169쪽: 같은 필자,「노예제에서 소작제로의 이행」, 183, 186~187쪽: 김창성,「콜로누스의 위상과 조세징수」, 허승일 외 지음,『로마 제정사 연구』, 209~230쪽: C. E. Stevens, "Agriculture and rural life in the later Roman Empire", p.116; P. Anderson, *Passages from Antiquity to Feudalism*, p. 94 등과 L. Kuchenbuch, *Grundherrschaft im früheren Mittelalter*, p. 64에 게재된 529년 유스티니아누스 대제의 칙령 참조.

101 M. I. Finley,『서양고대경제』, p. 145 참조. 이에 의하면 5세기 갈리아 지방에는 자유민으로 된 소토지보유농들이 잔존했다.

로누스들과 뒤섞인 결과, 자유로운 농민들의 자유지(allod)가 다시 강화되었다.[102] 이들 자유농민이 고전장원제적 구조 속에서 영주직영지를 경작하는 부역농민이 되기 위해서는, 그들의 소유토지를 잃고 부역노동을 이행해야 하는 예속적 소작농민이 되는 과정이 필요하다.

중세 초기에 농민들의 토지상실과 예속은 자발적으로든 강압적 방법으로든 대부분 교회기관과 왕실 및 세속 세력가에 대한 토지의 기증이나 매각의 형식을 빌려 이루어졌다. 메로빙시대와 카롤링시대의 법률서식집을 비롯한 중세 초기의 문헌기록에 많이 나타나는 교회기관에 대한 토지기증의 경우, 일반 농민은 보통 자신의 소유지 전부를 일괄 양도했다. 이 때 기증자는 흔히 그의 '간청(petitio, postulatio, supplicium)'으로 자신의 일생 동안 또는 그의 부인이나 아들의 일생 동안 매년 지대(census)로 그리 많지 않은 일정량의 화폐나 밀랍 따위와 같은 현물을 지불한다는 조건으로 그 토지를 경작·이용할 수 있었다. 이것이 당시의 문헌에서 '프레카리아(precaria)'라고 불렸던 토지보유제도다. 기증토지를 보유하던 기증자가 사망하면 그 토지는 수증기관에 반환되어야 했다. 반환된 후에는 기증자의 후손들이 원한다고 해서 보유할 수 있는 것이 아니었다. 반드시 수증자의 동의가 있어야 했다.[103] 기증자의 사망 후 그 후손에 대한 이와 같은 사실상의 기증토지 보유권 박탈은 기증자나 그 가족의 사망을 계기로, 소액의 화폐지대나 현물지대를 바치는 과도기적 소작관계를 종결하고 기증토지를 고전장원제적 경영체제에 편입시킴과 동시에 대토지의 경작에 필요한 노동지대를 지불받는 조건으로 재대여하기 위함이었을 것이다.[104] 이런 식의 토지기

---

102 W. Rösener, *Agrarwirtschaft*, p. 9 참조.
103 *Capitularia*, no. 140의 제4조(p. 287) 및 XII "Ansegisi capitularium", liber quartus, 제37조(p. 442) 참조.

증은 토지양도 후 기증자는 토지의 소유권을 상실하고 소작농으로 전락되어 수증자에게 종속됨을 의미한다. 그러나 이와 같은 토지기증과 토지보유 제도는 토지기증 농민을 그 자체로 곧 바로 수증자에게 경작부역을 제공하지 않을 수 없는 예속민으로 만들지는 못한다. 이 제도의 본질적 의의는 그런 과정을 통한 수증자의 대토지 축적에 있다. 농민의 예속민화는 부수적 현상이며 예속의 수준도 낮다.

그렇지만 우리는 자유농민들이 세력가에게 그들의 소유토지를 기증한 후 보유하면서 곧 바로 수증자의 직영지에서 경작부역을 수행하는 예속농민으로 전락하는 사례들을 고전장원제의 성립시점으로 추정되는 800년 무렵을 전후해서 더러 볼 수 있다.[105] 이 가운데 9세기 초엽의 토지기증의 경우에는 기증자뿐만 아니라 그의 후손들까지 동일한 조건으로 경작부역을 수행하면서 토지를 보유한다고 하고 있다. 토지기증 후 부역노동을 수행한다는 조건으로 기증지를 보유하는 이런 토지제도는 농민으로서는 완전히 토지를 잃고 부역농민으로 예속되

104　전형적인 고전장원들로 조직되어 경영되었던 생제르맹데프레 수도원영지의 명세장 제 IX장 제264~268항의 기록은 토지의 수증을 통한 축적 과정에서는 화폐지대나 현물지 대로 하고 기증자에 대한 특혜적 소작관계가 끝나면 노동지대를 받고 수증지가 대여되 었으리라는 증거가 된다고 하겠다. 이 기록에서 기증자와 그 형제가 공동보유한 상당한 크기의 토지와 기증자의 두 아들이 공동보유한 1개 망스에 대해서는 화폐지대 납부의무 가 부과되는 데 비해(제265, 268항), 기증자와 보유자가 서로 다른 나머지 3개의 망스 보유에 대해서는 모조리 경작부역 의무가 부과되고 있기(제264, 266, 267항) 때문이다. 그러므로 수도원과 같은 세력가들은 주로 토지기증자에게 한시적인 가벼운 지대부담 혜 택을 제공하고 토지를 양도받아 대토지를 축적하는 한편, 수증한 토지들을 고전장원 체 제로 재편시켜 직영지 경작에 필요한 부역노동 제공의무가 따르는 농민보유지들을 창출 했다고 할 수 있을 것이다.

105　H. Wopfner, ed., *Urkunden. zur deut. Agrargeschichte*, no. 12(p. 28~29) 및 28(p. 43); *Cart. de Gorze*, no. 34(pp. 66~67); G. Franz, ed., *Quellen zur Geschichte des deutschen Bauernstandes im Mittelalters*(Darmstadt: Wissenschaftliche Buchges- ellschaft, 1974) (이하 G. Franz, ed., *Quellen des deut. Bauernstand*로 줄여 씀), no. 38(pp. 98~100) 참조.

는 것이다. 영주 측으로서는 토지도 획득하고 대토지를 경작할 부역노
동도 확보할 수 있는 매력적인 이점을 갖는다. 그렇기 때문에 수증자
는 기증자의 후손들에게까지 부역노동을 제공받는다는 조건으로 토지
보유를 허용했을 것이다. 그러나 농민들이 토지를 기증한 후에 수증자
에게 노동지대를 지불한다는 조건으로 기증토지를 보유한다는 기록은
드물며, 8세기 후반 이전에는 찾아보기 힘들다.

농민의 예속화에는 세력가에 대한 토지의 기증과 기증토지를 매
개로 한 소작관계의 형성에 따른 예속화 외에, 중세 초기의 문헌에
서 유력자의 '보호(mundeburdis)'를 받기 위해 '자신을 양도한다(se
tradere, se dare)'든가 '자신을 맡긴다(se commendare)' 등으로 표현
되는 인신의 투탁을 통한 예속화도 있었다.[106] 인신의 투탁은 토지의
투탁과 함께 이루어지는 경우도 있지만,[107] 문헌에서 흔하게 볼 수 있
는 투탁은 토지의 양도 없이 이루어지는 것이다.[108] 흔히 문서에서는
어떤 세력가의 '보호'를 받기 위해 투탁한다고 하고, 심지어 구태여 투
탁 후에 '자유인의 신분에서 일생 동안 부역노동과 순종을 바치겠다.'
고[109] 명시되기도 하지만, 세력가에게 투탁한 사람은 실제로는 예속민

---

106 보호-투탁제도 자체는 로마사회에서 유래하며 로마사회에서 오랜 전통을 가진 것이
     다. 그것은 로마제국 말기에 보편화되었다. M. M. Postan, *The Medieval Economy and
     Society* (1972), 이연규 옮김, 『중세의 경제와 사회』(청년사, 1989), p. 122; M. Bloch,
     "The rise of dependant cultivation", p. 264; 필자의 논문, 「서유럽의 봉건적 주종관계
     형성(1) ─ 고대의 주종관계와 메로빙시대의 주종관계 발전양상 ─」, 『서양중세사연구』,
     26(2010. 9), 229~234쪽 참조.

107 예컨대, G. Franz, ed., *Quellen des deut. Bauernstand,* no. 34(p. 80) 참조.

108 고전장원제로 조직된 수도원영지들의 명세장에서는 수도원에 탁신하여 토지를 보유하
     지 못하고 장원 주변에 거주하면서 매년 조명용 밀랍이나 현금을 바치는 의무를 지는
     사람들이 많이 있음을 볼 수 있다. 예컨대, *Polyp. de Saint-Remi*, 제XV장 제33~57항
     (pp. 36~38), 제XVII장 제60~110항(pp. 49~54), XXII장 제35~43항(pp. 86~87);
     B. Guérard, ed., *Polyp. de St. Germain*, 제XXIV장 제182, 183항 참조.

109 예컨대, K. Zeumer, ed., *Formulae*, "Formulae Turonenses", no. 43(p. 158)의 "…,

의 처지로 전락한다. 822~823년의 한 칙령은 '자유인이 모종의 이유로 예속상태에 든다면, 자유인으로 있는 동안 결혼한 부인과 그 사이에서 태어난 자녀는 자유인 신분을 유지하지만, 그 부인이 사망하고 난 뒤 다른 자유인 여자와 결혼하는 경우에는 재혼한 부인은 예속민이 된다.'고 한다.[110] 또 819년이나 그 직후 반포된 한 칙령도 '프랑크인이 자발적으로 예속상태에 들게 되는 경우, 자유인 상태에 있는 동안에 낳은 자녀는 자유인 신분을 유지한다.'고 함으로써,[111] 예속민이 된 후에 낳은 자녀들은 자유인이 되지 못함을 시사하고 있다. 탁신자는 일생 동안 예속상태로부터 벗어날 권리를 갖지 못한다.[112] 탁신자들은 예속의 표시로 흔히 매년 일정액의 화폐를 지불하는 경우도 있고, 간혹 결혼이나 사망의 경우에도 일정액의 화폐나 그에 상당하는 현물을 납부해야 하는 경우도 있었다.[113]

그러나 이와 같은 예속의 본질은 당시의 문헌 속에서 'servitium' 이라는 말로 표현된 부역노동을 수행하는 것이다. 앞에서 인용된 투탁자 자녀의 신분결정에 관한 9세기 초엽의 칙령들에서도 예속을 문자 그대로 '부역에 빠져드는 것(ad[in] servitium se inplicare)'이라고 표

---

et dum ego in capud advixero, **ingenuili ordine** tibi **servicium** vel obsequim inpendere debeam…."라는 기록 참조.

110 "…, si liber homo se ipsum ad **servitium** inplicat pro aliquibus causis, si liberam feminam habuit aut infantes, ipsi in eorum libertatem permaneant; et ipsa femina defuncta fuerit, et aliam liberam feminam sibi copulaverit serviente, ipsa in **servitio** permanead."(*Capitularia*, no. 158의 제1조[p. 318])

111 "…, si Francus homo in **servitio** sponte sua inplicaverit se, …; et si filios vel filias, dum in sua fuit libertate, generavit, ipsi liberi permaneant."(*Capitularia*, no. 142의 제6조[p. 293])

112 K. Zeumer, ed., *Formulae*, "Formulae Turonenses", no. 43 참조.

113 예속의 표시로 일종의 결혼세나 사망세를 납부하는 사례에 대해서는 G. Franz, ed., *Quellen des deut. Bauernstand.*, no. 23(p. 60) 및 M. Gysseling 등, ed., *Diplomata Belgica*, no. 49(p. 137) 참조.

현하고 있고, 법률서식들을 비롯한 많은 문서에서도 예속상태를 부역
을 수행하지 않으면 안 되는 처지로 보고 있다.[114] 이와 같이 인신을 투
탁하여 부역노동을 수행하지 않으면 안 되는 예속민들이 영주직영지
에 대한 경작부역을 수행할 농민이 없는 경우에 농민보유지를 보유하
고서 영주직영지의 경작부역을 담당했을 가능성은 충분히 있다. 토지
를 기증한 후 화폐지대나 현물지대 납부 조건으로 일생 동안 기증지를
보유하다 반환한 농민들도 경우에 따라 이런 투탁 과정을 통하여 부역
농민으로 되어 갔을 것이다.

　일반적으로 대토지소유자들은 그들의 재산을 증가시키는 토지
의 기증이나 매입에 관해서는 기증자나 매각자가 이의를 제기하는 일
이 없도록 하기 위해 문서로 작성하여 많이 남겼으나, 자유로운 농민
의 부역농민화와 그에 따른 예속화에 관해서는 직접적으로 언급하는
문서를 별로 남기지 않았다. 농민의 예속민화에 관해서는 고전장원제
의 성립 이전에는 토지기증 문서에서 부수적으로 암시되며, 직접적으
로 언급하는 문서가 나타나는 것은 주로 고전장원제가 성립한 이후다.
그래서 자유농민들이 언제, 어떻게 토지를 잃고 경작부역을 수행하는
예속민이 되어 갔는지는 제대로 알기 어렵다. 그러나 토지기증 문서나
인신의 투탁에 관한 기록은 메로빙시대 초기부터 꾸준히 나타나서 증
가하므로, 농민의 토지상실과 예속화는 중세가 시작되면서부터 일찍
이 진행되었으며 고전장원제가 일반적으로 성립하던 800년경이 가까

114　예컨대, 앞의 각주 제109~111번과 K. Zeumer, ed., *Formulae*, "Formulae Turonens-
　　　es", no. 43(p. 158) 및 "Formulae Salicae Merkelianae", no. 32(p. 253); A. Giry, M.
　　　Prou & G. Tessier, ed., *Recueil des actes de Charles II le Chauve(840-877). Roi de
　　　France* (이하 *Actes de Charles II le Chauve*로 줄여 씀), tome II (Paris: Imprimerie
　　　nationale, 1955), no. 228(pp. 8~9); G. Franz, ed., *Quellen des deut. Bauern-
　　　stand.* no. 36(p. 96), 38(pp. 98~100) 등 참조.

워질수록 점점 심해져 갔다고 할 수 있다. 이에 따라 농민의 토지상실 및 예속화와 거의 병행되어 진척된 것으로 보이는 농민의 부역농민화 도 콜로누스와 마찬가지로 8세기 이전에 시작되어 8세기에 널리 확산 되어 갔던 것으로 추측된다.

4. 고전장원제 형성의 배경과 원인

앞에서 살펴본 바에 의하면, 중세 초기에 대토지소유자의 직영지 경작 을 위한 부역노동을 수행하는 소작농의 형성과 관해 크게 두 가지 측면 에서 일정한 추세가 나타났음을 알 수 있다. 하나는 고대적 생산양식이 었던 노예제가 해체되는 가운데 노예가 주인의 직영지를 경작하는 부 역노동을 수행하는 소작농으로 상승한 것이고, 다른 하나는 자유민이 대토지소유자에게 경작부역을 제공하는 예속적 소작농으로 전락한 것 이다. 소작농들이 지주로부터 작은 토지를 분양받아 생계를 꾸려가면 서 지주의 직영지 경작을 위한 부역노동을 수행하는 고전장원 체제의 성립은 이와 같은 발전 추세의 귀결이라고 할 수 있다. 따라서 고전장 원제 형성의 배경과 원인은 중세 초기에 이런 양면에서 진행되어 비슷 한 결과에 도달한 운동의 주요 과정과 계기 속에서 찾아야 할 것이다.

노예제는 중세 초기에 들면서 서유럽에서 붕괴했던 것은 아니다. 고대 로마사회의 노예제는 로마제정 후기 이래 쇠퇴하고 있었던 것이 사실이다. 그러나 로마제국 말기와 게르만족 대이동기의 혼란과정에 서 노예가 많이 발생함으로써, 5세기 말엽 프랑크왕국의 건국시점부터 7세기 말까지는 노예제사회라고 할 수 있을 만큼 노예제가 다시 발달 했다.[115] 그렇지만 노예제는 이처럼 일시적으로 쇠퇴의 추세가 중단되고 오히려 강화되기는 했지만, 전반적으로 중세 초기에 근저에서부터 서서히 해체될 수밖에 없는 한계를 지니고 있었고 시간이 갈수록 해체의 정도는 가속화되고 있었다. 게르만족은 서로마제국 지역을 점령하면서 로마인들로부터 토지를 할양받고 로마인들을 다소 차별하기는 했으나 기본적으로 그들을 노예화하지는 않았다.[116] 또 프랑크왕국도 서유럽에서 정복전쟁을 통해 팽창하면서 피정복민이 기독교로 개종하면 노예로 만들지 않았다. 이와 같이 정복전쟁을 통한 노예공급이 중단되어 노예 수가 줄어드는 가운데 노예제는 도주와 은신, 사회적 혼란을 틈탄 신분 은폐와 같은 노예 스스로의 신분 탈피 노력으로[117] 손상되기도 했다.

그러나 노예제는 노예이기를 거부하는 노예 측의 이런 간헐적인 소극적 행동 때문에 치명상을 입었던 것은 아니다. 솔거하는 노예에게 주인이 의식주를 직접 제공하면서 무한정 사역시키던 고전적 형태의 노예제는, 전술한 노예의 소작농으로의 발전에서 보듯이 노예주 스스로 노예를 해방시킨다든가 외거화시킨다든가 하는 적극적인 조치로 붕괴의 과정을 밟게 되었던 것이다. 살리 법이나 리부아리아 법을 비롯한 게르만 부족법들은 노예제를 견고하게 유지하려는 의지를 보이면서도, 한편으로는 노예의 해방에 관해 규정하고 있다.[118] 프랑크왕국

---

115 필자의 논문, 「서유럽 중세 초기 노예제사회로부터 농노제로의 이행과정」, 259~268쪽 참조.

116 로마인에 대한 프랑크인의 차별에 대해서는 필자의 논문, 「초기 프랑크사회에서의 로마인의 지위」, 115~152쪽 참조.

117 노예의 도주 등에 관한 사료상의 증거에 대해서는 예컨대, "Lex Gundobada", 제XX(p. 542), 제XXXIX조(p. 548); *Lex Baiuwariorum*, 제XIII조 제9항(p. 316); K. Zeumer, ed., *Formulae*, "Formulae Andecavenses", no. 51(p. 22); *Capitularia*, no. 140의 제1(p. 287), 6조(p. 288); K. Zeumer, ed., *Formulae*, "Formulae Alsaticae" 중 1. "Formulae Morbacenses", no. 5(p. 331) 참조.

118 *Lex Salica*, 제XXVI조 제2항, 제X조 제3항(codd. 6 & 5, Lex emend.); *Lex Ribuaria*,

의 법률서식집에도 노예를 해방시키는 증서를 작성하는 사례들이 많이 나타난다. 우리는 실제로 당시의 재산양도 문서나 증서류 사료에서 노예가 해방되는 예들을 많이 볼 수 있다.

그렇지만 노예가 완전한 자유인으로 해방되는 경우는 드물었다. 노예가 자유인으로 해방된다고 하더라도 해방된 후 그 전의 주인이나 다른 세력가들에게서 자신에게 '보호(mundeburdis 또는 defensio)'를 제공할 보호자를 구하지 않으면 안 되었고, '보호'를 받는다는 명분 아래 일정한 액수의 현금이나 현물을 매년 지불해야 했다.[119] 후에 영지명세장들에서는 이들이 장원의 예속민으로 취급되고 그들의 이런 부담은 예속을 상징하는 인두세 같은 것으로 되고 있다. 따라서 노예는 해방되기는 했으되, 실질적으로는 다른 차원에서 새로이 예속되었던 것이다. 또한 자유인으로 해방된 노예는 당시의 경제에서 기본적인 생산수단인 토지를 갖지 못했다는 점에서도, 결국 전 주인이나 새로운 보호자로부터 토지를 분양받아 보유하면서 부역노동을 수행하는 예속적 소작인이 되지 않을 수 없었을 것이다. 한편 리부아리아 법 제64조와 65조에서 보는 바와 같이, 노예는 아예 반자유인(libertus, litus)이나 소작인(tributarius)으로 해방되어 주인에게 경작부역을 수행하는 예속민이 되기도 했다.

그러나 많은 노예는 외거화를 통해 소작농으로 발전했다. 외거노예는 물론 법적으로나 신분적으로는 여전히 노예였기 때문에, 주인에 대해 강한 예속성을 지닌 채 주인의 직접경영지 경작을 위한 부역노동을 계속 수행했다. 그러면서도 외거노예는 독자적인 가족생활을 영위

제60, 61조.
119 예컨대, C. Zeuss, ed., *Traditiones Wizenburgenses*, no. LXVIII(p. 73), CLXVI(pp. 154~155) 참조.

하고 어느 정도의 자율성을 바탕으로 보유토지와 주인의 직영지를 경작하는 농민이었다. 외거노예는 주인의 직영지 경작을 위한 부역노동을 수행하는 예속적 소작농으로 변모한 것이다. 그러나 외거노예의 주부역을 규정한 바바리아 법과 알레만 법으로 미루어 볼 때, 7세기 후반 이전에는 주인의 직영지 경작을 위한 외거노예의 부역노동이 무제한적 성격을 띠거나 자신의 보유지 경작을 위한 필요노동보다 더 큰 경향이 지속되다가, 8세기 직전의 어느 시점에선가 양쪽 부분의 노동이 반반으로 일정하게 고정되는 경향이 나타나서 8세기에 일반화되어 간 것으로 추측된다.

결국 중세 초기에 노예는 자유인으로 해방되든 해방노예라는 반자유인으로 되든 외거노예로 되든 간에 대체로 주인의 직접경영지에 경작부역을 제공하는 소작농으로 발전한 셈이다. 이와 같은 변화가 나타난 까닭은 무엇일까? 대부분의 노예해방에 관한 문서들에서 언명하듯이, 노예주가 영혼을 구제받기 위해 노예를 해방하는 등의 조치를 취했기 때문일까? 또 일부 해방장은 노예해방의 동기와 목적이 종교적 동기와 더불어 노예가 주인을 정성껏 모시고 주인을 위해 성실하게 봉사하였기 때문이라고도 하고,[120] 영혼구제나 노예의 충실한 봉사라는 동기와 함께 해방금을 받기 위함이라고도 밝히고 있다.[121] 이런 이유들로 노예제가 일정한 방향으로 해체되는 경향이 나타났을까? 물론 노예주가 진지한 종교적 동기를 갖고 노예를 해방하는 경우도 있었을 것이고, 노예가 주인에게 성실하게 봉사했기 때문에, 또는 해방금 수

---

120 예컨대, K. Zeumer, ed., *Formulae*, "Marculfi formulae", liber II, no. 33(pp. 95~96) 및 "Formulae Augienses" 중 "Collectio B", no. 42(p. 363) 참조.

121 예컨대, *Lex Ribuaria*, 제61조 제1항 및 K. Zeumer, ed., *Formulae*, "Formulae Senonenses" 중 "Cartae Senonicae", no. 43(pp. 204~205) 참조.

입을 받기 위해서 해방했을 수도 있다. 특히 중세 초기에 기독교가 널리 보급되고 있었으므로 종교적 동기가 노예해방에 상당한 영향을 미쳤을 것이다.

그러나 이런 동기와 목적은 노예의 해방 현상을 부분적으로 설명할 수는 있겠지만, 중세 초기 노예해방과 병행되면서도 더 널리 전개되었던 노예의 외거화 현상이나 노예의 소작농화라는 전반적 추세를 설명하지는 못한다. 그리고 회개하고 죄를 사함받기 위해서 노예를 해방했다면, 왜 모범을 보여야 할 교회기관까지 노예를 완전한 자유인으로 해방시키지 않고 반자유인이나 외거노예로 만들어 주인을 위해 경작부역을 수행하는 예속민으로 만들었겠는가. 또 노예가 주인에게 성실하게 봉사한 점이 해방의 동기가 되었다고 하더라도, 얼마나 많은 노예가 그런 자세로 임했겠는가. 일부 해방장에서 특별히 이런 성실한 봉사를 강조하는 점으로 봐서나 노예를 채찍으로 다스린다는 법률문서들의 규정이나 노예들의 도망에 관한 기록들을 볼 때, 주인에 대한 노예의 충실성이 높이 평가되어 노예가 해방되는 경우는 흔치 않았다고 하겠다. 해방금 수입이 노예해방의 목적이라는 것도 노예해방의 일반적 동기가 되지 못함은 마찬가지다. 노예를 노예 상태로 묶어 두고 계속해서 사역시켜 착취하는 것보다 한 번으로 끝나는 해방금 수입이 더 클지는 의심스럽기 때문이다. 문헌기록에서도 해방금을 받고 노예를 해방하는 예는 아주 드물다.

노예가 주인의 직영지에 경작부역을 제공하는 소작농으로 성장하는 중세 초기의 일대 변화는 이런 종교적·개별적·부분적 노예해방의 동기와 목적으로는 설명될 수 없다. 따라서 우리는 그런 변화의 배경과 원인을 다른 데서 찾아야 할 것이다. 그것은 이런 변화에서 나타나는 공통적인 특징과 그 의미를 통하여 찾아질 수 있을 것이다. 그 대체적인 공통의 특징은 중세 초기에 노예는 자유인으로 해방되든 반자유인으로 되든 외거노예화되든 그 대부분이 주인의 직영지에 경작부역을 제공하는 소작농으로 발전했다는 사실이다. 다시 말하면, 노예는 주인과는 별거하여 결혼 및 가족생활과 토지의 보유 및 경작을 통해 독자적으로 생계를 유지하면서 주인의 직영지 경작에 부역노동을 제공하게 된 것이다. 그런데 여기서 참으로 근본적으로 변한 것은 앞부분이다. 즉, 주인으로부터 직접 의식주를 제공받으면서 주인의 토지를 경작하던 솔거노예가 독자적인 가족생활을 영위하면서 주인으로부터 분양받은 작은 토지를 경작하여 생계를 스스로 꾸려 가는 소농으로 이행했다는 점이다. 노예가 주인을 위해 경작부역을 수행한다는 점은 솔거노예로 있을 때나 외거화한 후에나 기본적으로 변함이 없다. 이런 사실은 노예주가 여전히 무보수의 강제노동 즉 부역노동을 사용하여 대토지를 경작하되, 노동력 자체의 재생산이 없는 소모적인 솔거노예의 부역노동 사용방식으로부터 결혼과 가족생활을 통해 노동력이 계속적으로 재생산되는 부역노동 사용방식으로 전환했음을 의미한다.

노예노동력의 소모적 사용으로부터 노예의 결혼을 통해 부역노동력이 재생산되는 체제로 전환했다는 것은 노예노동력이 외부로부터 풍부하고 값싸게 공급되다가 중단된 사회적 조건을 전제로 한다. 서유럽에서 고대에 노예의 주요 공급원은 장기간에 걸친 로마의 대대적인 정복전쟁이었고, 제정시대 이후 외부로부터 노예의 대량 공급이 중단된 주요한 원인은 이 정복전쟁의 종식이었다.[122] 그 후 게르만족의 서

---

122 로마의 정복전쟁 종결로 노예공급이 줄어듦으로써 노예제 대토지경영이 쇠퇴했다는 소위 '정복이론'에 대한 비판이 있지만(차전환, 「노예제에서 소작제로의 이행」, 177~178쪽; M. I. Finley, 『고대 노예제와 모던 이데올로기』, pp. 203~208; 같은 저자, 『서양고대경제』, pp. 134~136 참조), 기본적으로 부정되기는 어렵다고 생각된다. 정복이론에 대한 비판의 근거로 로마제정 후기 게르만 변경지역과의 노예무역에 의한 노예 공급

로마 지역에 대한 정복과정에서도, 프랑크왕국의 서유럽 일대로의 팽창과정에서도 피정복민이 그리 노예화되지 않았다. 이와 같이 정복전쟁에 의해 노예가 대량으로 공급되지 않는 상황에서 대토지를 경작할 부역노동을 확보하는 방법은 기존의 노예에게 결혼과 가족생활을 허용하는 것이다. 그리고 노예의 결혼을 통한 부역노동력의 재생산 방식이 노예주에게는 노동생산성이 그리 높지도 않은 노예의 직접 부양에 따르는 노예 자녀의 양육비, 노쇠한 노예의 유지비, 농한기의 유지비용과 같은 부담을 덜고 노예노동에 대한 감시 · 감독과 같은 관리상의 문제와 도망 따위로 표출되는 노예제 자체에 대한 노예의 저항 등의 문제를 개선할 수 있는 방법이 된다는 점도, 노동력의 재생산이 없는 부역노동 사용방식으로부터 노동력이 재생산되는 부역노동 사용방식으로의 전환을 촉진했을 것이다.

앞의 제3절에서 보았듯이, 로마제정 후기 이래 예속적 소작인이 된 콜로누스와 중소 규모의 토지를 소유한 자유농민은 중세 초기에 대토지소유자들의 직영지 경작을 위한 부역노동을 수행하는 예속농민으로 전락해 갔다. 지주에 대한 콜로누스의 정적부역 등의 의무를 규정한 8세기 중엽의 바바리아 법과 8세기 초엽의 알레만 법에 비춰 볼 때, 이미 지주에게 철저하게 예속되어 있었던 콜로누스가 8세기 이전에 지주에게 지불하던 지대의 노동지대로의 대체가 진행되고, 8세기 중에는 지주를 위한 콜로누스의 경작부역 부담이 커지면서 지주직영지에 대한 콜로누스의 경작부역 수행이 사회적으로 널리 확산되어 간

___

이 지적되고 있으나, 그 규모는 정복전쟁을 통해 공급되는 노예의 수에 비할 바가 아니다. 노예무역은 중세 서유럽 봉건사회에서도 상당한 규모로 지속되었다. Ch. Verlinden, "Ist mittelalterliche Sklaverei ein bedeutsamer demographischer Faktor gewesen?", *VSWG*, 66(1979), pp. 153~173 참조.

것으로 보인다. 한편 메로빙시대부터 나타나는 토지기증이나 인신투탁에 관한 문서들에 의하면, 토지를 소유한 자유농민들은 중세에 들면서 일찍부터 세력가에 대한 토지양도와 탁신을 통해 토지를 잃고 예속민으로 전락해 갔다. 대토지소유자의 직영지 경작을 위한 자유민의 부역노동 수행은 이런 토지상실 및 예속화에 곧 뒤따라 진행된 것으로 보이며, 콜로누스와 마찬가지로 8세기 이전에 부분적으로 나타나다가 8세기에 널리 유행해 간 것으로 추측된다.

이처럼 대토지소유자의 직영지 경작을 위한 자유민의 부역농민화 추세는 노예가 외거화나 자유인으로의 해방 또는 반자유인화를 통해 주인의 직영지에 경작부역을 제공하는 소작농으로 발전하는 중세 초기의 동향과 거의 병행되고 있다. 특히 외거노예 상태에서도 무제한적으로 이루어지거나 자신의 보유지 경작보다도 더 많이 행해지던 노예의 주인을 위한 경작부역이 매주 3일간의 주부역으로 감소하여 고정되는 8세기에 자유민들에게 일제히 경작부역이 부과되고 있다는 것은 주목할 만한 사실이다. 이런 현상은 지주직영지 경작을 위한 자유민의 부역농민화가 결국은 주인의 대토지 경작을 위한 노예의 부역노동 축소와 맞물려 있음을 뜻한다. 이를 통해 콜로누스를 포함한 자유민의 부역농민화는, 정복전쟁의 종식으로 외부로부터 공급되던 노예노동력이 점차 줄어드는 가운데 노예가 주인을 위해 일정하게 제한된 부역노동을 수행하는 소작농으로 성장함으로써 대토지 경작에 필요한 부역노동이 크게 부족하게 된 사정과 관련되어 있다는 점을 알 수 있다.[123] 더욱이 자유민의 예속화와 부역농민화는 농민들로부터 토

---

123 블로크도 로마사회에서 주로 화폐나 현물 형태로 되어 있던 콜로누스의 부담이 부역노동으로 바뀌고 부역노동이 점차 강화되게 된 결정적 계기는 2세기경 이후의 노예제 쇠퇴에 따른 지주직영지 경작노동력의 부족이라고 보고 있다. M. Bloch, "The rise of de-

지를 획득하는 또 다른 큰 소득을 기대할 수 있는 것이었으므로, 세력
가에게는 대단히 매력적인 것으로 작용해 급속히 확산되어 간 것으로
보인다.

그러나 자유민을 부역농민으로 전락시키고 그들의 토지를 세력가
에게 양도케 하는 데는 사회 내부의 약육강식적 혼란 상황의 전개가
전제되어야 한다. 자신의 생존수단인 토지를 소유하고 자유를 누리던
그 누구도 쉽게 자신의 재산과 자유를 온통 빼앗기고 자자손손 남에게
예속되어 착취당하고 싶지는 않을 것이기 때문이다. 물론 중세 초기의
일부 문헌기록이 보여 주듯이, 기근 시절의 굶주림과 같은 궁핍 때문
에 스스로 토지를 양도하고 인신을 투탁하는 경우도 있었을 것이다.[124]
또 종교적 동기로 재산의 일부를 교회기관에 기증했을 수도 있다. 그
렇지만 중세 초기의 많은 문헌에서 농민들이 '영혼구제를 받기 위해
서' 또는 '보호를 받기 위해서' 토지를 교회기관과 같은 세력가에게 양
도한다든가 토지와 더불어 인신을 투탁한다든가 하는 행위의 대부분
이 사실은 무법적이고 폭압적인 상황에서 강제적 또는 기만적인 방법
으로 이루어졌다는 여러 증거들이 있다.

칙령집을 비롯한 많은 문서들은 고위 성직자나 관리들 또는 부호
들이 때로는 그들의 권력과 위세로 농민들을 압박하고, 때로는 우월
한 강자의 지위에서 흉계나 술책을 씀으로써 농민들을 예속시켜 부역
노동을 수행케 하고 토지를 빼앗았음을 적나라하게 드러내어 보여 주
거나 그렇게 할 가능성을 전제하거나 시사하고 있다.[125] 이런 부당한

---

pendant cultivation", pp. 287~290 참조. 그는 사회불안 속의 인신투탁과 공권의 사점
(私占)도 콜로누스의 부역 강화에 기여한 새로운 요인이라고 한다.

124 *Capitularia*, no. 88의 제2(pp. 187~188), 3조(p. 188), no. 93의 제5조(pp. 196~
197); K. Zeumer, ed., *Formulae*, "Formulae Turonenses", no. 43(p. 158) 참조.

125 예컨대, *Capitularia*, no. 59의 제9조(p. 146), no. 62의 제12조(p. 150), no 66의 제3

처사로 예속 상태에 빠지거나 토지를 잃은 사람들의 고소로 열린 재
판의 과정과 결과를 다룬 법률서식들 및 그 밖의 문서들은[126] 농민들
이 실제로 얼마나 많은 억울한 일들을 당했는지를 보여 준다. 앞에서
말한, 기근 시절의 궁핍한 형편 때문에 토지와 인신을 투탁했던 사례
들의 상당 부분도 실상은 세력가들이 그런 어려운 사정을 악용하여
가난한 사람들의 토지와 자유를 빼앗은 것임을 빈곤한 사람들의 토지
를 빼앗지 말라는 칙령들을[127] 통해서 알 수 있다. 또한 '고위 성직자
들이 신과 성자의 이름으로 순박한 사람들의 재산을 빼앗지 않았는지
조사받아야 한다.'고 한 811년의 한 칙령은[128] 교회기관에 대한 토지
기증 행위의 상당 부분도 실제로는 성직자들이 부당한 방법으로 순박
한 농민들의 재산을 빼앗았음을 방증하는 것이라고 할 수 있다. 한편,
토지 기증이나 매각에 관한 일부 법률서식과[129] 인신투탁에 관한 칙령
에서[130] 그런 행위가 구태여 '완전한 나의 의지와 결단으로(plenissima
et integra voluntate et meo arbtrium)' 또는 '자발적으로(ex spontanea
voluntate)' 이루어졌음을 강조하는 말들도 대부분의 그런 행위가 그

조(p. 155), no. 73의 제2, 3, 5조(p. 165), no 78의 제22조(p. 174), no 141의 제1~3
조(p. 289), no. 154의 제1~2조(p. 312); K. Zeumer, ed., *Formulae*, "Formulae
imperiales", no. 5(p. 291), 9(p. 293), 14(p. 296); B. Guérard, ed., *Polyp. de St.
Germain*, 제X장 제1항 참조.
126 예컨대, K. Zeumer, ed., *Formulae*, "Formulae Senonenses recentiores", no. 1(p.
211), "Formulae Salicae Bignonianae", no. 13(pp. 232~233), "Formulae Salicae
Lindenbrogianae", no. 21(p. 282); B. Guérard, ed., *Polyp. de St. Remi*, 제XVII장 제
127항 참조.
127 예컨대, *Capitularia*, no. 44의 제16조(p. 125), "Ansegisi abbatis capitularium col-
lectio", liber primus, 제115조(p. 410) 참조.
128 *Capitularia*, no. 72의 제5조(p. 163).
129 K. Zeumer, ed., *Formulae*, "Formulae Salicae Merkelianae", no. 10(p. 245), "For-
mulae Augienses", coll. B, no. 37(p. 361) 참조.
130 *Capitularia*, no. 142의 제6조(p. 293) 참조.

렇지 않았다는 반증일 수 있다. 농민들의 인신을 예속시키고 부역노동의 제공을 강요하며 그들의 토지를 빼앗는 불법적인 범죄 행위들의 대부분은 은밀하게 일어났기 때문에 잘 드러나지 않는다. 그럼에도 불구하고 칙령이나 재판에 관련된 문서들에 사회적 강자에 의한 농민들의 인신적 자유 및 재산 탈취가 많았음을 전해 주는 기록들이 이처럼 많은 것이다.[131]

중세 초기의 사회에서 소정의 절차를 밟아 합법적으로 이루어졌다고 하는 농민들의 인신투탁이나 토지기증도 따지고 보면 실상은 농민들의 입장으로서는 거역할 수 없는 상황에서 최소한의 생존을 위해 마지못해 취해진 조치라고 봐야 할 것이다. '보호'를 받기 위해 세력가에게 투탁한다는 것은 당시의 사회상황에서 투탁자가 수탁자의 새로운 예속민으로 전락할 위험성을 무릅쓸 위험 속에서도[132] 세력가에게 몸을 맡겨 의존하지 않고서는 자신의 생명을 지키기 어려웠음을 뜻하기 때문이다.[133] 만일 세력가에 대한 토지기증도 불가항력적인 외부

---

131 이와 같이 자유농민들이 중세 초기의 약육강식적 혼란 상황 속에서 세력가들의 강압으로 토지를 잃고 예속되어 고전장원제 하의 부역농민이 되었음에도 불구하고, 그리고 노예들의 외거화나 해방을 통한 부역농민화도 주인에 대한 노예의 절대적인 약자 입장에서 진행된 것임에도 불구하고, 다음의 논문은 중세 서유럽의 고전장원 체제 아래서 실시된 농노제는 본질적으로 착취체제가 아니며, 영주와 농민 사이의 관계는 농민의 부역노동과 영주의 보호 및 재판을 통한 정의구현이라는 공공선과의 교환으로 이루어지는 계약관계라는 입장에서 장원제의 성립과 쇠퇴를 다루고 있다. D. C. North & R. P. Thomas, "The rise and fall of the manorial system: a theoretical model", *The Journal of Economic History*, 31(1971), pp. 777~803. 이 논문에서 주장하고 있는 계약설의 여러 가지 문제점에 대해서는 S. Fenoaltea, "The rise and fall of a theoretical model: the manorial system", *The Journal of Economic History*, 35(1975), pp. 386~409 참조.

132 아주 후의 일이지만, 일부 농민들이 인근의 부자가 인자하다고 보고 그 부자에게 '보호'를 받는 조건으로 그들의 토지를 양도하였으나 곧 그 부자로부터 경작부역을 강요당하고 말았다는 1040년의 한 기록은(G. Franz, ed., *Quellen des deut. Bauernstand*, no. 54) 투탁자가 수탁자의 예속민으로 전락할 위험성을 보여 주는 사례라고 하겠다.

133 블로크는 투탁과 보호 제도의 확대와 강화에 기여한 요인으로 국가 공권력의 붕괴와

요인이 작용하지 않았다고 한다면, 왜 기증자가 자신이 소유하던 토지를 기증한 후 기증자 혹은 그 가족의 일생 동안이나마 지대를 지불하면서까지 그 토지를 경작할 수 있도록 해 달라고 수증자에게 '간청'을 했겠는가.

이런 사실은 중세 초기의 서유럽에서는 합법적이라고 판단되었기 때문에 누구나 지켜야 한다고 합의된 사회질서 자체가 사회적 강자에 대한 약자의 예속이나 토지양도를 정당화하고 옹호하고 있었음을 말해 주는 것이다. 프랑크 왕들의 칙령과 그 밖에 왕들이 취한 조치를 기록한 문서들을 살펴 보면, 왕국 정부 역시 이런 사회체제를 부정하지 않았다는 것을 알 수 있다. 인신의 예속과 토지의 양도와 관련하여 왕들이 칙령의 반포나 탄원사건의 조사 및 법정심리 등을 통하여 금지시키고 단속한 대상은 단지 법적으로 규정된 절차와 방법을 어기고 권력을 사적으로 과도하게 남용하여 압력을 행사하거나 기만함으로써 사회적 약자들을 예속시켜 부역노동을 수행케 하고 그들의 재산을 빼앗는 불법적 행위들뿐이다. 앞의 제Ⅱ장 제3절에서도 언급했듯이, 이렇게 프랑크 국왕들이 칙령들을 통해 세력가에 의한 자유농민들의 토지탈취를 금지한 까닭은 혹시 농민들이 토지를 잃고 빈궁해짐으로써 왕에 대한 복종심이 약화되고, 왕을 위한 군역 이행이 어려워지며, 사회를 불안케 하는 거지나 도둑 또는 범죄자가 되지 않을까 하는 염려 때문이었다.

오히려 왕들은 세력가에 대한 사회적 약자들의 예속과 토지양도, 그리고 대토지소유제 및 부역노동을 통한 대토지소유자의 농민착취 체제를 인정하고 옹호했다. 칙령들은 예속된 농민들이 소속 영지를

씨족이나 부족과 같은 강자의 횡포를 막아 주던 혈족적 유대의 약화를 들고 있다. M. Bloch, "The rise of dependant cultivation", p. 265.

탈출하는 것을 금지하고, 도망자를 발견한 자는 원주인에게 송환해야
하며 그렇지 않고 숨기는 자는 처벌한다고 규정하고 있는 것이다.[134]
또 칙령들은, 앞에서 언급했듯이 기증자의 후손들이 조상의 기증토지
를 보유하여 경작하려면 수증자의 동의가 있어야만 한다고 함으로써
수증자인 세력가의 입장을 두둔하고, 교회기관의 영지에서 토지를 경
작하는 외거노예나 반자유인 그리고 투탁한 자유인들은 그 주인이나
보호자가 명령하는 부역을 수행해야 한다고 하고 있다.[135] 그 뿐만 아
니다. 수도원과 같은 대토지소유자들 역시 농민이 그들의 예속인임에
도 불구하고 이를 부정하여 부역노동 등의 의무를 이행하지 않는다는
이유로 고위 지방관리가 주재하는 법정에 그 해당 농민을 제소하면,
공공법정은 대개의 경우 대토지소유자의 편을 들어 주고 있음을 당시
의 법률서식들 곳곳에서 찾아볼 수 있다.[136] 프랑크왕국의 정부가 세
력가에 대한 사회적 약자들의 예속 및 토지양도와 대토지소유자에 의
한 부역노동 형태의 농민착취 체제인 고전장원제를 인정하고 옹호한
것은, 왕들 자신이 예속민들의 부역노동으로 경작되는 대규모의 왕령
지를 곳곳에 가지고 있었다는 사실을 고려할 때 당연한 처사라고 할
수 있겠다.

---

134 *Capitulatia*, no. 52의 제6조(p. 140), no. 56의 제4조(p. 143), no. 64의 제9조(p. 153).

135 *Capitulatia*, no. 93의 제5조(pp. 196~197).

136 K. Zeumer, ed., *Formulae*, "Formulae Senonenses", no. 20(p. 194), "Formulae
Senonenses recentiores", no. 2~6(pp. 211~214), "Formulae Salicae Bignonianae",
no. 7(p. 230), "Formulae Salicae Merkelianae", no. 5(p. 270).

5. 맺음말

장원이라는 대토지가 영주직영지와 농민보유지로 이분되고 농민보유지를 보유한 소작농들의 부역노동으로 영주직영지가 경작되는 토지경영체제라고 정의될 수 있는 고전장원제는 갈리아 북부지역을 중심으로 한 서유럽에서 800년 무렵에 일반적으로 성립한 것으로 추정된다. 그러나 고전장원제는 로마제정 후기 이후 장기간에 걸친 경제적·사회적 변화가 영주직영지 경작에 부역노동을 제공하는 소작농들의 형성이라는 일정한 방향으로 일어난 결과 성립했으며, 그 기본틀은 8세기에 마련되었다.

변화는 크게 두 방향에서 진행되었다. 하나는 노예제가 해체되는 가운데 노예가 외거화되기도 하고 자유인으로 해방되거나 반자유인화하기도 하면서 주인의 직영지를 경작하는 소작농으로 성장한 것이다. 이것은 노예주의 직영지 경작을 위한 부역노동이 여전히 노예 출신들에 의해 수행된다는 점에는 변함이 없으면서도, 솔거노예 노동력의 소모적 사용으로부터 노예의 보유지 경작과 결혼 및 가족생활을 통해 부역노동력이 영속적으로 재생산되는 체제로 전환했음을 의미한다. 이런 노동력 재생산 체제로의 전환은 외부로부터 값싼 노예노동력의 대량 공급이 중단된 상황을 전제조건으로 한다. 외부로부터 대량의 노동력 공급 중단은 그 동안 서유럽에서 대토지 경작에 필요한 노예노동력의 공급 원천이었던 정복전쟁이 로마제정시대 이래 종식된 데서 기인한다. 노동력의 재생산이 없는 솔거노예 노동력 사용방식으로부터 노동력이 재생산되는 소작농의 부역노동 사용방식으로의 전환은 노예주에게는 노예의 직접 부양과 사역에 따르는 유지비와 관리비의 부담을 덜어 주는 부수적 이점도 가져다주는 것이어서 노예주에 의해 더욱 촉진되었을 것이다.

다른 하나의 변화는 자유민층이 토지를 잃고 장원의 영주직영지 경작에 부역노동을 제공하는 예속적 소작농으로 전락한 것이다. 중소 규모의 토지를 소유하고 있던 자유농민들은 로마제국 이후 조성된 중세 초기의 무법적·폭압적 혼란상황 속에서 세력가의 강압과 기만으로 인신의 자유와 토지를 잃고 세력가의 직영지 경작을 위한 부역농민으로 전락해 갔다. 로마제정 후기부터 이미 예속적 소작인이 되었던 콜로누스 역시 중세 초기의 무질서한 상황 속에서 지주에게 지불하는 지대가 화폐나 현물 형태에서 부역노동 형태로 바뀌어 간 것으로 추측된다. 이러한 자유민층의 몰락과 부역농민화는 고대 서유럽사회의 생산양식이었던 노예제의 해체 속에 전개된 노예의 소작농화 추세와 기본적으로 맥락을 같이해서 전개되었다. 특히 8세기 초반의 게르만 부족법들에 의하면 지주의 직영지에 대한 자유민층의 경작부역 의무는, 그때까지 무제한적이거나 자신의 보유지 경작을 위한 필요노동보다도 더 크게 이루어지던 외거노예의 주인을 위한 부역노동이 주 3일로 고정되는 시점에 법적으로 부과되고 있다. 이런 현상은 자유민층의 부역농민화가, 정복전쟁의 종식으로 외부로부터 공급되던 노예노동력이 줄어드는 가운데 노예가 일정하게 제한된 부역노동을 수행하는 소작농으로 성장함으로써 지주의 직영지 경작에 필요한 부역노동력이 부족하게 된 데서 기인함을 뜻하는 것이라고 할 수 있다. 그러나 자유민의 부역농민화는 이들 농민의 소유지를 투탁이나 탈취를 통해 세력가의 농장을 확대할 수 있는 큰 이점이 있었으므로 곧 급속히 확산되어 간 것으로 짐작된다.

요컨대, 농민보유지 보유자들의 부역노동으로 경작되는 고전장원제가 성립하게 된 주요 배경과 조건으로는 이에 앞서 고대에 노예들의 부역노동으로 경작되는 대규모의 지주직영지 경영 체제가 존재했다는 것, 로마제정시대 이후 정복전쟁 종식에 따라 직영지 경작에 필요한 부역노동력이 부족하게 되었다는 점, 자유민층의 몰락과 부역농민화를 가능케 한 로마제정 후기와 중세 초기에 걸친 장기간의 폭압적 혼란상황이 지속되었다는 점 등을 들 수 있을 것이다.

IV. 영주권의 형성

1. 머리말

봉건사회에서 경제외적 강제란 농민으로부터 기본적으로 지대 수취를 가능케 하는 영주의 권력을 지칭하는 좁은 의미의 영주권이다. 이에 비해 넓은 의미의 영주권은 영주의 이런 권력이란 측면 외에, 지대를 수취하고 기타 각종 세(稅)와 공납품을 징수할 수 있는 경제적 측면의 권리까지 포함한다. 좁은 의미의 영주권은 농민에 대한 영주의 경제적 권리라는 측면의 영주권을 실현시키는 수단이라고 할 수 있다. 또한 그것은 농민에 대해 영주가 각종 세와 일부 노역 및 공납품을 징수·징발할 수 있는 권원(權原)이 된다. 영주가 장원농민들로부터 수취하는 대부분의 세와 특수한 일부 노역 및 공납품은 영주의 지배권력이 성장함에 따라 생겨났거나 영주가 징발·징수권을 갖게 되었기 때문이다. 고전장원제 아래서 영주의 지배권력이란 의미의 영주권은 재판권을 비롯하여 치안권·행정권 따위로 된 사법권, 영주의 무력 독점, 기독교와의 결탁, 왕권의 보호조치, 인두세 · 결혼세 · 상속세 따위의 신분규정 등으로 구성된다. 이들 구성요소 중 영주 권력의 중추를 이루는 것은 재판권을 근간으로 한 사법권이다. 영주가 평상시에 장원농민을 지배함에 있어 가장 큰 효과를 발휘하는 강제력은 사법권이기 때문이다. 무력 독점, 기독교와의 결탁, 왕권의 보호 등은 장원농민에 대한 영주의 권력행사의 최종적 수단이거나 지원권력으로서의 의미를 지닌다. 신분규정은 영주의 지배권력이 커지는 데 반해 농민의 예속적 지위는 심화되는 데 따라 나타나는 부수적 현상이라고 할 수 있는 데다, 즉각적 효과를 낳는 물리적 강제력은 아니다.[1]

사법권을 중심으로 한 농민에 대한 영주의 경제외적 강제력은 어떻게 형성되었을까? 다시 말하면, 좁은 의미의 영주권은 어떤 역사적 계기와 과정을 거쳐 성립되었을까? 여기서 고찰하고자 하는 것은 바로 이런 의미의 영주권 형성이다. 그러나 좁은 의미의 영주권은 어디까지나 영주가 장원농민들과의 토지소유관계에서 지대를 수취하기 위한 수단에 지나지 않으므로, 단순히 영주권만을 따로 떼어 살펴봐서는 안 된다. 토지소유관계 및 생산관계와, 무엇보다 영주의 토지소유 목적인 지대의 형태변화와 관련시켜 고찰되어야 한다. 서유럽 봉건사회의 중심지역에서 중세 전기의 봉건적 토지소유 형태는 고전장원제였으므로, 영주권의 형성은 지대의 형태 면에서 노동지대로 표현되는 고전장원제의 형성과정과 연관지어 논의되어야 할 것이다. 그럼에도 불구하고 근래 역사학계에서는 영주의 재판권을 핵심으로 한 서유럽 중세 초기의 영주적 강제의 실상이 고전장원제의 역사와 관련지어 연구

---

1   중세 전기의 고전장원제에서 행사되었던 영주권의 의미와 구성내용에 대해서는 필자의 논문, 「고전장원제에서의 영주권과 농민―영주권의 구성과 성격을 중심으로―」, 『역사학보』, 151(1996. 9), 281~321쪽 참조.

된 것은 적은 편이다. 그리고 중세 초기 무엇보다 교회영지에서 영주권 형성의 결정적 계기와 토대를 마련한 공권면제 특권(immunitas)에 대한 연구는 비교적 많지만, 이에 관한 논의 역시 장원제나 영주-농민 관계와 연관되어 있지 못한 실정이다.[2] 영주권의 성립시기에 관해서도 흔히 토지소유와 관계없이 일정 지역 내의 주민에 대한 영주의 재판권 행사를 의미하는 영주권—이른바 '재판영주제' 또는 '반(ban)영주제'—이 카롤링왕조의 쇠망으로 국가 공권력이 붕괴된 10세기 말엽이나 11세기에 성립했다고 할 뿐,[3] 막상 고전장원제와 관련시킨 영주권의 성립시기에 관한 연구는 찾아보기 어렵다.

영주권의 형성과 관련하여 여기서 고찰할 주요 대상시기는 물론 중세 초기다. 그러나 로마제정 후기를 중심으로 한 고대 역시 영주권의 형성과 관련하여 중요하다. 우리가 상식적으로 알고 있듯이 그리고 바로 뒤의 제2절에서 보게 되듯이, 로마제정 후기에 자유인 신분의 많은 농민이 콜로누스(colonus)라고 불린 예속적 소작인으로 전락하는 가운데 이들에 대한 지주의 지배권이 강화됨으로써 일종의 영주권이라고도 할 수 있는 권력이 형성되고 있었기 때문이다. 고대사회를 살펴봐야 할 또 하나의 이유는 노예제사회인 고대사회의 노예주도, 중세 전기의 영주가 장원농민에 대해 그렇게 했던 것처럼, 직접생산자의 잉여노동을 부역노동 형태로 착취하는 데 경제외적 강제를 행사했기 때문이기도 하다. 그렇지만 노예주와 영주가 행사한 경제외적 강제의 성

2   학계의 이런 연구상황에 대해서는 Y. Morimoto, "Aperçu des travaux sur l'histoire ru-
     rale du haut Moyen Âge: vers une synthèse équilibrée(1993~2004)", Y. Morimoto,
     Études sur l'économie rurale, pp. 160~161 참조.

3   예컨대, J. F. Lemarignier, *La France médiévale. Institutions et société* (Paris: Ar-
     mand Colin, 1970), pp. 114~121 및 G. Fourquin, *Seigneurie et féodalité au Moyen
     Âge* (Paris: PUF, 1970), pp. 24~33 참조.

격은 서로 다르다. 노예주와 노예 사이의 착취관계에서 노예의 부역노동 수행을 가능케 한 주요 강제력은 국가 공권력에 뒷받침된 노예주의 사적이고도 직접적인 폭력이다. 반면에 사법권을 중심으로 한 장원농민에 대한 영주의 강제력은 영주가 사점(私占)하여 행사하기는 했지만 공권적 성격을 띤다. 또 똑같이 직접생산자의 잉여노동을 부역노동 형태로 수탈하는 것이기는 했지만, 노예주를 위한 노예의 부역노동 수행은 항시적이고 무제한적인 데 반해 영주를 위한 장원농민의 부역노동 수행은 시간적으로나 공간적으로 제한적이었다. 우리는 고대와 중세 초기에 진행된 영주권의 형성을 논할 때, 생산관계에 따른 경제외적 강제와 부역노동의 이와 같은 차이점을 고려해야 할 것이다.

고대와 관련해서는 짧게나마 민족대이동 전의 게르만족 사회도 고찰되어야 한다. 중세 봉건사회의 형성에 있어 게르만사회의 영향도 작지 않았기 때문이다. 게르만사회에서의 영주권 형성 문제에 대해서는 특히 2차 세계대전 후 독일의 일부 역사가들이 제기한 이른바 가장권(家長權, Hausherrschaft) 학설을 일별할 필요가 있다. 이 학설의 요지는 토지에 대한 처분권이 중세 장원제와 지배권의 기초가 아니라, 게르만사회에서 가장이 처자식을 비롯한 동거 친족과 부자유 신분의 하인들에 대해 행사하던 보호권(Munt)과 징계권 및 소유물 처분권 따위로 구성되는 가장권이 중세사회에서 왕권이나 영주권과 같은 모든 지배권의 원천이자 기초라는 것이다.[4] 가장권 설은 독일 학계를 중심으로 상당한 호응을 받기도 했지만, 한편으로는 게르만사회의 가장권

---

4   O. Brunner, *Land und Herrschaft. Grundfragen der territorialen Verfassungsgeschichte Österreichs in Mittelalter* (5.Aufl., Wien, 1965; 재인쇄: Darmstadt: Wissenschaftliche Buchgesellschaft, 1990), 특히 pp. 240~242, 254~263; W. Schlesinger, "Herrschaft und Gefolgschaft in der germanisch-deutschen Verfassungsgeschichte", *Historische Zeitschrift*, 176(1953), pp. 225~275 참조.

이 중세의 모든 지배권의 핵심이라는 주장은 지나치다는 평가를 받고 있다.[5] 여기서 살펴볼 영주권의 형성이라는 관점에서는 가장권 학설의 문제가 더욱 중대하다. 무엇보다 이 학설은 영주권의 형성에 미친 로마사회의 영향을 도외시한 채 영주권의 형성을 게르만사회 일방에 국한시켜 본다는 문제가 있다. 곧 뒤에서 보게 되듯이, 로마사회가 영주권의 형성에 기여한 바는 결코 작은 것이 아니었다. 그리고 가장권 학설에서 말하는 게르만사회의 가족은 자유인과 부자유인을 포함하는 등 그 구성이 단순하지 않음에도 불구하고, 가장권이라는 개념은 가장과 구성원들 사이의 상이한 권력관계를 구분하지 않고 너무 포괄적이라는 문제가 있다. 그래서 여기서는 가장권이라는 포괄적 개념에서가 아니라, 노예나 해방노예처럼 주인의 가장권 행사범위 내에 있으면서도 주인과 지배-예속의 권력관계에 있었던 부자유민에 국한하여 게르만사회의 영주권 형성 문제를 검토할 것이다.

2. 고대적 유산

공화정 말기와 제정 초기의 로마사회는 흔히 노예제사회라고 불릴 정도로 노예제가 발달했다. 그러나 제정 초기 정복전쟁의 종식으로 노예

5   게르만족 사회의 가장권과, 가장권설에 대한 비판적 견해에 관해서는 H.-W. Goetz, *Leben in mittelalter. Vom siebten bis zum dreizehenten Jahrhundert* (München: C. H. Beck, 1987), pp. 34~36; H. K. Schulze, *Grundstrukturen der Verfassung im Mittelalter*, vol. 1. *Stammesverband, Gefolgschaft, Lehnswesen, Grundherrrschaft* (Stuttgart: W. Kohlhammer, 1985), pp. 153~156, vol. 2. *Familie, Sippe und Geschlecht, Haus und Hof, Dorf und Mark, Burg, Pfalz und Königshof, Stadt* (1986), pp. 54~56; W. Rösener, *Agrarwirtschaft*, p. 58 참조.

의 대량 공급이 중단됨에 따라 노예 수가 줄고 노예제가 변질되거나 쇠퇴할 수밖에 없게 되었다. 일반적으로 노예제의 쇠퇴는 기원후 2세기에 시작되어 3세기에 가속화되었다고 알려져 있다. 이런 상황은 노예노동력에 기초해서 대토지를 경영하던 지주들에게[6] 노예 값의 등귀와 노동력의 부족이라는 중대한 문제를 초래했다. 게다가 로마제정 후기에 사회적 혼란을 이용한 지주들의 토지축적 노력으로, 그리고 과중한 세금과 관리들의 가렴주구를 견디지 못한 많은 농민들의 토지투탁과 매각 및 저당토지의 회수권 상실 등으로, 지주들의 토지소유가 확대되는 추세가 이어짐으로써 노동력 부족난은 가중되었다. 지주들은 노동력 부족사태를 타개하기 위한 대책의 일환으로 노예들에게 결혼과 가족생활을 허용하고 이들에게 생계유지용의 작은 토지를 분양하여 보유하게 했다. 그 결과, 앞의 제III장 제3절에서 본 바와 같이 대체로 제정시대 후기에는 노예가 주인과는 별도의 공간에서 스스로의 가족을 거느리고 보유지를 경작하여 노동력을 재생산하면서 주인의 직영지 경작을 위한 부역노동을 수행하는 소농으로 변모하는 현상이 널리 나타났다. 솔거노예의 이와 같은 토지보유 외거노예로의 변신은 고대의 노예가 생산관계 면에서 중세 고전장원의 농민과 흡사한 모습으로 변해 갔음을 의미한다. 이에 따라 노예의 부역노동 수행은 주인의

---

6 근래 R. MacMullen은 그의 논문 "Late Roman slavery", *Historia: Zeitschrift für Alte Geschichte* (이하 *Historia: ZAG*로 줄여 씀), 36(1987), pp. 359~382에서 실상은 로마사회에 농업노예가 많지 않았다며 로마사회의 노예제적 기초를 부정했다. 그러나 그의 주장은 곧 R. Samson, "Rural slavery, inscriptions, archaeology and Marx: a response to Ramsay Macmullen's 'Late Roman slavery'", *Historia: ZAG*, 38(1989), pp. 99~110에서 반박을 받았다. 최근 K. Harper는 심지어 로마제국 후기사회도 노예가 전체 인구의 10%쯤을 차지하는 500만명 수준으로, 농업생산에서 결정적인 역할을 담당하고 사회관계와 문화에 큰 영향을 미친 노예제사회였다고 한다. K. Harper, *Slavery in the Late Roman World, AD 275-425* (Cambridge: Cambridge Univ. Press, 2011), pp. 38~66, 144~200 참조.

직영지 경작기간에 제한되는 경향이 생겼으며, 노예주는 자체의 보유지 경작을 통해 독자의 가족생활을 영위하는 노예에 대해서는 농업경영의 자율적 주체로 인정하지 않을 수 없게 되었다.

이와 같은 노예의 외거화, 가족생활의 영위, 농업경영상의 주체적 역할담당 등으로 인해 노예를 사역하는 데 요구되었던 일상적·직접적 폭력이라는 노예주의 재래식 경제외적 강제는 통용되기가 어려워졌다. 노예의 이런 변모에 걸맞게 그에 대한 경제외적 강제도 바뀔 필요성이 생겼다. 실제로 로마제정 후기에 토지보유 외거노예의 법적 지위가 향상되고 노예에 관한 종래의 가혹한 신분법의 적용이 완화되며 노예에 대한 주인의 지배권이 법적으로 제한되는 등의 변화가 나타난다. 그러나 5세기의 테오도시우스 법전(Codex Theodosianus)과 6세기의 유스티니아누스 법전(Codex Justinianus)을 비롯한 로마의 법률 관련 문헌기록들에서 토지보유 외거노예는 여전히 기본적으로는 노예 신분으로 간주되어 다스려지고 주인의 사적 징벌권에서 벗어나지 못했다.[7] 주인의 직영지 경작을 위한 외거노예의 부역노동 수행은 노예에 대한 노예주의 사적 지배와 처벌을 특성으로 하는 강제력에 뒷받침된 것이다. 생산관계의 변화와 경제외적 강제의 변화 사이에 과도기적 괴리가 생겼다고 할 수 있다.

앞에서 말한 것처럼, 민족대이동 전의 게르만족 사회에도 노예가 존재했다. 그러나 자유민 공동체를 이루고 살았던 게르만족 사회는 노예제사회는 아니었으며, 노예가 존재했다고 하더라도 그 노예는 솔거

---

7   W. L. Westermann, *The Slave Systems of Greek and Roman Antiquity* (Philadelphia: American Philosophical Society, 1955), pp. 145~149 참조. 여기서 Westermann은 토지보유 외거노예의 지위가 향상되어 '토지의 노예'로 전락한 콜로누스와 비슷해짐을 강조하지만, 외거노예가 노예 신분에서 탈피하고 주인의 사적 통제권에서 해방되었다고 말하는 것은 아니다.

노예나 노동노예가 아니라 외거노예였다. 앞에서 거듭 인용된 바 있는 타키투스의 『게르마니아』, 제XXV장의 기록에 의하면, 노예(servus)는 주인의 집에서 일하지 않고 각자 독자적 가족생활을 하며 로마사회의 '콜로누스처럼' 주인에게 일정 액수의 밀이나 가축 또는 피륙을 공납했다. 이 기록에서 노예가 로마사회의 '콜로누스처럼' 현물지대를 바친다는 것은 주인의 토지를 소작함을 전제로 한다. 따라서 게르만사회의 노예는 토지를 보유하고 외거하여 독자적 가족생활을 영위한다는 점에서는 로마제정 후기에 소작농화하고 있던 외거노예와 비슷하다고 할 수 있다. 그렇지만 게르만사회의 노예는 주인에게 부역노동 형태의 노동지대를 바치지 않고 현물지대를 바친다는 점에서는 다르다. 이런 측면에서는 게르만사회의 노예가 노예 신분임에도 불구하고 생산관계 면에서는 로마사회의 외거노예보다 오히려 콜로누스를 닮았다고 할 수 있다. 앞에서 말했듯이, 콜로누스가 지주에게 지불한 지대는 화폐지대나 현물지대였기 때문이다. 그러나 같은 제XXV장의 후반부 기록에 의하면 게르만사회의 노예는 '드물기는 하지만 구타를 당하고 족쇄가 채워지거나 중노동이 부과되는 처벌을 받았으며, 주인이 화가 나서 충동적으로 살해하는 경우까지 종종 있었다.'[8] 따라서 게르만사회의 노예는 생산관계 면에서는 로마사회의 콜로누스와 유사하면서도 경제외적인 면에서는 노예제적 강제에 지배되었다고 하겠다. 다만 외거화하고 있었던 관계로 주인의 직접적 폭력행사가 드물었을 뿐이다. 게르만사회에서나 로마 후기사회에서나 토지를 보유한 외거노예에 대한 경제외적 강제는 모두 노예제적이었던 셈이다.

앞의 제Ⅱ장에서 본 바와 같이 로마사회에서 많은 노예가 법적으

---

8 "Verberare servum ac vinculis et opere coercere, rarum. Occidere solent, non disciplina et severitate, sed impetu et ira, ut inimicum, nisi quod impune."

로 노예 신분을 유지한 채 외거화를 통해 봉건적인 농민으로 전환되어
갔지만, 노예의 해방을 통한 장원농민화도 진행되었다. 로마제정 초기
까지는 도시에서 노예가 해방되는 경우가 많았으며, 이들 중에는 관리
로서 권력사가 되거나 사업가나 상인으로서 부자가 되는 자들도 있었
다. 그러나 제정 후기에는 농촌에서 주인으로부터 생계유지용의 작은
토지를 분양받고 그의 직영지 경작을 위해 부역노동을 수행하는 반자
유인으로서의 해방노예가 많았다. 농촌사회의 해방노예는 지주적 성
격이 강해진 주인에 대해 외거노예보다도 한층 독립적이고 자율적이
었을 것임이 틀림없다.

　　그러나 노예가 해방된다고 해서 완전한 권리능력을 지닌 자유인
이 되는 것은 아니었다. 해방된 노예들은 노예 출신이라는 낙인이 찍
힌 별개의 '해방노예(libertus, libertinus)' 계급을 형성했다. 해방노예
도 로마 시민권을 취득할 수 있었다. 그러나 고위 관리나 장교가 될 수
없었을 뿐만 아니라, 범죄혐의에 대한 조사과정에서 일반 시민에게는
면제되어 있었던 고문이 허용되고, 같은 범죄라도 자유인 출신보다 훨
씬 무거운 형벌이 가해지는 등 여러 가지 면에서 권리가 제한되고 차
별받는 비천하고 열등한 시민이었다.[9]

　　그렇지만 해방노예의 운명과 관련하여 무엇보다 중요한 사실
은 누구나 예외 없이 이전의 주인과는 보호자(patronus)와 피호민
(cliens)으로서의 새로운 사적 종속관계(clientela)가 결성되어 유지되
었다는 점이다. 해방노예는 보호자로서의 해방노예주에 대해 노예로
서 하던 일을 계속하거나 보호자의 집 안팎에서 일정 일수(日數)의 '일
(operae)'을 수행하고 '공경(obsequium)'의 예를 다할 의무가 있었

9　　A. M. Duff, *Freedmen in the Early Roman Empire* (Oxford: The Clarendon Press,
　　　1928), pp. 50~71, 129~142 참조.

다. 보호자에게 모욕적인 말을 하거나 반항하는 등 공경의 의무를 위
반하는 해방노예는 태형(笞刑)이나 유형(流刑) 또는 로마의 형벌 중 가
장 가혹한 채석장 강제노동형에 처해졌다. 그리고 해방노예는 보호자
와 그 가족을 대상으로 민형사상의 소송을 제기하지 못하며, 보호자의
이혼소송에 대한 증언이 금지되었고, 그의 볼모 역할을 하기도 했다.
반면에 보호자는 자신의 집에서 발생한 해방노예의 절도와 같은 범죄
에 대해서는 체형(體刑)을 가할 수 있었고, 자신의 아내와의 간통 행
위에 대해서는 현장에서 살해할 수 있었으며, 심지어 중죄에 대해서는
노예해방을 취소하는 처벌을 할 수도 있었다. 또 보호자는 그의 '보호
(tutela)' 하에 놓인 20세 이하의 해방노예남성과 모든 연령의 해방노
예여성에 대해 후견권을 보유하여 결혼과 재산권 행사에 간여했으며,
해방노예의 유산을 절반 정도 상속할 권리를 가지기도 했다.[10]

　　이와 같이 로마사회에서 노예는 해방된 뒤에도 불완전한 인격체
로서 독립된 생활을 하지 못하고 이전의 노예주에 대해 절대 복종하면
서 폭력성이 짙은 경제외적 강제의 지배를 받는 예속적 삶을 살았다.
해방노예가 해방노예주를 위해 잉여노동을 제공하도록 작용하는 경제
외적 강제는 공권적 성격을 띠기보다도 여전히 노예제적 관계에서 유
래하는 해방노예주의 사적 폭력을 벗어나지 못하고 있는 것이다. 이런
까닭에 해방노예는 로마 형법에서 노예와 마찬가지로 약취유인(略取
誘引)의 죄를 범한 때에는 맹수에게 죽임을 당하는 사형(死刑, Damna-
tio ad bestias)을 당했고, 자신의 주인을 고발한 경우에는 산 채로 화
형에 처해졌으며, 원로원 의원을 비롯한 고위 관리가 해방노예여성에
게서 태어난 아이가 자신의 친생자로 인지하는 경우에는 노예여성에

10　해방노예에 대한 해방노예주의 지배권에 관해서는 H. Mouritsen, *Freedman*, pp.
　　36~65 및 A. M. Duff, *Freedmen*, pp. 36~49 참조.

게서 태어난 경우처럼 로마시민으로서의 권리를 상실했다.[11] 또한 해방노예에게는 완전한 법정 증언능력도 인정되지 않았다.

앞의 제II, III장에서 말했듯이 타키투스에 의하면 게르만족 사회에도 해방노예가 존재했지만, 그의 신분은 "노예보다 그리 높은 것이 아니다."[12] 이 기록도 해방노예에 대한 경제외적 강제가 노예제적인 성격을 그리 벗어나지 못했을 것임을 짐작케 한다. 그러나 해방노예의 경우에도 소작농화한 외거노예와 마찬가지로 생산관계가 전혀 달라짐에 따라 경제외적 강제의 성격이 변할 수밖에 없는 조건이 마련되었다고 할 수 있다. 해방노예의 신분은 적어도 노예 신분으로부터 벗어난 상태이므로, 경제외적 강제의 성격이 변할 가능성은 외거노예보다 높았다고 하겠다.

이처럼 로마제정 후기사회와 기원후 1세기 말 무렵의 게르만족 사회에서 토지보유 외거노예와 해방노예의 경우 봉건적 생산관계가 형성되고 있었지만, 그들에게 행사된 경제외적 강제는 공권적 성격을 띠기보다 노예제적 예속관계에서 비롯되는 사적 · 폭력적 성격이 강했다. 이에 반해 장원농민에 대한 봉건영주의 경제외적 강제는, 사점되어 사적으로 행사되기는 했지만 공권적 성격을 띠었다. 이런 성격의 영주권적 양상이 고대사회에서 어느 정도 나타나는 것은 로마제정 후기의 대소유지들에서 자유인 신분 출신의 소작농민들에 대해서다. 대토지를 소유한 지주층의 권력이 강대해지는 결정적 계기는 법적으로 자유인이었던 농민들이 3세기 후엽과 4세기 초엽에 이른바 콜로누스라고 하는 토지에 얽매인 비천한 신분으로 전락하는 과정에서 마련되

---

11   J. Harries, *Law and Empire in Late Antiquity* (Cambridge: Cambridge Univ. Press, 1999), pp. 138, 140~142 참조.

12   "Liberti non multum supra servos sunt, …"(P. C. Tacitus, *Germania*, 제XXV장)

었다. 로마제정 후기에 정치적·사회적 혼란이 계속되고 경제가 쇠퇴하며 이런 가운데 세금징수 실적은 저조해지자, 디오클레티아누스 황제 이후 제국정부는 위기 해결책으로 거듭해서 거의 모든 사람들을 자신의 직업에 세습적으로 묶어두는 법적 조치를 취했다. 지주의 토지를 소작하던 농민의 경우에는 자신이 경작하던 원적지(原籍地)의 토지에 자자손손 긴박되어 지주에게 예속되었다. 이에 따라 콜로누스는 토지와 함께 양도되고 매매되는 신세가 되었다.

황제정부는 이에 그치지 않고, 결과적으로 콜로누스에 대한 지주의 지배권을 강화하는 여러 가지 법적 조치를 취했다. 콘스탄티누스 대제 시절인 332년에 지주는 콜로누스가 도주할 의심만 들어도 쇠고랑을 채울 수 있는 처벌권을 부여받았고, 365년에는 지주의 허락 없는 콜로누스의 재산양도가 금지되었으며, 371년에는 지주가 콜로누스의 세금을 징수할 의무 겸 권리가 부여되었다. 그리고 396년에는 콜로누스가 지대인상의 문제 외에는 지주에 대해 소송을 제기하는 것이 금지되었으며, 412년의 한 법률은 이단으로 규정된 도나투스파를 근절하기 위한 수단이기는 했지만 지주에게 콜로누스를 구타할 수 있는 권한까지 부여했다. 또 409년에는 지주의 동의 없는 콜로누스의 사제서품이, 452년에는 역시 지주의 동의 없는 수도원 입적이 금지되었다.[13] 이

---

13 콜로누스의 토지긴박과 예속화, 농민에 대한 지주의 권력증대 및 콜로누스의 지위 등에 관해서는 임웅, 『로마의 소작과 소작인』(신서원, 2003), 99~131쪽; 차전환, 「노예제에서 소작제로의 이행」, 191~204쪽; 김창성, 「콜로누스의 위상과 조세징수」, 209~249쪽; B. Sirks, "The farmer, the landlord, and the law in the fifth century", R. W. Mathisen, ed., *Law, Society and Authority in Late Antiquity* (New York: Oxford Univ. Press, 2001), pp. 257~271; J. Mirkovic, "The later Roman colonate and freedom", *Transactions of the American Philosophical Society*, New Series, vol. 87, no. 2(1997), pp. 1~144; A. H. M. Jones, "The Roman colonate", M. I. Finley, ed., *Studies in Ancient Society* (London: Routledge, 1974), pp. 288~303; 같은 저자, *Later Roman Empire*, pp. 795~803, 808~812; C. E. Stevens, "Agriculture and

와 같은 일련의 조치 결과, 콜로누스는 해방노예나 심지어 노예와 유
사한 처지로 전락했다. 로마의 법률 관련 문헌에서 콜로누스가 '토지
의 노예(servus terrae)'로 불리는가 하면, 반대로 토지보유 외거노예
가 '의제(擬制) 콜로누스(quasi colonus)'로 불린 것이 추락한 콜로누
스의 비참한 신세를 단적으로 표현한다. 실제 법적으로도 콜로누스가
노예와 같은 취급을 받는 경우가 적지 않았다. 이를테면, 콜로누스가
무덤을 훼손하는 범죄를 저진 경우에는 노예와 마찬가지로 광산에서
강제노역에 처해지는 형벌을 받고 그런 범죄를 인지한 지주는 유배형
을 당했다.[14]

대토지소유의 확대 속에 노동력 부족난을 겪던 지주층은 콜로누
스에 대한 로마 정부의 이와 같은 조치들에 힘입어 노동력을 확보할
수 있었을 뿐만 아니라 콜로누스에 대한 지배권을 획득했다. 그들은
로마 정부의 위와 같은 조치 외에도 여러 가지 책임 및 권한 부여와 스
스로의 탈법적인 공권 사점화(私占化) 노력으로 징세권은 물론, 모병
권(募兵權), 도나투스파 색출에서 보는 바와 같은 치안권, 콜로누스들
사이의 분쟁 조정권과 중재권 등을 획득하여 행사했다. 농민에 대한
지주들의 이와 같은 권한행사로 볼 때, 로마제정 후기의 대소유지에서

rural life in the later Roman Empire", pp. 115~122; M. Bloch, "The rise of depend-
ant cultivation", pp. 256~260; J. Percival, "Seigneurial aspects", pp. 468~472 참
조. 콜로누스에 관한 기존의 논의가 지주와 콜로누스의 법적인 관계에 지나치게 치우
쳐 로마정부의 정책 취지를 왜곡했다는 비판이 1980년대 초 이후 제기되었다. J.-M.
Carrié, "Le 'colonat du Bas-Empire': un mythe historiographique?", *Opus*, 1(1982),
pp. 351~370; 같은 필자, "Un roman des origines: les généalogies du 'colonat du
Bas-Empire'", *Opus*, 2(1983), pp. 205~251; C. Grey, "Contextualizing colonatus:
the Origo of the late Roman Empire", *The Journal of Roman Studies*, 97(2007), pp.
155~175 참조. 그러나 현재의 이 글에서 고찰하고자 하는 경제외적 강제는 법적인 측
면이 강하다.
14   J. Harries, *Law and Empire*, p. 143 참조.

공권적 성격의 경제외적 강제가 상당히 형성되어 있었다고 볼 수 있을 것이다. 앞의 제Ⅲ장 제1절의 머리말에서 보았듯이, 실제로 이때 영주권을 포함한 봉건적 토지소유가 형성되었다고 보는 일군의 학자들이 존재한다.

　　그러나 이들은 봉건적 토지소유의 형성에 관한 사료상의 증거를 제대로 제시하지 못하며, 스스로 자신들의 주장을 뒷받침해 주는 사료상의 증거가 희박하고 모호하다고 거의 한결같이 실토하고 있다. 그렇지만 이런 고백보다 더 중요한 것은 여기에서 지금까지 밝혀진 사실들만 보더라도 로마제정 후기에 중세 전기의 고전장원제에서 보는 생산관계와 영주권이 성립했다고 볼 수는 없다는 점이다. 우선 토지의 소유관계와 생산관계를 표현하는 지대가 고전장원제에서는 노동지대인 데 비해, 콜로누스가 지주에게 바치는 지대는 주로 화폐나 현물 형태로 되어 있었다는 사실이다. 그리고 대소유지 내에서 토지를 보유한 외거노예와 해방노예에 대한 지주의 경제외적 강제는 여전히 공권적 성격을 띠지 못하고 노예제적인 사적 종속성에 기초하고 있었다. 콜로누스에 대해 행사된 지주의 경제외적 강제도 공권적 성격이 강하기는 하지만, 그에 못지않게 쇠사슬을 채우고 구타하는 등 노예에 대한 경제외적 강제처럼 사적 폭력성이 강하고 인신의 자유를 구속하는 특성을 띤다. 또한 지주가 행사한 공권은 중세 영주권의 핵심을 이루는 재판권을 포함하지도 않았다. 로마 법전들에서고 다른 사료들에서고 지주가 재판권을 행사했다는 확실한 기록이 없다. 지주는 기껏해야 치안권이나 민사상의 분쟁조정권을 행사한 것으로 보일 뿐이다. 이에 비해 뒤에서 보게 되듯이, 중세의 고전장원들에서는 영주가 재판권을 포함한 공권적 성격의 경제외적 강제를 자유인 출신뿐만 아니라 부자유인 출신들에 대해서도 행사했다.

비록 로마제정 후기에 중세 전기의 고전장원제에서 보는 바와 같은 수준의 생산관계와 경제외적 강제는 발전하지 못했지만, 지주직영지와 소작지로 구성된 대소유지의 공간적 이분구조, 토지보유 외거노예와 해방노예의 직영지에 대한 부역노동 수행, 콜로누스에 대한 지주의 공권적 성격의 경제외적 강제 행사 등과 같은 로마사회의 장원제적 유산은 중세 봉건제 발전을 위한 토대가 된다. 로마제국 가운데서도 특히 로마공화정시대 이래 노예제와 라티푼디움을 비롯한 대토지소유제가 발달하고 농민을 콜로누스화하는 직업동결 조치가 시행되었던 서로마제국 권역에 속하던 서유럽에서 봉건제가 발달했던 것은 결코 우연한 일이 아니다. 로마사회의 이런 유산은 로마제국 몰락 후 서유럽의 게르만왕국들에게 계승된 것으로 보이기 때문이다.

게르만족은 서로마제국으로 대이동 후 아프리카 북부에 정착한 반달족을 제외하고는 서유럽 대륙지역에서 로마인들을 노예화하거나 토지를 비롯한 재산을 모조리 빼앗지는 않았다. 그렇지만 앞의 제II장 제2절에서 보았듯이 그들은 소위 '군인의 민가숙영제도'를 통해 로마인들로부터 토지의 $\frac{2}{3}$ 수준에 이르는 막대한 토지를 할양받았다. 그런데 게르만족은 단순히 토지만 양도받거나 토지할양 문서에 명시된 것들만 인수했던 것은 아니다. 그들은 토지와 함께 그에 딸린 예속노동력과 로마사회의 관련 제도 및 전통을 이어받았다. 예컨대, 앞에서 거듭 인용한 바 있는 부르군트 법 제XXXVIII조 제10항에는 '모든 부르군트인과 로마인의 콜로누스와 노예'라는 말이 기록되어 있다. 이것은 부르군트인들이 토지 및 노예와 함께 토지할양 문서에는 언급이 없는 콜로누스를 인수하여 그 노동력을 사용했음을 시사한다. 그리고 부르군트의 로마인 법의 다른 한 조항에 의하면[15] 콜로누스가 타 영지로 도망간 경우에는 원주인의 영지로 송환되어야 한다. 로마제정 후기사회에서 비롯되는 이런 강제송환 규정은 콜로누스에 관한 로마사회의 법제나 관행이 게르만인들에게 계승되어 수용되었음을 입증하는 것이다.

서유럽 봉건제의 발상지인 갈리아 북부지역을 중심으로 정착하여 프랑크왕국을 건설한 살리프랑크족의 경우에는 그들의 살리 법에 로마인들로부터 토지를 할양받았다는 직접적인 언급이 없다. 그러나 앞의 제II장 제2절에서 논한 바와 같이, 프랑크족도 결코 평화적이지 아니했던 그들의 대이동 과정에서 로마인들로부터 토지를 할양받고 그들의 왕국사회에서 로마식 대토지소유제가 발달했다는 여러 증거들이 있다. 프랑크 왕은 로마제국의 황제영지와 교회토지 등을 대규모로 인수했으며, 지명(地名) 연구는 프랑크족의 수장층을 중심으로 로마인들로부터 토지를 할양받았을 가능성을 암시한다. 그런 결과이겠지만 살리프랑크족의 살리 법이나 리부아리아프랑크족의 리부아리아 법에는 로마식 대소유지를 뜻하는 'villa'나 소작인을 뜻하는 'tributarius'에 관한 규정이 빠짐없이 등장한다.

또 프랑크왕국 사회에 로마사회의 토지제도가 계승되었음은 콜로누스와 관련된 다음과 같은 사실로 봐서도 분명해진다. 9세기에 작성된 파리 지역의 생제르맹데프레 수도원의 영지명세장이나 샹파뉴 지방에 위치한 생르미 수도원의 영지명세장 등 갈리아 북부지역의 장원 관련 문서들에는 많은 장원농민의 신분이 콜로누스로 표기되어 있다. 카롤링시대에 여러 영지명세장이 작성되었던 수도원들이 위치한 파리, 샹파뉴, 벨기에의 에노와 같은 지방들은 살리프랑크족을 중심으로 건국된 프랑크왕국의 중심부를 차지한다. 게르만족이 민족대이동 후 서유럽 도처에 세운 왕국들에서 로마인들로부터 토지를 할양받는 데

---

15   "Lex Romana Burgundionum", 제VI장 제2조.

그치지 않고 로마사회의 농업노동력과 토지제도를 이어받았음은 영지
명세장들 외에도 중세 초기의 수많은 문서들에서 여기서는 일일이 거
론할 수 없을 정도로 쉽게 목격되는 바이다.[16] 따라서 로마제정 후기에
대소유지에서 지주를 위해 일부 형성되고 있던 공권적 성격의 경제외
적 강제도 게르만인 지주들에게 전해지고 중세로 이어졌다고 할 것이
다. 물론 게르만족 대이동 후 게르만왕국들의 건설로부터 시작된다고
볼 수 있는 중세사회가 로마사회의 유산만 이어받았던 것만은 아니다.
당연히 게르만사회의 토지소유관계와 노예 및 해방노예에 대한 주인
의 권력관계도 중세 농촌사회의 형성에 큰 영향을 미쳤을 것이다. 양
사회의 토지제도와, 노예나 반자유인에 관한 신분제도는 서로 영향을
주고받으면서 틀림없이 뒤섞였을 것이다. 그러나 중세 영주권의 형성
에 미친 지주의 권력이라는 관점에서 볼 때, 로마사회의 영향이 더 컸
다고 봐야 할 것이다. 게르만사회에서는 지주의 경제외적 강제가 자유
민을 대상으로 한 공권적 성격을 띠지 못하고 외거노예 및 해방노예에
대한 사적 폭력성 수준에 머물러 있었기 때문이다.[17]

---

16 게르만족이 서로마제국 지역을 정복하여 서유럽 곳곳에서 로마인들로부터 토지를 할
양받거나 로마사회의 토지제도를 계승했다는 자세한 논의에 대해서는 A. Dopsch,
"Agrarian institutions of the Germanic kingdoms", pp. 180~196 및 이 책의 제1부 제
II장 제2절 "게르만족의 서유럽 정착기까지의 토지소유 동향" 참조.

17 오랫동안 서구의 중세사 학계에서는 프랑크왕국 초기에 세속 대토지소유자들이 자신
의 소유지에서 행사한 상당한 수준의 권력이 전술한 게르만사회의 가장권(家長權)에서
기원한다는 자생설(自生說)과 로마제정 후기사회에서 유래한다는 지주권력설이 대립
해 왔으나, 근래에는 로마제정 후기의 영향이 강조되고 있다. A. C. Murray, "Immunity,
nobility, and the Edict of Paris", *Speculum*, 69(1994), pp. 22~36 및 H.-W. Goetz,
"Serfdom and the beginnings of a 'seigneurial system'", p. 32 참조. A. C. 머리 자신
은 분명히 지주권력설을 옹호한다. H.-W. 괴츠도 로마제정 후기와 프랑크왕국시대 사
이에 직접적인 상관관계가 있다고 보지는 않지만 지주권력설을 지지하는 편이다. H.-W.
Goetz, 앞의 논문, pp. 50~51 참조. 필자로서도 지금까지 논한 바와 같이 로마사회의
영향이 훨씬 컸다고 판단된다. 한편 앞의 제II장 제1절의 머리말에서 본 바 있듯이, 일찍

3. 중세 초기 교회토지에서의 영주권 형성

중세에 들어 서유럽 대륙지역에서 대토지를 소유한 기관이나 계층은 프랑크왕국을 건설한 메로빙조의 왕실, 세속의 세력가, 교회기관 등이라고 할 수 있다. 이들 토지 가운데 9세기에 성립하는 고전장원제라는 봉건적 토지소유의 구조에 관해서 가장 많은 정보자료를 제공하는 것은 교회기관 소유의 토지다. 고전장원제에 관한 풍부한 정보를 담고 있는 카롤링시대의 영지명세장들 대부분이 수도원과 같은 교회기관들에 의해 작성되었기 때문이다. 그뿐만 아니다. 교회토지는 고전장원제의 형성과정에 관해서나 고전장원제의 형성에 따라 요구된 영주권의 형성과정에 관해서도 비교적 가장 많은 정보를 제공한다. 갈리아 북부지역을 중심으로 한 서유럽 대륙지역에서 중세 교회기관이 소유한 막대한 토지 중에는 로마제정 후기로부터 전해진 것이 없는 것이 아니지만 그 대부분은 중세 초기에 형성되었다. 특히 중세 서유럽에 무수히 많았던 수도원들은 수도사 베네딕트가 520년대에 베네딕트 수도회를 창설하고 「성스런 계율」이란 수도생활 수칙을 제정한 이후 설립되었으므로, 수도원이 소유한 중세의 토지는 고대에 취득된 것은 거의 없다. 교회기관의 토지는 중세 초기에 메로빙조 왕실을 비롯한 세속귀족층과 대중들의 기증, 수도사들의 개간활동, 매입, 그리고 무엇보다 세속 세력가들과 마찬가지로 혼란스런 시대에 권세를 이용한 강압적이

이 M. 블로크는 중세 고전장원에서 보는 영주권이 고대 게르만사회, 켈트사회, 로마사회 등의 촌락 수장제에서 기원한다고 주장한다. 중세 장원에서 영주에 대한 장원농민의 선물 공납, 영주가 거처하는 성채의 해자 물 두드리기, 초야권 등은 고대사회의 촌락 수장제에서 유래한다는 것이다. 그러나 그는 초기의 수장제는 중세의 장원제와는 거리가 아주 먼 것으로, 로마시대를 거치면서 장원제적인 성격을 띠게 되었다고 한다. "The rise of dependant cultivation", pp. 272~290 참조.

고 부당한 탈취 등으로 축적되었다.[18] 토지뿐만 아니라 중세에 교회기관들이 향유한 여러 특혜와 특권도 기독교가 로마제국 말기에 공인되고 국교로 되었기 때문에 그 대부분이 중세 초기에 게르만왕국 당국이 부여한 것이다. 이와 같은 연유로 교회기관이 많은 토지와 특권을 갖게 된 과정이 중세 초기의 문헌에 많이 기록되어 남게 되었다.

　　교회기관의 특권은 주로 '공권면제권(immunitas, emunitas)'이라는 이름으로 부여되고 확인되었다. 공권면제권이 부여된 교회기관은 그 구내뿐만 아니라 소유토지에 대해서 징세권이나 부역 징발권 또는 재판권과 같은 국가 공권의 행사를 면제받고 대체로 소유지 내에서는 독자적으로 일정한 공권을 행사할 수도 있었으므로, 공권면제권은 교회기관의 소유지에서 영주권의 기초를 형성하게 된다. 공권면제권은 개별 교회기관별로 국왕들이 특허장 형태로 부여했고, 이에 관한 일반적 규정은 법령 형태를 취했다. 따라서 우리는 공권면제권에 관한 중세 초기의 문헌기록들을 통해 교회기관의 영지에서 영주권이 어떻게 형성되어 갔는지를 비교적 자세히 파악할 수 있다. 이에 비해 뒤에 보게 되듯이 왕령지는 애초부터 공권면제 공간이었고 세속 세력가는 그들의 대소유지 경영에 필요한 경제외적 강제를 주로 암암리에 공권을 사점하는 방식으로 획득했기 때문에, 왕령지나 세속 귀족층의 대소유지에서 영주권이 어떻게 형성되어 갔는지를 알려주는 자료는 드물다. 그래서 우리는 중세 초기의 영주권 형성과정을 먼저 교회기관에 대한 공권면제권을 중심으로 고찰할 필요가 있다고 하겠다.

　　공권면제권은 로마제국에서 유래한다. 원로원 의원을 비롯한 유력자와 수사학자들이나 문법학자들과 같은 특정 집단은 세금 및 부역

18　　중세 초기 교회기관을 포함한 세력가들의 토지축적에 대해서는 앞의 제II장 제3절과 제III장 제4절 참조.

과 같은 공적(公的) 부담으로부터 면제받는 특혜를 누렸다. 특히 황제 영지의 주민들은 일찍이 국가에 대한 공적 부담을 면제 또는 경감 받는 혜택을 누렸다. 이런 공권면제권은 콘스탄티누스 대제 때 기독교회의 재산과 성직자들에 대해서도 적용되었다.[19]

중세 초기 메로빙왕조의 국왕들이 교회기관들에 부여한 공권면제권은 이와 같은 로마의 전통을 답습한 것이다. 프랑크왕국에서 공권면제권에 관해 언급하는 가장 오래된 문서로 알려진 511년 오를레앙 공의회의 결의 제5조는 이런 로마식 공권면제를 시사한다. '프랑크 왕이 기독교회에 기부한 증여물과 토지는 교회의 복구에 사용되거나 성직자와 가난한 자의 구호금 및 포로 석방금으로 쓰여야 한다.'는 취지의 조문 중에 '교회의 토지들과 성직자들에 대한 공권면제가 허용되어 있다'는 뜻의 "ipsorum agrorum vel clericorum immunitate concessa"라는 문구가 삽입되어 있다.[20] 이 문구로는 공권면제권의 내용이 무엇

19 공권면제권의 유래와 로마시대의 공권면제권에 관해서는 B. H. Rosenwein, *Negotiating Space: Power, Restraint, and Privileges of Immunity in Early Medieval Europe* (Ithaca: Cornell Univ. Press, 1999), pp. 27~32; P. Fouracre, "Eternal light and earthly needs: practical aspects of the development of Frankish immunities", W. Davies & P. Fouracre, ed., *Property and Power in the Early Middle Ages* (Cambridge: Cambridge Univ. Press, 1995), pp. 58~59; E. Magnou-Nortier, "Etude sur le privilège d'immunité(IVᵉ-IXᵉ s.)", *Revue Mabillon*, 60(1981~1984), pp. 466~471; D. Willoweit, "immunité", A. Erler & E. Kaufmann, ed., *Handwörterbuch zur deutschen Rechtsgeschichte*, II (Berlin: Erich Schmidt, 1978), pp. 312~314; E. Perroy, *Le monde carolingien*, pp. 144~145; T. G. Elliott, "The tax exemptions granted to clerics by Constantine and Constantius II", *Phoenix*, 32(1978), pp. 326~336 참조.

20 *MGH, Legum sectio III Concilia*, tomus I: F. Massen, ed., *Concilia aevi Merovingici*, (Hannover: Hahn, 1893〔1956년 재개정〕), "Concilium Aurelianense A. 511",제5조 (p. 4). 그 관련 전문은 다음과 같다. "De oblationibus, vel agris, quos dominus noster rex ecclesiis suo munere conferre dignatus est, vel adhuc non habentibus Deo inspirante contulerit, **ipsorum agrorum vel clericorum immunitate concessa**, id esse justissimum definimus, ut in reparationibus ecclesiarum, alimoniis sacerdotum, et pauperum, vel redemptionibus captivorum, quicquid Deus in fructibus dare digna-

인지 명확히 알 수 없다. 그렇지만 면제대상 중의 하나가 왕이 기증한 토지이고 기독교회와 성직자에 대해서는 로마제국 말기부터 세금 등 공적 부담의 면제 특혜가 부여되었던 전통을 고려할 때, 교회기관의 토지와 성직자들에게 부여된 면제특권은 조세이거나 아니면 부역 내지 병역과 같은 공적 부담과 의무의 면제일 가능성이 크다.

이와는 달리 반포연대가 명확하지는 않지만 클로타르 2세(재위 584~614년)의 다음과 같은 600년 전후 무렵의 칙령은[21] 메로빙조 전기(前期)의 공권면제권이 세금과 같은 공적 부담의 면제권임을 분명히 하고 있다.

> 우리는 우리의 독실한 신앙심에서 기독교회에 농지세, 방목세, 가축세를 면제하는 혜택을 부여한다. 따라서 어떤 수세관도 교회의 재산에 접근해서는 안 된다. 관리들은 우리의 아버지와 할아버지로부터 면제권을 취득한 기독교회와 성직자들에 대해서는 앞으로 어떤 조세도 징수해서는 안 된다.[22]

리부아리아 법 가운데 가장 오래된 633~639년에 속하는 것으로 추정되는 제68조 제3항에서 '왕으로부터 면제권을 부여받은 경우를

---

tus fuerit, expendatur et clereci ad adiutorium ecclesiastici operis constringantur. …".

21　*Capitularia*, no. 8의 제11조(p. 19). 이 칙령의 발표 연대를 *Capitularia*의 편찬자인 A. 보레티우스는 584~628년으로 보는 데 비해(*Capitularia*, p. 18), F. L. 항쇼프는 584~614년으로 보고(F. L. Ganshof, "L'immunité dans la monarchie franque", *Recueils de la Société Jean Bodin* [Bruxelles, 1958], vol. I, p. 177), E. 마누-노르티에에는 614년으로 본다.(E. Magnou-Nortier, "Etude sur le privilège d'immunité", p. 472).

22　"Agraria, pascuaria vel decimas porcorum aecclesiae pro fidei nostrae devotione concedemus, ita ut actor aut decimatur in rebus ecclesiae nullus accedat. Ecclesiae vel clericis nullam requirant agentes publici functionem, qui avi vel genetoris nostri immunitatem meruerunt."

제외하고, 왕의 사자(使者)에게 숙식을 제공하지 않는 자는 60솔리두스의 벌금형에 처해진다.'고 한 규정[23] 속의 공권면제권도 이와 유사한 공적 부담의 면제 특혜를 뜻한다. 이로 미뤄 볼 때, 단순히 세금과 같은 공적 부담을 면제해 주는 로마식 공권면제권은 프랑크왕국에서 7세기 초엽 내지 중엽까지 교회기관에 부여된 것으로 짐작된다. 대체로 메로빙조 전기의 공권면제권은 사법적 측면이 아직 결여되고 경제적 측면만으로 되어 있었으며, 경제적 측면도 단순히 세금이나 부역과 같은 국가에 대한 경제적 부담을 면제받는 수준의 소극적 의미의 면제권이었다고 할 수 있을 것이다.

그러나 적어도 7세기에 들면 공권면제권이 단순히 세금 따위의 공적 부담의 면제에 그치지 않고 치안권적 수준의 사법권으로 확대되는 변화가 일어난다. 클로타르 2세의 유명한 614년 파리 칙령 가운데 제14조는 사법관(iudex publicus)들이 스스로의 보호 능력이 없는 교회들과 성직자들과 가난한 사람들의 재산을 보호하되, "평화와 질서를 유지하기 위해 선대의 군주들이 교회나 세력가들에게 부여한 공권면제권을 위반하지 않도록" 하라고 하고 있다.[24] 여기서 '평화와 질서를 유지하기 위해 공권면제권을 부여했다'는 것은 치안권적 수준의 공권면제권을 의미한다. 그런데 이런 치안권적 공권면제권은 클로타르 2세의 부친과 삼촌들이 6세기 후엽에 부여했다는 것을 볼 때, 교회와 세력가들이 치안권적 공권면제권을 614년 이전인 6세기 후엽쯤부터

---

23 "Si quis autem legatarium regis vel ad regem seu in utilitate regis pergentem in hospitio suscipere contempserit, nisi emunitas regis hoc contradixerit, sexaginta solidos culpabilis iudicetur. …".

24 "…, salva emunitate praecidentium domnorum, quod ecclesiae aut potentum vel cuicumque visi sunt indulsisse pro pace atque disciplina facienda."(*Capitularia*, no. 9[p. 22])

는 향유했던 것으로 추측된다.

그 후 664~666년경에 킬데릭 2세의 한 특허장에서는 '국왕의 어떤 사법관도 교회의 소유지에 들어가 평화금(fredus)이나 연공(年貢, sthopha) 또는 병역기피 벌금(herebannus)을 징수해서는 안 된다.'고 한다.[25] 이 특허장에서 '평화금'이라 함은 치안질서 위반에 대해 부과되는 벌금을 지칭하는 것이므로, 이 역시 일종의 치안권을 교회기관에 부여했다는 의미가 된다.

메로빙시대 후기라고 할 수 있는 7세기 후반부터는 치안권 수준의 사법권을 넘어서 영주권의 핵심을 이루는 재판권 차원의 사법권이 공권면제권에 포함되어 교회기관에 부여된다.[26] 예컨대, 650년대에 작성된 것으로 추정되는 마르쿨프의 법률서식집(Marculfi formulae) 가운데 제3번의 법률서식은 어떤 관리도 "재판을 심리하기 위해서 (면제특권 수혜자의 영지에 — 필자) 들어가서는 안 되며, 평화금을 징수하거나 숙식제공 및 보증인 징발을 요구해서는 안 되고"라고 한다.[27] 이에 바로 뒤이은 제4번의 법률서식도 이와 비슷한 골자로 되어 있다. 이것은 공권면제권이 경제적 측면의 징수·징발권과 함께 재판권을

---

25 "…, ut nullus iudex publicus ex fisco nostro in curtis ecclesiae suae, ubicumque habere dinoscitur, freda nec sthopha nec herebanno recipere nec requirere non praesumat, …."("Diplomata Merovingica", no. 28〔p. 27〕)

26 635년 르베(Rebais) 수도원에 관한 다고베르트 I세의 한 특허장("Diplomata Merovingica", no. 15)은 "…, 어떤 공권력도 재판사건을 심리하기 위해서나 어떤 것을 징수하기 위해서 거기에 개입해서는 안 된다."고 함으로써 공권면제권이 재판권 차원의 사법적 면제권과 경제적 측면의 징수면제권으로 구성됨을 보여 주지만, 근래 일부 연구자들로부터 위조된 문서로 의심을 받고 있다. A. C. Murray, "Immunity, nobility, and the Edict of Paris", p. 21 참조.

27 "… ad audiendas altercationes ingredire, aut freta de quoslibet causas exigere, nec mansiones aut paratas vel fideiussores tollere non presumatis; …."(K. Zeumer, ed., *Formulae*, "Marculfi formulae", liber I, no. 3〔pp. 43~44〕)

주요 구성내용으로 함을 보인다. 공권면제에 관한 7세기 후엽의 여러 특허장들과[28] 메로빙시대 말기인 8세기 전반의 특허장들도[29] 흔히 '어떤 관리도 재판을 심리하기 위해서나 평화금을 징수하기 위해서나 보증인을 징발하기 위해서 또는 숙식제공을 요구하기 위해서나 조세를 징수하기 위해서 면제특권 수혜자의 영지에 출입해서는 안 된다.'고 함으로써, 그 내용에 있어 이런 법률서식들과 대동소이하다. 공권면제권과 관련하여 7세기 후반 이후의 특징은 공권면제권에 이처럼 재판권이 포함되며, 특허장을 비롯하여 재판권이 포함된 공권면제권 부여에 관한 문서들이 8세기부터는 점차 많아지는 경향을 띤다는 점이다.

특히 카롤링왕조 초기인 8세기 후반에는 재판권이 포함된 공권면제권이 전에 없이 크게 증가하는 변화가 나타난다. 751년 피핀 3세의 왕위 등극으로 시작되는 카롤링조 초기 50년간 특허장을 통해 무려 60건에 이르는 많은 공권면제권이 대형 수도원들과 주교좌교회들에 부여되거나 확인되고 있는 것이다. 그 가운데 $\frac{3}{4}$가량은 카롤루스 대제가 발급한 특허장들이며, 그것도 단 2건을 제외하고는 모두 800년 이전의 것이다.[30] 따라서 카롤루스 대제는 800년 황제로 대관되기 전 32년간 매년 1건 이상의 공권면제권을 부여했던 셈이다. 8세기 후반에는 공권면제권에 관한 특허장만 급증한 것이 아니다. 그 내용에 있어서도 보다 상세하고 구체적인 경우가 제법 있다. 이를테면, 공권면제권 수

---

28 "Diplomata Merovingica", no, 31(673년), 40(662년), 55(683년), 58691년), 63(692년), 69(696년); *Chartes de Stavelot-Malmedy*, no. 11(681년) 참조.

29 예컨대, "Diplomata Merovingica", no. 72(700년), 74(705년), 80(711~715년), 81(716년), 90(718년), 91(721년), 95~97(각각 727년, 743년, 744년); *MGH, Diplomata*, tomus I, "Diplomata maiorum domus e stirpe Arnulforum", no. 17(741~752년) 참조.

30 이상의 이런 통계는 *MGH, Diplomatum Karolinorum*, tomus I. *Pippini, Carlomanni, Caroli Magni diplomata*를 근거로 산출한 것이다.

혜기관의 장원에 거주하는 주민에 대해 군역(軍役)이나 파수(把守) 또
는 수송이나 교량보수와 같은 부역을 면제하거나 관세를 비롯한 온갖
조세와 잡부금을 면제한다고 하는가 하면,[31] 그 주민의 공공법정 소환
이나 심문을 금지한다는 비교적 자세한 설명이 곁들여지기도 한다.[32]

8세기 후반의 공권면제권과 관련하여 또 하나 주목되는 사실은
그 수혜기관이 재판권을 위시한 공권의 행사를 단순히 면제받는 데 그
치지 않고 면제받은 공권을 자신의 영지 안에서 적극적으로 행사했음
을 증언하는 자료가 더러 보인다는 점이다. 8세기 말엽의 한 칙령에
의하면[33] 이탈리아의 교회토지는 세속 관리의 사법권 행사와 주백 등
에 의한 공적·사적 부역부과가 면제되고, 특히 투탁하거나 교회기관
의 은대지를 보유한 자유인에 대해서는 교회기관이 재판권을 행사한
다. 또 고르즈 수도원에 관한 765년의 한 문서에 의하면[34] 피핀 3세 왕
의 조카인 메스의 대주교 크로데강(Chrodegang)이 이 수도원에 기증
한 대규모의 토지에는 장원마다 감옥이 설치되어 있고, 장원의 예속민
이 의무를 이행하지 않으면 이 수도원의 사법대리인(advocatus)에 의
해 감옥에 감금된 후 재판에 회부되고 처벌받으며, 벌금 미납 시에도
투옥된다.

교회토지에 대한 공권면제권의 부여와 확인은 9세기 이후 카롤링
왕조 아래서도 계속될 뿐만 아니라 그에 뒤이은 카페왕조와 작센왕조
에까지 이어진다. 그 결과, 9세기 이후 공권면제권을 부여하거나 확인
하는 왕들의 특허장이나 여타 종류의 문헌기록은 아주 많다. 그렇지

---

31   예컨대, 같은 사료, no. 66, 67, 91, 108, 173 참조.
32   예컨대, 같은 사료, no. 66, 91 참조.
33   *Capitularia*, no. 93의 제4, 5조(pp. 196~197).
34   *Cart. de Gorze*, no. 11(pp. 25~27).

만 공권면제권에 관한 이들 문헌기록의 내용은 대체로 비슷하다. 우리는 루도비쿠스 경건왕 재위 시절(814~840)의 한 법률서식에서[35] 공권면제권의 내용에 관한 이 시대의 한 전형을 볼 수 있다. 이 법률서식은 "수도원의 공권면제권(Inmunitas monasterii)"이라는 제목 아래 다음과 같이 쓰여 있다.

> 그러므로 어떤 재판관도 사법권을 가진 어떤 관리도 법적 관습에 따라 재판을 진행하고 심리하기 위해서나 평화금을 징수하기 위해서나 숙식 제공을 요구하기 위해서나 역마(驛馬)나 보증인을 징발하기 위해서나 또는 수도원의 토지에 거주하는 자유인과 노예와 같은 사람들을 부당하게 기소하기 위해서 또는 어떤 조세나 공공부역이나 불법적인 잡부금을 징수하기 위해서 어떤 때도 전술한 수도원의 교회나 장원이나 농토나 여타 소유지에 감히 들어가서 강요해서는 안 된다고 우리(왕 — 필자)는 명령한다. 그리고 우리는 전술한 수도원의 소유지에 대해 국가가 권리를 주장할 수 있는 것은 모두 영원한 보상을 기대하고 상기 수도원에 양도한다.[36]

35 K. Zeumer, ed., *Formulae*, "Formulae Imperiales e curia Ludovici Pii", no. 4(p. 290). "Formulae Imperiales e curia Ludovici Pii"라는 이 법률서식집의 보다 정확한 작성연대는 루도비쿠스 경건왕의 재위기간 중에서도 828~832년인 것으로 추정되고 있다. K. Zeumer, *Formulae*, p. 285 참조.

36 "···ergo iubemus, ut nullus iudex publicus neque quislibet ex iudiciaria potestate in ecclesias aut loca vel agros seu reliquas possessiones praedicti monasterii, ···ad causas iudiciario more audiendas atque discuciendas vel freda exigenda aut mansiones vel paratas faciendas seu paravereda aut fideiussores tollendos nec homines ipsius monaterii, tam ingenuos quam et servos, qui super terram ipsius residere videntur, iniuste distringendos nec ullas redibitiones aut publicas functiones vel illicitas occasiones requirendas ullo unquam tempore ingredi audeat, vel ea, quae supra memorata sunt, penitus exactare praesumat. Et quidquid de rebus prefati monasterii fiscus sperare poterat, totum nos pro aeterna remuneratione praedicto

이 법률서식에 의하면 공권면제권은 여행 중인 관리와 군인에 대한 숙식제공이나 역마와 보증인의 제공 또는 조세나 각종 잡부금의 납부와 같은 공적 부담 및 의무의 면제 특혜와, 재판권이나 공소권 또는 평화금으로 표현되는 치안권 등과 같은 사법권 행사의 면제 특혜로 구성되어 있다. 공권면제권을 부여하는 특허장 작성의 모범적 사례를 제시하는 9세기 초반의 법률서식에서 공권면제권이 이렇게 구성되어 있었다는 것은 경제적 측면의 징수·징발권과 이를 실현시키는 권력적 측면의 사법권으로 구성된 넓은 의미의 영주권이 이 시기에 교회토지에서 널리 성립했을 것임을 시사한다. 공권면제권의 이런 구성은 카롤링조 초기나 메로빙조 후기의 면제권 구성과 기본적으로 같다고 할 수 있다. 그러나 8세기 후반부터 나타나는 공권면제 항목의 점진적 증가현상은, 위의 인용문에서 역마 징발권이나 공소 제기권과 같은 공권의 면제를 언급하는 데서도 보듯이 9세기 이후에도 지속된다. 공권면제권에 관한 9세기 이후의 일부 문헌기록에 의하면 경제적 측면의 공권면제권에는 위에 인용된 법률서식에서 보는 부담 외에 국세, 관세, 군역세, 연공(年貢), 왕궁과 성채의 건축 및 보수 부역, 수송부역 등 국가가 신민과 신민의 재산에 대해 부과하는 현물이나 현금 또는 부역 형태의 각종 모든 부담의 면제가 포함되기도 한다.[37] 면제 특권의 이런 세부항목 증가 경향은 곧 영주권이 시간이 갈수록 점차 확대되고 강화되고 있었음을 뜻하는 것이라고 하겠다.

그렇지만 위에 인용된 법률서식에서 볼 수 있는 무엇보다 중요한 사실은 이 법률서식의 말미에서 국가가 공권면제권의 수혜기관에 대

---

monasterio concedimus, ⋯.", K. Zeumer, ed., *Formulae*, pp. 290~291. 같은 사료, pp. 294~295, 306~307도 그 내용이 이와 유사하다.

37   필자의 논문,「고전장원제에서의 영주권과 농민」, 286~287쪽 참조.

한 모든 권리 주장을 단순히 포기한다고 하지 않고 '해당 수도원의 재산에 대해 국가가 주장할 수 있는 모든 권리를 그 수도원에 양도한다(concedo).'고 한 것이다. 이 기록은 9세기 이후의 전형적인 공권면제권은 특허장에 명시된 권리들을 그 수혜자가 단지 면제받는 데 그치지 않고 적극적으로 행사하는 수준에까지 이르렀음을 보인다. 실제로 우리는 수도원과 주교좌교회의 영지명세장들을 비롯한 9세기 초두 이후의 문헌들에서 조세, 부역 등의 징수·징발권과 사법권으로 구성되는 영주권이 교회기관의 대소유지들에서 형성되어 있었음을 쉽게 확인할 수 있다. 영주권이 성립해 있었다는 증거는 고전장원제 아래서 영주가 농민에게 부과하여 징수하는 세(稅)와 같은 농민부담에 잘 나타나 있다. 영지명세장을 비롯한 고전장원제 시대의 문헌들에 의하면 교회기관의 영지에서 영주는 농민보유지를 보유한 장원농민들로부터 영주직영지에 대한 경작부역을 비롯한 각종 부역을 징발할 뿐만 아니라, 농지세를 비롯한 각종 토지세와 상속세·인두세·결혼세와 같은 여러 신분세 그리고 군역세·재판세·도로유지세와 같은 각종 잡세를 징수하고 있다.[38] 각종 세와 일부 부역은 원래 로마제국이나 프랑크왕국과 같은 국가공권 당국이 신민들로부터 징수·징발했던 것이지만, 고전장원제가 성립한 9세기 이후에는 대토지를 고전장원제적으로 조직하여 경영하는 영주들이 부과하여 수취하고 있는 것이다. 이런 현상은 영주가 국가 공권력을 개인적으로 점유하여 농민을 지배하는 권력으로써 행사하고 있었음을 뜻한다. 특히 재판세는 영주나 그의 사법대리인이 영지 내의 주민에 대해 재판권을 행사하는 데서 기인하는 세이기 때문에, 영주가 영지 내의 주민에 대해 재판권을 비롯한 사법권을

38　필자의 논문, 「고전장원제 하의 농민의 의무와 부담」, 『백현 나종일 박사 정년기념 논총』(교학사, 1992), 20~41쪽 참조.

행사하고 있었다는 중요한 증거가 된다. 군역세나 도로유지세도 영주가 군사적 · 행정적 부문의 공권을 행사하고 있었다는 증표가 된다. 한편 상속세나 인두세, 결혼세, 통행세 등은 영주와 농민 사이에 인신적 지배-예속관계가 성립해 있었음을 상징하는 신분규정이다. 이와 같은 교회기관 영지의 영주권은 주로 왕정 당국에 의한 공권면제 특권의 부여를 통해 형성되었을 것임은 말할 것도 없다.

그렇지만 공권면제권에 관한 카롤링조 후반 이후의 문헌기록들 중 다수는 기존의 공권면제권을 후임 왕들이 확인하는 것들이다. 따라서 재판권을 비롯한 공권면제 특권에 포함된 여러 공권을 영주가 사적으로 점유하여 장원농민을 지배하는 데 행사하는 영주권은 이미 9세기에 성립해 있었다고 볼 수 있다. 적어도 대형 교회기관의 영지들에서는 8세기 후반부터의 집중적인 공권면제권 부여로 9세기 초 이후에는 영주권이 실질적으로 성립해 있었음이 분명하다. 9세기 초엽부터 많이 작성된 대형 수도원들의 영지명세장을 비롯한 9세기의 문헌기록들에는 재판권을 비롯하여 치안권이나 징세권 등으로 구성된 영주권이 고전장원들에서 일상적으로 행사되고 있었음이 구체적으로 나타나 있다.[39] 10세기에 이르면 일부 특허장들에서조차 공권면제권이 부여된 기관장이나 그 대리인은 특허장에 기록된 재판권 등의 면제권들을 영지 내에서 행사한다고 명기되어 있기도 하다.[40]

위에서 보듯이 프랑크왕국이 건설된 후 왕정 당국이 교회기관에 부여한 공권면제권은 7세기에 큰 변화를 보이기 시작한다. 7세기 초

---

39   9세기 초에 성립하는 고전장원제에서 영주권이 재판권, 치안권, 행정권 등 여러 가지 면에서 형성되어 행사되었다는 자세한 논의에 대해서는 필자의 논문, 「고전장원제에서의 영주권과 농민」, 277~334쪽 참조.

40   *MGH, Diplomata Regum et Imperatorum Germaniae* (이하 *DRIG*로 줄여씀), *Conradi I, Heinrici I et Ottonis I diplomata* (Hannover: Hahn, 1879~1884; 재인쇄:

엽이나 중엽 또는 그 이전 6세기 말엽 무렵에는 공권면제권이 단순히
국가에 대한 세금이나 부역의 면제에 국한되지 않고 치안권이 포함된
다. 7세기 후반부터는 영주권의 핵심을 이루는 재판권이 부여되며, 재
판권이 포함된 공권면제권을 부여하는 특허장이 크게 증가한다. 8세
기에 이르면 재판권이 공권면제권에 거의 예외 없이 수반되며, 8세기
후반에는 카롤루스 대제에 의한 공권면제권 부여와 확인이 급증하고
교회토지에서 영주가 재판권을 행사했다는 기록이 더러 나타난다.[41]
9세기 이후에는 재판권을 비롯한 공권면제 특권에 명시된 여러 권한
을 그 수혜자가 소유지 안에서 적극 행사했음을 확실히 하는 문서들
이 아주 많아진다. 그렇지만 카롤링조 후기 이후의 공권면제권 관련
문서들의 다수는 그 이전의 공권면제권을 재확인하는 것들이다. 그러
므로 공권면제권에서 유래하는 영주권이 교회토지에서 이미 9세기에
성립했다고 볼 수 있다. 특히 대다수의 대규모 교회영지들은 8세기 후
반의 집중적인 공권면제권 부여로 9세기에 들면 영주권이 확립되었음
이 분명하다.

　　교회기관 소유의 토지에서 영주권의 토대를 형성한 공권면제권
중심의 이와 같은 변화는 고전장원제라는 봉건적 토지소유의 형성과
는 어떤 관계가 있을까? 앞의 제III장 제2절에서 본 바와 같이, 일반적

München, 1980) 중 *Ottonis I diplomata*, no. 86 및 *MGH, DRIG, Ottonis II. diploma-ta* (Hannover: Hahn, 1888; 재인쇄: München, 1980), no. 49, 69, 81, 222 등 참조.

41　국왕이 공권면제권 수여를 통해 양도한 권력이 절대적이고 완전한 것이었는지 아니면
　　제한적이었는지에 대해서는 연구자들 사이에 논란이 많다. 특히 영주권의 핵심을 이루
　　는 재판권의 수준이 하급 재판권인지 상급 재판권인지에 관한 논란이 심하며, 사실상 그
　　내용에 관해서는 잘 모르고 있다. 공권면제권에 포함된 재판권의 내용에 관한 기록이
　　거의 없기 때문이다. 양도된 권력의 수준 문제에 관해서는 P. Fouracre, "Eternal light
　　and earthly needs", pp. 60~68; B. H. Rosenwein, *Negotiating Space*, pp. 7, 16; F. L.
　　Ganshof, "L'immunité", pp. 208~209 참조.

으로 고전장원제는 그 기본구조를 이루는 특징적 요소들이 7세기나 그 이전에 부분적으로 생겨나고 결합되었을 가능성이 있으며, 8세기 초반에 그 기본골조가 형성되고 그 후반에 확산되는 과정을 거쳐, 루아르 강과 라인 강을 중심으로 한 프랑크왕국의 주요 지역에서는 9세기에 들어서면서 보편적으로 성립되고 확립되었다. 따라서 교회기관의 영지에서 영주권의 형성추이는 대체로 이와 같은 고전장원제의 성립과정과 일치한다고 볼 수 있다.

특히 프랑크왕국에 정복되어 왕정 당국의 주도로 8세기 초반에 편찬된 알레만 법과 바바리아 법에서 교회기관의 영지 조직과 그 경영에 관해 기록하고 있는 바는 교회토지에서 생산관계의 발전과 영주권의 형성이 어떤 관계에 있었는지를 잘 보여 준다. 710~720년경에 편찬된 알레만족의 부족법인 알레만 법 제XXIII조 제1항에는 앞에서 본 것처럼 "콜로누스라고 불리는 교회의 자유인은 국왕의 콜로누스와 마찬가지로 교회에 대해 모든 것을 이행해야 한다."고 한다. 그렇지만 이 알레만 법에는 왕령지의 콜로누스들이 어떤 의무를 수행했는지에 관해서 아무런 언급이 없다. 그러나 그 조금 뒤인 740년대에 집성된 바바리아족의 바바리아 법 제I조 제13항에 비교적 자세하게 기록된 바에 의하면 교회기관의 영지에 소속된 콜로누스는 영주직영지에 대해 "영지관리인의 사정(查定)에 따라(secundum estimationem iudicis)" 여러 가지 경작부역과 잡역 및 공납의 의무를 이행해야 한다. 또 800년쯤에 카롤루스 대제가 반포한 "Capitulum in pago cenomannico datum"이라는 제목의 칙령과[42] "Capitulare de vllis"라는 제목의 칙령에[42] 의하면, 왕령지와 교회토지의 농민들은 농민보유지를 보유하고 영주직영지에

---

42   같은 사료 no. 32(pp. 82~90).
43   *Capitularia*, no. 31(pp. 81~82).

대해 경작부역을 비롯한 부역노동을 수행한다. 이로 봐서 알레만 법에 기록되어 있는 교회토지의 콜로누스들도 틀림없이 고전장원제적 장원구조 속에서 지주직영지에서 경작부역을 수행했다고 하겠다.[44] 그런데 지주직영지에 대해 경작부역을 수행하는 이들 콜로누스는 이 글에서 '영지관리인'이라고 번역해 쓰고 있는 재판관이라는 뜻의 'iudex'의 감독과 통제를 받고 있다. 알레만 법 제XXIII조 제2항에는 "만약 어떤 사람이 정당한 소작료(tributum)를 거부하면, 영지관리인(iudex)의 명령으로 6솔리두스의 벌금형에 처해진다."고 기록되어 있다.[45] 전술한 바바리아 법 제I조 제13항에서도 경작부역을 비롯한 콜로누스들의 의무는 재판권을 가진 'iudex'의 조사를 통해 정해진다. 이 영지관리인은 재판권을 행사하면서 영지를 관리·경영하고 있는 것이다.

　7세기 후반부터 장원농민에 대한 영주 권력의 핵심을 이루는 재판권이 공권면제권에 포함되고 8세기에는 재판권이 공권면제권에 거의 언제나 수반되는 것 같은 현상은 이와 같이 8세기 초반 무렵에 고전장원제적 영지구조가 형성되고 소작농민들의 지대가 부역노동 형태의 노동지대로 된 것과 관련이 있는 것으로 보인다. 8세기 후반에 카롤루스 대제가 교회기관들에 공권면제권을 빈번하게 부여하고 확인한 것은, 그가 로마제정 후기 이후 진행된 봉건화의 대세 속에서 교속(敎俗)의 유력자들의 충성과 군사봉사를 확보하여 왕권을 강화하기 위한 대책의 일환이었다고 생각된다. 그는 그런 목적을 달성하기 위해 국왕을 중심으로 전국적인 봉건적 주종관계의 결성을 추진하는 한편[46] 유

44　알레만 법에서 교회토지의 콜로누스들이 지주직영지에 대해 경작부역을 수행했을 것임에 대한 자세한 논의로는 앞의 제III장 제2절 참조.

45　"Si quis legitime tributum antesteterit per iussionem iudicis sui, 6 solidi sit culpavilis."

력자들에게 많은 토지의 수여와 더불어 대토지의 경영을 가능케 하는
공권을 수여하거나 공권의 사점화를 묵인함으로써, 서유럽 봉건제의
기초를 확립하고자 했다고 할 수 있다.[47]

4. 중세 초기 왕령지와 세속토지 및 부자유 신분층에서의
   영주권 형성

중세 초기 서유럽 곳곳에 대규모로 분포했던 프랑크왕국의 거대한 왕
령지는 로마제국으로부터 물려받은 황제영지를 토대로 하고 기타 로
마사회의 교회토지와 소유주가 없는 토지를 흡수하여 형성된 것이다.
그 후 계속된 정복활동과 법령위반자의 토지몰수 등으로 왕령지는 더
욱 확대되었다. 그렇지만 왕실은 왕령지의 상당 부분을 교회기관이나
세속의 신하들에게 하사했기 때문에 왕령지가 늘어나기만 한 것은 아
니었다. 원래 로마제국의 황제영지는 정부에 대한 세금과 부역이 면
제되고 'procurator'라는 관리인이 독자적 사법권을 행사하는 특별한
지위의 토지였다. 이런 황제영지를 인수한 프랑크왕국의 왕령지는 처
음부터 공권면제권이 적용되는 토지였다. 교회기관의 토지에 대해서
는 메로빙왕조와 카롤링왕조가 공권면제 특권을 부여하거나 확인하는

---

46 필자의 논문, 「서유럽의 봉건적 주종관계 형성(2) ―카롤링왕조와 봉건적 주종관계의
    제도적 성립―」, 『역사교육』, 116(2010. 12), 273~312쪽 참조.
47 카롤루스 대제를 비롯한 카롤링조 왕들의 이런 정책에 대해서는 K. Verhein, "Studien
    zu den Quellen zum Reichsgut der Karolingerzeit", *Deutsches Archiv für Erfors-
    chung des Mittelalters*, 10(1954), pp. 381~383; A. Verhulst, "Karolingische Agrar-
    politik. Das Capitulare de villis und die Hungersnöte von 792/793 und 805/806",
    Zeitschrift für Agrargeschichte und Agrarsoziologie, 13(1965), pp. 176~177, 180
    참조.

문서들이 많으면서도, 왕령지의 공권면제에 관한 문서를 찾아보기 힘든 것은 왕령지가 이처럼 애초부터 공권면제 특혜지였기 때문일 것이다.[48] 왕령지의 공권면제에 관한 문헌기록이 드문 까닭에 프랑크왕국에서 왕령지의 생산관계와 경제외적 강제가 어떻게 변천해 갔는지를 알기는 어렵다. 특히 메로빙시대가 그렇다. 그러나 메로빙시대 말엽인 8세기 초반 이후에는 왕령지의 생산관계와 경제외적 강제가 어떠했는지를 대략이나마 파악할 수 있는 약간의 자료가 남아 있다.

그것은 다름이 아니라 앞에서도 본 알레만 법과 바바리아 법의 기록이다. 알레만 법 제XXIII조 제1항에는 "콜로누스라고 불리는 교회의 자유인은 국왕의 콜로누스와 마찬가지로 교회에 대해 모든 것을 이행해야 한다."고 하고, 제2항에는 "만약 어떤 사람이 정당한 지대를 거부하면, 영지관리인(iudex)의 명령으로 6솔리두스의 벌금형에 처해진다."고 되어 있다. 이 알레만 법에는 왕령지의 콜로누스들이 어떤 의무를 수행했는지에 관한 언급이 없지만, 바바리아 법 제I조 제13항에 의하면 교회기관의 영지에 소속된 콜로누스는 지주에 대해 "영지관리인(iudex)의 사정에 따라" 여러 가지 경작부역과 잡역 및 공납의 의무를 진다. 따라서 우리는 교회기관의 영지처럼 왕령지도 지주직영지와 콜로누스 보유지들로 구성되고 지주직영지는 이들 콜로누스의 부역노동으로 경작되었다고 볼 수 있을 것이다. 그리고 알레만 법과 바바리아 법 모두에 기록되어 있는 교회기관의 영지관리인(iudex)이 왕령지에도 존재했을 가능성이 있다고 할 수 있다. 실제로 로마제국에서부터

---

48 비록 아주 뒤의 문서이기는 하지만 864년의 한 칙령에서는 "공권면제를 받고 있는 왕령지의 장원들과 수도원의 장원들(⋯ villae nostrae indominicatae, sed et villae de monasreriis, ⋯, quae sub immunitate consistunt, ⋯.)"이라고 하여, 왕령지가 으레 공권을 면제받고 있는 것으로 나타난다. *Capitularia*, no. 273 "Edictum Pistense", 제5조 (p. 313).

황제영지의 관리인은 사법권을 보유하고 있었고, 다음에서 보게 되듯이 카롤링왕조의 왕령지에는 사법권을 행사하는 'iudex'라는 영지관리인이 존재했다. 그러므로 콜로누스의 부역노동을 비롯한 의무이행에 사법권 형태의 경제외적 강제가 행사되었음은 'iudex'의 존재로 확인된다고 할 수 있다.

9세기 초가 되면 왕령지의 생산관계와 경제외적 강제의 내용을 보다 잘 알 수 있는 문헌기록들이 좀 더 나타난다. 특히 장원관리령이라고 할 수 있는 800년경의 "Capitulare de villis"라는 칙령은[49] 카롤링조 왕령지의 경영에 대한 연구에 있어 매우 소중한 사료다. 이 칙령을 중심으로 카롤링시대의 문서들을 분석해 보면, 9세기 초의 왕령지는 지역별로 영주직영지와 농민보유지들로 나뉘고 영주직영지는 농민보유지 보유자들의 부역노동으로 경작되는 고전장원들로 조직되어 경영되었으며 상당한 수준의 경제외적 강제가 행사되고 있었음을 알 수 있다.[50] 왕령지에서 지역별 경영 책임자는 재판권을 행사하는 'iudex'라고 불렸다. 이 영지관리인은 그 휘하에 'decanus'라는 치안관을 두어 치안권을 행사했으며, 하급 관리인들을 지휘하여 군사활동을 전개하기도 했다.[51] 영지관리인의 이와 같은 권한행사와 활동은 왕령지 내의 장원농민에 대한 경제외적 강제가 사법권과 무력 등으로 구성된 공권적 성격을 띠었음을 의미하는 것이다. 이런 경제외적 강제의 행사목표는 무엇보다도 '장원농민들이 그들이 맡은 일을 잘 수행하도록, 그

---

49   *Capitularia*, no. 32(pp. 82~91).
50   필자의 논문, 「카롤링조 왕령지의 경영조직」, 533~556쪽 참조.
51   'iudex'가 군사출정 등의 업무수행 과정에서 하급 관리인들에게 명령한 바가 이행되지 않는 경우에는('Et si iudex in exercitu aut in wacta seu in ambasiato vel aliubi fueritet iunioribus eius aliquid ordinatum fuerit et non conpleverint, ⋯.')라고 하는 "Capitulare de villis", 제16조의 기록 참조.

리고 시장에 가 일할 시간을 허비하지 않도록 감독하는 것'이었다.[52] "Capitulare de villis"라는 칙령에는 영지관리인의 여러 임무가 명시되어 있다. 그중 가장 중요한 것은 영주직영지에서 장원농민들의 경작부역을 비롯한 부역노동 수행을 감독하고, 이 칙령의 제56조에서 "각 영지관리인은 자신의 관할 영지에서 종종 재판정을 열어 법을 집행하고 왕령지의 장원농민들이 적법한 생활을 하도록 감독해야 한다."라고 하듯이[53] 이를 위해 필요하면 재판권을 행사하는 것이었다.

지금까지 본 바와 같이 7세기 말 무렵까지는 프랑크왕국에서 왕령지의 생산관계와 경제외적 강제가 어떠했는지 알기 어렵다. 그러나 8세기 초반에 이르면 교회토지와 마찬가지로 왕령지가 고전장원제로 조직되어 콜로누스들의 부역노동으로 경작되었음이 파악된다. 그리고 앞의 제III장 제3절에서 살펴본 바와 같이 6세기 중엽과 7세기 초엽의 교회영지에서 일부 지대가 노동지대로 바뀌는 등의 변화로 미뤄 볼 때, 700년을 전후해서 콜로누스의 지배적 지대가 노동의 형태를 띠는 큰 변화가 일어났던 것으로 짐작된다. 따라서 교회영지에서와 마찬가지로 왕령지에서도 이와 같은 변화과정을 겪었다고 봐도 좋을 것이다. 고전적 형태의 장원들에서 행사되었을 경제외적 강제와 관련해서는 8세기 초반의 문헌기록들에서 사법권을 가진 'iudex'라는 영지관리인이 왕령지에 존재했을 가능성이 시사되고 있다. 그렇지만 경제외적 강제의 구체적 내용이 분명하게 드러나는 것은 9세기가 시작될 무렵이

52　"Ut unusquisque iudex praevideat, quatenus familia nostra ad eorum opus bene laboret et per mercata vacando non eat."("Capitulare de villis", 제54조) 이런 조항 외에, 이와 비슷하게 직영지의 각종 토지에서 장원농민이 농사일을 부지런히 잘 수행하도록 감독하라는 이 칙령의 제5, 8, 37, 48조도 참조.

53　"Ut unusque iudex in eorum ministerio frequentius audientias teneat et iustitiam faciat et praevideat qualiter recte familiae nostrae vivant"

다. 이 시점에는 왕령지가 고전장원제로 조직되어 경영되고, 영지관리
인이 재판권과 치안권 등 사법권을 근간으로 한 공권적 성격의 경제외
적 강제를 행사했음이 명확해진다. 따라서 9세기 초에는 왕령지의 고
전장원들에서 영주권이 확립되었다고 봐도 좋을 것이다.

다음으로 세속사회 일반의 대소유지에서 영주권이 어떻게 형성되
었는지 추적해 보자. 고대사회에서 대토지소유제는 비단 로마제정 후
기사회에만 발달한 것은 아니었다. 민족대이동 직전의 게르만족 사회
도 대토지소유제가 어느 정도는 발전하고 있었다. 앞에서 보았듯이 기
원후 1세기 말에 벌써 소작노예 및 해방노예와 그들의 주인 사이에는
지주와 소작인으로서의 관계가 존재했다. 그 후 게르만사회는 민족대
이동이 있기 전까지 내부적으로는 생산력이 발전하고, 대외적으로는
대토지소유제가 발달한 로마사회와의 접촉이 잦아짐에 따라, 사적 토
지소유제와 토지의 집중이 상당한 정도로 진행되었다.[54] 이런 상태에
있던 게르만족이 서로마제국 지역을 점령한 후 로마인들로부터 대규
모의 토지를 할양받았던 것이다. 게다가 앞의 제II장 제2절에서 보았
듯이, 할양받은 토지는 권세가 있고 부유한 자들에게 큰 몫의 토지를
분배하는 등 게르만인들 사이에 불평등하게 분배되었다. 할양의 결과
로 게르만인들 사이에서도 로마인사회 못지않게 대토지소유제가 발달
하게 되었다.

게르만족이 토지를 할양받고 서유럽 각지에 그들의 왕국들을 건
설한 이후 중세 초기의 많은 문헌자료에서 흔히 '세력가들(potentes)'
로 기록되곤 한 세속의 대토지소유자들의 토지는 더욱 확대되었다. 그
들 중 일부는 교회기관으로부터도 은대지와 같은 방식으로 많은 토지

---

54 민족대이동 전 게르만족 사회의 토지소유 격차에 관한 보다 자세한 논의에 대해서는 앞
    의 제II장 제2절 참조.

를 양도받았으며, 왕의 측근이나 고위 관리의 경우에는 국왕으로부터
도 많은 토지를 하사받았다. 그러나 세력가들의 토지가 확대된 가장
큰 원천은 거의 중세 초기 내내 무법과 폭력이 난무하는 혼란상황 속
에서 그들이 게르만족의 대이동을 계기로 증가한 자유로운 신분의 중
소농민들과 사회적 약자들로부터 탈취나 다름없는 방법으로 토지를
축적한 것이었다. 그들은 권세를 이용하여 힘없는 서민들의 토지를 노
골적으로 빼앗거나 기만과 술수로 기증받거나 또는 값싸게 매입했다.

　　토지의 확대는 이를 경작할 많은 노동력을 필요로 하므로, 세력
가들은 토지의 축적뿐만 아니라 노동력 확보를 위해서도 수단과 방법
을 가리지 않았다. 토지 축적과 노동력 확보의 대표적인 방법은 앞의
제Ⅲ장 제3절에서 본 바와 같이 프레카리아와 투탁이라는 제도였다.
프레카리아는 일반 농민이 자신이 가진 전체 토지의 소유권을 세력가
에게 완전히 양도하고 일정액의 화폐나 현물을 바치면서 일생 동안 경
작하다가 예속적인 소작농으로 전락하는 제도였다. 이 제도는 수증자
에 대한 기증자의 지대가 부역노동 형태의 노동지대인 경우가 가끔 있
기는 했지만, 주로 일반 농민으로부터 토지를 빼앗는 수단으로 이용되
었다. 세력가의 '보호(mundeburdis, defensio)'에 의탁한다는 의미의
투탁은 자유농민을 사실상 부역노동을 수행하는 예속민으로 전락시키
는 제도였다. 이와 같은 프레카리아와 투탁은 중세 초기의 문헌기록에
서 무수히 볼 수 있는 현상이다.

　　이처럼 중세 초기에 대토지소유제가 확립되고 고전장원제적 대토
지 경영에 필요한 부역노동이 확보될 수 있었지만, 예속농민의 부역노
동 수행을 담보하는 세속 지주들의 경제외적 강제가 어떻게 형성되어
갔는지를 알려 주는 중세 초기의 문헌기록은 드물다. 경제외적 강제의
형성과정과 내용에 관한 사료는 교회기관에 비하면 비교도 안 될 만큼

적다. 거의 없다시피 하다. 이것은 수도원과 같은 교회기관은 성경을
읽고 설교를 하는 등 어느 정도 지적활동과 교육이 이루어져서 기록
을 남긴 데 비해 중세 초기의 세속 세력가들은 읽고 쓰는 것과는 거리
가 먼 생활을 했기 때문일 수 있다. 카롤링시대의 영지명세장들만 해
도 거의 모두가 대형 수도원들이 작성한 것이고, 세속 영주층에서 작
성한 영지명세장은 없는 것이 그 증거라고 하겠다. 또 이것은 로마제
국 몰락 이후 카롤루스 대제의 르네상스 덕분에 문헌생산이 비교적 많
아지는 9세기가 되기 이전까지의 게르만왕국시대에는 문헌사료가 매
우 적었기 때문이기도 할 것이다. 전술한 세속 세력가의 대토지 축적
과 부역노동 확보 노력에 관한 문헌사료도 사실은 그 다수가 9세기 이
후의 것이다. 그러나 9세기 이전 문헌기록이 적은 것은 비단 세속 세
력가의 영주권 형성에 국한된 현상만은 아니다. 거의 모든 문헌기록이
중세 초로 갈수록 적은 실정이다. 그러므로 세속 세력가의 영주권 형
성에 관한 문헌기록이 적은 가장 큰 원인은 다른 데 있다고 봐야 할 것
이다. 그것은 무엇보다 세속 세력가들이 자신들의 권세를 이용하여 공
권력을 암암리에 잠식한 때문이라고 추측된다.

민족대이동 후의 게르만왕국들에서 예속농민에 대한 세속 세력
가의 경제외적 강제가 어떠했는지는 부르군트 법과 메로빙왕조의 한
칙령에서 약간 엿볼 수 있을 뿐이다. 6세기 초에 편찬된 부르군트 법
에 의하면 콜로누스가 법령을 위반한 경우에는 구타당하는 형벌을 받
고,[55] 앞에서 보았듯이 콜로누스가 타 영지로 도망간 경우에는 원래의
영지로 송환되어야 한다. 물론 콜로누스에 대한 체형의 집행과 도피한
콜로누스의 강제송환 조치는 주로 공권당국이 취했을 것이다. 그러나

55   "Lex Gundobada", 제XXXVIII조 제7항(p. 548) 및 제XXXIX조 제3항(p. 548).

그렇다고 하더라도 콜로누스의 이런 열악한 처지로 볼 때, 그에 대한 지주의 권력은 로마제정 후기와 비슷하게 컸으리라고 짐작된다.

그 후 메로빙왕국에서는 클로타르 2세의 파리 칙령이 예속민에 대한 세속 세력가의 권력이 상당했을 것임을 암시한다. 앞에서 보았듯이, 이 칙령의 제14조는 '평화와 질서를 유지하기 위해 선대의 군주들이 교회나 세력가들에게 공권면제권을 부여했다.'고 한다. 이것은 메로빙조의 왕들이 7세기 초엽이나 6세기 후엽에 교회기관뿐만 아니라 세속의 세력가들에게도 치안권 차원의 공권면제권(emunitas)을 부여했음을 확인시켜 준다. 물론 교회기관과 세력가에 대한 치안권 부여는 A. C. 머리가 주장하듯이 당시 횡행하던 도둑떼를 단속하기 위한 것이었겠지만,[56] 예속농민을 통제하는 데도 이용되었을 가능성은 충분히 있다. 세속의 세력가들에게 '공권면제권'이 부여되었다는 이 기록은 9세기 이전의 중세사회에서는 좀처럼 찾아보기 어려운 이례적인 일이다. 또 이 칙령의 제12조는 주백(comes)을 지칭함이 틀림없는 '사법관이 타 지역 출신으로 임명되어서는 안 된다.'고 하며,[57] 제19조는 '주교들이나 세력가들은 타 지방 출신을 사법관이나 순찰사로 임명해서는 안 된다.'고 한다.[58] 이들 두 조문은 주교와 세속의 세력가가 자신의 거주 지역에서 사법권을 가진 지방의 고위 관리를 임명할 정도로 권세가 컸음을 보여 준다. 이처럼 세력가들이 치안권 차원의 공권면제권을 향유하고 사법관을 임명하는 권한을 행사한 것으로 미뤄볼 때, 이들은 7세기 초엽에 소유지 내의 예속민에 대해서 치안권 수준의 사법권을

56   A. C. Murray, "Immunity, nobility, and the Edict of Paris", pp. 31~33 참조.
57   "Et nullus iudex de aliis provinciis aut regionibus in alia locis ordinetur."(p. 22)
58   "Episcopi vero vel potentes, qui in alias possedent regionis, iudicis vel missus discursoris de alias provincias non instituant, nisi de loco, qui iusticia percipiant de aliis reddant."(p. 23)

행사했던 것으로 짐작된다. 이와 같은 지방권력은 게르만족 사회의 가장권이 확대된 결과라는 게르마니스트들의 주장과 로마사회의 지주권력의 존속을 의미한다는 로마니스트들의 주장이 대립해 왔지만, 앞에서 검토한 바로는 이런 권력은 로마사회의 지주권력이 주축이 되어 형성되었을 가능성이 커 보인다.[59]

이후 9세기까지는 세속 영지에서 콜로누스나 자유인 출신의 예속민에 대한 지주의 경제외적 강제를 직접 언급하는 사료를 필자로서는 찾아볼 수 없었다. 세속 영지의 영주권은 9세기 이후에 갑자기 성립한 것처럼 나타난다. 이렇게 7세기 초엽과 9세기 사이에 세속 대토지소유자의 경제외적 강제에 관한 기록이 찾아보기 힘든 것은 콜로누스에 대한 지주의 경제외적 강제가 약화되어 사라져 버렸기 때문일까? 그러나 도망간 콜로누스에 대한 강제송환 규정만 하더라도 9세기 초 카롤링왕조의 한 칙령에[60] 그대로 남아 전하는 것을 보면 그럴 리가 없다. 로마제정 후기의 강제송환 법령이 카롤링시대까지 오랫동안 끈질기게 존속했다는 것은 콜로누스에 대한 지주의 경제외적 강제가 적어도 로마시대 수준으로 이 기간에 지속되고 있었음을 뜻한다. 그런데 9세기의 영주권은 로마시대와는 비교가 되지 않을 정도로 재판권을 비롯하여 여러 가지 구성요소를 갖추고 강력한 편이다. 그렇기 때문에 우리는 7세기 초엽부터 9세기 초엽 사이에 지주의 경제외적 강제가 로마시대 수준으로 유지되다가 어느 시점에선가 더욱 강화되는 변화가 일어났다고 볼 수 있을 것이다.

비록 이 기간에 세속 대소유지의 영주권 형성에 관한 직접적인 기록이 없다고 할지라도, 이 기간에 일어난 변화를 짐작조차 할 수 없

---

59   이 제IV장 제2절의 마지막 각주 참조.
60   *Capitularia*, no. 56의 제4조(p. 143) 참조.

는 것은 아니다. 이 논문에서 중세 초기의 영주권 형성을 교회토지와 왕령지 및 세속토지로 구분하여 고찰하고 있으나, 이것은 각 소유지가 가진 특별한 조건으로 인해서 영주권 형성의 계기가 다르기 때문이지 생산관계나 영주권의 본질이 상이하기 때문이 아니다. 프랑크왕국의 왕령지나 교회토지의 콜로누스만 하더라도 그 원천은 로마사회에서 일반적으로 형성된 콜로누스들이 아닌가. 지대나 경제외적 강제는 콜로누스가 속한 영지의 범주에 따라 그 변화의 계기나 시간에 차이가 있을 수 있지만, 대체로 같은 시대, 같은 사회구조 안에서는 비슷한 변화과정을 거쳤다고 볼 수 있다. 더욱이 중세 초기에 왕령지의 토지는 교회기관이나 세속 귀족층에 많이 하사되었고, 세속의 세력가들은 교회기관에 많은 토지를 기부하는가 하면 교회기관의 토지를 은대지 형태로 많이 보유하기도 했다. 또한 중세 초기의 수많은 특허장들과 토지양도 증서들은 이런 대토지소유자들 사이에 토지의 교환과 매매가 빈번히 이루어졌음을 보여 준다. 상호간의 이와 같은 토지거래 결과, 중세 초기에 대소유지의 생산관계와 경제외적 강제는 왕령지에서고 교회소유지에서고 세속소유지에서고 비슷했다고 하겠다. 실제로 카롤링조 왕령지의 경영조직은 영지명세장이 많이 작성되어 잘 알려진 교회기관들의 영지조직과 같으며,[61] 파리 지역에 분포한 생제르맹데프레 수도원영지의 장원구조는 두 명의 세속귀족이 이 수도원으로부터 은대지 형태로 받아 보유한 장원들의 구조와 똑같다.[62] 어느 영지에서나 대소유지는 고전장원제로 조직되어 경영되었던 것이다. 따라서 전

---

61 필자의 논문, 「카롤링조 왕령지의 경영조직」, 533~556쪽 참조.

62 B. Guérard, ed., *Polyp. de St. Germain*, pp. 278~282에 "Fragmenta duo"라는 제목으로 첨부된 기록(이르미노 엮음, 『생제르맹데프레 수도원의 영지명세장』, pp. 565~572) 참조.

술한 8세기 초반의 알레만 법과 바바리아 법에 보이는 콜로누스를 중
심으로 한 교회영지의 생산관계와 경제외적 강제는 세속영지에서도
비슷했다고 할 수 있을 것이다. 이렇게 보면 세속의 대소유지에서도
8세기 초반에 고전상원제적 소유관계의 기본 틀이 형성되고 영지관리
인이 재판권을 비롯한 공권적 성격의 경제외적 강제를 행사하는 현상
이 나타났다고 할 수 있을 것이다.

　　마지막으로, 로마제정 후기사회와 민족대이동 전의 게르만사회에
서 토지를 보유하고 가족생활을 영위하면서도 경제외적 강제는 노예제
적인 성격을 벗어나지 못하던 외거노예나 해방노예의 운명은 중세 초
기에 어떠했으며, 그들에 대한 경제외적 강제는 어떤 변화를 겪었을까?

　　로마제정 후기에 쇠퇴하던 노예제는 프랑크왕국 건설 후 다시 확
립되어 7세기 말까지 일종의 노예제사회라고 할 수 있을 만큼 다시
발달한다.[63] 로마제국 말기의 혼란과 게르만족의 대이동으로 노예 수
가 많아졌기 때문이다. 살리 법을 비롯한 게르만 부족법들을 보면, 노
예에게서 인격성을 완전히 박탈한 노동노예제가 엄격히 실시되고 있
다. 이에 따라 로마제정 후기에 소작농민화하고 있던 외거노예나 반
자유인으로서의 해방노예의 지위는 프랑크왕국 초기에 오히려 악
화된 것으로 추측된다. 이것은 반자유인의 처지만 보아도 짐작된다.
508~511년 무렵에 편찬된 것으로 추정되는 프랑크족의 살리 법에
서 반자유인(litus) 신분의 범죄는 "노예의 살인과 약취(De homicidiis
seruorum uel expoliatis)"라는 제목 아래 노예와 함께 노예라는 범주
안에서 규정되고 있으며,[64] 반자유인여성과 결혼하는 자유인은 무거운

63　프랑크왕국이 건설되는 5세기 말엽부터 7세기 말경까지 고대에 이어 다시 노예제가 발
　　달했음에 대해서는 앞에서 거듭 인용한 바 있는 필자의 논문, 「서유럽 중세 초기 노예제
　　사회로부터 농노제로의 이행과정」, 259~268쪽 참조.

벌금형을 받았다.[65]

그러나 노예제는 그 후 급속히 와해되어 간 것으로 보인다. 이미 프랑크족의 살리 법이나 리부아리아 법과 같은 게르만왕국의 부족법에는 노예제를 유지하려는 엄격한 규정과 함께 노예의 해방에 관한 조항이 설치되어 있었다.[66] 또 프랑크왕국의 법률서식집에는 노예를 해방시키는 서식들이 수많이 제시되어 있다. 노예의 해방에 관한 규정과 서식만 많을 뿐만 아니라, 실제로도 중세 초기에 노예를 해방시키는 사례들을 제시하는 증서류나 재산기부 문서들을 많이 볼 수 있다. 그렇지만 중세 초기에 노예는 완전 자유인으로 해방되는 경우는 드물었고, 대부분이 여러 부류의 예속민으로 해방되었다. 6세기에 기원하고 630~750년간에 집성된 것으로 추정되는 리부아리아 법의 제64조와 65조에서처럼 해방노예나 소작인(tributarius)으로 해방되거나, 해방된 후 노예시절의 주인이나 세력가의 '보호'를 받는 예속민이 되었던 것이다.

중세 초기의 노예해방은 로마시대와는 색다른 면이 있었다. 리부아리아 법 제61조 제1항에 의하면 영혼구제를 받기 위해 노예를 로마법에 따라 해방하고자 하는 사람이 노예를 교회기관에 양도하면, 당시 로마법이 적용되고 있던 교회는 법에 따라 주교가 노예에게 해방장(tabula)을 써 주고 노예와 그 자손을 '자유인'으로 해방시킨다. 그러나 'tabularius'라고 불린 이 해방된 노예는 교회의 보호(tuitio) 아래 두어지며 일정한 공납(redditus)과 부역(servitium)을 교회에 제공

---

64   *Lex Salica*, 제XXXV조.
65   *Lex Salica*, 제XIII조 제10항(codd. 6 & 5).
66   *Lex Salica*, 제XXVI조 제2항, 제X조 제3항(codd. 6 & 5, Lex emend.); *Lex Ribuaria*, 제60, 61조 참조.

해야 한다. 사실상의 반자유인이라고 할 수 있는 이런 상태의 해방된
노예를 아무도 왕의 면전에서 은화의 투척을 통해 해방시켜서는 안 되
며,[67] 그에 대한 재판도 그를 노예 신분으로부터 해방시켰던 교회에서
만 개최되어야 한다. 이와 같이 중세 초기에는 노예가 해방되더라도
반(半)종속적인 예속민으로 되고 반자유인 상태에서 공납과 부역노동
을 해방자에게 제공한다는 점에서는 로마제국시대의 반자유인과 다를
것이 없다. 그렇지만 노예가 프랑크왕국의 공적 조직의 일부로서 기능
하던 주교좌교회에 양도되어 해방되고, 비록 해방 후 해방자의 직접적
인 재판권 지배를 받으면서도 공적 재판관 역할을 담당했던 주교의 재
판을[68] 받았다는 점에서는 다르다. 이것은 중세에 들어 노예가 노예주

---

67 리부아리아 법의 이 조항뿐만 아니라 살리 법 제XXVI조 제1항에서도 해방노예와 같은
   반자유인이 완전한 자유인이 되기 위해서는 왕 앞에서 주인이 은화를 던지는 의식을 거
   쳐야만 했다.
68 794년의 한 칙령에 의하면 주교는 그의 주교구 내에서 사법권을 행사했으며, 수도원장
   을 비롯한 성직자와 수도사는 물론 프랑크왕국의 고위 지방관이었던 주백도 그의 사법
   권에 복종해야 했다(*Capitularia*, no. 28, 제6조). 주교 등이 주재하는 법정은 '公法廷
   (placitus publicus)'으로 불리기도 했다(B. Guérard, ed., *Polyp. de St. Remi*, 제XVII
   장 제127항 및 *Ottonis II. diplomata*, no. 38 참조). J. Harries, *Law and Empire*, pp.
   109, 177, 191~211, 216에 따르면 일찍이 기독교를 공인한 콘스탄티누스 대제 때부터
   주교를 재판에 관여시키고 심지어 주교에게 우월적 재판권을 부여하며 주교의 재판권
   을 제국의 재판 체제에 편입시키려는 로마 황제들의 노력이 있었다. 중세 초기 주교의
   세속권력을 중심으로 한 교회의 영향력 확대에 관해서는 F. Prinz, "Herrschaftsformen
   der Kirche vom Ausgang der Spätantike bis zum Ende der Karolingerzeit. Zur Ein-
   führung ins Thema", F. Prinz, ed., *Herrschaft und Kirche. Beiträge zur Entstehung
   und Wirkungsweise episkopaler und monastischer Organisationsformen Festschrift
   Karl Bosl* (Stuttgart: Anton Hiersmann, 1988), pp. 1~21; M. Heinzelmann, "Bischof
   und Herrschaft vom spätantike Gallien bis zu den karolingischen Hausmeiern. Die
   institutionellen Grundlagen", F. Prinz, ed., *Herrschaft und Kirche*, pp. 23~82; R.
   Kaiser, "Königtum und Bischofsherrschaft im frühmittelalterlichen Neustrien", F.
   Prinz, ed., *Herrschaft und Kirche*, pp. 83~108; P. Fouracre, "Francia in the Seventh
   Century", *The New Cambridge Medieval History*, vol. I: P. Fouracre, ed., *c. 500-c.
   700* (Cambridge: Cambridge Univ. Press, 2005), pp. 381~384 참조.

개인에 의해 해방되기보다 공적 기능을 담당한 주교좌에 양도되어 해
방되고 해방된 자에 대한 재판권도 주교가 행사함으로써 해방노예에
대한 경제외적 강제가 일부 공적 성격을 띠게 되는 의미가 있다고 할
수 있다. 동시에 리부아리아 법의 이 조항은 노예가 완전 자유인으로
해방되지 못하고 다시 주교좌교회에 예속되어 공권적 성격이 짙은 경
제외적 강제 아래서 부역노동을 수행하는 봉건적 농민으로 변모해 갔
음을 보이는 것이기도 하다.

　　그러나 이후 유감스럽게도 해방노예라는 반자유인에 대한 경제외
적 강제가 어떻게 변해 갔는지 추적할 만한 문헌기록은 찾아보기 어렵
다. 그뿐만 아니라 이들 신분에 관한 여타 측면의 기록도 노예 신분에
비하면 훨씬 적다. 그것은 자유인이나 노예에 비해 그들의 숫자가 본
래 훨씬 적었던 데다 줄어들고 있었기 때문으로 짐작된다. 앞의 제Ⅱ장
제2절에서도 본 것처럼 9세기의 영지명세장들을 분석해 보면, 각기 최
초 보유자의 신분에 따라 구분된 전체 농민보유지 가운데 자유인망스
와 노예망스가 각각 80~90%와 10~20%를 차지하는 데 비해 반자유
인망스는 영지명세장들 가운데 일부에만 나타나고 그 수도 매우 적은
편이다. 결과적으로 반자유인 신분은 9세기의 고전장원들에서 자유인
망스나 노예망스 보유자들과 거의 비슷한 의무─반자유인망스의 의
무는 특히 자유인망스와 구분이 안 될 정도로 비슷하다─를 지고 똑
같은 영주권의 지배를 받고 있음을 확인할 수 있을 뿐이다.

　　중세 초기에는 외거노예의 생산관계와 그에게 행사된 경제외적
강제의 성격도 획기적으로 달라진다. 앞의 제Ⅲ장 제2절에서 본 바 있
듯이, 알레만 법 제ⅩⅩⅡ조 제3항에 의하면 교회영지의 '외거노예들은
자신의 밭과 주인의 밭에서 절반씩 경작노동을 하거나, 아니면 자신과
주인을 위해서 3일씩 일해야 한다.' 또 바바리아 법 제Ⅰ조 제13항에서

도 '교회영지의 외거노예는 주인과 자신을 위해서 1주일에 3일씩 일해야 한다.' 우리는 여기서 토지보유 외거노예의 부역노동이 무제한적이거나 자신의 생계유지를 위한 노동보다 더 크며 주인의 자의(恣意)에 좌우되어 행해지던 것이 필요노동과 잉여노동이 반반씩 법적으로 고정됨으로써 주인의 자의성에서 벗어나고 있음을 볼 수 있다. 토지보유 외거노예의 생산관계가 노예제적 관계에서 농노제적 관계로 전환되었음이 법적으로 인정되고 있는 셈이다. 법률적 견지에서도 노예가 이제 더 이상 주인의 의지와 명령에 절대 복종하는 무인격의 노예가 아니라 농업경영의 주체 역할을 담당하는 일종의 인격체로 간주되었다고 할 수 있을 것이다. 8세기 초반의 외거노예에 대한 이런 부역노동 부과 방식은 9세기의 많은 고전장원들에서 농민보유지 보유자들의 부역노동이 매주 3~4일씩 부과되어 수행되는 주부역의 선례이자 모델 역할을 했다고 평가될 수 있다. 이런 주부역은 9세기의 고전장원들에서 노예 출신들뿐만 아니라 많은 자유인 출신들도 수행했다. 따라서 주부역을 수행하는 토지보유 외거노예는 자유인 출신의 예속민과 동일한 생산관계와 지위를 갖게 되었다고 볼 수 있을 것이다. 토지보유 외거노예의 이런 생산관계 변화에 따라 그들에 대한 경제외적 강제도 주인의 사적 폭력에서 벗어나 공권적 성격의 것으로 바뀌지 않을 수 없다. 실제로 알레만 법과 바바리아 법에서 이들 외거노예는 '콜로누스라고 불린 자유인'과 함께 재판권을 보유한 'iudex'라는 영지관리인의 통제를 받고 있다.

9세기에 이르면 토지보유 외거노예에 대한 경제외적 강제가 재판권을 중심으로 한 공권적 성격의 것으로 완전히 바뀌었음을 볼 수 있다. 800년경의 왕령지 관리에 관한 칙령인 "Capitulare de villis" 제52조에서 "우리는 (영지관리인[iudex]이 — 필자) 우리의 왕령지나 장원들에 거주하는 예속민(fiscalinus)이나 외거노예 또는 자유민 등 여러 사람들에게 마땅히 완전하고 완벽한 재판을 실시하기를 바란다."고 한 것이[69] 그 단적인 증거다. 이 법 조문은 고전장원제가 성립하는 9세기 초에는 토지보유 외거노예가 'iudex'라는 영지관리인의 재판권 행사의 대상이었음을 분명히 하고 있다. 장원의 토지보유 외거노예가 자유인 출신의 장원농민과 동일한 생산관계에 들고 재판권을 중심으로 공권적 성격을 띤 동일한 경제외적 강제의 지배를 받고 있는 것이다. 9세기의 영지명세장들에서 보듯이 경작부역을 비롯한 장원농민으로서의 의무와 부담에 있어서도 노예 출신과 자유민 출신 사이에 별 차이가 나지 않는다. 단지 노예 신분 출신이 보유한 토지에서 유래하는 노예망스에는 '명령받는 일은 무엇이든 다 한다.(facit omne servitium, quicquid ei iubetur. 또는 facit omne servitium sibi injunctum.)'는 식으로, 무제한적 부역노동을 수행하던 노예제적 잔재가 남아 있는 경우가 더러 있는 정도의 차이밖에 없다. 따라서 9세기에 이르면 노예 출신이나 자유민 출신이나 생산관계 면에서든 경제외적 강제 면에서든 하나의 장원농민으로 통합되었다고 봐도 좋을 것이다.

지금까지 보듯이 토지보유 외거노예의 생산관계 변화와 경제외적 강제의 성격변화는 대체로 시기적으로 일치되어 진행되었다고 할 수 있다. 토지보유 외거노예가 자신의 보유지와 지주의 직영지에서 반반씩 일하는 제도와 그에 대한 경제외적 강제가 재판권을 중심으로 한 공권적 성격을 띠게 된 변화는 언제부터 일어났을까? 그것은 정확히 알 수 없으나 아마도 알레만 법이 편찬되는 710년대 직전이나 거

---

69   "Volumus ut de fiscalis vel **servis** nostri sive de ingenuis qui per fiscos aut villas nostras commanent diversis hominibus plenam et integram, qualem habuerint, reddere faciant iustitiam."

기서 멀지 않은 어느 시점, 다시 말하면 7세기 말엽이나 8세기 초가 아닐까 짐작된다. 그 변화의 시작시점이 프랑크왕국의 개막과 함께 발달한 노예제가 급속히 해체되기 시작하는 7세기 말경과 일치한다는 점은 주목된다.

4. 맺음말

중세 전기의 서유럽 대륙지역에서 영주들이 고전장원의 농민들에 대해 행사한 경제외적 강제는 중세가 시작되면서 형성된 것이 아니다. 고전장원이라는 봉건적 토지소유의 생산관계와 이의 작동에 필요한 경제외적 강제의 형성은 고대사회로부터 시작되었다. 로마제정 후기 사회와 민족대이동 전의 게르만사회에는 고전장원의 농민처럼 지주에게 부역노동 형태의 노동지대를 바치거나 아니면 현물지대를 지불하는 토지보유 외거노예와 해방노예 중심의 반자유인이 제법 존재했다. 또 로마사회에서 콜로누스라고 불린 자유인 출신의 예속적 소작농민은 징세권, 모병권, 치안권 등으로 구성된 일부 공권을 사적으로 행사하는 지주의 경제외적 강제의 지배를 받고 있었다. 그러나 외거노예나 반자유인에게 행사된 경제외적 강제는 사적 폭력성을 기본 특징으로 한 것이며, 콜로누스에 대한 지주의 경제외적 강제도 노예제에서처럼 구타나 족쇄 채우기와 같은 사적 폭력성이 짙다. 게다가 콜로누스가 지주에게 지불하는 지대는 부역노동 형태의 노동지대가 아니라 화폐나 현물로 된 지대였다. 따라서 콜로누스는 생산관계 면에서나 경제외적 강제 면에서나 아직 고전장원의 농민과는 크게 달랐으며, 토지보유 외거노예와 반자유인도 경제외적 강제 면에서 고전장원의 농민과는 큰 차이가 있었다고 할 수 있다.

　그렇지만 고대사회의 이와 같은 반(半)봉건적인 생산관계와 경제외적 강제는 중세 초기의 게르만왕국 사회로 계승된다. 봉건제 전기의 생산관계와 경제외적 강제는 고대사회의 이런 유산을 바탕으로 해서 중세 초기에 본격 형성된다. 중세 초기의 영주권 형성과정은 프랑크왕국의 국왕들이 꾸준히 적극적으로 교회기관들에 부여했던 수많은 공권면제권을 통해 그 윤곽이 추적될 수 있다. 공권면제권은 처음에는 로마제국에서처럼 세금과 같은 공적 부담의 면제에 지나지 않았다. 그러나 6세기 말엽이나 7세기 초엽에는 공권면제권에 치안권이 포함되고, 7세기 후반 이후에는 재판권이 수반되는 변화를 보인다. 8세기에는 재판권이 수반된 공권면제권이 계속 증가하며, 8세기 후반에는 경제적 측면의 징수 · 징발권과 함께 재판권이 포함된 공권면제권이 카롤루스 대제에 의해 교회기관들에 집중 부여된다. 9세기 이후에는 재판권을 비롯한 공권면제권 수여 문서가 아주 많아질 뿐만 아니라, 부여받은 공권을 그 수혜자가 자신의 소유지 내에서 적극 행사한다는 기록도 많아진다. 그리하여 9세기 초를 기점으로 하여 적어도 9세기 중에는 교회기관의 대소유지들에서 재판권을 비롯하여 징세권, 치안권 등 공권을 사점화한 영주권의 성립을 보게 된다. 공권면제권의 부여를 통한 교회토지에서의 이와 같은 영주권 발전추이는 고전장원제적 생산관계의 형성추이와 대체로 보조를 같이 한다. 고전장원제도 7세기쯤에 그 특징적 요소들이 형성되거나 결합되고, 8세기 초반에는 기본 골격이 형성되며, 8세기 후반의 확산과정을 거쳐 9세기에 들면서 북부 갈리아 지역을 중심으로 해서 성립했기 때문이다.

　로마제국 시절부터 공권면제 특혜를 누리던 왕령지나 공권을 은밀히 사점해 간 세속 세력가들의 대소유지에서 영주권이 어떻게 형성되었는지를 알려주는 사료는 드물다. 그렇지만 잔존한 일부 기록을 살펴볼 때, 이들 영지에서도 생산관계와 경제외적 강제의 발전과정은 교회기관의 영지에서와 별로 다르지 않았다. 한편, 7세기 말 이후 노예제가 급속히 해체되는 가운데 노예의 반(半)종속적 예속민으로의 해방이 많아지고 법적 해방이 없는 노예의 소작농민화가 크게 진전되는 추세가 나타난다. 반자유인에 대한 경제외적 강제가 메로빙시대에 공권적 성격을 띠기 시작하는가 하면, 토지보유 외거노예는 8세기 초엽부터 노동의 절반만을 지주의 직영지 경작에 제공함이 법제화되고 자유인 출신과 마찬가지로 똑같은 재판권을 행사하는 영지관리인의 지배를 받았다. 9세기에 들면 부자유인 출신이고 자유인 출신이고 간에 생산관계 면에서나 경제외적 강제 면에서 별 차이가 나지 않는다. 동일한 구조의 고전장원제 아래서 동일한 영주권의 지배를 받았던 것이다. 중세 초기에 교회토지와 왕령지 및 세속토지는 영주권의 형성계기가 서로 달랐지만, 8세기 초반 이후 생산관계와 경제외적 강제의 전개과정은 비슷한 추세로 진행된 셈이다. 그 귀결점도 9세기 초에 고전장원제와 영주권의 성립이라는 점에서는 공통된다. 사실상 하나의 장원농민으로 통합되어 새로운 농노계급이 탄생할 수 있는 조건이 마련된 것이다.

9세기에 많이 작성된 영지명세장들에서 보듯이, 9세기 초 이후 영주들은 영지 내에서 징세권, 치안권, 재판권 등 공권적 성격의 경제외적 강제를 독자적으로 적극 행사할 뿐만 아니라 장원농민에 대한 지배권을 더욱 확대한다. 그렇지만 카롤루스 대제 때처럼 왕권이 비교적 강력하게 유지되는 카롤링왕조 전기에는 영주권의 근간을 이루는 재판권이 장원 예속민들 사이의 하급 소송사건에 제한되어 행사되었다. 살인, 상해, 강도, 절도와 같은 공공질서와 관련된 상급 재판권은 국왕의 지방 대리통치자인 주백이 주재하는 공공법정이 관할했다. 이를테면, 영주들은 도주했다가 붙잡힌 자신의 영지 예속민도 주백의 법정에 세우지 않으면 안 되었다.[70] 그러나 영주권이 성장함에 따라 재판을 비롯한 교회기관의 세속 업무 대리인인 'advocatus'와 주백 사이에 권한 다툼이 일어나기도 한다.[71] 그렇지만 결국 9세기 후반 이후에는 왕권이 크게 약화되고 영주권이 승리한다. 공공재판은 실질적으로 사라지고, 장원 예속민에 대해서는 영주가 하급 재판권뿐만 아니라 상급 재판권까지 행사했다. 이에 따라 세속 세력가의 소유지는 국가가 '강제할 수도 없고 처벌할 수도 없는' 특별한 영역을 형성했다.[72] 9세기 말엽에는 사법권을 근간으로 한 공권면제권이 수여 당시의 영주에 대해서뿐만 아니라 그 후계자들에게 세습적으로 '영원히' 주어지는 현상이 나타나기도 한다.[73] 카롤링제국이 붕괴하는 10세기 말엽부터는 국왕만이 행사하던 벌령권을 영주들이 행사하는 이른바 재판영주제 또는 반(ban, Bann)영주제가 성립한다.[74] 영주는 장원 예속민에 대해서뿐만 아니라 토지소유관계와 무관한 지역 주민들에 대해서도 절대적 명령권을 행사하기에 이른 것이다.

그러나 이와 같은 영주의 권력은 고전장원의 농민들로부터 부역노동 형태의 노동지대를 수취하기 위해서 요구되었던 경제외적 강제로서의 영주권이라는 차원을 넘어선다. 영주는 장원농민으로부터 노동지대를 수취하기 위해 공권적 성격의 경제외적 강제를 행사하는 단

---

70 *Capitularia*, no. 20 ˝Capitulare Haristallense˝(˝Forma communis˝), 제9조(p. 48) 및 no. 278 ˝Capitulare Carisiacense˝, 제3조(tomus secundus, p. 344) 참조.

71 예컨대, *Capitularia*, no. 73 ˝Capitula de rebus exercitalibus in placito tractanda˝, 제1~10조(pp. 164~165) 참조.

72 *Capitularia*, no. 273의 제18조 참조.

73 *MGH, Arnolfi diplomata* (Berlin: Weidmann, 1956), no. 32 참조.

74 재판영주제의 성립에 관해서는 앞에서 인용된 J. F. Lemarignier, *La France médiévale*, pp. 114~121 및 G. Fourquin, *Seigneurie et féodalité*, pp. 24~33 참조.

순한 봉건적 토지소유자가 아니라 지역의 절대적 통치자라는 정치적 의미를 띠게 된 것이다. 영주의 이런 위상과 성격 변화는 그가 상급 재판권을 행사할 때부터 나타났다고 할 수 있다. 고전장원제도 영주 권력의 이런 성격변화와 거의 때를 같이 하여 해체과정을 밟게 된다. 그러므로 중세 전기의 고전장원제 단계에서 경제외적 강제로서의 영주권이란, 영주가 국가 공권력의 지원과 보장 아래 벌령권과 상급 재판권을 제외한 공권력을 사점하여 장원농민으로부터 부역노동 형태의 지대를 수취하는 데 필요한 만큼만 사용된 지배권력이라고 할 수 있을 것이다.

V. 결론

봉건적 토지소유 형태로서의 고전장원제는 토지소유관계 면에서는 영주의 독점적 대토지소유제이고, 토지경영체제 면에서는 소작농의 부역노동에 의한 영주직영지 경작체제이며, 권력관계 면에서는 공권적 성격의 경제외적 강제를 주요 내용으로 한 영주권으로 표현된다. 이들 세 가지 측면의 특징적 요소를 포함하는 고전장원제를 넓은 의미의 고전장원제라고 할 수 있을 것이다. 이에 대해 뒤의 두 요소, 즉 토지경영체제와 영주권이 긴밀하게 결합된 장원제를 좁은 의미의 고전장원제라고 할 수 있을 것이다.

영주의 독점적 토지소유는 봉건적 토지소유의 한 형태라는 넓은 의미의 고전장원제가 가지는 기본적 특성들 가운데 하나이자, 영주권과 결합된 토지경영체제라는 좁은 의미의 고전장원제가 형성되는 전제조건이기도 하다. 이런 의의를 지닌 영주적 대토지소유제는 고대부터 중세 초기에 걸쳐 형성되었다. 고대 게르만사회도 민족대이동 전에 지주-소작인 관계가 전개되는 등 대소유지 형성 현상이 나타났다. 그렇지만 로마사회에 비할 바는 아니었다. 공화정 후기부터 서로마제국의 몰락에 이르는 로마 역사는 대토지소유제 발달의 역사라고 해도 과언이 아닐 정도로 토지소유가 확대일로에 있었다. 그러나 북부 갈리아 지방에서 발견되는 로마시대의 '장원(villa)'은 그 평균적 크기가 100 헥타르 정도로서, 보통 수백 헥타르에 이르는 고전장원의 규모에 비하면 아직 그리 큰 것이 아니었다.

북부 갈리아를 중심으로 한 서유럽에서 대장원이라고도 불리는 고전장원이 성립할 만큼 대토지소유제가 발달하게 된 최종적이면서도 결정적인 단계는 중세 초기였다. 서유럽으로 이동한 게르만인들이 로마인들로부터 대규모의 토지를 할양받아 그중의 소수가 대토지소유자로 변모한 것은 중세 초기였고, 세력가들이 주로 사회적 약자들을 대상으로 해서 수증, 매입, 탈취 등 온갖 방법으로 대장원을 형성할 만한 대규모의 토지를 축적한 것도 중세 초기였기 때문이다. 그렇지만 수증 등을 통한 세력가의 토지축적 활동은 8세기를 정점으로 해서 점차 감소하는 추세를 보인다. 따라서 갈리아 북부 지역을 중심으로 한 서유럽에서 영주적 대토지소유제는 9세기에 이르기 전에 기본적으로 형성된 것으로 추정된다.

토지경영체제로서의 고전장원제는, 영주가 소유한 대토지 가운데 소규모의 토지를 노동력 재생산용으로 분양받아 보유한 소작농들의 부역노동에 의한 영주직영지 경작체제라고 할 수 있다. 그것은 영주권과 결합되어 좁은 의미의 고전장원제의 핵심 축을 구성한다. 지대가 노동지대로 되어 있는 토지경영체제로서의 고전장원제는 로마제정 후기에 주인의 토지를 경작하는 외거노예나 해방노예들에게서 발견된다. 그렇지만 이들과는 달리 기원후 1세기 말경 게르만사회의 외거노예가 주인에게 바친 지대는 부역노동 형태의 노동지대가 아니라 현물지대였다. 또한 로마사회에서 제정 후기에 자유농민들이 대거 토지를 잃고 국가 당국의 토지긴박 조치로 인해 콜로누스라는 예속적 소작농으로 전락했지만, 그들이 지주에게 지불한 지대 역시 노동지대가 아니라 화폐지대나 현물지대였다.

게르만사회 계통의 외거노예의 지대가 노동의 형태를 띠게 되는 것은 게르만족이 서로마제국 지역으로 이동하여 로마인과 뒤섞이게 된 이후였던 것으로 짐작된다. 그러나 중세에 들어 7세기 중엽 이전에는 외거노예의 토지보유와 노동지대 지불에 관한 직접적인 기록을 찾아보기 어렵다. 이런 현상은 단순히 이 시기에 문헌기록 자체가 적기 때문이 아니라, 노예의 외거화와 토지보유 추세 자체가 중단되거나 크게 약화되었기 때문으로 보인다. 지대가 노동지대였음이 틀림없는 외거노예의 토지보유에 관한 기록은 7세기 중엽 이후 다소 나타나기 시작하며, 8세기 초엽에 이르면 토지를 보유한 외거노예의 주인 직영지 경작을 위한 부역노동이 매주 3일씩의 주부역으로 법제화된다. 로마사회 전래의 콜로누스나 중세 초기에 새로이 세력가에게 토지를 잃고 예속민으로 전락한 자유민 출신의 소작농들이 지주에게 지불하는 지대가 일정 면적의 지주직영지를 경작하는 방식으로 법제화되는 것도 8세기 초반에 들어서였다. 이로 미뤄 볼 때, 법적으로 자유인인 이들의 지대가 700년을 전후해서 부분적으로 노동지대화하거나 곳에 따라 노동지대화하는 변화가 일어났으며 그 이전에는 지대의 형태상에 별 변화가 없었던 것으로 추측된다. 그러므로 8세기 초반에는 지주의 대소유지가 직영지와 소작지들로 이분되고 주부역 방식이나 정적부역 방식으로 부자유인 출신과 자유인 출신 소작농의 부역노동으로 직영지가 경작되는 고전장원제적 토지경영체제의 기본 틀이 제도적·국가적으로 확립된다고 할 수 있다. 제도화된 고전장원제적 토지경영체제는

8세기 후반의 사회적 확산과정을 거쳐 9세기 초에는 갈리아 북부지역을 중심으로 프랑크왕국의 주요 지역에서 성립된다.

토지경영체제로서의 고전장원제를 중심축으로 한 좁은 의미의 고전장원제의 다른 한 측면을 이루는 영주권은 재판권을 근간으로 한 공권적 성격의 경제외적 강제를 주요 구성요소로 한다. 그러나 고대 로마사회에서나 민족대이동 전의 게르만사회에서나 주인의 토지를 소작하는 외거노예와 해방노예에 대한 주인의 경제외적 강제는 노예제 하의 솔거노예에 대해서와 마찬가지로 여전히 사적 폭력성을 띠었다. 이에 비해 로마사회의 콜로누스에 대한 지주의 경제외적 강제는 행정권이나 치안권과 같이 일부 사적으로 점유된 공권으로 구성되기는 했지만, 고전장원제 아래서 영주권의 핵심을 이루는 재판권까지 포함한 것은 아니었다. 또한 콜로누스에 대한 강제는 노예제에서처럼 구타와 같은 신체적 폭력성이 수반되기도 했다.

이와 같은 고대의 경제외적 강제의 성격은 중세에 들어서도 한참 동안 별 변화가 없었다. 그러나 부자유인 신분 가운데 해방노예는 메로빙시대의 초반쯤을 지나면서 공적 재판관 역할을 담당했던 주교의 관할을 받게 됨으로써, 그에 대한 경제외적 강제는 공권적 성격이 강해진다. 콜로누스나 자유인 출신의 소작농에 대한 경제외적 강제는 이보다는 늦지만, 늦어도 8세기 초엽까지는 재판권을 근간으로 한 사점된 공권력으로 완전히 바뀐다. 토지를 보유한 외거노예도 8세기 초엽부터는 콜로누스나 자유인 출신처럼 재판권을 행사하는 영지관리인의 지배를 받게 됨으로써, 경제외적 강제의 성격이 노예제적인 것으로부터 농노제적인 것으로 바뀌는 일대 전환을 맞이한다. 그러므로 8세기 초엽부터는 출신신분에 관계없이 고전장원제적 토지경영체제로 조직된 영지 내의 모든 소작농은 재판권 중심의 공권으로 구성된 경제외적 강제의 지배를 받게 되는 셈이다. 그리하여 소작농들에게 출신신분과 상관없이 일괄적으로 적용된 공권적 성격의 경제외적 강제는 8세기를 거치면서 확산되어 9세기에 들어서는 영주권의 일반적 내용을 구성하기에 이른다.

봉건적 토지소유 형태로서의 고전장원제의 형성에 대한 전체적 고찰결과는 이와 같다. 이를 바탕으로 하여 봉건적 토지소유로서의 고전장원제의 형성과 관련된 몇몇 논점들에 대해 정리해 보자. 몇몇 논점이란 고전장원제 형성과 고대사회와의 관계, 고전장원제의 성립시점, 고전장원제적 토지경영체제와 영주권이 그 형성기조와 성립시점에 있어 서로 거의 일치하는 까닭, 고전장원제의 형성과정에서 나타난 고대 신분사회의 기본적 변동내용, 고전장원제 형성의 동인과 조건 등이다.

먼저 고전장원제 형성과 고대사회와의 관계에 대해서는, 봉건적 토지소유로서의 고전장원제는 고대사회와 관계없이 중세 초기에 갑자기 형성되었던 것이 아니라고 할 수 있다. 물론 대토지가 영주직영지와 농민보유지들로 구성되고 직영지는 농민보유지 보유자들의 부역노동으로 경작되는 고전장원제적 토지경영체제나 재판권을 중심으로 한 영주권은 고대에 형성된 것이 아니고 중세 초기에 형성되었다. 그렇지만 봉건적 토지소유로서의 주요한 특징 가운데 하나이고 고전장원제적 토지경영체제 형성의 전제조건이 되는 대토지소유제의 기초는 고대사회에서 마련되었다. 비록 대토지소유제가 중세 초기에 크게 발전한 것은 사실이지만, 고대 로마사회에서 대토지소유제의 발전이 없었더라면 대규모의 고전장원들이 형성될 만한 대토소유제는 발달하기 어려웠을 것이다. 게르만인들 사이에 대토지소유제가 본격적으로 형성되는 획기적 계기가 그들이 서로마제국 지역으로 대이동한

후 로마인들로부터 대토지를 할양받은 데 있다는 것이 단적인 증거라
고 하겠다. 그리고 대토지소유제가 발달하지 못한 동로마제국에서가
아니라, 라티푼디움을 비롯한 대토지소유가 크게 발달했던 서로마제
국 지역에서 고전장원제가 성립되어 널리 실시되었다는 사실도 로마
사회의 대토지소유제 발전이 고전장원제 형성에 큰 기여를 했다는 데
대한 방증이 된다.

　　또한 재판권이 포함된 영주권도 중세 초기에 느닷없이 형성된 것
이라고 보기 어렵다. 로마사회의 콜로누스에 대한 지주의 경제외적 강
제가 재판권이 결여되어 있기는 했지만, 행정권, 치안권 등 상당한 수
준의 공권으로 구성될 정도로 발전해 있었던 것이 중세 초기에 세속귀
족의 토지를 비롯한 대소유지에서 영주권이 형성되는 데 크게 이바지
했음이 분명하다. 심지어 고전장원제적 토지경영체제도 제한적이나마
제정 후기 로마사회의 지주와 토지경작 외거노예나 해방노예들과의
관계에서 형성되어 있었다.

　　그러므로 봉건적 토지소유 형태로서의 고전장원제의 형성은 상당
부분 고대에서 비롯된다고 할 수 있다. 앞의 제III장 제1절의 "머리말"
에서 본 것처럼, 페르헐스트는 고전장원제가 로마사회의 토지소유와
는 관계가 없으며 7~8세기의 창출물이라고 했다. 물론 그가 고전장원
제가 로마사회와는 무관하다고 한 말은 로마사회의 대토지소유에서는
고전장원제의 '틀과 구조' 또는 '조직'이 결여되어 있었다는 것, 다시
말하면 콜로누스들이 지주의 직영지 경작을 위한 부역노동을 제공하
지 않았다는 것을 뜻한다. 이런 의미에서는 그의 말이 옳다. 그러나 그
렇다고 해서 고전장원제의 형성이 고대사회와는 무관하며 고전장원제
는 중세 초기에 '기원'하고 '창출'되었다고 주장하는 것은 지나친 말이
다. 장원제의 형성을 연구하는 많은 역사가들은 고전장원제의 구조는

중세 초기에 발전한 것이지만, 그 기원과 뿌리는 고대 로마사회와 게르만사회에 있다고 본다.[1]

봉건적 토지소유로서의 고전장원제의 성립시점과 관련해서, 그 주요 특징적 측면 가운데 하나인 영주적 대토지소유제는 고대 로마시대부터 꾸준한 확대과정을 거쳐 9세기 이전에 성립한다. 그리고 토지경영체제로서의 고전장원제와 사점된 공권을 주요 내용으로 하는 경제외적 강제로서의 영주권은 8세기 초반에 제도적 틀이 형성되고 후반의 확산과정을 거쳐 9세기 초에 성립했다. 그러므로 고전장원제는 결국 봉건적 토지소유의 한 형태라는 넓은 의미에서나, 영주권과 결합된 토지경영체제라는 좁은 의미에서나 루아르 강과 라인 강의 사이지역을 중심으로 한 서유럽의 주요 지역에서 9세기가 시작될 무렵까지는 성립했다고 할 수 있다. 앞의 제III장 제1절의 "머리말"에서 봤듯이, 학계에서는 고전장원제의 성립시점에 대해서 로마제정 후기라는 견해와 중세 초기라는 견해로 크게 나뉘고, 중세 초기 가운데서도 7세기라는 견해로부터 9세기라는 견해까지 매우 다양하다. 그렇지만 이 책에서 고찰한 바에 의하면, 고전장원제의 성립시점이 로마제정 후기가 아님은 명백하다. 또 성립시점이 8세기 초반이라고 보기도 어렵다. 8세기 초반에는 몇몇 게르만 부족법에서 제도적으로만 성립한 것으로 나타날 뿐, 사회적으로나 공간적으로 아직 널리 확산되었다고 볼 수는 없기 때문이다. 봉건적 토지소유 형태로서 고전장원제가 갈리아 북부 지역을 중심으로 하여 성립한 시점은 9세기 초라고 봐야 할 것이다.

다음으로, 고전장원제적 경영체제와 영주권이 그 형성기조와 성립시점 면에서 서로 일치하는 까닭은 무엇일까? 앞에서 보듯이, 봉건

---

1 예컨대, 중세 장원제에 관한 대표적 연구자 가운데 한 사람인 뢰저너의 백과사전식 저서인 W. Rösener, *Agrarwirtschaft*, pp. 7~9 참조.

적 토지소유로서의 고전장원제의 주요 측면을 특징짓는 영주적 대토지소유제와 소작농의 부역노동에 의한 영주직영지 경영체제 및 사점된 공권으로 된 경제외적 강제로서의 영주권 등은 대체로 서로 비슷한 형성추세를 보인다. 그러나 맨 앞의 요소에 비하면, 뒤의 두 요소의 형성추이는 특히 유사하다. 맨 앞의 영주적 대토지소유제는 로마시대부터 중세 초기에 걸쳐 끊임없이 일관되게 확대발전하고, 다른 두 요소보다 조금 앞서 형성되고 성립하는 경향이 있다. 이에 비해 뒤의 소작농의 부역노동에 의한 영주직영지 경영체제와 공권적 성격의 경제외적 강제로서의 영주권은 둘 다 로마제정 후기에 불완전하나마 일정 수준 형성되고 있었지만, 노예제가 다시 확립되는 프랑크왕국의 건국으로부터 7세기 말경에 이르는 기간에는 주춤한다. 그러다가 8세기에 들면 콜로누스나 자유인 출신 소작농들의 지대마저 부역노동 형태의 노동지대로 바뀌고, 모든 신분 출신의 소작농들에 대한 경제외적 강제가 재판권 중심의 공권적 성격을 지니는 등 그 형성이 각기 본질적 요소를 갖추고 급속히 진행된다는 공통성을 지닌다. 그리하여 뒤의 두 요소는 8세기의 확산과정을 거쳐 9세기 초에는 루아르 강과 라인 강 사이지역을 중심으로 한 서유럽에서 널리 성립한다. 그리고 뒤의 두 요소는 메로빙시대 초기까지만 해도 별개의 형성과정을 거쳤지만, 적어도 메로빙시대의 후기가 시작되는 8세기 초엽에는 상호 뗄 수 없는 긴밀한 관계를 갖고 형성과정이 전개된다는 것이 특징이다.

　　이와 같이 소작농의 부역노동에 의한 영주직영지 경영체제로서의 고전장원제와 공권적 성격의 경제외적 강제로서의 영주권이 둘 다 비슷한 형성추이를 보이고, 특히 8세기 초엽 이후에는 상호 불가분의 관계를 가지며, 그 성립시기가 일치한다.[2] 그 이유는 무엇일까? 물론 이론적으로는, 큰 규모의 토지가 지주직영지와 농민보유지들로 이분된

가운데 후자를 분양받아 자율적으로 경영하는 동시에 독자적인 가족
생활을 영위하는 소농들로 하여금 직영지 경작에 필요한 부역노동 수
행을 담보하기 위해서는 재판권을 비롯한 공권적 성격의 경제외적 강
제가 필수적이었기 때문이라고 할 수 있다.[3] 그러나 이와 같은 역사적
현상을 설명함에 있어 중요한 것은 추상적 이론이 아니라, 실제 형성
과정에서 기여한 구체적인 요인이 무엇이냐 하는 것이다. 앞에서 고찰
한 과정에서 드러난 바로는 두 가지 요인이 지적될 수 있다.

하나는 카롤루스 대제의 정책이다. 앞의 제III장과 제IV장에서 보
았듯이 그는 재위 시절(768~814년)에 여러 가지 칙령의 거듭된 반포
를 통해 고전장원 체제와 그 관리제도를 정비하였고, 교회기관들에 영
주권의 토대가 되는 공권면제권을 부여하는 전례 없이 많은 특허장을
수여하였다. 그런데 놀라운 것은 카롤루스 대제의 재위기간에 프랑크
왕국과 제국을 통틀어서 강력한 군사력과 통치를 기반으로 대외적으
로 급속히 팽창하여 서유럽 일대에 대제국이 건설되었다는 사실이다.
이런 사실은 지역할거주의적 속성을 지닌 고전장원제와 영주권의 확
립을 위해 그가 보인 노력과는 모순되어 보인다. 그러나 이런 모순 현

---

2 서유럽 대륙에서뿐만 아니라 러시아에서도 공권력을 위주로 한 농민에 대한 영주의 경
  제외적 강제는 고전장원제적 토지경영체제의 형성 및 농노제의 발전과 비슷한 추세
  를 보이면서 형성되고 강화되었다. 필자의 논문, 「토지소유 형태로서의 고전장원제의
  역사적 위상—러시아를 중심으로—」, 220~228쪽 참조. 그 밖에 J. Blum, *Lord and
  Peasant in Russia*, pp. 85~90, 234~235, 415~441; R. Hellie, "Russian Slavery and
  Serfdom, 1450-1804", K. Bradley 등, ed., *The Cambridge World History of Slavery*,
  vol. 3, pp. 285~295도 참조.

3 이에 비해 대토지소유제는 토지경영체제로서의 고전장원제 형성이나 사점된 공권으로
  된 경제외적 강제로서의 영주권 형성을 위한 전제조건이자 필수조건이기는 하지만, 반
  드시 뒤의 두 요소의 형성을 초래하거나 두 요소와 불가분의 결합관계에 있는 것은 아니
  다. 왜냐하면 대토지소유제는 노예제적 대토지경영 방식이나 자본주의적 대토지경영 방
  식과도 결합될 수 있기 때문이다.

상은 카롤루스 대제가 로마제국 후기 이후 국가 공권력의 붕괴와 취약 그리고 사회적 혼란 속에서 장원제와 영주권이 형성되어 가던 사회 저변의 추세를 거역할 수 없음을 인정하고, 오히려 이런 추세를 전제로 하여 궁제 카롤루스 마르텔루스 이래 그의 조상들이 채용한 봉건적 주종관계를 공고히 함으로써 사회 유력자들의 충성과 군사적 봉사를 확보하려는 정책을 추진한 데서 생긴 것이다. 카롤루스 대제 시절의 강대한 왕권은 바로 그가 당시 사회의 봉건화 대세를 수용하고 이의 완성과 전 사회적 실시를 국가정책으로 적극 추진함으로써 형성되었다. 그는 고위 성직자층과 귀족층의 충성과 봉사를 확보하여 왕권을 강화하려는 의도에서 그들에게 대토지를 수여하고 공권면제권을 부여함으로써 봉건제를 확립하고 완성한 것이다.[4]

토지경영체제로서의 고전장원제와 경제외적 강제로서의 영주권이 8세기 초엽 이후 상호 불가분의 관계를 갖고 그 성립시기가 일치하게 된 다른 또 하나의 요인은 고전장원제적 토지경영체제를 구축(構築)하고 그에 따라 영주권을 확보하지 않으면 안 되었던 대토지소유자들의 끈질긴 노력이라고 할 수 있다. 로마제정 후기와 7세기 말경 이후의 중세 초기에 노동력의 재생산이 없는 소모적인 노예제가 쇠퇴함으로써 대토지소유자들은 경작노동력 부족이라는 위기를 맞게 되었

---

4 프랑크왕국이 처한 사회적 한계 속에서 왕권을 강화하기 위해 카롤루스 대제를 비롯한 카롤링조의 왕들이 봉건적 주종관계를 강화하고 공권면제권을 수여하며 봉건적인 군사정책과 경제정책을 실시하였음에 대해서는 M. Bloch, "The rise of dependant cultivation", pp. 260-261; D. Willoweit, "immunité", pp. 316~322; K. Verhein, "Studien zu den Quellen zum Reichsgut", pp. 381~383 ; A. Verhulst, "Karolingische Agrarpolitik", pp. 176~177, 180; 필자의 논문, 「서유럽의 봉건적 주종관계 형성(2)—카롤링왕조와 봉건적 주종관계의 제도적 성립—」, 273~314쪽: 필자의 논문, 「서유럽의 봉건적 주종관계 형성(3)—카롤링시대의 봉건적 주종관계 확산—」, 『서양중세사연구』, 27(2011. 3), 21~67쪽 참조.

다. 그런 상황에서 대토지소유자들은 농민들에게 생계유지 수단으로 소규모의 토지를 분양해 주고 결혼과 가족생활을 보장함으로써 그의 직접경영지를 경작하는 노동력을 연속적으로 재생산할 수 있는 고전장원제적 토지경영 방식을 채용하지 않을 수 없었다. 그런데 고전장원제적 대토지경영에는 사점된 공권력에 기초한 강력한 경제외적 강제가 불가결했으므로, 대토지소유자들은 대토지 경영방식을 노예제에서 고전장원제로 전환시키면서 누구나 예외 없이 프랑크 왕으로부터 공권력을 합법적으로 양도받든가, 아니면 몰래 불법적으로 사점하고자 끈질기게 노력했다. 대토지소유자들의 이런 집요한 노력은 왕들이 교회기관에 공권면제권을 부여하거나 재확인하는 수많은 특허장들이나 법률서식집에서 한결같이 그 대상기관이나 그 주변의 유력인사들의 거듭된 '간청(petitio)'으로 그 특권을 부여하게 되었다고 밝히고 있는 사실을 통해서도 볼 수 있다.

　기본적으로 자유인과 부자유인으로 구분된 고대의 신분제사회가 봉건적 토지소유 형태로서의 고전장원제의 형성과정에서 겪은 기본적인 변동내용은 무엇일까? 그것은 한마디로 노예의 사회적 상승과 자유민의 몰락이라고 할 수 있을 것이다. 대다수의 노예는 외거하게 되면서도 해방됨이 없이 여전히 법적으로는 노예 신분에 머물러 있었다. 그러나 그들은 결혼과 가족생활을 허용받고 토지를 분급받아 독자적인 가족생활과 자율적 농업경영을 하는 소농으로 발전했다. 노예제 아래서 주인을 위해 무제한으로 수행하던 부역노동은 차차 줄어들어, 8세기 초엽에는 자신의 전체 노동의 절반으로 축소되었다. 구타, 구금 등 주인의 신체적 폭력에 바탕을 둔 노예에 대한 경제외적 강제는 8세기 초엽에 재판권을 중심으로 한 공권적 성격의 것으로 바뀌었다. 노예가 해방되어 반자유인의 일종인 해방노예의 신분을 획득하는 경우

에도, 주인과의 토지소유관계와 권력관계는 외거노예의 처지와 유사
했다. 다만 해방노예의 그런 관계는 비교적 손조롭게 그리고 역사적으
로 일찍 성립하는 경향이 있다.

　노예의 이와 같은 지위상승과는 반대로 자유농민은 고전장원제의
형성과정에서 예속적 소작농으로 추락했다. 그들은 세력가에게 토지
를 잃고 소작농으로 전락했으며, 국가 공권의 지배를 받던 것이 영주가
사점하여 사사롭게 행사하는 공권의 지배를 받게 됨으로써 예속민이
되었다. 또한 그들은 영주직영지의 경작을 위해 많은 부역노동을 수행
하지 않으면 안 되게 되었다. 고전장원제의 형성과정에서 지주를 비롯
한 세력가들은 국가로부터 토지를 수여받거나 농민을 지배할 수 있는
권력을 부여받는 한편, 사회적 혼란을 배경으로 하여 수증, 탈취, 기만,
매입 등 온갖 방법으로 농민을 희생시키고 국가 공권력을 잠식하면서
막대한 토지를 축적하고 농민에 대한 지배권을 확보했다. 그 결과는 자
유농민이 고전장원제 아래서 영주의 지배를 받으면서 부역노동을 수
행하지 않으면 안 되는 농노로 전락하는 것이었다.[5] 고전장원제 형성의
역사는 노예가 사회적으로 해방되는 과정이기도 했지만, 한편으로는
노예보다 훨씬 많았던 자유농민의 농노화 과정이기도 했다.[6]

　봉건적 토지소유 형태로서의 고전장원제는 대체로 고대 후기와

5　T. H. Aston, "The origins of the manor in England", *Transactions of the Royal His-
　torical Society*, 5e série, 8(1958), pp. 59~83에 의하면, 잉글랜드에서도 고전장원은
　앵글로색슨시대에 여기서 보는 바와 비슷하게 세력가들에 대한 왕의 토지 및 공권면제
　권의 수여와 세력가 자신들의 토지 수증, 탈점, 매입, 투탁 등의 노력으로 형성되었다.
6　P. Dockès의 저서 *La liberation médiévale* (Paris: Flammarion: Flammarion, 1979)
　는 로마제정 후기와 중세 초기의 서유럽에서 '세 차례' 나타난 노예제의 성쇠를 계급투
　쟁이라는 요인으로 설명하는 것을 골자로 한 것이지만, 한편으로는 고전장원제 내지 농
　노제의 형성이 노예의 외거화를 통한 사회적 지위 상승과 자유민의 예속화를 통한 몰락
　의 과정이라고 보는 대표적인 책이기도 하다.

중세 초기의 형성과정을 거쳐 9세기에는 갈리아 북부지역을 중심으로 한 서유럽의 주요 지역들에서 성립한다. 이 기간에 봉건적 토지소유 형태로서의 고전장원제가 형성되는 배경과 원인은 무엇일까? 이에 관해서는 앞에서 장별로 주제에 따라 어느 정도 논한 바 있다. 그렇지만 봉건적 토지소유 형태로서의 고전장원제의 형성을 전체적으로 아우르는 동인에 대해서는 거론한 적이 없다. 주요한 요인으로는 다음과 같이 두 가지를 들 수 있을 것이다.

하나는 봉건적 토지소유 형태로서의 고전장원제의 형성에 가장 큰 영향을 미친 요인이라고 생각되는 것으로, 노예제의 쇠퇴다. 노예제의 쇠퇴는 우선 어떤 신분 출신의 사람이든 지주의 직영지 경작을 위해 부역노동을 수행하는 소작농으로 변모하는 결정적 계기가 되었다. 로마제정 후기에 노예주는 노예에게 노동력을 영속적으로 재생산할 수 있도록 생계유지용의 토지를 분급하고 결혼과 가족생활을 허용하면서 자신의 직영지를 계속 경작케 하곤 했다. 또 그는 해방노예에게도 생계유지용의 토지를 분양해 주고 자신의 직영지를 경작케 하기도 했다. 노예주의 이런 조치는 당시 대토지소유가 확대되고 있음에도 불구하고 정복전쟁의 종식에 따른 노예제의 쇠퇴로 대토지를 경작할 노동력이 부족해지는 상황에 대한 대응책이라고 할 수 있다. 그리고 5세기 말경에서 7세기 말 무렵까지 프랑크왕국에서는 노예제가 다시 발달하면서 노예의 토지보유 현상이 드물어진다. 그러다가 7세기 말경 이후 노예제가 쇠퇴하자 곧 주인의 직영지 경작을 위해 매주 3일씩의 부역노동을 수행하는 토지보유 외거노예제가 법제화된다. 이런 사실도 노예의 소작농화가 노예제의 쇠퇴로 인한 것임을 입증한다. 또 로마시대부터 콜로누스가 지주에게 화폐지대나 현물지대를 바치던 것이 노예제가 다시 쇠퇴하는 7세기 말경 이후 곧 노동지대로 바뀐 것도 토지소유제가 지속적으로 발전하는 가운데 노예제가 쇠퇴한 때문이라고 볼 수 있다.[7] 콜로누스뿐만 아니라 중세 초기에 많은 자유민 출신이 부역노동을 수행하는 예속적 소작농으로 전락한 것도 동일한 맥락에서 일어난 현상이라고 하겠다.

노예제의 쇠퇴는 또한 전체 영주권 형성의 계기가 되었다고도 할 수 있다. 고대에 노예와 해방노예에 대해서는 사적 폭력에 기초한 경제외적 강제가 가해졌다. 그러나 이들 신분에 대한 경제외적 강제는 중세 메로빙시대를 거치면서 재판권을 근간으로 한 공권적 성격의 강제로 변한다. 이런 변화는, 이들 신분이 노예제의 쇠퇴에 따라 노동력 재생산용의 토지를 보유하고 이를 자율적으로 경영하는 동시에 독자적인 가족생활을 하는 소농으로 변모함으로써 더 이상 주인의 직접적인 사적 폭력이 행사될 수 없게 된 데서 기인한다. 법적 자유인의 경우에도 마찬가지다. 로마제정 후기에 화폐지대나 현물지대를 지불하던 콜로누스에 대한 지주의 경제외적 강제는 치안권 및 행정권과 같은 사적으로 점유된 공권력을 바탕으로 하면서도 재판권이 결여되어 있었다. 그렇지만 8세기에 들어서는 콜로누스를 포함한 자유민 출신의 소작농에 대한 경제외적 강제가 재판권을 근간으로 하게 된다. 경제외적 강제의 이런 내용변화 역시 노예노동력의 감퇴에 따라 자유민 출신의 소작농들이 지주직영지 경작을 위한 부역노동 형태의 노동지대를 지불하게 된 사정과 관련되어 있다고 할 수 있다. 소작농들이 지주의 직영지에서 잉여노동의 거칠고 노골적인 수탈 형태인 부역노동을 수행케 하기 위해서는 재판권과 같은 강력한 권한이 요구될 수밖에 없었기 때문이다.

---

7   로마제정 후기에 자유인 출신이 예속적 소작농인 콜로누스로 전락한 것도 로마사회의 노예제 쇠퇴에 따른 지주층의 노동력 확보책이라고 볼 수 있다.

봉건적 토지소유로서의 고전장원제 형성에 영향을 미친 다른 또 하나의 요인은 로마제정 후기와 중세 초기에 걸쳐 지속된 약육강식의 혼란상황이었다. 무법과 폭력이 만연한 장기간의 혼란기간에 세력가들은 권세를 이용하여 중소 농민과 같은 사회적 약자들로부터 많은 토지를 기증받거나 탈취하거나 또는 값싸게 매입했다. 영주적 대토지소유제의 형성에는 왕실의 토지하사나 개간 등도 기여했지만, 가장 크게 기여한 것은 사회적 혼란을 이용하여 폭압과 기만 등의 방법으로 약자층의 토지를 사실상 탈취하는 것이었다. 또 약육강식의 혼란상황은 자유농민이 끊임없이 토지를 잃고 부역노동을 수행하는 예속적 소작농으로 전락한 배경이기도 했다. 그들의 대다수는 자발적 의사에 의해서가 아니라 피할 수 없는 강압으로 세력가의 예속민이 되었기 때문이다. 뿐만 아니라 세속 세력가들이 소유한 토지의 영주권도 중세 초기의 혼란상황을 배경으로 하여 그들이 드러나지 않게 공권을 사점하는 가운데 형성된 것이다. 심지어 교회토지에서의 영주권 형성도 약육강식의 혼란상황과 무관치 않다. 교회토지의 영주권 형성은 기본적으로 왕들의 공권면제 특권 부여에 의한 것이지만, 공권면제 특권의 부여는 무질서한 사회상황 속에서 세속 세력가나 관리들로부터 교회기관과 그 소유지를 보호하려는 측면이 없지 않았기 때문이다.

마지막으로, 서유럽 가운데서도 하필 루아르 강과 라인 강 사이의 북부 갈리아 지역을 중심으로 해서 봉건적 토지소유 형태로서의 고전장원제가 가장 먼저 성립하게 된 까닭은 무엇일까? 앞의 제III장 제1절의 "머리말"에서 거론했듯이, 이에 대해서는 페르헐스트가 이 지역이 로마시대 이래 인구가 밀집하고 개간을 통해 대영지가 발달할 수 있는 비옥하고 넓은 평야지대이며 왕령지 하사와 부역노동에 대한 법제적 조치와 같은 프랑크 왕들의 역할이 중요한 기여를 했다는 요지의 학설을 제시했다. 그의 주장은 상당한 타당성이 있다. 고전장원제가 경종농업(耕種農業)과 대규모의 토지소유에 토대를 두고 있다는 점에서, 곡물이 잘 자랄 수 있는 비옥한 평야지대인 북부 갈리아 지역은 고전장원제 형성의 적지라고 할 수 있다. 또한 카롤루스 대제와 같은 프랑크 왕들의 적극적 역할도 이 지역에서 고전장원제가 일찍 형성된 중요한 요인이라고 할 수 있다.

그러나 그의 학설은 다른 면에서 수정과 보완이 필요하다. 앞에서 살펴봤듯이, 영주적 대토지소유제는 그가 주장하는 개간보다는 중소 농민에 대한 토지탈취를 통해서 형성된 바가 더 크다. 그리고 갈리아 북부지역에서 대토지소유제가 중세 초기에 발달하게 된 것은 인구학적·토양학적 요인 때문이라기보다는, 이 지역이 프랑크왕국의 초기 터전이자 중심지여서 대토지소유의 필요성과 가능성이 큰 왕실과 대규모의 교회기관들 및 세속 권력층이 집중되어 있었기 때문이라고 해야 할 것이다. 또한 그가 이 지역의 고전장원제 형성에는 프랑크 왕들의 왕령지 하사와 법적 조치가 크게 기여했다고 주장하지만, 그의 학설로는 왜 왕령지가 일찍 고전장원제로 조직되고 왕들이 고전장원제 형성을 위한 법적 조치를 취하게 되었는지가 설명되지 못한다. 프랑크 왕들이 고전장원제의 형성과정에서 건설적 역할을 하게 된 주요 배경은 노예제 쇠퇴라고 봐야 할 것이다. 로마시대부터 중세 초기에 걸쳐 대토지소유제는 꾸준히 발달하는 데 반해 중세에 들어 재확립된 노예제가 7세기 말경부터 쇠퇴하고 있었기 때문에, 고전장원제에서 작동된 노동력재생산 방식과 토지경영 방식으로의 전환을 촉진할 수밖에 없었다고 봐야 할 것이다. 고전장원제가 그가 주장하는 '7~8세기'에 프랑스 북부 지역에서 처음으로 형성된 것도 중세 초기 프랑크왕국의 노예제가 7세기 말 무렵부터 쇠퇴했기 때문이라고 해야 할 것이다.

요컨대, 봉건적 토지소유 형태로서의 고전장원제가 다른 어떤 지역보다도 먼저 갈리아 북부지역을 중심으로 8세기에 그 기본 틀이 조성되고 확산과정을 거쳐 9세기 초에 성립하게 된 것은 이 지역이 대토지를 소유한 프랑크왕국의 권력자와 권력기관들이 집중된 왕국의 중심지이자 농경에 적합한 평야지대이고, 대토지소유제는 계속 확대발전하면서도 노예제는 7세기 말 무렵부터 쇠퇴하는 중세 초기의 상황에서 프랑크 왕들이 이런 상황변화에 비교적 적극 대처하는 노력을 했기 때문이라고 할 수 있을 것이다.

제2부 봉건적 부역노동제도의 형성

I. 서론

고전장원제에서는 토지가 대체로 장원 전체 농지의 20~40% 정도를 차지하는 영주직영지와 이보다 더 큰 부분을 차지하는 농민보유지들로 이분되어,[1] 전자는 후자 보유자들의 부역노동으로 경작되었다. 물론 직영지가 전적으로 농민보유지 보유자들의 부역노동으로 경작되었던 것은 아니다. 그렇지만 영주직영지를 경작하는 노동력 가운데, 제1부 제III장의 머리말에서도 말한 바와 같이 $\frac{2}{3}$ 이상의 압도적 부분이 농민보유지를 보유한 농민들의 부역노동으로 충당되었다.

더욱이 고전장원에서 농민보유지를 보유한 농민들은 영주직영지

---

[1] 고전장원에서 비농지를 제외하고 농경지만으로 볼 때, 영주직영지의 면적과 농민보유지의 합계면적과의 구성비율은 대체로 1:1.5와 1:4.0 사이였다. 필자의 논문들인 「고전장원제 하 농민보유지의 종류별 크기와 영주직영지와의 크기관계」, 『역사와 경계』, 69(2008. 12), 339~390쪽; 「고전장원제 하 영주직영지와 농민보유지의 지역별 크기관계 ─파리 분지 동북부 지역을 중심으로─」, 『역사와 경계』, 88(2013. 9), 263~291쪽; 「고전장원제 하 영주직영지와 농민보유지의 지역별 크기관계─라인란트 지역을 중심으로─」, 『독일연구』, 26(2013. 12), 189~223쪽; 「고전장원의 공간적 기본구조와 크기」, 10~29쪽 참조.

의 경작과 경영에 요구되는 온갖 부역노동을 수행하다시피 했다. 고
전장원의 농민은 영주에게 일부 현물이나 금전을 공납하기도 했지만,
그 의무와 부담의 대부분은 영주직영지의 경작을 비롯한 경영에 필요
한 부역노동을 수행하는 것이었다. 농민의 우선적이고도 가장 중요한
의무는 영주직영지에서 주곡생산을 위한 갈이질, 파종, 거름의 운반
과 시비, 써레질, 곡식밭의 울타리 설치, 김매기, 수확 등 곡물재배와
관련된 각종 경작부역의 수행이었다. 대체로 장원농민은 농민보유지
1개당 1.30헥타르에서 2.85헥타르에 이르는 큰 면적으로 된 영주의
곡물경작지에 대해 갈이질을 비롯한 각종 경작부역을 수행해야 했다.
다수의 장원에서 농민보유지 1개당 도리깨를 이용한 곡식타작의 분량
은 10말이 훨씬 넘었으며, 손절구나 맷돌을 사용한 곡식의 제분분량도
해마다 20말 이상이었다. 장원농민은 이와 같은 곡식의 재배와 수확
및 가공과 관련된 부역 외에도 영주직영지의 초지에서 3수레나 10수
레 정도의 건초를 베고, 말리며, 사료창고로 운반하는 등 각종 건초 관
련 작업을 수행해야 했고, 포도재배 지역에서는 포도밭 구덩이 파기,
덩굴매기와 가지치기, 포도 따기와 압착 등 포도 재배 및 수확과 관련
된 각종 작업을 해야 했으며, 아마 재배나 영주의 가축을 사육하는 부
역노동을 수행하기도 했다.[2]

또한 농민보유지를 보유한 장원농민은 거름이나 말뚝과 같은 농
자재와 곡식이나 건초와 같은 수확물을 들판이나 영주 저택으로 수송
함은 물론, 포도주와 같은 특수 물자를 매년 보름이나 한 달 동안 0.5
톤 이상씩 근 100km에서 수백km에 이르는 장거리를 소달구지로 운

---

2   고전장원에서 장원농민에게 부과된 각종 경작부역의 종류와 부담크기에 관해서는 필
      자의 논문, 「고전장원제 하의 경작부역과 수송부역 실태」, 『독일연구』, 14(2007. 12),
      107~128쪽 참조.

반하는 수송부역을 수행해야 했다.[3] 뿐만 아니라, 장원농민은 영주가
족의 귀족적 일상생활 유지에 필요한 여러 가지 잡역도 이행해야 했
다. 식생활 면에서는 빵을 굽고, 버터와 치즈를 만들며, 포도주나 세
르부아즈(cervoise) 주(酒)[4] 따위와 같은 술들을 양조해야 했다. 의생
활 면에서는 아마를 길쌈하고 양모를 가공하여 아마포와 모직을 직조
하고, 내의와 같은 의복을 제조하고 바느질하며, 세탁을 하기도 했다.
주거생활과 관련해서는 영주의 저택과 부속건물의 건축·수리 작업을
하고, 매년 널빤지나 짚으로 지붕을 이고, 뜰과 외양간 주변에 울타리
를 설치해야 했으며, 외양간에 짚을 까는 일을 하기도 했다. 또한 영주
저택의 난방과 취사를 위한 땔나무 채취 작업을 하고, 영주의 집을 지
키기 위한 야경(夜警)과 파수를 서야 했으며, 때로 물까지 영주 저택에
길어다 주어야 하기도 했다. 그 밖에도 도보나 말, 선박 등의 수단을
이용해서 영주의 심부름을 하고, 포도주를 판매하는 일을 하며, 심지
어 곳에 따라서는 포도주통, 쟁기, 도끼, 망치, 선박 따위를 제조해야
하기도 했다.[5]

이와 같이 고전장원에서 토지를 보유한 농민들은 영주직영지의
경작으로부터 영주의 일상생활에 이르기까지 거의 온갖 일을 무상의
강제노동인 부역노동으로 수행했다.[6] 그러므로 고전장원제에서는 농
민보유지의 수가 장원당 보통 10~30개 정도 되고 그 합계면적이 영

---

3 같은 논문, 128~137쪽 참조.
4 세르부아즈 주란 호프를 넣지 않고 보리나 밀로만 빚은 켈트족 전래의 맥주를 말한다.
5 장원농민이 수행한 각종 잡역의 종류와 그 부담의 크기에 관해서는 필자의 논문, 「고전
   장원제 하의 농민의 의무와 부담」, 26~27, 43~52쪽 참조. 이와 같은 잡역은 수레를 갖
   고 하는 수송부역에 대해, 수레 없이 주로 '손'으로 수행된 까닭에 영지명세장을 비롯한
   당시의 문헌기록에서 흔히 '손일(manopera)'이라고 표현되었다.
6 농민들은 영주직영지에서 부역노동을 수행하는 기간에 어쩌다 한 끼 정도의 식사를 제
   공받는 외에는 아무런 보수를 지불받지 못했다.

주직영지의 면적에 비해 훨씬 더 컸지만, 농민보유지는 어디까지나 영주의 직영지 경영에 필요한 부역노동을 제공하기 위한 장원농민의 노동력 재생산수단에 지나지 않았던 셈이다. 농민보유지는 영주직영지 경영을 위한 부역노동을 조달하는 원천이자 부역노동의 지속적인 수행을 보장하는 기초로서 기능했다. 고전장원제적 토지소유 구조 속에서 농민보유지는 영주직영지와 불가분한 관계를 가지면서도, 오로지 영주직영지의 경영에 필요한 부역노동을 공급하기 위해서만 존재하는 철저한 종속물이었을 뿐이다.

따라서 영주직영지 경영의 주요 노동력으로 봐서나 농민보유지의 존재이유와 기능으로 봐서나 영주를 위해 장원농민이 수행하는 부역노동은 고전장원제 아래서 중추적이고도 절대적인 중요성을 갖는다고 할 수 있다. 이에 비해 중세 서유럽의 장원제 가운데서도 후기에 실시된 순수장원제에서는 영주직영지가 대폭 축소되거나 사라지고 이에 따라 지대가 주로 생산물이나 화폐 형태를 띠었기 때문에, 장원의 경영에서 부역노동의 역할이 크지 않았다.

그러나 부역노동은 역사적으로 고전장원의 농민들만 수행했던 것은 아니다. 서유럽의 역사에서 고전장원의 농민들에 앞서 노예들도 부역노동을 수행했다. 고전장원의 농민이 영주를 위해 수행한 노동이나 노예가 주인을 위해 수행한 노동이나 둘 다 똑같은 잉여노동의 착취형태이고 무보수의 강제노동인 부역노동이라는 점에서는 본질적 차이가 없다. 또 노동력까지 상품화되어 상품의 생산과 유통의 법칙에 의한 경제적 강제의 지배를 받을 뿐 인신적으로는 자유로운 자본주의사회 노동자의 임금노동과는 달리, 둘 다 경제외적 강제의 지배를 받는 인신적 예속성을 주요 특징으로 한다는 점에서도 동일한 성격의 노동이다.

그렇지만 고전장원 농민의 부역노동은 부역노동의 크기, 부역노

동자의 노동력 조달방식, 부역노동자와 생산수단과의 소유관계, 부역
노동의 수행을 담보하는 경제외적 강제의 성격 등의 면에서 노예의 부
역노동과는 현격한 차이가 존재한다. 자신의 농민보유지를 경작하여
스스로 생계를 유지했던 고전장원의 농민은 원칙적으로 영주직영지에
서 흔히 1주일에 3일 정도씩 부역노동을 수행한 데 비해, 노예는 언제
어디서나 무제한적으로 부역노동을 수행해야 했다. 노예노동은 그 자
체가 본래 온전히 무상의 강제노동이었던 것이다. 그리고 장원농민은
결혼과 가족생활을 영위하고 영주로부터 분양받은 소규모의 토지를
경작하여 스스로 노동력을 재생산했지만, 법적으로 인격체로 인정받
지 못한 노예는 원칙적으로 결혼과 가족생활이 부정되고 가혹한 착취
에 시달려 정복전쟁이나 무역을 통해 외부로부터 노동력이 조달되었
다. 또 장원농민은 비록 경작지에 대한 소유권을 갖지 못했지만 생계
용의 경작지를 실질적으로 점유하고 있었고, 노동도구와 역축(役畜)을
소유하며, 임야나 방목지와 같은 공유지의 집단적 소유자였다. 이에
비해 노예는 일체의 소유가 부정되고, 그 자신도 주인의 소유물에 불
과했으며, 독자적인 생계유지 수단도 갖지 못했다. 잉여노동을 착취하
기 위한 수단으로서의 경제외적 강제에 있어서도 장원농민은 비록 영
주에 의해 사점되기는 했지만 재판권, 치안권, 징세권 등과 같은 공권
력과 인두세, 결혼세, 상속세 따위로 나타나는 신분규정의 지배를 받
았던 데 비해,[7] 노예는 구타나 감금과 같은 주인의 직접적인 신체적 폭
력의 지배를 받았다는 점에서 차이가 난다.

이와 같이 부역노동이라는 본질은 같으면서도 구체적인 여러 측
면에서는 상이한 양상을 보이는 노예의 부역노동과 장원농민의 부역

7　농민에 대해 영주가 행사하는 권력의 내용에 대해서는 필자의 논문, 「고전장원제에서의
　영주권과 농민」, 277~334쪽 참조.

노동은 각각 다름 아닌 노예노동과 농노노동이다. 농노노동은 고대적 노예노동과 다른 특성을 보이면서도 본질에 있어 부역노동이라는 면에서 봉건적 부역노동이라고 불러도 좋을 것이다. 흔히 고대사회는 노예제사회로, 중세사회는 봉건사회 또는 농노제사회로 규정되고 있음을 감안할 때, 노예의 부역노동과 봉건적 부역노동의 차이는 단순한 의미를 지니는 작은 차이라고 볼 수 없다. 그것은 중세사회의 기본성격을 고대사회의 그것과 구분시킬 만큼 결정적인 중요성을 지닌다고 할 수 있다.

노예의 부역노동이 노예제라는 틀 속에서 일정한 방식으로 행해졌듯이, 장원농민이 영주를 위해 수행한 봉건적 부역노동도 사회적으로 일정한 부과 방식과 체계를 가질 수밖에 없다. 실제로 중세 전기의 고전장원제 아래서 봉건적 부역노동은 지역과 영지에 따라 상당히 다르고 복잡한 양상을 띠기는 했지만 일정한 체계성이 없었던 것이 아니다.[8] 이와 같은 봉건적 부역노동제도는 언제, 어떻게, 어떤 계기로 형성되었을까? 장원제의 역사에서 고전장원제의 형성 문제가 중요하다면, 고전장원제의 근간체계를 이룬다고 볼 수 있는 봉건적 부역노동제도가 어떻게 형성되었는지를 구명하는 일도 중요한 연구과제라고 하겠다. 그러나 지금까지 이에 관한 학계의 관심과 연구는 매우 저조한 실정이다.[9] 봉건적 부역노동제도의 형성에 관한 본격적이고도 체계적

---

8   이 책의 제2부 제IV장 "봉건적 부역노동제도의 고전적 형태와 그 형성"의 제2절 "봉건적 부역노동 제도의 고전적 형태" 외에, 필자의 논문들인 「고전적 형태의 봉건적 부역노동 부과방식 ─파리 분지의 중심부 영지들을 중심으로─」, 『서양중세사 연구』, 32(2013. 9), 1~51쪽; 「고전적 형태의 봉건적 부역노동 부과방식 ─파리 분지의 주변부 영지들을 중심으로─」, 『역사교육』, 132(2014. 12), 207~247쪽; 「고전장원제하의 농업경영 ─9~11세기 센 강과 라인 강 사이지역을 중심으로─」(서울대 대학원 박사학위논문, 1990), 78~81쪽 참조.
9   봉건적 부역노동제도의 형성에 관한 학계의 연구가 근래에도 본격화되지 못했음은

인 연구가 없을 뿐만 아니라 심지어 고전장원제 하의 부역노동의 부과 방식에 관한 연구조차 얼마 되지 않는 편이다.[10] 이와 같은 상황에서 여기 제2부에 게재된 논문들은 주로 중세 초기의 문헌사료에 기초하여 봉건적 부역노동의 기원과 봉건적 부역노동제도의 원초적 형태 그리고 고전장원제 아래서 시행된 고전적 형태의 봉건적 부역노동제도의 형성과정 및 계기를 추적하고, 특별한 종류의 봉건적 부역노동제도인 코르베(corveé)제도의 유래 및 형성과 이와 같은 형성에 따른 중세 초기 장원농민들의 부역노동 부담추이를 고찰한 것들이다.

제2부의 장별 글의 출처는 다음과 같다. 제II장 "봉건적 부역노동의 기원"은『프랑스사 연구』, 제9호(2003. 8), 5~32쪽에 게재된「장원제 하 부역노동의 기원」으로서, 원래의 논문제목이 부적절하다고 판단하여 제목 자체를 약간 수정한 것이다. 제III장 "봉건적 부역노동제도의 원초적 형태"는『서양사론』, 제83호(2004. 12), 57~92쪽에 게재된 같은 이름의 논문이고, 제IV장 "봉건적 부역노동제도의 고전적 형태와 그 형성"도 같은 이름으로『서양중세사 연구』, 제17호(2006. 3), 97~144쪽에 게재된 논문이다. 이 책의 제2부 제II~IV장

1980~2004년간 장원제를 비롯한 중세 초기의 농촌사에 관한 연구성과를 개관하고 평가한 고(故) 모리모토(Y. Morimoto) 교수의 3편의 글들인 "État et perspectives des recherches sur les polyptyques carolingiens(ca. 1980-1986)", pp. 31~80; "Autour du grand domaine carolingien: aperçu critique des recherches récentes sur l'histoire rurale du haut Moyen Âge(1987-1992)", Y. Morimoto, *Études sur l'économie rurale*, pp. 81~132, 특히 106~109; "Aperçu des travaux sur l'histoire rurale du haut Moyen Âge: vers une synthèse équilibrée(1993-2004)", pp. 133~188, 특히 148~152쪽에서 엿볼 수 있다. 이들 글에서는 봉건적 부역노동제도의 형성과 관련된 연구성과에 대한 언급이 전혀 없거나 약간만 나타난다.

10 고전장원제 하의 부역노동제도에 관한 연구현황에 대해서는 필자의 논문,「고전적 형태의 봉건적 부역노동 부과방식—파리 분지의 중심부 영지들을 중심으로—」, 3~5쪽 참조.

에 걸쳐 전재된 이들 3개 논문의 머리말들은 이 책에서 제2부 제I장
'서론'의 새로운 설정으로 말미암아 상당 부분 생략되거나 수정되었다.
제V장 "고전적 '코르베(corvée)' 제도의 유래와 형성"과 제VI장 "중
세 초기 봉건농민의 부역노동 부담추이"는 각각 본래 『역사와 경계』,
제73호(2009, 12), 265~304쪽에 게재된 같은 제목의 논문과 『프랑스
사 연구』, 제22호(2010. 2), 5~43쪽에 게재된 「서유럽 중세 초기 봉건
농민의 부역노동 부담추이―고전장원제 성립 전후를 중심으로―」라
는 논문을 옮겨 놓은 것이다. 이 책에 전재된 제2부의 논문들은 전체
적으로 각각 원래의 학술지에 게재되었던 논문 그대로이지만, 머리말
외의 부분에 대해서도 곳에 따라서는 상당히 수정된 경우가 있다.

II. 봉건적 부역노동의 기원

1. 머리말

봉건농민이 수행하는 노동의 본질적 특성이자 고전장원제에서 영주직영지 경영을 위해 불가결하고 핵심적 요소였던 부역노동은 어디서 기원한 것일까?

부역노동의 성격과 특질을 보다 깊이 있고 명확하게 파악하기 위해서나 장원경영의 근간을 이루었던 부역노동이 성립하게 된 역사적 맥락을 이해하기 위해서는 봉건적 부역노동의 기원에 대한 탐구가 필수적이라고 하겠다. 그리고 봉건적 부역노동의 기원에 대한 지식은, 부역노동으로 대토지가 경영되는 장원 체제가 서유럽에서 중세 초기에 어떻게 하여 성립하게 되었는지를 이해하는 데도 기여할 것이다. 이와 같은 이유로 봉건적 부역노동제도의 형성에 대한 고찰에 앞서 부역노동의 기원을 먼저 살펴볼 필요가 있다.

봉건적 부역노동의 기원은 두 가지 방법으로 탐구될 수 있을 것이다. 하나는 봉건적 부역노동에 관한 기록이 많은 9세기의 영지명세장들을 중심으로 한 중세 초기의 문헌기록에서 신분과 장원농민의 의무내용과의 관계를 살펴보는 것이다. 이를 통해 봉건농민이 영주를 위해 수행한 부역노동이 고내의 어떤 신분과 관련되어 생겨났는지를 파악할 수 있을 것이다. 다른 한 가지 방법은 서양 중세 초기의 문헌기록에 비춰 부역노동이란 용어의 어원을 따져보고 그 의미 및 용법을 분석하는 것이라고 할 수 있다.

2. 신분과 장원농민의 의무내용과의 관계로 본 봉건적 부역노동의 기원

중세의 장원에서 농민들이 영주에게 제공했던 부역노동은 영주직영지에서 이뤄졌다. 영주직영지란 장원제적 구조 속에서 농민에게 분양되지 않고 토지소유주인 영주가 주로 장원농민의 부역노동을 사용하여 직접 경영하는 토지다. 토지소유주의 직접적 경영토지라는 점에서 중세 장원의 영주직영지는 지주가 노예노동력을 사용하여 직접 경영했던 고대 로마사회의 대소유지인 라티푼디움과 같은 성격을 지닌다. 그렇지만 로마사회의 라티푼디움에서는 원칙적으로 노예가 주인으로부터 직접 숙식을 제공받음으로써 대토지가 노예에게 생계수단으로서 분양될 필요가 없었기 때문에 지주의 대토지 전부가 지주 자신이나 대리관리인에 의해 직접 경영되었던 데 비해, 중세 장원에서는 영주의 대소유지가 영주직영지를 경작하는 농민의 노동력 재생산을 위한 농민보유지로서 많은 부분이 분양되고 나머지 토지가 지주의 직접경영지로 남아 있었다는 차이가 있다. 이런 까닭에 중세의 장원에서 지주의 직접경영지 규모는 고대 로마사회의 라티푼디움에서보다 일반적으로 더 작을 수밖에 없다. 이와 같이 지주의 직접경영지라는 점에서는 서로 같으면서도 중세 장원의 영주직영지 크기가 로마사회의 지주 직접경영지보다 상대적으로 작다는 것은, 고전적 장원제의 발상지이자 중심적 발달지역이었던 갈리아 북부지역이 로마시대에는 라티푼디움이 발달한 지역 가운데 하나라는 사실과 관련시켜 볼 때,[1] 결국 중세 장원의 영주직영지는 기본적으로 고대 로마사회의 지주 직접경영지가 로마제정시대 이후 노예제의 쇠퇴에 따라 대폭 축소되어 잔존한 토지임을 뜻하는 것이다. 실제로 우리는 로마제정시대 이래 정복전쟁을 통한 노예노동력의 유지가 어려워진 상황에서 지주가 직영지 경작노동력의 새로운 재생산 방법으로 노예의 외거화나 해방과 동시에 노예에게 생계유지용의 작은 토지를 떼어 줌으로써 직영지가 축소되어 중세 장원의 영주직영지가 형성되는 양상을 중세 초기의 문헌기록 곳곳에서 쉽게 볼 수 있다.[2]

　중세 장원의 영주직영지가 이와 같이 노예노동력을 주로 사용하던 고대 로마사회의 지주 직접경영지로부터 유래한다고 할 때, 장원농민이 영주직영지에서 수행하는 부역노동도 당연히 원래 노예가 주인의 직접경영지에서 수행하던 무상의 강제노동 즉 노예노동에서 기원한다고 볼 수 있을 것이다.

1　이 책 제1부 제II장 제2절 (pp. 34~38) 참조.
2　그러나 이 책 제1부 제II장 제2절에서 보듯이, 중세 장원에서 영주직영지의 절대적 크기가 로마사회에서 'villa'라고 불린 대농장 단위의 지주 직접경영지보다 반드시 작았던 것은 아니다. 로마사회의 지주 직접경영지는 노예의 외거화 등에 따른 토지 분양으로 축소되기는 했지만, 다른 한편 중세 초기의 혼란스런 사회상황 속에서 세력가였던 지주들의 토지는 농민들로부터의 탈취, 농민들의 투탁과 기부 등을 통해 크게 확대되었고 이에 따라 지주 직접경영지의 규모도 커졌기 때문이다.

그러나 중세 장원의 부역노동이 이와 같이 기원한다 함은 부역노동이 행해지는 대상인 영주직영지의 기원을 통해 간접적으로 추론된 것일 뿐이다. 그래서 우리는 사료 속에서 장원농민의 부역노동이 노예노동으로부터 기원했음을 실제로 증언해 주는 증거가 있는지 살펴볼 필요가 있다. 이런 고찰을 위해서는 고전장원제가 성립하는 9세기 초 이전의 중세 초기에 집중적으로 진행된 노예노동으로부터 봉건적 부역노동으로의 이행과정에 관한 문헌사료가 중요하다. 그러나 이 시기의 문헌기록은 전반적으로 매우 적은 편이며, 특히 봉건적 부역노동의 기원에 관한 메로빙시대의 사료는 찾아보기 어렵다. 그에 비해 카롤링조의 르네상스 덕분에 고전장원제가 성립하는 시점을 전후한 카롤링시대의 문헌사료는 상대적으로 많이 남아 전해지고 있는 편이다. 카롤링시대의 사료 가운데서도 봉건적 부역노동과 관련하여 중요한 것은 장원별 영주직영지의 재산현황과 농민보유지들의 의무가 상세히 기록되어 있고 대부분 9세기에 작성된 영지명세장들이다. 영지명세장들 속에는 봉건적 부역노동이 노예노동에서 기원했음을 시사하는 몇몇 흔적을 찾아볼 수 있다.

9세기 중엽에 작성된 생르미 수도원의 영지명세장에 의하면, 노예가 외거화하면서 주인으로부터 생계유지용으로 분급받아 성립된 농민보유지인 노예망스(mansus servilis)의 보유자들은 그 부담의 크기가 작업과제별로 구체적으로 명시된 경작부역 따위의 여러 가지 부역과 공납을 영주를 위해 이행해야 한다. 그 보유자들은 이런 제한적이고도 구체적인 부담 외에도 흔히 "식사를 제공받는 경우에는 명령받는 모든 부역노동을 한다.(Facit omne servitium sibi injunctum, si praebendam habuerit.)"거나 식사를 제공받는다는 말이 없이 그냥 "명령받는 모든 부역노동을 한다."고 기록되어 있다.[3] 이처럼 식사를 제공받으면서 무제한적인 부역노동을 수행하는 것은, 본래 주인으로부터 직접 숙식을 제공받아 부양되면서 그에게 무조건적으로 복종하고 그가 시키는 일은 무엇이든지 다해야 했던 솔거노예 제도의 특성이다. 따라서 장원에서 식사를 제공받는다는 조건으로 행해지는 이런 무제한적 '부역노동(servitium)'은 고대 노예제의 유습(遺習)이라고 볼 수 있을 것이다.

　문헌기록 속에는 노예망스 보유자가 수행하는 무제한적 부역노동이 노예노동에서 유래함을 더욱 분명하게 확인해 주는 일련의 증거들이 있다. 우선 부역노동이라는 뜻의 'servitium' 대신에 'opus servile'라는 말이 사용되고 있다는 점이다. 이를테면, 생르미 수도원의 영지명세장 제XXVIII장 제20항 및 제31항에서 노예망스 보유자는 "자신에게 명령되는 opus servile는 무엇이든 다한다."고 되어 있다.[4] 이 'opus servile'란 말은 문자 그대로도 '노예의 일' 또는 노예가 수행하는 '천역(賤役)'이라는 뜻이지만, 아래의 문헌기록들은 그 말이 그런 뜻임을 명확히 하고 있다. 프랑크왕국의 한 법률서식에서 노예를 자유인으로 해방시킨 사람의 후손이 "해방장을 위반하여 해방된 노예에게 노예의 일을 강요한다면"이라고 하고,[5] 또 알레만 법의 한 조항은 "알레만족의 자유인여성이 교회기관의 노예와 결혼하여 노예여성의 일인 servicium의 수행을 거부한다면 결혼을 포기해야 한다."고 하고 있는 것이다.[6] 이런 기록들을 통해 'opus servile'가 의문의 여지없이 노예

3　B. Guérard, ed., *Polyp. de St. Remi*, 제III장 제3~4항, 제XI장 제8~11항, 제XIV장 제3~4항, 제XV장 제12~17항, 제XVIII장 제9항, 제XIX장 제8항, 제XX장 제13~16항, 제XXII장 제15~24항.

4　"Facit … opere servili quicquid ei〔sibi〕 injunctum fuerit."

5　"Si … hanc cartam libertatis infringere temptaverit et ad **servile opus** 〔illum〕 conpulerit"(K. Zeumer, ed., *Formulae*, "Formulae Alsaticae" 중 2. "Formulae Argentinenses", no. 1〔p. 337〕).

6　"Si libera Alamana servum ecclesiae nupserit et servicium **opus ancilla** contradix-

의 노역임이 명확해졌다고 할 때, 고전장원에서 노예망스 보유자가 식사를 제공받는 경우에 무제한으로 수행하는 부역노동은 틀림없이 노예노동에서 유래했다고 하겠다.

그런데 노예망스 보유자가 식사를 제공받는 경우에 무제한으로 부역노동을 수행한다는 기록은 노예망스 보유자의 무제한적인 추가 부역노동뿐만 아니라 제한적이고 구체적으로 명시된 부역노동까지도 주인에 대한 노예의 무상 강제노동에서 유래했을 가능성을 제시한다. 그렇게 볼 수 있는 것은, 우선 생르미 수도원의 영지명세장에서 일부를 제외한 다수의 노예망스 보유자의 의무가 이런 두 가지 상이한 성격의 부역노동을 동시에 수행하고 있다는 사실이다. 이 영지명세장에서 노예망스 가운데 무제한적인 부역노동의 의무에 관한 기록이 없는 것은 제VIII장 제2~3항, 제XII장 제4항, 제XVII장 제22~27항, 제XXII장 제9~14항 등으로, 노예망스에 관한 전체 기록의 $\frac{1}{5}$ 수준에 지나지 않는다. 또 하나의 이유는 이런 무한정한 부역노동의 의무가 부과되는 노예망스를 보유한 자들의 신분이 대부분 노예라는 사실이다. 생르미 수도원의 영지명세장 가운데 '명령받는 일은 모두 다해야 한다.'는 의무가 따르는 노예망스가 기록되어 있는 제III, XI, XIV, XV, XVIII~XX, XXII장에서 망스의 공동보유자까지 포함된 총 70명의 이런 노예망스 보유자 중 신분 미상자가 5명이고, 노예 신분이 48명이며, 자유인 신분이 17명이다. 따라서 신분미상인 자를 제외한 65명 중 노예는 $\frac{3}{4}$가량을 차지하고 자유인은 $\frac{1}{4}$쯤 차지하는 셈이다. 특히 이처럼 보유자의 신분이 대부분 노예라는 사실은 노예망스가 노예의 외거화로 형성되었음을 말해 주는 동시에 노예망스 보유자의 부역노동 전체가 노예노동으

erit, abscedat."("Lex Alamannorum", 제XVIII조 제2항[p. 50]).

로부터 기원했을 가능성을 강하게 시사하는 것이다.

그렇지만 이런 자료로는 노예망스 보유자의 제한적·명시적 부역노동까지 노예노동에서 기원한다고 단정하기는 어렵다. 왜냐하면 생르미 수도원의 영지명세장을 비롯한 여러 영지명세장에서 자유민의 토지투탁과 예속으로부터 형성된 자유인망스 보유자도 역시 기본적으로 노예망스 보유자와 같은 제한적·명시적 부역노동의 의무를 지고 있기 때문이다.

그러나 영지명세장들에는 노예망스든 자유인망스든 농민보유지 보유자의 한정적·명시적 부역노동까지를 포함한 장원농민의 부역노동 전체가 노예노동에서 기원했음을 보다 분명하게 입증해 주는 것으로 판단되는 현상이 나타난다. 그것은 '아콜라(accola)' 또는 '호스피키움(hospicium)'이라고 불리는 농민보유지를 노예 신분이 보유하는 데 따른 지대형태와 관련된 것이다. 아콜라나 호스피키움은 어의상(語義上)으로 기존 농지의 외곽에서 새롭게 창출된 소규모의 농민보유지라고 할 수 있다.[7] 특히 호스피키움은 외부인이 흘러 들어와 정착하면서 형성된 작은 농민보유지라는 뜻을 내포하고 있다. 이런 형성과정 때문에 이들 토지는 자유인이 보유하는 것이 보통이다. 그렇지만 노예도 외거화하면서 개간 등을 통해 보유하는 경우가 종종 있다. 이런 농민보유지는 대부분 개간지로부터 창출되었기 때문에 망스(mansus)라는 표준적·일반적 농민보유지보다 비교적 뒤늦게 형성되었다는 것이 특징이다. 물론 이들 소규모 농민보유지는, 고전적 장원제의 형성과

7 'accola'는 고전라틴어에서 '인근에 살다'는 뜻의 동사 'accolo'에서 온 말로, 명사 그 자체의 뜻은 '이웃'이다. 'hospicium'은 고전 라틴어에서 '손님'이라는 뜻의 'hospes'와 관련이 있는 말로, 그 자체로는 '손님 접대'를 뜻한다. 이들 토지는 영지명세장에 명시되어 있는 크기로 보거나 이름 자체의 접미사의 의미로 볼 때, 소규모의 면적으로 된 농민보유지다.

발전 속에서 농민보유지의 종류와 보유자의 신분의 불일치가 심해지는 추세를 보인 망스의 경우와 마찬가지로[8] 보유자의 변동이 발생해서 최초 보유자의 신분이 영지명세장에 기록되어 있지 않은 경우도 있을 수 있다. 그렇지만 이들 농민보유지는 비교적 최근에 형성된 것이므로 망스에 비해 최초의 보유자가 기록되어 있는 경우가 더 많다고 할 수 있다. 그래서 우리는 이들 소규모 농민보유지의 보유자 신분과 부역노동 등 의무형태 사이의 관계를 분석함으로써 장원농민의 부역노동이 노예노동에서 기원했는지를 가늠해 볼 수 있을 것이다.

　새로운 개간을 통해 창출된 이런 소규모의 농민보유지는 마자르족 등 외세의 침략과 혼란으로 경작자 없이 방치된 농민보유지가 많았던 바이센부르크 수도원의 영지명세장과 같은 데서는 보이지 않는다. 몽티예랑데(Montiérender) 수도원의 영지명세장이나[9] 생모르데포세(Saint-Maur-des-Fossés) 수도원의 영지명세장에는[10] 이런 작은 규

8　망스의 종류와 보유자 신분의 불일치는 이미 9세기부터 심했다. 특히 자유인망스의 경우보다 노예망스의 경우에 노예가 아닌 타 신분 보유자의 비율이 절반가량을 차지할 정도로 불일치 비율이 높았으며, 시간이 지날수록 불일치의 정도는 심해지는 경향을 보인다. 필자의 논문, 「고전장원제 하의 농민보유지 제도」, 404~406쪽 참조.

9　이 책에서 참고하는 몽티예랑데 수도원의 영지명세장은 Ch. Lalore, ed., *Chartes de Montirender. Collection des principaux cartulaires du diocse de Troyes*, tome IV (Paris, 1878), pp.89~115; Ch. Lalore, ed., *Le polyptyque de l'abbaye de Montirender* [Tiré à deux cent cinquante exemplaires numérotés. L'éditeur: J. Carnandet] (Paris, Librairie H. Menu, 1878); C. B. Bouchard, ed., *The Cartulary of Montier-En-Der 666-1129* (Toronto: Univ. of Toronto Press, 2004), pp. 315~333에 게재된 것이다. 이하 이 수도원의 영지명세장은 "Polyp. de Montiérender"라고 줄여 쓰도록 하겠다.

10　이 책에서 참고하는 이 수도원의 영지명세장은 B. Guérard, ed., *Polyp. de St. Germain*, vol. II "Appendix" 제I장(pp. 283~288) "Polyptychum Fossatense" (이하 B. Guérard, ed., "Polyp. de St. Maur-d.-Fossés"로 줄여 씀)와 D. Hägermann & A. Hedwig, ed., *Polyptychon und die Notitia de Areis von Saint-Maur-des-Fossés: Analyse und Edition* (Sigmaringen: Jan Thorbecke, 1990) (이하 D. Hägermann, ed., *Polyptychon von St. Maur-d.-Fossés*로 줄여 씀)이다. 그러나 이 영지명세장을 일반적으로 참고하고 지칭할 경우에는 그냥 "Polyp. de St. Maur-d.-Fossés"라고 하기로 한다.

모의 농민보유지들이 제법 많이 나타나지만, 그 보유자의 신분에 관한 언급은 전혀 없다. 다만, 생르미 수도원의 영지명세장과 생제르맹데프레 수도원의 영지명세장에는 '아콜라(accola)' 또는 '호스피키움(hospicium)'이라고 불리는 소규모의 농민보유지가 상당수 나타나고 그 보유자의 신분이 다수 명기되어 있다. 그래서 이 두 영지명세장에 보이는 이들 작은 농민보유지를 중심으로 보유자의 신분과 의무형태 사이의 관계를 살펴볼 수 있다.

생르미 수도원의 영지명세장에는 여러 곳에 걸쳐 아콜라의 보유에 관한 기록이 나타난다.[11] 그 기술내용의 특성으로 볼 때, 이런 기록은 세 가지 부류로 나눠 살펴볼 수 있다.

우선 첫 번째 부류로 제VI~X장과 제XV~XVII장의 장원들에 나타나는 아콜라에 관한 기록을 들 수 있다. 여기에 기록된 총 38개의 아콜라 가운데서 26개의 보유자 신분이 명기되어 있고 나머지 12개의 보유자 신분은 명시되어 있지 않다. 신분이 명기되어 있는 26개의 아콜라 보유자 중 17개의 보유자가 자유인 신분이고 나머지 9개의 보유자가 장원 바깥 거주자로 보이는 'forasticus'다.[12] 자유인 신분의 보유

---

11 이 명세장에서 accola의 보유에 관한 기록이 있는 곳은 제VI장 제13, 22, 25~30항, 제VII장 제4항, 제VIII장 제4항, 제IX장 제8~11항, 제X장 제9항, 제XV장 제17항, 제XVI장 제5항, 제XVII장 제28, 124항, 제XVIII장 제10항, 제XIX장 제12~13항, 제XXII장 제45항, 제XXIII장 제2~3항, 제XXIV장 제1항, 제XXVII장 제2~3항, 제XXVIII장 제22~27, 46~50, 52항이다.

12 B. Guérard, ed., *Polyp. de Saint-Remi*, "머리말(Préface)", pp. XV~XVI 및 B. Guérard, *Prolegomènes*, pp. 430, 847~848에 의하면 'forasticius'는 '장원 바깥 거주자'를 뜻한다. 그러나 이 용어를 K. Elmshäuser & A. Konrad, *Studien zum Polyptychon von Saint-Germain-des-Prés* (Köln: Böhlau, 1993), pp. 114~115에서는 장원 외부 출신으로 이해하고, J. E. Niermeyer, *Mediae Latinitatis Lexicon Minus* (Leiden: E. J. Brill, 1984), p. 440에서는 거주장원에 속하지 않는 예속민이라고 한다. 따라서 이 용어의 정확한 뜻은 현재까지 정립되어 있지 않다고 할 수 있다.

한편 생르미 수도원의 영지명세장에서 1개의 아콜라를 복수의 사람들이 공동으로 보

자는 4명을 제외하고 모두 일정액의 화폐로 된 지대를 지불할 의무를 지고 있다. 나머지 4명 중에서도 2명은 매년 1두의 양을 영주에게 공납하는 현물지대로 되어 있고,[13] 1명은 일정 액수의 스펠트밀로 된 현물지대와 일정 면적의 엉주직영지를 경작해야 하는 노동지대가 혼합된 형태로 부담을 지고 있으며,[14] 나머지 1명만 경작부역 중심의 노동지대를 부담하고 있을 뿐이다.[15] 자유인이냐 부자유인이냐 하는 고대로부터의 신분구분 기준에 비춰볼 때는 자유인이었음이 틀림없는 것으로 보이는 9명의 forasticus도 아콜라의 자유인 보유자와 마찬가지로 2명을 제외하고 모두 화폐지대를 지불한다. 이 2명 가운데서도 1명은 화폐와 현물이 혼합된 형태의 지대를 지불하며,[16] 단지 1명만이 경작부역 방식의 노동지대를 일부 부담하고 있으나 동시에 현물지대도 부담한다. 따라서 대체로 아콜라를 보유한 자유인 신분의 지대는 부역노동으로 된 노동지대인 경우가 극히 드물었으며, 가끔 현물형태로 된 경우도 있으나 일반적으로 화폐 형태의 지대였다고 할 수 있다.

　　두 번째 부류로는 제XVIII장 제10항, 제XIX장 제12~13항, 제XXIII장 제2~3항, 제XXIV장 제1항, 제XXVII장 제2~3항에 나타나는 아콜라에 관한 기록들이다.[17] 이들 기록에서는 대부분 신분이 명시

유하는 경우가 가끔 있으나, 보유자의 신분이 명기되어 있는 경우에 공동보유자의 신분은 모두 같다. 그래서 이하에서는 편의상 아콜라의 수와 보유자의 수가 같은 것으로 간주하여 서술한다. 이와 마찬가지의 이유에서, 그 다음에서 다룰 생제르맹데프레 수도원의 영지명세장에 보이는 호스피키움의 수와 보유자의 수도 같은 것으로 보고 서술한다.

13　제XVII장 제28항에서 첫 2개의 아콜라 보유자.

14　제VII장 제4항.

15　제XVII장 제28항의 네 번째 보유자.

16　제IX장 제11항의 네 번째 보유자.

17　제XXII장의 기록 가운데 이 장에서 다루는 장원의 재산에 관한 총요약(summa)이 나타나는 제45항에도 2개의 아콜라가 보이지만, 2개만 존재한다고 할 뿐 그 이상의 자세한 기술이 없다.

되어 있지 않다. 이 가운데 지대가 노동지대로 되어 있는 5개의 아콜라가 나타나는 제XXVII장 제2~3항에는 2개 아콜라의 보유자 신분이 명기되어 있으나, 3개 보유자의 신분은 미상이다. 신분이 명시되어 있는 2개의 보유자는 자유인과 노예여성이 1명씩이다. 따라서 이것으로는 아콜라 보유자의 신분과 지대형태 사이의 관계를 알 수가 없다. 제XIX장 제12항과 제XXIII장 제2~3항에 기록된 5개 아콜라의 보유자 신분은 모두 다 명시되어 있지 않다. 그러나 이들 보유자는 일정 면적의 영주직영지를 경작하는 등 노동지대를 지불하고 "명령받는 부역을 (모두) 한다."거나[18] "초지나 추수밭 또는 필요한 곳 어디서나 손일을 한다."고[19] 되어 있다. 두 기록 다 노예노동의 특성을 말하는 것으로, 이런 보유자들의 신분은 원래 모두 노예였음을 시사한다. 무제한적인 부역노동의 의무가 부과된 농민보유지 보유자들의 신분이 원래 노예임은 앞에서 이미 설명한 바다. 게다가 같은 영지명세장 제XVIII장 제10항에서 "그리고 명령받는 모든 부역을 한다."고 기록되어 있는[20] 아콜라 보유자의 신분이 노예라는 사실만 보아도,[21] 한정된 경작부역 외에 무제한적인 부역노동을 수행해야 했던 제XIX장 제12항과 제XXIII장 제2~3항의 5개 아콜라 보유자의 신분이 모두 노예임이 확실하다고 하겠다. 따라서 이들 보유자의 신분이 노예라고 할 때, 애초에 아콜라 보유자의 신분이 노예인 경우에는 그 보유자에게 경작부역을 중심으로 한 노동지대의 지불 의무가 부과되었다고 볼 수 있다. 이는 나아가 고전장원제에서 장원농민의 일반적인 지대형태가 된 부

---

18   "…; et facit servitium sibi injunctum."

19   "…; facitque manopera in prato, in messe, vel ubicumque necessitas fuerit."

20   "…, facitque omne servitium sibi injunctum."

21   아콜라를 보유한 이 노예는 여러 가지 다른 형태의 부역과 공납에 대한 의무는 지고 있지 않고 단지 약간의 닭과 계란을 바치고 '명령받는 모든 부역을 다한다.'고만 되어 있다.

역노동은 노예의 토지보유에서 연유함을 말해 주는 것이기도 하다고
할 수 있다.

　세 번째 부류의 기록으로는 생르미 수도원의 영지명세장 제XXVI-
II장 제22~27, 46~50항을 들 수 있다. 여기에는 창출 당시 자유인의
소규모 보유토지임을 명확하게 표시하는 '자유인아콜라(accola inge-
nuilis)'가 나타난다. 이들 보유자 가운데 2명이 노예인 것을 제외하고
나머지 모두의 신분이 로마시대 이래 법적으로는 자유인으로 취급된
콜로누스이고, 지대는 대부분 일정 면적의 영주직영지를 경작하는 노
동지대로 되어 있다. 이로 봐서는 노동지대가 오히려 자유인과 연관되
어 있다고 생각될 수 있다. 그러나 제XXVIII장의 이런 기록을 그렇게
보기는 어렵다. 그것은 다음과 같은 이유에서다.

　이 책의 제1부 제III장 제3절에서 봤듯이, 로마제정시대부터 콜로
누스의 일반적 지대형태는 원래 화폐나 현물이었다. 이런 형태의 지대
는 중세에 들어 7세기 무렵까지 지속되었고, 8세기에 이르러 콜로누스
의 지대가 노동지대로 바뀌는 큰 변화가 일어났다. 그런데 생르미 수
도원의 영지명세장에서 대부분의 장들이 장원별 기술체제를 취한 것
과는 달리 이 제XXVIII장은, 생르미 수도원영지의 재산과 수입 현황에
관한 "총 요약(Summa generalis)"을 다룬 제XXV장의 다음에 '콜로누
스의 보유토지들'이라는 뜻의 "Colonicae"라는 표제를 달고 기술되고
있다. 이로 미뤄 볼 때, 제XXVIII장은 생르미 수도원의 주요 장원들에
대한 영지명세장이 9세기 중엽에 작성되고도 한참 지난 뒤인 10세기
쯤 추가된 것으로 추측된다.[22] 더욱이 제XXVIII장 제22~27, 46~50항

22　제XXVIII장이 뒤늦게 작성되었을 것임에 대해서는 P. Desportes & F. Dolbeau, "Dé-
　　couverte de Nouveaux documents relatifs au polyptyque de Saint-Remi de Reims: à
　　propos d'une édition récente", *Revue du Nord*, 68(1986), pp. 602-603; H. Leclercq,

에서는 아콜라가 '자유인아콜라(accola ingenuilis)'라고 명시되어 있다. 따라서 이처럼 뒤늦은 시점에 존재하는 '자유인아콜라'는 이미 농민보유지의 종류와 지대형태 사이의 애초의 순수한 관계를 상실할 수밖에 없다. 순수한 관계를 상실했을 가능성은 제XXVIII장의 제22~23항에서 노예가 2개의 '자유인아콜라'를 보유하고 있다든지, 제47항과 제50항에서는 이런 accola를 보유한 콜로누스의 지대가 화폐지대로 되어 있으면서도 제46항에서는 노동지대와 화폐지대가 혼합되어 있다든지 한 데서도 볼 수 있다. 오히려, 본래의 영지명세장에 뒤늦게 추가된 형태로 되어 있는 이 제XXVIII장에서 대부분의 '자유인아콜라' 보유자의 의무가 노동지대로 되어 있음에도 불구하고 제47항과 제50항에서는 화폐지대로 되어 있고 제46항에서도 지대가 노동지대와 화폐지대로 혼합되어 있는 것으로 볼 때, 제XXVIII장의 아콜라에 관한 기록은 농민보유지 보유자의 신분이 자유인인 경우는 원래 화폐지대와 연관되어 있었을 가능성을 엿보게 한다고도 할 수 있다.

생제르맹데프레 수도원의 영지명세장에도 곳곳에 주로 새로운 개간지로부터 창출된 것으로 추정되는 작은 농민보유지인 호스피키움이 78½개가 나타난다.[23] 호스피키움 보유자의 신분은 신분불명인 6개를 제외한 72½개의 호스피키움 보유자 가운데 7명이 노예이고, 4명이 리투스(litus)라고 하는 반자유인이며, 5명이 'extraneus' 또는 'advena'라고 불리는 외지인이다. 그 나머지 모두가 자유인(liber)이

"Polyptyque", F. Cabrol, ed., *Dictionnaire d'archéoloogie chrétienne et de liturgie*, t. 14, pt. 1(Paris: Letouzey, 1939), col. 1394~1395도 참조.

23　호스피키움에 관한 기록이 나타나는 곳은 제I장 제19~37항, 제VI장 제46~54항, 제IX장 제156~157, 286, 292항, 제XVI장 제80~81, 89항, 제XVII장 제47항, 제XXI장 제74~77, 80항, 제XXII장 763, 89~91항, 제XXIII장 제25항, 제XXIV장 제47~55, 67~70, 105~111, 160~169, 177~178, 181항이다.

거나 적어도 법적으로는 자유인인 콜로누스다. 이들 보유자의 지대는
화폐지대인 경우가 2개이고[24] 수공업적 제조부역으로 된 것이 1개가[25]
있을 뿐, 나머지 모두가 일정 면적의 영주직영지를 대상으로 경작부역
을 수행하거나 매주 며칠씩의 주부역을 행하거나 또는 양자 혼합의 형
태로 되어 있다. 이와 같이 호스피키움이라는 소규모 농민보유지의 대
부분을 자유인이 보유하고 그 지대가 노동지대로 되어 있다는 것은 생
제르맹데프레 수도원의 영지명세장을 비롯한 영지명세장들에서 일반
적 · 표준적 농민보유지로 나타나는 망스—자유인망스든 노예망스든
상관없이—의 의무형태와 같은 것이다. 그래서 아마도 생제르맹데프
레 수도원의 영지에서는 고전장원제가 일찍 형성된 것만큼이나[26] 망스
와 마찬가지로 작은 농민보유지들의 경우에도 보유자의 신분과 의무
형태 사이에 애초의 순수한 관계가 유지되지 못했던 것으로 추측된다.

그렇지만 우리는 이 영지명세장 제XX장 제30~42, 44항에서 '노
예 보유의 작은 토지'라는 뜻을 가진 '노예호스피키움(hospicium ser-
vilis)'이라고 하는 아주 특별한 호스피키움이 기록되어 있는 것을 볼
수 있다.[27] 이들 농민보유지 보유자들의 신분은 1명이 콜로누스인 것
을 제외하고는[28] 나머지 모두 그 보유지의 이름답게 노예남성이거나
노예여성이다. 더욱 특징적인 것은, 이런 보유지를 노예가 보유한 경

24   제I장 제28, 37항.
25   제I장 제34항.
26   앞에서 말한 바와 같이, 생제르맹데프레 수도원의 영지명세장은 영지명세장들 가운데
       비교적 가장 빠른 시기에 속하는 820년대에 작성된 것으로 추정되고 있다.
27   제31~32, 35~42, 44항에서는 그냥 'hospicium'이라고 되어 있거나 아니면 아예 호스
       피키움이란 말이 없지만, 제30항부터 이어지는 문맥을 볼 때나 의무내용이 거의 같은
       점으로 볼 때나 굳이 'hospicium servilis'라고 명기만 안 되어 있을 뿐이지 노예호스피
       키움임이 틀림없는 것으로 보인다.
28   제37항.

우에는 두 곳을 제외하면,[29] 한결같이 "facit…alium〔aliud〕 servicium quod ei injungitur." 또는 "facit…omne servicium quod ei injungitur."라고 하여 '명령받는 여타의 모든 부역노동을 한다.'고 되어 있다는 사실이다. 이런 무제한적 부역노동 수행 의무는 앞에서 말했듯이 노예노동의 특성으로, '노예호스피키움'이라는 말과 함께 이들 호스피키움이 노예의 외거화를 통해 창출되었고 그에 따라 최초 보유자는 노예였음을 확인시켜주는 증표라고 할 수 있다. 게다가 제38~41항에 의하면 이런 농민보유지를 보유한 노예여성들의 기본적 의무는 영주를 위해 아마포로 된 셔츠 제조용 직물을 짜고 암평아리를 살찌게 기르는 것이다. 이런 작업은 원래 솔거노예, 특히 여자노예가 주인을 위해 수행하던 가사노동(家事勞動)의 잔재라고 볼 수 있다. 이런 사실도 노예호스피키움이 노예의 외거화로 창출되었음을 증명하는 것이다. 이들 노예호스피키움 보유자의 의무는, 제35, 42, 44항에서와 같이 경작부역의 형태로 되어 있지 않고 약간의 현물 공납의 형태로 된 경우도 소수가 있으나, 그런 토지를 보유한 남자노예의 압도적 다수는 일정 면적의 영주직영지를 쟁기로 갈이질할 의무를 지고 있다. 이런 농민보유지를 보유한 여자노예 중 1명도 직조 및 암평아리 사육의 의무를 지는 외에 일정 면적의 영주직영지에 대한 갈이질 부역이 부과되고 있다. 노예신분 보유자의 이런 경작부역 의무는 제37항에서 노예호스피키움을 보유한 콜로누스 신분이 일정 수량의 가축과 화폐로 지대를 지불하는 것과는 대조를 이루는 것으로, 이 역시 장원제 아래서 경작부역을 중심으로 한 부역노동이 주인에 대한 노예의 무보수 강제노동에서 비롯되었음을 증명한다고 하겠다.

---

29 제34, 37항.

우리는 아콜라나 호스피키움이라는 비교적 뒤늦게 생성된 소규모 농민보유지에 관한 생르미 수도원과 생제르맹데프레 수도원의 영지명세장을 분석한 결과, 기원상 장원농민의 화폐지대나 현물지대는 자유인 신분의 토지보유와 관련되어 있는 데 비해 부역노동 형태로 된 노동지대는 노예의 토지보유와 관련되어 있음을 알 수 있었다. 원래 주인으로부터 직접 의식주를 제공받으면서 주인의 토지를 경작하던 노예가 자신의 가족이 생계를 유지할 만큼의 작은 토지를 보유하게 되었다는 것은 노예에 의한 주인의 직접경영지 경작노동은 그 전(前)대로 이행하면서 노예의 생계유지 방식만 달라졌다는 것을 의미한다. 그러므로 노동지대가 노예의 토지보유와 연관되어 있었음은 당연하다고 하겠다. 뿐만 아니라 고대 후기와 중세 초기 서유럽의 역사적 사실들을 볼 때도, 자유인 신분이 토지를 보유하고 지주에게 지불하는 지대는 일반적으로 화폐지대나 현물지대였다. 로마제국에서 법적으로 자유인 신분이었던 콜로누스들이 지주에게 지불하는 지대는 대체로 화폐지대나 현물지대였다. 이미 앞의 제1부 제II장 제3절에서 본 바와 같이, 6세기 중엽쯤 북부 이탈리아의 라벤나 교회가 파도바 지방에 소유한 영지에서도 법적으로 자유인인 콜로누스들이 지불하는 지대는 주로 화폐지대였으며, 7세기 프랑스의 루아르 강변에 위치한 투르의 생마르탱 수도원의 소유지에서 콜로누스들이 지불하는 지대도 모조리 현물지대였다. 또 봉건사회가 본격 형성되고 있던 중세 초기에, 그중에서도 특히 고전장원제가 성립하는 9세기 초를 전후한 시기에, 자유인 신분의 농민들이 세력가에게 토지를 투탁하고 투탁자의 일생동안 프레카리아 방식으로 투탁토지를 경작·이용하면서 그 수탁자에게 지불하는 지대(census) 역시 보통 화폐로 되어 있었으며 가끔은 현물로 되어 있었다.[30] 따라서 영지명세장을 통해서 본 농민보유지 보유자들

의 신분과 지대 형태 사이의 이런 관계는 장원제 아래서의 봉건적 부
역노동이 주인에 대한 노예의 무보수 강제노동에 기원을 두고 있음을
입증하는 것이라고 하겠다.

3. 언어적 측면에서 본 봉건적 부역노동의 기원

장원의 영주직영지가 농민보유지 보유자들의 부역노동으로 경작되는
고전적 형태의 장원구조를 보여주는 영지명세장을 비롯한 중세 전기
의 문헌기록에서 영주를 위해 장원농민이 수행하는 경작부역 따위의
부역 일반은 보통 'servitium'이라고 불렸다.[31] '부역노동을 한다'는 것

---

30   예컨대, C. Zeuss, ed., *Traditiones Wizenburgenses*, 제CLXXIII, CLXXVI, CCVI,
      CCXVI, CCXLIX, CCLVIII, CCLXIX, CCLXXI장 등 참조.

31   예컨대, A. Bruckner, ed., *Regesta Alsatiae*, I. *Quellenband*, no. 272("…ebdomar-
      um **servitia**…"(p. 172); J. Warichez, ed., "Une 《Descriptio villarum》 de l'abbaye de
      Lobbes à l'époque carolingienne"(이하 "Polyp. de Lobbes"로 줄여 씀), *Bulletin de la
      Commission Royale d'Histoire*, tome 69, IV bulletin (Bruxelles, 1909), pp. 252("…
      mansi .IIII. …solventes eundem **servitium** quem superiores."), 261; B. Guérard,
      ed., *Polyp. de St. Germain*, 제IX장 제139항("… mansum 1, …. Debet omne **servi-
      cium** reddere ingenuile de integro manso; sed, propter **servicium** …"), 제X장 제1
      항; B. Guérard, *Prolegomènes*, pp. 925~926에 게재된 "Polyptyque de St. Amand"
      ("Polyp. de St. Amand"으로 줄여 씀), 제2("…. Item mansus I …. Omne reliquum
      servitium sicut superiores."), 4장; B. Guérard, ed., *Polyp. de St. Remi*, 제VI장 제23
      항("Aliud **servitium** sicut ceteri superiores ingenuiles"); "Polyp. de Montiérender",
      제I("…; facit dies VIIII de **servitio**…"), VI, XII장; "Polyp. von Wizenburg", 제I("….
      Et preter predictum **servitium** …"), XL, XLIII, XCI, CLV, CLXV, CCXXVIIII, CCXLI,
      CCXLVIII, CCLVI, CCLVII장; "Güterverzeichnis der Abtei Prüm von 893", H. Beyer,
      ed., *Urkundenbuch zur Geschichte der, jetzt die Preussischen Regierungbezirk
      Coblenz und Trier bildenden Mittelrheinischen Territorien*, Erster Band (Coblenz,
      1860), pp. 142~201(이하 "Güterv. der Prüm"으로 줄여 씀), 제III("… mansa se-
      ruilia .VI. et dimidiam. que similiter ut superiores. censum et **seruicium** soluere
      debent.") 이하 곳곳; "Descriptio bonorum monasterii S. Vitoni Virdunensis", B.

은 'servio'라는 동사로 표기되었다.[32] 또 부역노동의 의무를 지고 이
행하는 농노는 'serviens'라고 불리기도 했다.[33] 그런데 그 이전 로마
시대의 고전라틴어에서 servio의 뜻은 '노예가 되다'거나 '노예상태
에서 살다' 또는 '시중들다'는 것이었다. servitium은 이런 뜻을 가진
servio의 명사형으로, 역시 고전라틴어에서는 '노예적 예속상태'나 '노
예신분'을 뜻했다. 고전라틴어에서 servitium의 동의어는 'servitus'였

Guérard, ed., *Polyp. de St. Remi*, 부록 III (pp. 115~122), 제5 (˝…, sunt mansi ad **servitium** XVI, LIII ad censum; ….˝), 6, 11, 13, 16, 19장 참조.

   servitium은 반드시 장원의 농민이 영주에게 수행해야 하는 경작부역을 비롯한 부역노동 전체를 지칭하는 뜻으로 사용된 것은 아니다. 이를테면, B. Guérard, ed., *Polyp. de St. Remi*에서 그 말은 막연히 '작업' 또는 '일'이라는 뜻으로도 제법 많이 사용되고 있고, 때로는 경작부역 이외의 잡역의 뜻으로 사용되기도 하며(제III장 제2항의 ˝Pro omni aratura et **servitio** ….˝), 때로는 수송부역의 뜻으로 사용되기도 하는(예컨대, 제XVII장 제22항의 ˝Facit et **servitium** aquense, ….˝) 등 경우에 따라 여러 가지 뜻으로 쓰였다. 반면에, 부역을 표현하는 말에도 servitium만 있었던 것은 아니다. 'opus', 'labor', 'corrogata' 등도 때로 부역이란 뜻으로 사용되기도 했다.

32   예컨대, ˝Lex Baiuwariorum˝(pp. 261~334), 제I조 제13항(˝Servi autem ecclesiae… Si vero dominus eius dederit eis boves aut alias res, quod habet, tantum **serviant**, quantum eis per possibilitem inpositum fuerit; ….˝)(p. 280); *Capitularia*, no. 140 ˝Capitula per se scribenda˝(˝De colonis vel servis aecclesiae qualiter **serviant** vel qualia tributa reddant˝[p. 286]); ˝Polyp. de St. Amand˝, 제2(˝… mansi XI. …. **Serviunt** in ebdomada dies II cum bobus, tertium manibus.˝)~5장; ˝Polyp. von Wizenburg˝, 제XX~XXV(˝…. huobe… in unaquaque ebdom. III. dies **servire**[**serviunt**]….˝), XXX, CXXIIII, CXLI, CCL, CCXCIV장; K. Glöckner, ed., ˝Ein Urbar des rheinfränkischen Reichsgutes aus Lorsch˝, *Mitteilungen des Instituts für österreichische Geschichtsforschung*, Band XXXVIII Heft 2(Innsbruck: Wagner, 1918), p. 394(˝… serviles hube 30, quarum unaqueque … et **servit** 3 dies in ebdom.˝); ˝Güterv. der Prüm˝, 제II장(˝In wettellendorpht sunt mansa seruilia .V. et dimidium. que similiter **seruiunt** sicut in rumersheym.˝) 이하 곳곳; ˝Fragmenta descriptionis bonorum monasterii Mediolacensis, in dioecesi Trevirensi˝(이하 ˝Fragmenta Mediolacensis˝로 줄여 씀), B. Guérard, ed., *Polyp. de St. Remi*, 부록 IV(pp. 122~123)(˝…**servit**[**serviunt**] ebdomadas II, …. Servitium aliud non faciunt ….˝) 참조.

33   예컨대, *Capitularia*, no. 32 ˝Capitulare de villis˝, 제39조(p. 86) 및 no. 46 ˝Capitulare missorum Niumagae datum˝(p. 131); K. Zeumer, ed., *Formulae*, ˝Marculfi formulae˝, liber II, no. 52(p. 106) 참조.

고, 노예 자체를 지칭하는 말로는 주로 'servus'가 사용되었다. 그러므로 언어적으로도 봉건적 부역노동은 노예적 예속상태에서 수행된 노동 곧 무보수의 강제노동인 노예노동에서 기원한다고 할 수 있다.

그러나 어원적으로 그렇다 하더라도, 부역노동의 역사적 기원을 제대로 이해하기 위해서는 어원을 아는 것만으로는 부족하다. 언어적으로나 실제적으로나 노예노동이 어떤 변화과정을 거쳐 마침내 고전장원제 하의 부역노동에까지 이르게 되었는지가 고찰되지 않으면 안 될 것이다. 그렇지만 노예노동이 봉건적 부역노동으로 발전해 간 실제적 과정에 대해서는 그 자체로 중요하고 복잡한 문제이기 때문에 별도의 논문에서 다루도록 하겠다. 여기서는 부역노동의 기원과 관련하여 언어적 측면에서 그 변화과정을 추적해 보고자 한다. 언어적 변화과정의 추적이란 곧, 소농의 부역노동에 기초해서 대토지가 경영되는 고전장원제가 본격적으로 형성되고 있던 중세 초기에 'servitium' — 또는 servio —이라는 말에 일어난 의미의 변화과정을 살펴보는 것이다. 이를 통해 우리는 servitiium의 주요 의미가 노예적 예속상태로부터 경작부역을 중심으로 한 장원농민의 봉건적 부역노동으로 변화해 간 전체 과정의 윤곽을 파악할 수 있을 뿐만 아니라, 장원농민의 부역노동 자체가 전체적으로 노예노동으로부터 어떻게 기원해서 성립했는지를 이해할 수 있을 것이다. 또한 그 의미의 변화에 대한 고찰과정에서 봉건적 부역노동이 노예노동에서 기원함을 확인해 주는 여러 증거들을 발견할 수도 있을 것이다.

servitium이란 말은 중세에 들어와서도 고전장원제가 성립하는 9세기 초 이전에는 물론이고 이후까지도 고대에서와 마찬가지로 여전히 노예적 예속상태나 노예신분이라는 뜻으로 사용되었다. 중세에 들어 일시적으로 강화되었던 노예제가[34] 8세기 초부터 쇠퇴 일로를 걷기

시작했으나, 여전히 노예의 해방이나 도망 등과 관련하여 본래의 노예
상태를 언급하는 경우에는 servitium이 그런 뜻으로 사용되었던 것이
다.[35] 그러나 그러면서도 한편으로는 servitium이 그 말의 본래 의미로
부터 파생된 일련의 다른 뜻들로 점차 전화되어 사용되는 일대 변화가
나타난다. 그 변화는 단계적으로 이뤄지는 경향을 보였으나, 그렇다고
해서 뚜렷하게 구분되는 단선적인 발전과정을 차례대로 밟았던 것은
아니다. 때에 따라서는 그 의미가 상당히 복합적이고 혼재하는 양상을
띠기도 했던 것이다. 그렇지만 노예제로부터 농노제로의 이행이 진행
되고 고전장원제가 형성되고 있던 중세 초기의 상황 속에서 일어났던
그 의미의 단계적 변화추이가 식별될 수 없는 것은 아니다.

　우선, servitium이란 말은 노예적 예속상태라는 의미에서 한 걸
음 더 나아가 '노예상태에서의 부역노동'이라는 의미를 띠게 된다. 이
런 새로운 뜻을 가진 servitium이란 말이 나타나는 문헌기록으로는 크
게 두 가지 종류가 있다. 한 가지는 노예의 해방과 관련된 것이다. 프
랑크 왕국의 법률서식집을 비롯한 중세 초기의 많은 문헌기록에서 노

34　앞에서 거듭 말한 바와 같이 노예제는 로마제정 후기 이후 해체되고 있었으나, 로마제국
　　말기와 게르만족 대이동기의 혼란으로 많은 노예가 발생하여 7세기 말까지의 프랑크 왕
　　국 초기는 노예제사회라고 할 수 있을 정도로 노예제가 다시 강화되었다. 필자의 논문,
　　「서유럽 중세 초기 노예제사회로부터 농노제로의 이행과정」, 251～292쪽 참조.

35　예컨대, K. Zeumer, ed., *Formulae*, "Marculfi formulae"(650년대), liber II, no.
　　28("…, ita ut ab hac die de vestro **servitio** paenitus non discedam, …, aut me de
　　qualibet ingenio de **servitio** vestro abstrahere voluero, ….")(p. 93); 동, "Formulae
　　Alsatiticae", 1. "Formulae Morbacenses"(774～791년), no. 5("…, cum aliqua turbatio
　　fuit inter Alamannus et Alsacenses, multi de illa mancipia, …, et de proprio **servitio**
　　evaserint ….")(p. 331); *Capitularia*, no. 58 "Responsa misso cuidam data"(801~
　　814년), 제3조("…, ut nequaquam cum falso testimonio ullus se potuisset liberare
　　de **servitio**; …") 등 참조. "Formulae Morbacenses"라는 알자스 지방 소재 무르바하
　　(Murbach) 수도원의 법률서식집의 작성연대가 774～791년임에 대해서는 K. Zeumer,
　　ed., *Formulae*, p. 329 및 A. Rio, *Legal Practice and the Written Word*, p. 151 참조.

예주는 흔히 영혼구제를 받기 위해 노예를 '노예신분의 족쇄로부터(de vinculum servitutis)' 해방시키면서 그의 후손이나 그 누구도 해방된 노예에게 'servitium 따위의 의무를 부과하지' 못한다고 한다.[36] 이 경우에 servitium의 의미는 그것을 부과하지 못한다는 말과 관련되어 있음을 볼 때, 단순히 노예신분이나 노예적 예속상태가 아니고 노예적 예속상태에서의 부역노동이라고 하겠다.

servitium이란 말이 노예상태에서의 부역노동이라는 의미를 띠고 있음을 보여 주는 다른 한 종류의 문헌기록은 어떤 사람이 원래 다른 사람의 노예였는지 아니었는지의 여부를 둘러싼 다툼과 관련된 것이다. 이런 다툼은 시간적으로 노예의 해방보다 뒤늦게 일어나는 경우가 많다. 그런 다툼에 관한 기록은 프랑크왕국에서 각종 법률문서 작성의 모범적 사례를 제시하고자 했던 법률서식집 가운데 노예 신분의 부역노동을 둘러싼 소송사건에 대한 일종의 판결문 형태를 취하고 있는 것이 보통이다. 이들 문서의[37] 대체적인 내용은 다음과 같다. 원고는 피

---

36 예컨대, K. Zeumer, ed., *Formulae*, "Marculfi formulae", liber II, no. 32의 "… ego … et coniux mea … pro remedium anime nostrae vel retributione aeterna te illo, aut illa, ex familia nostra a praesentae die ab omni vinculum servitutis absolvimus, ita ut deinceps, … nulli heredum ac proheredum nostrorum vel cuicumque **servitium impendas**, nec libertinitatis obsequium debeas, …."(p. 95) 및 동, "Formulae Senonenses" 중 "Cartae Senonicae", no. 1의 "… ego … pro animae meae remedium vel pro meis peccatis …, servo …relaxavi ingenuum; ea vero ratione, ut … nulli heredum ac proheredum meorum nullum **impendat servitio**, nec litimonio …." (p. 185) 참조.

37 K. Zeumer, ed., *Formulae*, "Formulae Senonenses recentiores", no. 3(pp. 212~213) 및 no. 6(p. 214); 동, "Formulae Salicae Bignonianae", no. 7(p. 230); 동, "Formulae Salicae Merkelianae", no. 28(p. 252) 및 no. 32(p. 253); 동, "Formulae Salicae Lindenbrogianae", no. 21(p. 282) 등 참조. 피고의 신분이 노예임이 명기되어 있지 않기는 하지만 이와 비슷한 기록내용은 프랑크왕국의 법률서식집 곳곳에 보인다. 예컨대, K. Zeumer, ed., *Formulae*, "Formulae Andecavenses", no. 10(p. 8); 동, "Formulae codicis S. Emmerami fragmenta", no. 2(p. 463) 등 참조.

고가 본래 자신 소유의 노예(servus)였음에도 불구하고 부당하게도
사악한 방법을 써서 'servitium'을 거부했다고 법정에 고소한다. 이에
대해 피고가 원고 측에 'servitium'을 이행한 적이 없다고 부정하면서
자신은 자유인이라고 반박하면, 재판부는 원고와 피고 중 자신들의 주
장이 진실임을 증언할 수 있는 일정 수의 증인을 지정된 기간 내에 내
세워 서약하는 측에 승소 판결을 내린다.

　이런 판결문 속의 servitium은 노예 신분의 의무로서 부과되는 부
담이므로, 노예 신분을 뜻하는 것이 아니라 노예 상태에서의 부역노동
을 의미하는 것임이 확실하다. 법률서식집 외에 일부 영지명세장이나
특허장 속에서 '콜로누스는 자유인이기 때문에 그에게 servitium을 부
과하여 수행케 함은 부당하다.'고 할 경우의 servitium[38] 역시 노예 신
분으로서의 부역노동을 뜻한다. 그렇지만 법률서식집을 포함한 이들
문서는 고전장원제의 형성이 진행되는 시기에 작성되거나 특히 영지
명세장이나 특허장의 경우 고전장원제의 성립 후에 작성된 것이므로,
거기에 나오는 servitium이 엄밀한 의미의 노예노동이 아닐 수도 있
다. 그러나 그 말은 노예 신분과 연관되어 사용되고 있으므로 기본적
으로 노예 상태서의 부역노동이라는 의미가 강하다고 하겠다. 어쨌든
이들 문서 속의 노예 신분과 부역노동에 관한 기록내용은 부역에 대한
의무는 본래 자유인에게는 부과되지 않고 노예에게만 부과되었음을
분명하게 전달하고 있으며, 일종의 부역노동 체제라고도 할 수 있는

38　B. Guérard, ed., *Polyp. de St. Germain*, 제X장 제1항 말미의 "…. Coloni …, ita ad-
　huc sunt ingenui, …; quatinus nulli hominum, aut vi aut voluntarie, sine precepto
　abbatis aut arcisterii, aliquod **exhibeant servitium**."와 *Actes de Charles II le Chauve*,
　tome II, no. 228의 "…. Proclamaverunt se dixerunt eo quod ipsi ex nascendi liberi
　coloni esse debent …, et predictus Deodadus monachus eis per vim **in inferiorem**
　servium inclinare vel adfligere velit injuste. …."(p. 8) 참조.

고전장원제의 형성기와 형성 이후의 당대 사람들 사이에 노예노동은 부역노동이며 부역노동은 노예노동에서 유래한다는 인식이 깊이 퍼져 있었음을 보여준다고 할 수 있다.

한편 servitium은 봉건사회의 형성이 진행되는 속에서 노예적 예속상태라는 본래의 의미로부터 '영주적 권력에 대한 농민의 예속상태'라는 의미로 바뀌어 사용되기도 했다.[39] 그러나 봉건적 부역노동의 기원과 관련하여 servitium의 의미변화에서 중요한 것은 예속상태 자체의 단순한 성격변화가 아니라, 노예로서의 예속상태와 부역노동이라는 의미를 벗어나서 영주화되고 있던 세력가들을 위한 농민들의 무보수 강제노동 즉 봉건적 부역노동의 의미로도 쓰이게 되었다는 점이다. 영주에 대한 농민의 부역노동이라는 이런 새로운 의미는 앞에서 본 노예상태에서의 부역노동이라는 의미와 영주적 권력에 대한 농민의 예속상태라는 의미가 발전적으로 결합되어 생성된 것이라고 볼 수 있다.

servitium이란 말이 중세 초기에 노예적 예속상태라는 뜻과 봉건적 성격의 부역노동이라는 뜻으로 동시에 사용됨으로써 노예노동과 중세 봉건농민의 부역노동이 서로 밀접한 관련을 가지고 있음을 함축적으로 증언해 주는 문헌기록이 있다. 6세기에 기원하고 630~750년간에 집성된 것으로 알려진 리부아리아프랑크족의 부족법인 리부아리아 법 제61조가 바로 그것이다. 이 법 제61조의 제9항은 "…. Quod si tabularia hoc fecerit, ipsa et generatio eius in servitio inclinetur."

---

39 예컨대, K. Zeumer, ed., *Formulae*, "Formulae imperiales", no. 9의 "…quod avia sua nomine Angelia ab Hildulfo actionario ad fiscum nostrum, …, iniuste **ad servicium** inclinata fuisset."(p. 293); B. Guérard, ed., *Polyp. de St. Germain*, 제XXIV장 제112항의 "…mulieres due, …dederunt se **in servitio sancti Germani**, …."; G. Franz, ed., *Quellen des deut. Bauernstand,* no. 34의 "…. Perahart se ipsum tradidit **in servitio sanctae Marie** …."(p. 80) 등 참조.

라고 되어 있다. 제9항 전후의 문맥으로 볼 때 이 문장의 뜻은 '교회
의 성직자 앞에서 해방된 노예인 여자tabularius가 왕실이나 교회기관
의 노예와 간통을 범한다면 그녀 자신과 그녀의 자손은 servitium에
처하게 된다.'는 것이다. 이 경우의 servitium은 노예신분 또는 노예
적 예속상태를 가리킨다. 여기서 사용된 servitiium이란 말의 뜻이 노
예적 예속상태임은 그 자체로도 어느 정도 자명한 것이지만, 같은 조
항의 그 기록 바로 앞에서 반자유인을 뜻하는 'tabularius가 왕실이나
교회기관 또는 다른 tabularius가 소유한 여자노예와 결혼하는 경우
에는 그녀와 함께 **노예로 남는다.**'고 한 것이나,[40] 같은 조의 제10항에
서 tabualrius가 리부아리아족 사회의 여자노예와 결혼하거나 왕실이
나 로마계의 여자tabularius가 리부아리아족 사회의 남자노예와 결혼
하는 경우에는 "그 자신은 노예가 되지 않으나 그의 자손은 **노예가 된
다.**"고 한 것으로[41] 봐서 확실하다.

　servitium이란 말이 이처럼 노예적 예속상태라는 의미로 사용되
고 있는 데 비해 같은 제61조의 제1항에서는 부역의 의미로 쓰이고 있
다. 이 조항에서는 성직자가 노예신분으로부터 해방한 "tabularius와
그의 자손은 자유인으로 남고 교회의 보호를 받으며 소속교회에 소정
의 모든 공납과 tabularius로서의 **servitium**을 이행해야 한다."고 되
어 있다.[42] 여기의 servitium은 'reditus'로 표현된 공납과 함께 영주에
대한 중세 장원농민의 기본적 양대 부담형태인 부역임이 명백하다. 이

40　"Si autem tabualrius ancillam regiam aut ecclesiasticam seu ancillam tabularii in
　　matrimonium sibi sociaverit, ipse cum ea **servus permaneat**."
41　"…, non ipse(ipsa), sed generatio eius **serviat**."
42　"…; et tam ipse quam et omnis procreatio eius liberi permaneant et sub tuitione
　　ecclesiae consistant vel omnem reditum status (aut **servitium** tabularii) eorum ec-
　　clesiae reddant."

조항의 부역에 관한 기록 부분은 일부 수사본(手寫本)에만 나타나지만,[43] 그 수사본들이 만들어진 시기는 다른 대부분의 수사본들과 마찬가지로 9~10세기다. 따라서 다른 수사본들의 작성시기와 다를 바 없는 일부 수사본의 동일한 법률 조문 안에서 servitium이란 말이 노예적 예속상태와 부역노동의 의미로 동시에 사용되었다는 사실은, 중세적 부역노동과 고대적 노예노동 사이에 언어적으로나 현실적으로 밀접한 관계가 있으며 중세적 부역노동이 그에 선행하는 노예노동으로부터 기원한다는 중요한 증거가 된다고 하겠다.

9세기의 일부 문헌기록은 servitium의 새로운 의미가 된 이런 중세적 부역노동의 내용이 무엇인지를 밝혀 보이고 있다. 예컨대, 생르미 수도원의 영지명세장 제VI장 제23항에서는 자유인망스 보유자의 부역 의무에 관해 "Aliud **servitium** sicut ceteri superiores ingenuiles"라고 기록되어 있다. 이 문구는 어떤 자유인망스 보유자의 공납 의무를 구체적으로 명기한 후 그의 부역 의무에 관해서 요약해서 표현한 것이다.[44] 그것은 '위의 여타 자유인망스 보유자들과 마찬가지의 부역을 수행한다.'는 뜻으로, 같은 제VI장 내의 제2항에 구체적으로 명시된 자유인망스 보유자들의 의무로 규정된 갈이질작업, 수송작업, 땔나무 채취작업 등 여러 가지 부역을 제23항의 자유인망스 보유자 역시 동일하게 수행해야 함을 표현한 것이다. 이들 부역 가운데서도 가장 중요하고 핵심적인 것은 영주로서는 영주직영지 경작을 위해서 절대로 필요하고 농민들로서는 가장 힘든 작업이었던 갈이질작업을 비

---

43 *Lex Ribuaria*, p. 109 참조.

44 제23항의 전문은 다음과 같다. "In Curticulas, mansum ingenuilem tenet Berlannus forasticus. Solvit in corbo de spelta modios XII, in hostelitia denarios VIII, uno anno fetam cum agno, alio anno annellum I, : sal, quartam partam modii. Aliud **servitium** sicut ceteri superiores ingenuiles."

롯한 경작부역이다. 또 818년 카롤링왕조의 한 칙령은 부역의 내용과 관련하여 "교회기관의 콜로누스와 노예가 어떻게 부역을 하고 어떤 종류의 소작료를 지불해야 하는지에 대해(De colonis vel servis aecclesiae qualiter **serviant** vel qualia tributa reddant)"라는 표제아래 콜로누스와 노예가 수행해야 할 부역의 종류를 나열하고 있다.[45] 이 기록에 의하면 교회기관의 영지에서 이들 예속민은 영주에게 수송, 지붕개량 등의 잡역도 수행해야 했지만, 주된 부역은 곡물경작지와 초지 및 포도밭과 같은 농지의 경작과 관련된 부역이었다. 경작부역 가운데서도 중심적인 것은 일정한 크기로 된 영주 직영의 곡물경작지를 갈이질하고 파종하고 울타리 치고 추수하고 저장하는 일이었다.

이와 같이 경작부역이 장원 예속민이 수행해야 할 부역노동의 핵심을 이루고 있으므로, 고전장원제가 성립할 무렵에는 servitium이 막연히 부역노동을 가리키는 것이 아니라 구체적으로 경작부역을 주요내용으로 하는 장원농민의 부역노동을 지칭하는 말이 되었던 셈이다.[46] 따라서 servitium 또는 servio로 표현된 부역노동의 핵심부분을 이루는 경작부역도 결국 노예노동에서 기원한다고 볼 수 있다.

고전장원제가 일반적으로 성립하는 단계에서 장원농민의 경작부역이 노예노동에 기원을 두고 있음을 시사하는 의미심장한 언어상의 표현이 있다. 그것은 앞에서도 본 바와 같이 servitium 대신에 가끔 사

---

45 *Capitularia*, no. 140 "Capitula per se scribenda"(p. 286) 참조. 물론 여기의 노예 (servus)는 솔거노예가 아니라 토지를 보유하고 콜로누스와 유사한 의무를 수행하는 외거노예다.

46 servitium이 경작부역이라는 의미로 사용된 사례로는 위에 든 것 외에도 이 제II장의 각주 31번에 제시된 문헌기록들과 *Capitularia*, no. 57 "Capitula omnibus cognita facienda", 제2조(p. 144); G. Franz, ed., *Quellen des deut. Bauernstand*, no. 36(p. 96); 동, no. 38(p. 100) 등도 참조.

용된 opus servilis라는 말과 그 말이 포함하는 내용이다. 카롤링왕조
의 칙령은 노예의 일 또는 노예가 수행하는 천역(賤役)을 뜻하는 opus
servile를 주일(主日)에 행하는 것을 거듭 금지하면서 금지되는 작업
의 종류를 열거하고 있다.[47] 특히 827년의 칙령집인 "Ansegisi abbatis
capitularium collectio", 제1책(liber primus), 제75조에서는 "주일에
해서는 안 되는 opera serviles(De operibus servilibus, quae diebus
dominicis non sunt agenda)"라는 표제 아래 opera serviles의 종류가
자세히 열거되고 있다. 이런 일에는 정원 가꾸기, 직조, 재봉, 세탁 따
위의 가사노동이나 건축, 사냥과 같은 작업도 포함되지만, 핵심을 이
루고 가장 중요한 것으로 여겨진 작업은 곡물경작지, 포도밭, 초지 등
과 같은 토지의 경작과 관련된 것들이다. 이와 같은 주일의 중노동 금
지는 농민을 비롯한 일반대중을 대상으로 한 것이다. 그렇지만 봉건사
회가 형성·발전되고 있던 중세 전기의 상황에서 일반대중이란 장원
의 예속농민에 다름 아니다. 따라서 경작부역을 중심으로 한 중노동을
노예의 노역이라는 뜻의 opus servilis로 표현했다는 사실은 장원농민
의 부역노동이 노예노동에 기원을 두고 성립했음을 입증하는 것이라
고 하겠다.

　opus servilis라는 말과 관련하여 경작부역을 중심으로 한 장원농
민의 부역노동이 노예노동에서 기원했을 것임을 시사하는 증거는 또
있다. 그것은 생르미 수도원의 영지명세장 제XXVIII장 제71항에서

47　*Capitularia*, no. 14 "Concilium Vernense", 제14조(p. 36); 동, no. 22 "Admonitio
　generalis", 제81조(p. 61); 동, XII. "Ansegisi abbatis capitularium collectio", liber
　primus, 제75조(p. 404) 참조. 주일의 육체적 중노동에 대한 금지는, 각각 710~720년
　무렵과 740년대에 집성된 것으로 추정되는 알레만 법과 바바리아 법에서도 이미 나타
　난다. "Lex Alamannorum", 제XXXVIII조(p. 57); "Lex Baiuwariorum", 부록(Appen-
　dix), no. 1(pp. 335~336) 참조.

'6개 망스의 보유자 각자는 opera serviles를 수행한다.'는 뜻의 "man
si serviles VI. Facit unusquisque operas serviles."라고 한 기록이다.
이 기록에서는 노예망스의 보유자 각자가 수행해야 하는 opera ser-
viles의 내용이 구체적으로 무엇인지에 대해서는 아무런 언급이 없다.
그렇지만 이 영지명세장에서 노예망스 보유자들의 의무가 일반적으
로 공납과 더불어 경작부역 중심의 부역이라는 점에 비춰볼 때, opera
serviles는 경작부역을 중심으로 한 각종 부역을 가리킴이 틀림없다고
하겠다. 그러니까 이 간략한 기록은 노예의 외거화와 토지보유에서 생
겨난 노예망스의 보유자에게 부과된 주요 의무는 경작부역 중심의 부
역이고 그런 부역은 한 마디로 노예노동이란 뜻의 opera serviles로
표현될 수 있음을 보여 준다고 할 수 있다. 결국 이것은 경작부역을 주
요내용으로 하는 장원농민의 부역노동이 노예노동에서 기원함을 단적
으로 증명하는 또 하나의 증거라고 할 수 있을 것이다.

우리는 지금까지 원래 노예적 예속상태나 노예신분을 뜻했던 ser-
vitium이라는 말이 노예제가 쇠퇴하고 고전장원제가 형성되는 중세
초기의 사회에서 여러 가지 의미를 지니는 변화과정을 거쳐 경작부역
을 주요내용으로 하는 장원농민의 부역노동이라는 의미로 주로 사용
되게 된 과정을 살펴보았다.[48] servitium이라는 말의 이런 의미 변화와
귀결은, 경작부역을 중심으로 한 고전장원제 하의 부역노동이 노예 신

---

48 M. 블로크와 E. 마누-노르티에는 servitium이라는 말이 사회의 변화에 따라 다양한 의
    미를 띠게 되고 그러면서도 봉건사회가 형성되는 과정에서 그 의미변화에 일정한 경향성
    이 나타난다는 사실을 간과한 채, 그리고 노예의 부역노동과 장원농민의 부역노동이 밀
    접한 연관성을 가지면서도 그 의미가 엄연히 구별된다는 사실을 간파하지 못한 채, 그 말
    이 단순히 부역노동이라는 의미만 가지고 있는 것처럼 보고 있다. M. Bloch, 'Personal
    liberty and servitude in the Middle Ages, particularly in France. Contribution to a
    class study", W. R. Beer, ed., *Slavery and Serfdom*, pp. 71~72; E. Magnou-Nortier,
    "*Servus-sevitium*: une enquête à poursuivre", *Media in Francia.*, 1989, pp. 279~283 참조.

분의 무보수 강제노동에 기원을 두고 있음을 분명히 언어적으로 증명
하는 것이라고 하겠다.

　언어 면에서 장원농민의 부역노동이 노예노동에서 기원한다는 사
실은 물론 언어적 현상 이전에 사회적 현실이 언어에 그렇게 반영되게
끔 먼저 전개되었기 때문일 것이다. 일찍이 로마사회에서는 공화정 시
절에 대대적인 정복전쟁이 전개된 결과, 대토지소유제와 더불어 대토
지를 경작하는 노동노예제가 발달했다. 제정기에 이르러서는 주인에
대한 종속관계가 지속되는 가운데 솔거노예가 외거노예나 해방노예로
전환되어 주인의 토지를 경작하는 예속농민화가 진행되었다.[49] 물론
노예의 외거화와 해방노예화를 통한 예속농민화는 로마제정이 시작되
기 이전에도 볼 수 있는 현상이지만,[50] 제정기, 특히 로마제정 후기에
는 정복전쟁의 중단으로 노예제의 유지가 어려워지자 그 전에는 볼 수
없는 큰 폭으로 진행되었던 것이다. 앞의 제1부 제III장 제2절에서 보
았듯이 봉건사회가 본격적으로 형성되는 메로빙시대 후기 이후에는
이런 추세가 가속화되어, 노예나 해방노예가 주인으로부터 분양받은
작은 토지를 스스로 경작하여 가족의 생계를 유지하면서 주인의 직접
경영지 경작을 위한 부역노동을 수행하는 소농으로의 발전이 사회적
대세를 이루었다.[51]

49　앞의 제1부 제IV장 제2절 외에, 김경현, 「로마 제정기의 경제」, p. 352; P. Anderson, *Passages from Antiquity to Feudalism*, pp. 93~95; W. Seyfarth, "Spätantike als Übergangszeit", pp. 284~285도 참조.

50　차전환, 「노예제에서 소작제로의 이행」, p. 178 및 K. R. Bradley, *Slaves and Masters in the Roman Empire: A Study in Social Control*, 차전환 역, 『로마제국의 노예와 주인—사회적 통제에 대한 연구—』(신서원, 2001), pp. 127~166 참조.

51　중세에 들어와서도 노예소유주는 토지의 경작에 필요한 노동력을 확보하기 위해서나 그 밖의 이익을 도모하기 위해서 노예를 완전자유인으로 해방시키는 경우는 드물었고 대부분 반(半)종속적인 상태로 만들어 반자유인에 대한 지배권과 그의 노동력에 대한 처분권을 계속 행사하였다. 이런 점에서는 교회기관도 예외가 아니었다. 이에 대해서는

4. 맺음말

이상의 고찰을 통해 부역노동이 행해지는 대상인 영주직영지의 성격과 성립과정으로 보나 신분과 장원농민의 의무내용과의 관계로 보나, 그리고 부역노동을 표현하는 servitium 따위와 같은 말들의 어원과 중세 전기의 문헌기록 속에서 그 말들의 의미 및 쓰임새로 볼 때나, 고전장원제 아래서 장원농민이 영주를 위해 수행하는 봉건적 부역노동은 주인에 대한 노예의 무보수 강제노동에서 기원함이 확실하다고 하겠다. 그렇기 때문에 고전장원제가 비록 중세적인 것이라고 할지라도, 고전장원제 아래서 농민들이 수행하는 봉건적 부역노동은 노예노동적 성격을 띨 수밖에 없다.

실제로 영주를 위해 장원농민이 수행하는 부역노동의 본질을 따져보면, 그것은 노예의 주인에 대한 무상의 강제노동인 노예노동을 속성으로 하고 있다. 앞의 제2부 제I장 "서론"에서도 말했듯이, 고전장원의 농민이 영주직영지에서 행하는 부역노동은 인신적 강제가 수반되고 잉여노동을 완벽하게 착취하는 형태라는 점에서 노예노동과 다름 없기 때문이다.

물론 양자 모두 착취적 강제노동이라는 점에서는 동일한 노동이라고 하더라도 양자 사이에 차이가 없는 것은 아니다. 말하자면, 장원농민의 봉건적 부역노동은 영주직영지와 농민보유지로 이분된 장원구조 속에서 1주일에 절반 정도를 영주직영지에서 노동을 수행하는 동안에만 무보수로 착취되었던 데 비해, 노예노동은 항시적으로 완전히 착취되었던 것이다. 또 장원농민의 부역노동 이행에는 비록 영주가 사

S. Epperlein, "Die sogenannte Freilassung in merowingischer und karolingischer Zeit", *Jahrbuch für Wirtschaftsgeschichte*, 4(1963), pp. 92~110 참조.

점하여 행사하기는 했지만 재판권 등 공권적 성격을 지닌 권력의 강제
가 뒤따랐던 데 비해, 노예노동에는 구타, 감금 등으로 표현되는 주인
의 직접적인 사적 폭력의 강제가 수반되었다. 이와 같은 차이점들은,
장원농민이 노예와 달리 자신의 노동의 절반가량을 스스로를 위해서
사용할 수 있고 지배자와 일면 공법적 관계를 갖는 인격체로 인정받고
있었다는 면에서 중세사회의 기본성격이 고대사회와는 구분될 만큼
중요한 것이라고도 볼 수 있다.

　　그러나 그럼에도 불구하고 중세 장원농민의 부역노동이나 고대 노
예의 노동이나 둘 다 동일한 잉여노동의 착취형태이고 자본주의사회
의 임금노동과는 대조적으로 경제외적 강제의 지배를 받는 인신적 예
속성을 주요 특징으로 한다는 공통성을 고려할 때, 농민보유지에서 이
뤄지는 필요노동은 그렇지 않다고 하더라도 적어도 영주직영지에서
행해지는 장원농민의 부역노동만큼은 노예노동과 본질적으로 같은 성
격의 노동이라고 할 수 있다. 바꿔 말하면, 고전장원의 영주직영지에서
이뤄지는 농민의 부역노동은 곧 노예노동과 별 다를 바 없다고 해도 좋
을 것이다. 다만 그러면서도 장원농민의 부역노동과 노예노동 사이에
상이성이 있다고 한다면, 무상의 강제노동을 수행하는 피착취자의 노
동력 재생산 방식이 서로 다르다는 점이다. 노예는 본래 결혼과 가족생
활이 허용되지 않았으므로 노동력이 자체적으로 재생산되지 않고 외
부로부터 정복전쟁 등을 통해 공급되어야 했던 데 비해, 장원농민은 영
주로부터 작은 규모의 토지를 분양받아 스스로 경작하여 생계를 유지
하고 가족생활을 영위함으로써 부역노동이 재생산되었던 것이다.

　　이와 같이 봉건적 부역노동은 노예노동과 기본적으로 동일한 성
격의 노동이고 노예노동에서 기원하기 때문에, 서양 중세의 장원제 아
래서 '부역노동(servitium)'을 수행하는 농민은, 원래 고대 로마사회

에서 노예를 뜻하는 말이었고 봉건사회와 관련해서는 우리가 흔히 '농
노'라고 번역해 쓰는 'servus'로도 불리게 되었다고 할 수 있다. 또 바
로 이런 연유로, 장원농민은 영주에게 신분이 자유롭지 못하고 예속되
어 있다는 표시로서 인두세, 결혼세, 재산상속세 등을 지불하지 않으
면 안 되었을 것이다. 신분세라고 할 수 있는 이런 부담들의 기원은 분
명하지 않고 논란이 있지만, 그것들이 노예 신분으로부터 직접적으로
기원하는 것은 아니라 할지라도 인신적으로 부자유했던 노예가 어떤
식으로든 본래의 노예와는 다른 노동조건과 생활조건을 가진 장원농
민으로 변신한 것과 관련이 있음은 대체로 부정되지 않고 있다.[52] 한마
디로, 중세 장원농민의 부역노동은 고대 노예노동의 잔존형태라고 할
수 있을 것이다.

52   인두세, 결혼세, 재산상속세의 기원에 관해서는 각각 M. Bloch, "The 'Colliberti'. A study
on the formation of the servile class", M. Bloch, *Slavery and Serfdom*, pp. 132~133,
141~142, 145~147; P. Petot, "License de mariage et formariage des serfs dans les
coutumes françaises au Moyen Âge", *Czasopismo Prawno Historyczny*, 2(1949), p.
201; 같은 필자, "L'origine de la mainmorte servile", *RHDFE*, 19/20(1940~1941), pp.
275~309, 특히 pp. 297~301 참조. 그 밖에 노예 및 해방노예와 장원 예속민의 의무 및
부담과의 관계에 대해서는 M. Bloch, "How and why ancient slavery came to an end?",
pp. 21~22; 같은 필자, "Personal liberty and servitude, pp. 68~71, 78~80 참조.
　　M. 블로크가 앞의 논문 "The 'Colliberti'", pp. 145~147에서 분명히 하듯이, 장원농
민이 영주에게 예속성의 표시로서 지불하는 인두세는 로마제정 후기에 모든 사람이 국
가에 납부하던 인두세(capitatio)로부터 기원하는 것이 아니다. 그것은 게르만법에서
해방노예가 주인에게 바치던 'litimonium'이라는 신공(身貢)으로부터 기원한다. F. 로
도 로마시대부터 모든 주민에게 부과되던 인두세는 7세기까지는 그런 대로 징수되다가
카롤링시대에 이르러서는 거의 징수되지 않거나 소멸했으며, 자유인에게도 부과되었
기 때문에 예속성의 징표가 아니라고 한다. F. Lot, *L'impôt foncier et la capitation per-
sonnelle sous le Bas-Empire et a l'Europe Franque* (Paris: Presses Universitaires de
France, 1928), pp. 83~130, 특히 pp. 107~124 참조. 결혼세의 기원에 대해서는 특
히 모호한 점이 많고 논란이 심하다. 결혼세의 기원이 노예와 관련이 없다고 보는 견해
에 대한 예로는 E. Searle, "Seigneurial control of women's marriage: the antecedents
and function of merchet in England", *Past and Present*, 82(1979), pp. 3~43 참조.

그러나 봉건적 부역노동이 노예노동에서 기원하여 잔존한 노동이라고 할지라도, 고대 노예노동과 중세의 부역노동과의 역사적 연결관계를 제대로 이해하기 위해서는 노예노동이 봉건적 부역노동으로 실제로 어떤 과정을 밟아 발전했으며 노예노동에서 기원하는 봉건적 부역노동이 어떻게 자유인 신분 출신의 장원농민들에게까지 확대되어 고전장원제 아래서의 독특한 부역노동제도가 일반적으로 형성되게 되었는지에 대한 고찰이 반드시 뒤따라야 할 것이다. 또 고전장원제가 성립된 후 그 아래서 부역노동제도가 어떻게 전개되고 결국 쇠퇴의 길을 걷게 되었는지도 중세 장원의 부역노동과 관련하여 중요한 문제가 아닐 수 없으므로 탐구되어야 할 것이다. 이와 같은 두 가지 후속 연구 과제 중 앞의 것은 다음의 제III장과 제IV장에서 논의될 것이다.

III. 봉건적 부역노동제도의 원초적 형태

1. 머리말

9~11세기에 루아르 강과 라인 강 사이지역을 중심으로 서유럽에서 발달한 고전장원제 아래서 본격적으로 실시되었던 봉건적 부역노동제도는 결코 단순명료한 것이 아니었다. 영지와 심지어 장원에 따라 다양한 부역노동제도가 시행되었을 뿐만 아니라, 여러 가지 요소로 구성되고 기원과 갈래가 서로 다른 부역노동제도가 복잡하게 뒤섞여 있었기 때문이다. 그러나 그러면서도 일정한 경향성과 체계가 엿보이기도 한다.[1] 이로 미뤄 볼 때, 순수한 원초적 형태의 봉건적 부역노동제도가

---

[1] 고전장원제 아래서 실시된 봉건적 부역노동제도의 양상과 특성에 대해서는 다음의 제IV장 "봉건적 부역노동제도의 고전적 형태와 그 형성"의 제2절 "봉건적 부역노동 제도의 고전적 형태"와, 필자의 논문들인 「고전적 형태의 봉건적 부역노동 부과방식 ─파리 분지의 중심부 영지들을 중심으로─」, 1~51쪽; 「고전적 형태의 봉건적 부역노동 부과방식 ─파리 분지의 주변부 영지들을 중심으로─」, 207~247쪽; 「고전장원제 하의 농업경영」, 78~81쪽 참조.

고전장원제 성립 이전에 존재했을 가능성이 크다. 따라서 고전장원제 성립 후의 복잡한 봉건적 부역노동제도를 체계적으로 명료히 이해하기 위해서는 원초적 형태의 봉건적 부역노동제도가 어떠한 모습이었는지를 탐색할 필요성이 있다고 하겠다. 물론 봉건적 부역노동제도가 처음에 어떤 원리로 형성되고 어떤 모습이었는지를 파악하는 것은 그 자체로도 의미 있고 필요한 작업이다.

봉건적 부역노동제도의 원초적 형태를 찾아내고 설명하기 위한 지침으로써 고전장원제 아래서 실시된 봉건적 부역노동제도의 주요 특징적 내용을 적시하면 다음과 같다.

첫째, 장원농민의 부역노동이 행해진 주요 대상은 영주직영지 내의 곡물경작지를 중심으로 한 농경지였다. 따라서 기본적이고도 가장 중요한 부역은 농경지를 경작하는 경작부역이었다. 그렇지만 농민들은 경작 부역 외에 수확물 따위를 영주의 저택 등지로 운반하는 수송부역도 수행해야 했다. 또 농민들은 쟁기나 수레를 사용하지 않고 '손일(manopera)'이라고 불린 갖가지 잡역도 수행해야 했다. 따라서 장원농민의 부역노동은 경작부역을 주로 해서 기타 잡역으로 구성되었다고 할 수 있다. 그러나 이런 부역노동의 구체적 구성내용과 수행방식은 영지와 장원에 따라 상당한 차이가 있었으며, 심지어 같은 장원 안에서도 개별 농민보유지에 따라서 다른 경우도 더러 있었다.

둘째, 고전적 형태의 봉건적 부역노동은 부역의 부과 및 수행 방식 면에서는 기본적으로 부역의 기간을 정하여 부과하는 정기부역(定期賦役)과 부역이 행해질 대상토지의 면적을 정하여 부과하는 정적부역으로 구분될 수 있다. 그렇지만 카롤링시대의 영지명세장들을 살펴보면 실제로는 순전히 정적부역 방식만 채용되는 장원은 없다. 이에 비해 정기부역 방식만 채용된 장원과 영지는 상당수 있다. 정기부역은 다시 연

(年) 단위나 월(月) 단위 또는 주(週) 단위로 부역이 부과되는 연부역, 월부역, 주부역으로 세분될 수 있지만, 매주 3일 정도의 부역이 부과되는 주부역 방식의 채용이 많다. 그러나 가장 흔한 부역부과 방식은 정기부역과 정적부역이 여러 가지로 조합된 혼합식 부역방식이다.[2]

끝으로 지적할 것은 고전장원제 하의 부역노동제도는 농민보유지가 창출될 때의 최초 보유자의 신분에 따라 구분되었던 농민보유지의 종류별로 부역노동제도상에 상당한 차이가 있었음이 보이면서도, 농민보유지의 종류에 관계없이 부역의 부과방식이나 부담의 크기가 서로 뒤섞이어 비슷하게 수렴되는 현상이 나타난다는 사실이다. 농민보유지가 창출될 때의 보유자가 노예 신분이었던 노예망스(mansus ser-vilis)는 흔히 부역이 주부역 형태의 정기부역 방식으로 부과되는 데 비해, 최초 보유자가 자유인이었던 자유인망스(mansus ingenulis)는 정적부역 위주로 부과되는 경향이 있다. 또 노예망스는 경작부역 외에 잡역이 부과되는 경우가 많은 데 비해, 자유인망스는 잡역의 부담이 상대적으로 적고 그 대신 여러 종류의 공납 의무가 부과되는 경우가 잦다. 한편 자유인망스 보유자의 부역은 부역노동의 대상이 되는 토지의 면적이나 작업과제별 기간이 구체적으로 명시되고 한정되며 따라서 부역기간이 짧은 편이다. 이에 비해 노예망스는 '매주 3일' 식의 포괄적 규정이 많고 부역기간이 자유인망스보다 더 길든가 무제한적인 면이 있다.[3]

그러나 노예망스와 자유인망스 간의 부역부과와 수행상의 이런 차이는 그리 뚜렷하지 않으며, 오히려 많은 경우에 구별하기가 어렵다. 그리고 다른 종류의 망스에 비해 극히 일부의 문헌기록에 매우 드

2   앞의 각주 1번에 제시된 문헌 참조.
3   역시 같은 문헌 참조.

물게 나타나는 반자유인의 농민보유지인 반자유인망스(mansus ledi-lis)의 경우에는 부역의 수행방식이나 부담량에서 다른 농민보유지들과의 차이를 발견하기가 어렵다. 고전장원제 아래서 농민보유지의 종류에 따른 부역노동제도의 차이가 현격하게 줄어들고 있었다는 것은 농민보유지의 종류와 보유자의 신분이 일치하지 않는 비율이 생제르맹데프레 수도원의 영지에서는 자유인망스 8%, 노예망스 49%, 반자유인망스가 68%이고 생르미 수도원의 영지에서는 자유인망스 14%, 노예망스가 54%에 이른다는 사실을[4] 통해서도 짐작할 수 있다.

이와 같이 고전장원제 아래서 노예망스와 자유인망스 사이에 부역노동제도가 서로 다르면서도 그 차이가 뚜렷하지 않고 복잡하게 뒤섞여 농민보유지의 종류에 관계없이 비슷하게 수렴되는 조짐까지 보인다는 것은 이런 현상이 나타나는 9세기 이전에는 부역노동제도가 농민보유지가 창출될 때의 보유자의 신분에 따라 판이했을 것임을 암시한다. 그래서 우리는 고전장원제 아래서 실시된 복잡한 봉건적 부역노동제도의 유래와 체계 및 성격을 이해하기 위해서는 고전장원제가 성립하기 이전의 원초적 형태의 부역노동제도를 노예와 자유인 신분을 중심으로 살펴볼 필요가 있다.

영지명세장들에 기록된 농민보유지의 종류가 말해 주듯이, 중세장원의 농민보유지가 창출되기 전의 고대사회에서는 신분이 기본적으로 자유인과 노예로 구분되었다. 정복전쟁을 통해 노예의 수가 크게 증가한 공화정 후기 이후의 로마사회는 물론, 노예제의 발달이 없이 자유민공동체를 형성하고 있었던 기원 전후의 게르만사회에서도 신분은 자유인과 노예로 구분되었다.[5] 앞의 제1부에서 거듭 본 것처럼 로

4   필자의 논문, 「고전장원제 하의 농민보유지 제도」, 404~405쪽 참조.
5   그러나 앞에서 본 것처럼 게르만사회의 노예는 솔거노예가 아니라 독자의 집을 갖고 가

마사회에서 노예제의 발달과 해체의 단계에서는 이들 신분 외에 반자유인으로서의 해방노예라는 중간적 신분집단이 생겨났으며, 게르만사회에도 해방노예라는 신분집단이 존재했다. 그러나 해방노예 중심의 반자유인은 그 지위가 모호했을 뿐만 아니라 그 수에 있어서도 적었기 때문에 부차적인 신분에 지나지 않았다. 봉건적 부역노동제도는 이러한 고대사회의 신분이 주로 중세 초기에 장원 체제에 편입되어 부역노동을 수행하는 소농으로 변모하는 과정에서 형성된 것이므로, 기본적으로 자유인과 노예로 구분되는 고대적 신분에 따라 초기의 부역노동제도를 고찰해야 할 것이다. 그 가운데서도 봉건적 부역노동제도의 원초적 형태에 대한 고찰에서 우선적으로 다루어야 할 것은 노예 신분이다. 왜냐하면 장원제를 비롯한 중세 봉건제의 고전적 발달지역이었던 갈리아 북부지역은 로마제국 시절에 노예제사회였을 뿐만 아니라,[6] 바로 앞의 제II장에서 살펴보았듯이 노예는 무보수의 강제노동이라고 정의될 수 있는 부역노동을 본래 무한정 수행했고, 중세 장원농민의 부역노동은 바로 노예의 무보수 강제노동으로부터 기원하기 때문이다.

고전장원제 아래서 실시된 봉건적 부역노동제도가 성립하기 전에 봉건적 부역노동제도의 원초적 형태가 어떠한 것이었는지에 대한 고찰은 소규모 토지를 보유한 농민들의 부역노동에 기초하여 장원이 경영되는 고전장원제의 형성과정에 대한 이해를 위해서는 필수적이고도 핵심적인 과제다. 이런 고찰은 한편으로는 노예제적인 고대사회로부터 소농들의 부역노동을 통해 대토지가 경영됨을 기본특징으로 하는 봉건사회로의 이행이라는 관점에서는, 노예노동이 어떻게 봉건적 부

족을 거느린 외거노예였다.

6   앞의 제1부 제II장 제1절의 첫 부분 및 필자의 논문 「서유럽 중세 초기 노예제사회로부터 농노제로의 이행과정」, 259~264쪽 참조.

역노동으로 이행해 갔으며 자유인 신분의 농민이 어떤 방식으로 무보수의 강제노동을 수행하지 않으면 안 되는 부역농민으로 변해 갔는지를 밝히는 작업이기도 하다. 따라서 우리는 이 연구작업을 통해 부역노동제도의 고대적 형태에서 봉건적 형태로의 이행과정과 봉건적 부역노동제도의 초기 형태를 파악할 수 있을 것이다.

2. 노예 신분과 관련된 봉건적 부역노동제도의 원초적 형태

법적 인격체로 인정받지 못했던 노예는 원래 토지를 소유할 수 없을 뿐만 아니라 남의 토지를 빌려 독자적으로 농업을 경영할 수도 없는 존재였다. 따라서 노예가 고전장원제적 구조 속에서 부역노동을 수행하는 농민이 되기 위해서는 먼저 토지를 보유함이 필요하다. 이와 같은 부역노동 수행의 전제조건이 되는 노예의 토지보유는 일찍이 로마제국 시절부터 있었던 현상이지만,[7] 중세 초기에 노예가 농민보유지를 보유하고 있다는 기록은 봉건제의 발상지이자 중심적 발달지역이었던 갈리아 북부 지역 가운데서는 알자스 지방에서 7세기 후반의 한 문서에[8] 처음으로 보인다.[9] 앞의 제1부 제III장 제2절에서도 논급한 이 문

---

[7] 로마시대에 솔거노예가 외거노예나 반자유인으로서의 해방노예로 변모되면서 작은 토지를 보유하고 주인의 토지를 경작한 데 대해서는 차전환, 「노예제에서 소작제로의 이행」, p.178; K. R. Bradley, 『로마제국의 노예와 주인』, pp. 127~166; P.Anderson, *Passages from Antiquity to Feudalism*, pp. 93~94; W. Seyfarth, "Spätantike als Übergangszeit", pp. 284~285: A. H. Jones, *Later Roman Empire*, pp. 794~795; M. Bloch, "How and why ancient slavery came to an end", pp. 4~8 참조.

[8] A. Bruckner, ed., *Regesta Alsatiae*, I. Quellenband, no. 67(pp. 26~27).

[9] H. Nehlsen도 그의 저서, *Sklavenrecht zwischen Antike und Mittelalter*, Bd. I.*Ostgoten, Westgoten, Franken, Langobarden* (Göttingen: Musterschmidt, 1972), p.265에서 토지를 보유하고서 여러 가지 의무를 지는 외거노예는 6세기와 7세기의 프랑

서에 의하면, 어떤 공작이 수도원에 기증한 20개 장원들의 다수는 영주직영지(curtis dominica)와 "mansus servilis et censualis"라고 불린 농민보유지들로 조직되어 있다. 여기서 "mansus servilis et censualis"라고 표현된 농민보유지는 다른 문헌기록에서는 찾아보기 어려운 이례적인 용어다. 그 말은 본래 mansus servilis와 mansus censualis로 따로 되어 있는 것을 문서의 기록자가 편의상 하나의 합성어로 무리하게 표기한 것으로 보인다. 망스를 수식하는 말들 가운데 '노예적(servilis)'이라는 앞의 수식어와 뒤의 제3절에서 보듯이 '화폐나 현물 형태의 지대(census)를 납부한다'는 뜻의 'censualis'라는 수식어는 의미내용상 상호 모순되기 때문이다. 이 'mansus servilis'는 9세기의 고전장원들에 관한 영지명세장들에서 많이 볼 수 있는 노예 신분의 보유지, 곧 노예망스 바로 그것이다.

비록 노예망스라는 이름으로 되어 있는 것은 아니지만, 노예가 토지를 보유하고 있다는 기록은 그 후에도 695~711년 무렵에 작성된 것으로 추정되는 바이센부르크 수도원에 대한 한 재산기증 문서에서도 보인다. 앞의 제1부 제III장 제2절에서도 인용한 바 있는 이 기록에서는 '나는 토지와 2명의 노예를 그들의 후페와 집 및 특유재산과 함께 양도한다.'라고 하여, 기증되는 2명의 노예가 후페(huba)라고 불린 농민보유지를 보유하고 있을 뿐만 아니라 집을 갖고 외거하면서 'peculium'이라는 자신의 특유재산을 소유하고 있다. 8세기에는 노예

크족의 살리 법과 국왕들의 칙령에는 나타나지 않는다고 한다. 반면에 A. Bergengruen 은 그의 저서 *Adel und Grundherrschaft im Merowingerreich* (Wiesbaden: Franz Steiner, 1958), pp.38~42에서 메로빙시대 프랑크사회의 장원은 지주 직접경영지와 자유인이나 부자유인으로 된 소작인들에게 분급된 토지로 나뉘지만, 7세기에 귀족층의 장원에는 부자유인의 소작지가 없었다고 한다. 그러나 그의 주장은 다음의 어떤 공작의 기증토지에서 보듯이 성립되기 어렵다.

가 토지를 보유하고 있다는 기록이 더욱 증가한다.[10] 토지와 주택을 이
처럼 보유하고 있는 이들 노예는 이미 고전고대 사회의 일반적인 솔거
노예가 아니라 외거노예이며 소농으로서의 농민이라고 하겠다.

　그렇지만 교회기관에 대한 재산의 기부를 기록한 이들 문헌에는
토지를 보유한 외거노예들이 그들의 주인인 지주에게 어떤 형태의 지
대를 지불했는지에 관한 언급이 없다. 이들 문서뿐만 아니라, 중세 초
기의 문헌사료 가운데 토지를 보유한 외거노예들이 지불한 지대가 어
떤 것이었는지를 말해 주는 기록은 찾아보기 힘든 실정이다.[11] 그러나
노예가 주인으로부터 생계유지용의 작은 토지를 분양받아 경작하게 되
면서 주인의 직접경영지의 경작에 필요한 노동을 제공하는 방식으로
지대를 지불했을 것임은 틀림없다. 왜냐하면 노예는 본래 주인에게 부
역노동을 무제한적으로 수행했던 데다, 로마사회에서 주인이 노예에게
토지를 분급해 주고 외거화시킨 기본적 목적은 정복전쟁의 중단으로
노예노동력의 확보가 어려워진 상황에서 노예에게 가족생활을 허용하
고 분양된 작은 토지로 가족의 생계를 스스로 꾸려 가게 하면서 직영지
를 경작할 노동력을 재생산하기 위함이었다고 할 수 있기 때문이다.[12]

10　예컨대, *Cart. de Gorze*, no. 2(P. 6) 및 C. Zeuss, ed., *Traditiones Wizenburgenses*,
　　제CXXXI(p. 127), XCIII(p. 98)장 참조.
11　기껏해야 암시하는 것처럼 보이는 기록 정도가 존재할 뿐이다. 앞에서 본 6세기 중엽 라
　　벤나 교회의 토지소유에 관한 문서가 그런 예이다. 이 단편적인 문서는 농민보유지의 종
　　류와 보유자에 관해서 아무런 언급이 없는 제1난과 'colonia'라는 콜로누스의 보유지와
　　그 보유자가 부분적으로 기록되어 있는 제2난으로 구분되어 있다. 제1난에 기재된 26명
　　의 토지보유자들 가운데 20명은 화폐지대나 현물지대를 지불하며, 6명은 현물과 함께
　　매주 1~3일씩의 노동지대를 바친다. 'colonia'라는 콜로누스의 보유지가 일부 명시되
　　어 있는 뒤의 난에서 토지보유자들의 지대는 화폐지대와 현물지대로 되어 있다. 따라서
　　이런 뒤의 난에 비춰보면, 제1난의 노동지대 지불자들은 토지보유 외거노예들이라고 생
　　각할 수도 있을 것이다. 그러나 제1난의 다수 보유자들의 지대가 화폐지대나 현물지대
　　이므로, 그렇게 보기도 어렵다.
12　토지를 보유한 외거노예의 지대가 주인의 직영지를 경작하는 방식의 노동지대였을 것

중세 초기의 문헌사료 가운데 토지보유 외거노예들이 지주에게 지불하는 지대가 부역노동의 형태를 띠었고 그것이 어떤 방식으로 부과되어 수행되었는지에 관해 분명하게 제시한 최초의 기록은 710~720년경에 집성된 알레만 법의 제XXII조다. 앞의 제1부 제III장 제2절에서 인용한 바 있는 이 조문에 의하면 교회영지에서 외거노예(servus)들은 교회에 15sicla의[13] 세르부아즈 주(cervisa), 1트레미시스(tremissis)의 가격에[14] 해당하는 돼지 1두, 2md(modius)의[15] 빵 제조용 곡물, 닭 4두, 계란 20개 등의 공납을 하는 동시에(제1항), '자신의 밭에서 반, 주인의 밭에서 반씩 경작노동을 해야 하며, 그렇게 하지 않는 경우에는 3일은 자신을 위해서, 3일은 주인을 위해서 일해야 한다.'(제3항).

또 알레만 법보다 다소 더 늦은 740년대에 편찬된 바바리아 법 제I조 제13항의 끝머리 기록에서도 교회기관의 노예는 역시 앞의 제1부 제III장 제2절에서 인용한 바 있듯이 '그의 재산에 따라 소작료를 지불하며, 1주일에 3일은 주인을 위해서 일하고 나머지 3일은 자신

임은 앞에서 말했듯이 봉건적 부역노동이 노예노동에서 기원한다는 사실과, 농민보유지 보유자들의 부역노동으로 영주직영지가 경작되는 고전장원에서 전체 농민보유지 가운데 그 최초 보유자가 노예나 반자유인임을 표시하는 노예망스와 반자유인망스가 10~35%라는 적지 않은 비율을 차지한다는 사실로도 확인된다고 하겠다. 농민보유지의 종류별 비중에 관해서는 필자의 논문, 「고전장원제 하의 농민보유지 제도」, 391~395쪽 참조.

13   sicla는 situla와 같은 말로, B. Guérard, *Prolegomènes*, p. 197에 의하면 1 situla는 카롤링시대에 26.1리터 내지 34리터였다.

14   1 tremissis = ⅓솔리두스(solidus)이다.

15   1modius는 대체로 50리터 전후에서 68리터 사이였던 것으로 추정되고 있다. P. Portet, "Remarques sur la métrologie carolingienne", *Le Moyen-Âge*, 1(5e série, 1991), pp. 19~20; B. Guérard, *Prolegomènes*, pp. 183~185, 197; B. H. Slicher van Bath, *De agrarische geschiedenis van West-Europa, 500-1850*, 이기영 역 『서유럽농업사. 500~1850』 (까치, 1999), p. 13 참조.

을 위해 일해야 한다.'고 하고 있다. 바바리아 법의 이 규정은 앞의 알레만 법에서 막연히 자신의 밭과 주인의 밭에서 3일씩 일한다고 한 '3일'의 뜻이 매주 3일임을 명백히 하면서, 토지를 보유한 노예가 주인을 위해 수행하는 부역노동은 1주일에 3일씩 주부역 형태의 정기부역 방식으로 부과되었음을 확인하고 있다.

토지를 보유한 외거노예에 대한 부역노동의 부과방식에 관한 두 게르만 부족법의 기록은 이런 부역방식이 8세기 초반의 어느 한 특정 게르만족 사회에만 고유한 예외적 현상이 아님을 말해 주는 것이다. 그렇지만 문제는 이런 부역부과 방식이 당시 프랑크왕국 사회에서 토지보유 노예의 얼마나 보편적인 부역방식이었는가 하는 점이다. 왜냐하면 이와 같은 토지보유 노예의 주부역 방식은 8세기 초반까지는 다른 사료에는 보이지 않고 알레만 법과 바바리아 법에만 규정되어 있는데다, 이 두 법은 프랑크왕국의 변두리 지역에 속하는 현 독일의 남서부 지방과 바이에른 지방에 거주하는 두 게르만 부족에 적용된 법이기 때문이다.

이 문제와 관련해서는 무엇보다 이들 부족법이 성문화되고 편찬된 과정을 살펴볼 필요가 있다. 바바리아 법의 "전문(Prologus legis)" 말미(p. 259)의 기록은 바바리아 법의 성문화 경위에 관해서, 메로빙 왕조의 테오데리쿠스 왕이 "옛날 법(lex antiqua)" 전문가들에게 그의 지배 아래 있는 프랑크족, 알레만족 및 바바리아족 등의 법을 그들 부족의 관습법을 존중하여 작성하되 "기독교도의 법에 따라(secundum legem christianorum)" 작성하도록 명령했다고 하고 있다. 여기서 "기독교도의 법에 따라" 작성하도록 했다는 것은 기독교왕국을 표방한 프랑크왕국에 보편적으로 통용될 수 있는 법이 되도록 했음을 뜻한다고 할 수 있다. 그러면서 바바리아 법 제I조의 머리 표제(p. 269)는 노예의 주부역에 대해 규정하고 있는 제1조가 '메로빙조 왕국 내에 있는 모든 기독교도에게 적용되는 법령'("Hoc decretum apud regem et principibus eius, et apud cuncto populo christiano qui infra regnum Mervungorum consistunt")이라고 하고 있다. 이런 기록들은 바바리아 법의 모든 내용이 오로지 부족사회 전래의 고유한 내용으로만 된 것이 아니며, 토지보유 노예의 부역노동 부과방식이 규정되어 있는 제I조는 특히 부족의 범위를 넘어서 프랑크왕국의 전체 사회에 보편적으로 적용되거나 적용되어야 할 조문임을 명확히 하는 것이다.

앞의 제1부 제III장 제2절에서 인용한 바 있는 알레만 법 제I조 앞의 '클로타르 왕 시절에 33명의 주교, 34명의 공작, 65명의 주백 등 교속의 유력자들의 합의를 거친 알레만 법이 시작된다.'라는 간략한 머리말(p. 45)은 이 법이 단순히 알레만족 전래의 부족법을 부족 스스로 성문화한 것이 아님을 밝혀 준다. 그것은 메로빙왕조의 클로타르 왕이 왕국 내 교속의 고관대작들과 함께 협의한 가운데 작성되었음을 천명함으로써, 이 법이 프랑크왕국 전체에 통용되는 보편성을 띠고 있거나 보편적으로 적용되어야 함을 밝힌 것이라고 할 수 있다.

한편 교회기관의 영지에서 토지를 보유한 외거노예의 주부역에 관한 두 부족법의 규정은 주부역이 왕령지 차원에서도 시행되었음을 전제하는 것이기도 하다. 왜냐하면 로마제국의 황실영지를 기초로 해서 일찍이 크게 확대되었던 프랑크왕국의 왕령지는 그중 막대한 크기의 토지가 하사되어 교회기관들의 물적 토대를 이루었고, 주부역이 규정되어 있는 두 부족법의 성문화 작업을 프랑크왕국의 국왕들이 주도했기 때문이다. 노예의 주부역이 기록되어 있는 알레만 법 제XXII조 바로 다음의 제XXIII조 제1항에서 역시 앞의 제1부 제III장 제2절에서도 인용한 바 있는 '콜로누스라고 불리는 교회기관 소속의 자유인은

왕령지의 콜로누스와 마찬가지로 모든 의무를 교회에 대해 수행한다.'
고 한 문구는 교회기관 소속 예속농민의 의무에 관한 기록이 바로 왕
령지 예속농민의 의무를 선례와 본보기로 삼고 있음을 보여 주는 확실
한 증거라고 하겠다.

그러므로 토지를 보유한 외거노예의 매주 3일씩의 부역수행 방식
에 관한 바바리아 법과 알레만 법의 규정내용은 8세기 초반의 몇몇 특
정 게르만 부족사회의 차원을 넘어서 왕령지에서고 교회기관의 영지
에서고 프랑크왕국의 전체 영지에서 보편성을 띤다고 할 수 있다. 이
처럼 매주 3일씩의 부역노동이 토지보유 노예의 보편적 부역수행 방
식이었음은 8세기 이후의 다른 문헌기록들을 통해서도 증명된다. 루
아르 강과 라인 강 사이의 갈리아 북부 지역에서는 토지보유 외거노예
의 주 3일 부역에 관한 문헌기록이 앞의 두 부족법이 작성되던 8세기
초반에는 보이지 않지만, 대부분 이 지역을 중심으로 9세기 무렵에 큰
수도원들이 작성한 영지명세장들에 의하면 노예망스에 대한 매주 3일
씩의 주부역 부과가 이 시기에 이르러서는 고전장원제적으로 조직된
갈리아 북부 지역의 거의 모든 교회기관의 영지에서 발견된다. 카롤링
조의 왕령지에서도 장원농민의 부역노동에 관한 문헌기록은 드물지만
왕령지가 당시의 교회기관의 영지들과 마찬가지로 고전장원제적으로
조직되었음이 드러나는 것으로 미뤄 볼 때,[16] 토지보유 노예는 주부역
방식의 부역노동을 수행했을 것으로 추정된다. 또 알레만족과 바바리
아족의 거주지역을 포함한 라인 강 동쪽지역에서도 이들의 부족법을
비롯한 8~10세기의 여러 사료에서 거의 예외 없이 노예망스나 토지보
유 노예에게는 매주 3일의 주부역이 부과되고 있다.[17]

16   필자의 논문, 「카롤링조 왕령지의 경영조직」, 539~548쪽 참조.
17   A. Verhulst, "Die Grundherrschaftsentwicklung im ostfränkischen Raum vom 8. bis

   그러나 그렇다고 해서 매주 3일씩의 주부역이 이미 8세기 초반
에 알레만족과 바바리아족 사회를 비롯한 프랑크왕국의 전체 사회에
서 토지를 보유한 외거노예에 대해 실제로 널리 보급되어 시행되고 있
었다고 보기는 어렵다. 왜냐하면 이들 부족을 지배하게 된 프랑크왕국
의 당국자들이 그들의 주도 아래 부족법을 정비하고 성문화하는 과정
에서 갈리아 북부 지역을 중심으로 봉건사회가 형성되고 있던 중세 초
기의 변화된 사회경제적 상황을 반영하고자 해서, 토지보유 외거노예
의 부역방식과 같은 규정이 생겨났다고 볼 수도 있기 때문이다. 그리
고 장원이 영주직영지와 농민보유지로 이분되고 이들 사이의 관계가
부역노동으로 연결되면서도 영주직영지의 면적이 큰 고전적 형태의
장원이 라인 강 이동의 프랑크제국 동부 지역에서는 왕령지나 교회기
관의 영지에 국한하여 제한적으로 나타난다는 그동안의 연구결과도[18]
매주 3일씩의 주부역이 8세기 초반에 프랑크왕국의 모든 영지에서 실
시된 것은 아니었음을 방증한다. 그래서 우리는 이 두 게르만 부족법
에서 토지보유 노예에 대해 매주 3일씩 부과되고 있는 주부역 형태의
정기부역 방식은 메로빙시대 말기인 8세기 초반에 전체 프랑크왕국의
모든 영지에서 널리 실시되었다고 볼 수는 없다. 그러나 그렇다고 하
더라도 토지보유 외거노예의 매주 3일씩의 주부역은 적어도 프랑크왕
국의 중심지인 갈리아 북부 지역에서는 왕령지와 교회기관의 영지를
중심으로 일반화되고 있었으며 이 지역을 중심으로 왕국 전체로 점차
확산되는 과정에 있었다고는 말할 수 있을 것이다. 나아가 토지보유

10. Jahrhundert", W. Rösener, ed., *Strukturen der Grundherrschaft*, pp. 36~40, 44
및 필자의 논문, 「고전적 형태의 봉건적 부역노동 부과방식―파리 분지의 주변부 영지
들을 중심으로―」, 207~247쪽 참조.

18   A. Verhulst, "Die Grundherrschaftsentwicklung im ostfränkischen Raum",
      pp. 35~41, 46 참조.

노예의 주부역은, 문헌기록이 거의 없고 대토지의 축적과 영지의 고전 장원제적 조직화가 은밀하게 진행되었던 세속귀족층의 영지로도 점차 확산되었으리라고 짐작된다.

노예 출신의 농민에게 매주 3일씩의 주부역이 부과되었다는 것은 그의 노동의 절반이 주인에게 제공되었음을 뜻한다. 기독교가 국교 이상의 의미를 지니고 보급되어 간 중세 초기의 프랑크왕국 사회에서 일요일에는 농사일과 같은 중노동이 금지되었던 까닭에,[19] 일요일을 제외하면 1주일 중 노동할 수 있는 날이 모두 6일이기 때문이다. 3일씩의 주부역은 토지보유 외거노예의 노동이 결국 자신의 보유지 경작을 위한 필요노동과 주인의 직영지를 경작하는 방식으로 제공되는 잉여노동으로 반반씩 나뉘어 수행되었음을 시간적으로 표현한 것이다.

원래 솔거노예는 주인으로부터 직접 최소한의 부양을 받으면서 주인이나 그 대리관리인의 명령과 지시에 따라 무제한으로 무보수의 강제노동을 수행했다. 그와 같은 무제한적인 부역노동은, 고전장원제가 성립한 이후에도 9세기의 일부 영지명세장에 노예망스의 보유자들이 일정하게 규정된 기본적인 부역과 공납을 수행하는 외에도 '언제 어디서나 명령받는 모든 일을 한다.'는 식의 기록으로 남아 있다.[20] 이처럼 매일같이 무제한적으로 부역노동을 수행하던 솔거노예가 외거하게 되면서 주인의 직영지를 계속적으로 경작할 수 있는 노동력의 재생

---

19 "Lex Alamannorum", 제XXXVIII조(p. 57);"Lex Baiuwariorum", 부록(Appendix), no. 1(p. 335); *Capitularia*, no. 14 "Concilium Vernense", 제14조(p. 36); 동, no. 22 "Admonitio generalis", 제81조(p. 61); 동, XII. "Ansegisi abbatis capitularium collectio", liber primus, 제75조(p. 404) 참조.

20 이와 같은 무제한적 부역노동에 관한 언급은 특히 생르미 수도원의 영지명세장에 비교적 많이 보인다. B. Guérard, ed., *Polyp. de St. Remi*, 제III장 3~4항, 제XI장 제8~11항, 제XIV장 제3~4항, 제XV장 제12~17항, 제XVIII장 제9항, 제XIX장 제8항, 제XX장 제13~16항, 제XXII장 제15~24항, 제XXVIII장 제20, 31항 참조.

산용으로 소토지를 주인으로부터 분양받아 경작하게 되자, 산술적으로 주인의 직영지와 자신의 보유지에서 반반씩 노동한다는 간단명료한 원칙이 마련되었던 것으로 보인다. 그리하여 무제한으로 노동하던 노예가 이제 노동의 절반을 영주에 대한 부역노동으로 제공한다는 새로운 원칙이 '매주 3일'이라는 기독교적인 역산법(曆算法)으로 표현되고 그것이 법률 조항으로까지 나타났다고 하겠다.

그렇기 때문에 8세기 초엽의 알레만 법에 그런 기록이 나타나기 전에도 토지를 보유한 외거노예의 주인의 직접경영지에 대한 부역노동은 일반적으로 전체 노동의 반이었으며, 그것은 흔히 매주 3일간 주인을 위해서 일한다는 식으로 표현되었으리라고 추측된다. 8~9세기의 바이에른, 튀링겐, 라인헤센 및 프랑켄 등 라인 강 동부지역의 장원에 대한 페르헐스트의 종합적인 연구보고는 그럴 가능성을 뒷받침한다.[21] 그에 의하면 이 지역은 라인 강 이서 지역과는 달리 비교적 인구 중 노예의 비중이 높고, 농민보유지 가운데서 노예망스의 수가 압도적으로 많으며, 영주직영지의 면적이 수십 헥타르에 불과할 만큼 작고, 농민보유지의 종류와 그 보유자의 신분 일치도가 아주 높은 등 장원제도의 발전에서 메로빙시대에 볼 수 있는 것과 유사한 미발달된 원시적 구조의 장원제가 지배적이었다. 그런 특성을 지닌 이 지역에서 노예망스나 외거노예에 대해서는 거의 한결같이 매주 3일씩의 부역노동이 부과되고 있다고 한다. 이로 미뤄 볼 때, 알레만 법과 바바리아 법은 매주 3일씩 부과되는 외거노예의 부역노동 방식과 크기에 관한 오랜 일반적 사회 인식과 관행을 명문화한 것이라고 할 수 있을 것이다.

토지를 보유한 외거노예가 주인을 위해 수행해야 하는, 다소 막연

21　A. Verhulst, "Grundherrschaftsentwicklung im ostfränkischen Raum", pp. 36~40, 특히 p. 44 참조.

하고 포괄적으로 규정된 매주 3일씩의 주부역은 어떤 작업들로 구성
되었을까? 앞에서 본 바와 같이 이에 관해서 바바리아 법 제Ⅰ조 제13
항에는 전혀 언급이 없다. 다만 알레만 법 제ⅩⅩⅡ조 제3항의 앞 부분
에서 이들 노예는 '자신의 밭에서 반, 주인의 밭에서 반씩 경작노동을
해야 한다.'고 하고 있을 뿐이다. 노예주가 노예에게 작은 토지의 보
유와 가족생활을 허용한 목적이 노예 수가 감소하는 상황에서 대토지
를 경작할 노동력을 계속적으로 확보하기 위함이었다고 할 때, 외거노
예의 부역노동은 알레만 법의 이 기록처럼 당연히 주로 주인 직영지의
경작작업에 쓰였을 것이다. 그러나 토지보유 노예의 모든 부역노동이
주인의 토지경작에 투입되지는 않았을 것이다. 왜냐하면 농사일에는
농번기와 더불어 농한기가 존재하고, 원래 노예는 주인의 토지 경작뿐
만 아니라 주인의 집안일 등 여러 가지 잡일도 수행했기 때문이다.

주부역의 작업구성에 관해 생타망(Saint-Amand) 수도원의 영지
명세장을 비롯한 카롤링시대의 일부 문헌기록은 시사하는 바가 크다.
생타망 수도원의 영지명세장 제2장에 기록된 장원에서 종류미상의 망
스를 보유한 농민들은 "매주 2일은 황소를 가지고 부역노동을 하며 세
번째 날은 손으로 일해야 한다."고 하고 있다.[22] 그리고 제3장에 기록
된 역시 종류미상의 망스 보유자는 "황소를 갖고 매주 2일간 작업한
다."고 되어 있다.[23] 또 프륌(Prüm) 수도원의 영지명세장 제ⅩⅩⅣ장
에도 종류미상의 망스를 보유한 자는 '황소와 손으로 매주 3일씩 일한
다.'고 기록되어 있다.[24] 비록 농민보유지의 종류가 명시되어 있지는

---

22 "Serviunt in ebdomada dies Ⅱ cum bobus, tertium manibus."
23 "Serviunt in ebdomada dies Ⅱ cum bobus."
24 "In ebdomada dies .Ⅲ. omni tempor. cum boue. vel manu. ⋯." ("Güterv. der
    Prüm", p. 155).

않지만, 우리는 이런 기록들을 통해 매주 3일의 주부역 가운데 2일간
은 황소를 갖고 경작부역을 수행하고 나머지 1일은 손으로 경작부역
외의 일들을 했다고 봐도 좋을 것이다.

한편 농민보유지의 종류가 대부분 명기되어 있는 생제르맹데프
레 수도원의 영지명세장의 일부 기록에서도 주부역의 구성에 관한 다
른 측면의 정보를 얻을 수 있다. 이 영지명세장의 제XV장에서 자유인
망스 보유자들은 일정 면적의 영주직영지의 곡물경작지에 대한 정적
부역을 수행하는 동시에 스스로 역축과 쟁기를 지참하고 주로 파종기
에 곡물경작지를 추가로 갈이질하는 부역을 뜻하는 '코르베(corvée,
corvada)'를 '지시받는 만큼(quantum ei injungitur)' 수행할 의무가 부
과되고 있는 데 반해, 제76항 이하에 기록된 노예망스 보유자들은 모
두 일정 면적의 포도밭에 대한 정적부역과 더불어 '어디서 명령을 받
든 손일을 한다.'고 되어 있다.[25] 그리고 제VI장에서도 자유인망스에
대해서는 대부분 곡물경작지 및 포도밭과 관련된 일정 면적의 정적부
역과 함께 코르베가 부과되는 데 반해, 제35항 이하에 기록된 노예망
스들은 포도밭에 대한 일정 면적의 정적부역을 행하면서 '매주 손일을
한다.'거나[26] '명령받는 만큼 손일과 수송작업을 한다.'고[27] 되어 있다.
이런 기록들은 원래 노예의 보유토지인 노예망스가 일정 면적의 포도
밭에 대한 경작부역과 더불어 기타 주인이 명령하는 온갖 잡역을 수행
해야 했음을 뜻한다고 볼 수 있다.

영지명세장들의 이와 같은 기록들을 종합해서 볼 때, 매주 3일씩
의 주부역은 2일간의 경작부역과 주로 손으로 행해지는 1일간의 여러

---

25   "Manuopera, ubi ei injungitur."

26   "Facit … et manoperas in unaquaque ebdomada."

27   "…; manoperas, caroperas, quantum ei injungitur."

가지 잡역으로 구성되었다고 할 수 있다. 생베르탱 수도원의 영지명세
장에서 농민보유지를 보유한 노예와 자유인의 주부역 일수의 차이도
주부역의 이런 기본적 구성을 입증해 주는 것으로 보인다. 이 영지명
세장에서는 이례적으로 망스를 보유한 노예든 자유인이든 신분에 상
관없이 모두 주부역 형태의 정기부역이 부과된다. 그렇지만 노예 신분
의 주부역 기간은 3일인 데 비해 자유인의 주부역은 2일이다. 그런데
이 제III장의 제3절에서 후술하는 바와 같이 이 수도원의 영지명세장
에서 망스라는 정상적인 장원 농민보유지를 보유하지 못하고 단순히
소규모의 토지를 보유한 농민들의 거의 모두가 전적으로 정적부역만
행한다는 사실에 비춰 볼 때, 자유인 신분의 토지보유자보다 1일이 더
많은 노예 신분의 매주 3일씩의 부역 가운데 2일은 주인의 직접경영지
경작에 사용되고 나머지 1일은 주인집의 잡일을 수행하던 노예적 관
행에 따라 잡역에 쓰였으리라고 추측된다.

　　경작부역이 지주의 곡물경작지를 갈이질하고, 파종하고, 수확하
며, 포도밭의 포도를 재배하고, 초지에서 건초작업을 하며, 수확물을
운반하는 등의 농사일들을 수행하는 것인 데 비해, 잡역은 9세기의 영
지명세장들에서 분명하게 볼 수 있듯이 주인의 의식주 생활과 관련된
각종 음식의 장만, 길쌈과 재봉,[28] 영주저택의 수리 및 울타리 치기 작
업, 파수 및 심부름 등과 같은 그야말로 잡다한 일들로 구성된다. 이런
내용의 잡역은 원래 노예가 주인의 집에서 하인 노릇을 할 때부터 하
던 일들이다. 그런 연유로 해서 잡역이 토지를 보유한 외거노예가 주
인을 위해 수행해야 하는 부역노동의 중요한 다른 한 축을 구성하게
되었다는 증거는 영지명세장들에서 수없이 많이 볼 수 있다.[29]

28　영지명세장을 비롯한 카롤링조의 문헌기록에서 요리와 술 담그기, 길쌈과 재봉과 같은
　　일은 보통 농민보유지 보유자의 부인들의 의무로 되어 있다.

한편 노예가 '반자유인'으로 해방된 뒤에 어떤 토지소유관계에 처해 있었는지에 관해서는 중세 초기의 몇몇 법령에 잘 나타나 있다. 리부아리아 법 제61조 제1항은 '교회의 성직자들에 의해 노예신분으로부터 해방된 tabularius라는 반자유인과 그의 자손은 자유인으로 남되 교회의 보호 아래 소속교회에 소정의 모든 공납과 반자유인으로서의 부역을 수행해야 하며, 누구도 왕 앞에서 은화의 투척을 통해 해방시켜서는 안 된다.'고 한다.[30] 그리고 리부아리아 법 제65조 제1항에서는 "어떤 사람이 그의 노예를 소작인(tributarius)이나 반자유인(litus)으로 만든 후, 누군가 그를 살해하면 36솔리두스의 유죄에 처한다고 판결된다."고 한다.[31] 또 787년쯤에 반포된 북부 이탈리아에 관한 "Capitulare Mantuanum secundum, generale"이라는 이름의 칙령 제5조에서는 '교회의 토지를 경작하는 노예나 반자유인(aldio, libellarius)은 관리들로부터 공사(公私)의 부역을 강요받아서는 안 되고 그의 보호자나 주인이 명령하는 작업을 수행해야 한다.'고 하고 있다.[32]

---

29 카롤링시대의 영지명세장들에 의하면, 원래 농민보유지별로 상이하게 부과되던 농민보유지 보유자의 의무가 이미 9세기에는 그 부과 방식이나 내용이 서로 뒤섞여 있으면서도 잡역은 주로 노예망스에 부과되고 있다. 영지명세장들 가운데 특히 다음과 같은 부분들에 기록된 노예망스의 의무는 자유인망스의 의무와 대조를 이룬다. "Fragmenta Mediolacensis"; "Polyp. de Lobbes", p. 257; B. Guérard, ed., *Polyp. de St. Remi*, 제XVIII, XXII장; "Güterv. der Prüm", 제Ⅰ~Ⅷ, XXXI, LXV, LXXII, LXXXIII, XCIII, XCVI, CIIII~CX, CXIIII, CXVI, CXVII; B. Guérard, ed., *Polyp. de St. Germain*, 제IX(제212~230항), XV, XXII장; "Polyp. de St. Maur-d.-Fossés", 제10장.

30 리부아리아 법 제61조 제1항은 그 내용이 상당히 많고 문장이 길다. 이 조항의 보다 자세한 내용에 관해서는 이 책 제1부 제Ⅳ장 제4절 참조.

31 "Si quis servum suum tributarium aut litum fecerit, si quis eum interfecerit, 36 solidos culpabilis iudicetur."

32 "Ut servi, aldiones, libellarii antiqui vel illi noviter facti, qui ⋯ terram aecclesiae colunt vel colenda suscipiunt, non a comite vel a quolibet ministro illius ad ulla angaria seu servitio publico vel privato cogantur vel conpellantur; sed quicquid ab eis iuste agendum est a patrono vel domino suo ordinandum est."(*Capitularia*, no. 93〔p.196〕).

이와 같은 기록들은 노예가 단순한 반자유인으로 해방되지 않고 흔히 교회기관 등의 영지에서 경작부역 따위의 부역노동을 수행하는 예속적 소작농민으로 해방되었음을 보여 준다. 그러나 이런 문헌기록에도 불구하고 9세기에 영지명세장이 작성되기 이전에는 반자유인이 부역노동을 어떤 방식으로 수행했는지에 관한 기록을 찾아보기 어렵다. 9세기의 영지명세장들 가운데는 9세기 초엽에 작성된 생제르맹데프레 수도원의 영지명세장 제XIII장 제39~63항과 893년에 작성된 프륌 수도원의 영지명세장 곳곳에 각각 25개와 208개의 반자유인망스의 부역노동에 관한 기록이 나타난다. 그렇지만 이들 영지명세장에서 반자유인망스의 부역노동 수행방식이 때로는 자유인망스와 비슷하기도 하고 때로는 노예망스와 비슷하기도 하여 특별한 차이를 발견할 수 없다. 부역노동의 수행방식뿐만 아니라 부역과 공납 등으로 된 전체 의무의 내용과 크기에 있어서도 별 다른 차이가 없다. 이것은 반자유인 신분에게는 독자적이고 특유한 부역노동제도가 결여되어 있었음을 의미한다고 할 수 있을 것이다.

3. 자유인 신분과 관련된 봉건적 부역노동제도의 원초 형태

앞의 제1부 제3장 제3절에서도 말했듯이, 로마사회에서 법적으로 자유인이었던 콜로누스가 지주에게 지불한 지대는 보통 화폐지대나 현물지대였다. 그 후 중세 초기의 문헌기록에서도 콜로누스의 지대는 대부분 화폐지대나 현물지대였다. 바로 앞의 제2절에서 언급한 6세기 중엽 라벤나 교회의 소유지에 관한 기록 가운데 콜로누스의 보유지가 명기되어 있는 두 번째 난에서 지대는 모두 화폐지대나 현물지대다. 그리고 역시 앞의 제1부 제II장 제3절에서 말한 바와 같이, 7세기 투르 지방의 생마르탱 수도원의 단편적인 영지명세장에서도 'colonica'라 는 콜로누스의 보유지에 대해서는 전적으로 곡물 위주의 현물지대가 부과되고 있었다. 또 이 논문 제2절의 앞머리에서 언급한 7세기 후반 알자스 지방의 한 문서에 나타나는 "mansus serviles et censuales"라 는 말 가운데 'mansus censualis'라는 농민보유지의 지대도 마찬가지 로 화폐나 현물로 되어 있었다. 'mansus censualis'는 중세 초기의 다 른 문헌들에서 'mansus censalis'나 'mansus censilis', 특히 9세기의 영지명세장들에서 흔히 'terra censualis', 'terra censalis' 등으로도 불 린 것으로, 영지명세장 등에서 자유인 신분 출신의 소작농민들에게 대 개의 경우에 화폐나 현물 형태의 지대가 부과되는 농민보유지를 가리 킨다.[33] 이와 같은 문헌사료들의 기록으로 볼 때, 적어도 7세기 후반까 지는 자유인 신분의 소작지에 여전히 화폐나 현물 형태의 지대가 부과 되고 있었다고 할 수 있을 것이다.

물론 콜로누스의 소작지에 노동지대가 부과되는 경우가 없었던 것은 아니다. J. 퍼시벌 은 로마제국 시절에 아프리카, 일리리아 등지 에서 콜로누스가 지주의 직접경영지에 부역노동을 제공했다는 여러 증거들을 제시한다.[34] 그러나 그 자신도 그 증거가 빈약하다고 고백하 고 있고, 학계에서도 일반적으로 로마제국에서 자유인 신분 출신의 소 작인의 부역노동 수행은 예외적인 현상으로 보고 있다. 더욱이 퍼시

---

33   영지명세장들에서도 이런 농민보유지에 부역노동 형태의 지대가 부과되는 경우가 없는 것은 아니다. 예컨대, *Polyp. de St. Bertin*, 제XXXIIII장(p. 23) 참조. 그러나 대부분의 경우에 화폐지대나 생산물지대가 부과되고 있다. *Polyp. de St. Bertin*, 제XXVII, XXXII 장; "Polyptychum Fossatense", 제5장; "Polyp. de Lobbes", p. 260; B. Guérard, ed., *Polyp. de St. Germain*, 제XIII장 제99항 등 참조.

34   J. Percival, "Seigneurial aspects", pp. 459~465 참조.

벌은 갈리아 지방에 대해서는 그런 증거를 제시하지 못하고 있다. 그
리고 앞에서 거듭 논한 바 있는 6세기 중엽의 라벤나 교회의 영지명
세장에 나타나는 주부역 방식의 노동지대 부담자들이 콜로누스일 가
능성은 희박하지만, 설사 그렇게 본다고 하더라도 노동지대 부담자
는 전체 52명의 토지보유자 가운데 6명에 불과할 뿐이다. 앞의 제1부
제Ⅲ장 제3절에서 거론한 바와 같이, 갈리아 지방에서는 연대기 작가
플로도아르드가 948~952년 사이에 쓴 《랭스 교회사》에서 랭스 주교
좌교회의 영지와 관련하여 7세기 초엽쯤에 주교 손나티우스는 "부역
을 배정함으로써 주교좌에 소속된 몇몇 장원의 콜로누스 보유지들을
설치했다."고 하여, 콜로누스에 대한 부역노동 부과를 고문서에 의거
해서 간접적으로 전하고 있다. 그렇지만 이런 기록조차 매우 드물고
콜로누스 중에도 일부만 노동지대를 지불하므로, 7세기까지만 해도
갈리아에서 자유인 신분의 소작인들에게 있어 부역노동 형태의 지대
지불은 흔한 현상이 아니었다고 봐야 할 것이다.

　　그러나 8세기에 이르면 자유인 신분 출신의 소작인들이 노동지대
를 지불하는 추세가 나타난다.[35] 우선, 로마사회에서 법적으로 자유인
이었으나 로마제정 후기에 국가 당국의 거듭된 토지에의 긴박 조치로
인해 예속적 소작인 상태로 전락한 콜로누스의 지대가 노동지대로 전
면적으로 바뀌는 변화가 일어난다. 지대 형태의 이런 대전환을 분명하
게 보여 주는 문헌기록은 바로 앞의 제2절에서도 인용된 바 있는 740
년대 초에 편찬된 바바리아 법 제Ⅰ조 제13항이다. 이 조항에는 이런

35　L. Kuchenbuch도 그의 논문 "Die Klostergrundherrschaft im Frühmittelalter", pp.
　　317, 320에서 6세기 후엽 이후 문헌사료 속에는 가끔 부역노동에 관한 언급이 나타나지
　　만, 지주직영지의 경작을 위한 부역노동에 관한 본격적인 언급이 나타나는 것은 8세기
　　에 이르러서라고 한다.

변화뿐만 아니라 콜로누스의 부역노동이 어떤 방식으로 행해졌는지도 명시되어 있다. 여기에는 "교회기관의 콜로누스와 노예가 어떻게 부역을 수행하고 어떤 종류의 소작료를 지불해야 하는지에 대해(De colonis vel servis ecclesiae, qualiter serviant vel qualia tributa reddant)"라는 제목 아래 맨 뒷부분에서는 토지보유 노예의 부역노동 방식이 규정되어 있고, 그 바로 앞부분에는 토지를 보유한 콜로누스의 공납과 부역이 어떻게 수행되어야 하는지가 규정되어 있다.

여기에서 콜로누스는 여러 종류의 공납과 파발마(擺撥馬, paravredus) 제공이나 전령(傳令) 및 수송(Angaria cum carra) 의무를 짐과 함께, '정적부역, 즉 일정 면적의 곡물경작지를 가을과 봄에 갈이질하고 파종하며 곡식이 파종된 밭에 대해 울타리 치기 작업을 하고 곡식을 수확해서 반입하고 저장해야 하며, 또 각종 포도밭 작업을 수행해야 한다.'고 함으로써,[36] 콜로누스가 정적부역 방식으로 된 노동지대를 지불함을 분명하게 밝히고 있다. 이것은 콜로누스가 일정 면적의 지주 직접경영지를 할당받아 갈이질하고 파종하는 일로부터 수확해서 거둬들이는 일까지 경작과 관련된 일련의 모든 작업을 스스로 책임지고 행함을 뜻한다.

바바리아 법 제I조 제13항의 이런 규정은 앞의 제2절에서 논한 바 있는 이유로 적어도 8세기 중엽에 이르면 프랑크왕국 내의 영지들에서 콜로누스가 일정 면적의 지주직영지를 경작하는 정적부역 방식으로 된 노동지대 지불이 갈리아 북부지역을 중심으로 광범위하게 확산

---

36 "…. Andecenas legitimas, hoc est pertica 10 pedes habentem, 4 perticas in transverso, 40 in longo arare, seminare, claudere, colligere, trahere et recondere. A tremisse unusquisque accola ad duo modia sationis excollegere, seminare colligere et recondere debent;et vineas plantare, fodere, propaginare, praecidere, vindemiare. …."

되고 있음을 보여주는 것이라고 하겠다. 이것이 명백하고 신빙성 있는 사실임은 이 법에서 정적부역 방식으로 부과되는 콜로누스의 부역노동 의무가 다른 의무들과 함께 818~819년경 프랑크제국의 루도비쿠스 경건왕이 반포한 "Capitula per se scribenda"라는 제목의 칙령에 거의 그대로 다시 나타나고,[37] 9세기 이후의 고전장원들에서 볼 수 있는 자유인망스에 부과된 의무와 비슷하다는 점에서도 확인된다.

그렇지만 바바리아 법과 마찬가지로 토지보유 노예의 매주 3일씩의 주부역이 규정되어 있는 알레만 법에는 자유인 신분의 부역노동 방식과 관련한 구체적인 언급이 없다. 알레만 법에서는 노예의 정기부역 방식이 명기되어 있는 제XXII조 바로 다음의 제XXIII조 제1항에서 앞에서 거듭 인용된 것처럼 '콜로누스라고 불리는 교회기관 소속의 자유인은 왕령지의 콜로누스와 같이 모든 의무를 교회에 대해 수행한다.' 고 하고, 제2항에서는 '정당한 tributum을 거절하는 경우에는 6솔리두스의 벌과금을 문다.'고 기록되어 있을 뿐이다. 불분명한 이 기록으로는 부역노동의 방식은 말할 것도 없고 심지어 콜로누스가 노동지대를 지불했는지조차도 알기 어렵다. 콜로누스가 지주에게 어떤 종류의 지대를 어떤 방식으로 지불했는지를 알기 위해서는 왕령지의 콜로누스가 어떤 지대를 지불했는지를 알아야 하지만, 8세기 초엽까지 왕령지의 콜로누스가 지불한 지대의 형태를 알려 주는 기록은 보이지 않는다.

그래서 결국 중요한 것은 콜로누스의 부담으로 되어 있는 'tributum'이 무엇을 의미하며 그 실제적 내용이 무엇이냐 하는 점이다. 지

---

37 *Capitularia*, no. 140(p. 286) 참조. "Capitula per se scribenda"라는 제목으로 된 이 칙령은 p. 286과 pp. 287~288에 걸쳐 두 부분의 문서로 되어 있다. p. 286의 "De colonis"라는 조문의 모두(冒頭) 제목 아래 바바리아 법에서와 똑같이 다시 "De colonis vel servis aecclesiae qualiter serviant vel qualia tributa reddant"라는 일종의 부제가 붙어 있다.

금까지 앞의 글에서는 tributum을 '소작료'라고 번역했다. 그러나 중세 초기에 tributum이란 말의 뜻은 단순하지 않다. 이를테면, 앞에서 본 바 있는 바바리아 법 제I조 제13항과 818년 카롤링왕조의 "Capitula per se scribenda"라는 이름의 칙령에는 "De colonis vel servis ecclesiae, qualiter serviant vel qualia tributa reddant"라는 똑같은 제목이 달려 있다. 이 제목에서는 tributum이 '부역하다'는 뜻의 'servio'와 구분되어 있다. 따라서 이 경우에 tributum의 뜻은 토지보유자의 의무의 한 축인 부역과 대조가 되는 현물 형태의 공납 내지 지세를 가리킨다고 하겠다. 또 토지보유 노예의 의무가 규정되어 있는 알레만 법 제XXII조 제1항에서도 tributum은 현물 형태의 공납을 뜻한다. 이에 비해 대부분의 필사본에 나타나는 동 제XXII조의 전체 제목에서는 'tributa'가 제1항의 공납과 제2항 및 제3항에 명기된 경작부역 등의 부역을 포함한 전체 의무 즉 넓은 뜻의 지대라는 의미로 쓰이고 있다.[38] 그렇기 때문에 알레만 법 제XXIII조 제2항에서 사용된 tributum이란 말의 의미가 반드시 경작부역을 포함한다고 보기는 어렵다. 그렇지만 바로 이런 이유 때문에 한편으로는 알레만 법이 작성된 8세기 초엽에 이르면 콜로누스가 지주에 대해 경작부역 중심의 노동지대를 지불했을 가능성도 존재하는 것이다. 만약 콜로누스가 노동지대를 지불했다면, 그것은 바바리아 법 제I조 제13항에서 보는 바와 같이 일정 면적의 지주 직접경영지를 경작하는 정적부역 방식을 취했을 것이다.

이런 가능성을 고려하고 무엇보다 바바리아 법에 의거해서 볼 때, 화폐나 현물 형태의 지대를 지불하던 콜로누스의 지대도 8세기 초반에 이르면 지주의 직접경영지를 경작하는 부역노동의 형태로 대체되

38　"Lex Alamannorum", pp. 42, 86, 121, 137 참조.

고, 경작부역은 일정 면적을 할당받아 수행하는 정적부역 방식으로 부과되었다고 할 수 있다. 지주의 직접경영지 가운데 일정 면적을 배정받아 농민 스스로가 책임지고 경작과 관련된 거의 모든 농사일을 한다는 것은 제한된 범위 내에서나마 농민의 경작부역 수행에 자율성이 부여된다는 의미가 된다. 그러므로 정적부역 방식은 자유인 출신 부역농민의 신분적 특성을 고려한 부역노동제도라고 할 수 있다. 따라서 우리는 주부역 형태의 정기부역 방식은 앞 절에서 보았듯이 원래 토지를 보유한 외거노예 신분에게 고유한 부역노동제도였던 데 비해, 정적부역 방식은 콜로누스와 같은 법적 자유인 신분 출신의 부역농민에게 고유한 부역노동제도였다고 말할 수 있을 것이다.

중세 초기에 대토지소유제가 급속히 발전하는 가운데 이에 필요한 노예노동력이 부족해지자 콜로누스뿐만 아니라, 경제적으로 독립적이고 신분적으로 자유로웠던 중소 농민들도 혼란 상황 속에서 대토지를 소유한 세력가들의 직·간접적인 압력을 받고 부역농민으로 전락해 갔다. 더욱이 자유농민의 부역농민화는 세력가들이 투탁의 형태를 빌려 농민들 소유의 많은 토지를 사실상 탈취·축적할 수 있는 큰 이점이 동반되었으므로 널리 전개되었다.[39] 이들 자유로운 농민의 전락에 따른 부역노동도 당연히 콜로누스처럼 정적부역 방식으로 부과되어 수행되었을 것이다. 전술한 바와 같이 일정 면적의 지주직영지를 배정받아 직접생산자가 책임지고 경작하는 정적부역은 자유인 신분 출신의 농민들에게 적합한 부역방식이기 때문이다. 자유인 신분의 농민들이 세력가에게 토지를 투탁한 후 정적부역 방식의 경작부역을 수행했음은 아래에서 보듯이 8세기 후반 이후 토지기증 문서를 비롯한

---

39   자유농민이 토지를 잃고 부역농민으로 전락하는 과정과 그 배경에 대해서는 이 책의
      제1부 제II장 제3절 및 제III장 제3절 후반부와 제4절 후반부 참조.

여러 문헌기록들을 통해 확인된다.

장크트갈렌 수도원에 대한 763년의 한 토지기증 문서에 의하면, 어떤 사람이 어떤 장원에 있는 그의 모든 재산을 양도한 후 일정량의 세르부아즈 주와 빵 및 일정한 무게의 새끼돼지를 공납하고 2일간의 곡식 수확과 건초 작업을 하는 한편, 봄철에 1jr(jurnalis)를[40] 쟁기질하고 6월에 1jr의 휴경지를 갈이질하며 가을에 그 밭을 갈고 파종하고 있다.[41] 또 고르즈 수도원에 대한 795년의 한 토지기증 문서에도 기부자가 그 토지를 자신과 그의 아들의 일생 동안 보유하면서 매년 춘경지와 추경지의 각각에 1jr 크기의 토지를 갈이질하고 파종하며 수확하는 등의 작업을 수행한다고 되어 있다.[42] 한편 765년에 메스 지방의 대주교가 고르즈 수도원에 기증한 재산들 가운데 3개의 장원도 영주직영지와 망스들로 구성되고 망스 보유자는 'ancinga'라고 불린 정적부역과, 각종 경작부역 및 여러 잡역과 각종 공납을 행하고 있다.[43] 이 문서에는 자유인 신분을 가진 소농들의 토지투탁에 관한 언급은 없지만, 대주교가 기증한 장원의 망스들이 애초에 자유농민들의 토지투탁으로 성립했을 것임은 분명할 것이다. 이와 같은 문서들은 이미 8세기 후반에 들어서면 자유인이 토지를 투탁한 후 정적부역 방식의 경작부역을 수행하는 예속농민이 되는 것이 일종의 추세를 형성했음을 보여 주는 것이라고 하겠다.

9세기에 들어서도 자유인 출신의 농민이 수도원 등에 토지를 기증한 후 기증토지를 정적부역 방식의 부역노동을 수행하는 조건으로

40 1 jurnalis 또는 jornalis(이하 jr로 줄여 씀)는 하루갈이의 면적으로, 34,13아르 크기다. B. Guérard, *Prolégoménes*, pp. 171~175, 187 참조.

41 H. Wopfner, ed., *Urkunden. zur deut. Agrargeschichte*, no. 12(pp. 28~29).

42 *Cart. de Gorze*, no. 34(pp. 66~67).

43 같은 사료, no. 6(pp. 25~26).

보유하는 추세가 이어진다. 예컨대, 809년의 한 문서에도 어떤 사람이 그의 부친이 장크트갈렌 수도원에 양도한 재산을 그와 그의 후손이 그의 아버지처럼 매년 일정 금액을 납부하고 매년 3jr를 갈이질하며 포도밭 작업과 풀베기 및 수확 작업에 각각 1일씩 부역한다는 조건부로 보유하고, 그 자신의 취득재산도 기증하고 있다.[44]

교회기관과 같은 세력가에 대한 자유농민들의 기증토지가 정적 부역 방식의 노동지대를 지불하는 조건으로 소작되었다는 증거는 무엇보다 9세기의 영지명세장들 속에 제법 찾아볼 수 있다. 파리 대분지의 북쪽 변두리 지역에서 9세기 중엽에 뒤늦게 영지가 고전장원제로 조직되어 가는 과정을 잘 보여주고 있는 플랑드르 남단부 소재 생베르탱 수도원의 영지명세장 제XVI~XVIII, XXII, XXIIII~XXVII, XXVIIII, XXXI~XXXIIII장 등에는, 그 대부분의 크기가 1.5~5bun(bunarius)[45] 정도가 되고 평균적 크기가 4bun가량 되는 토지의 보유에 대해 평균 1.5bun쯤 되는 면적의 영주직영지를 경작할 의무를 지닌 소규모의 보유지가 37개 나타난다. 이 명세장에서 망스라는 농민보유지의 크기는 흔히 10bun 이상인 데 비해 그것의 절반 크기도 안 되는 이들 소규모 보유지는 그 대부분이 영주직영지를 경작하는 부역 외에는 잡역이나 공납과 같은 다른 부담을 지지 아니한다. 이로 봐서 이들 보유지는 소농 또는 빈농의 소유지가 뒤늦게 이 수도원의 영지에 편입된 것이라고 볼 수 있을 것이다. 따라서 이런 소규모의

---

44 H. Wopfner, ed., *Urkunden. zur deut. Agrargeschichte.*, no. 28(p. 43).

45 1 bunarium의 크기는 B. Guérard, *Prolegomènes*, pp. 169~171, 197에 의하면 1.2833 헥타르이고, F. Ganshof ed., *Polyp. de St. Bertin*, pp. 10~11과 P. Guilhiermoz, "De l'équivalence des anciennes mesures. A propos d'une publication récente", *Bibliothèque de l'Ecole des Chartes*, 74(1913), p. 306에 의하면 1.3850헥타르다. 따라서 1 bunarium은 대략 1.3헥타르쯤 된 셈이다.

보유지들이 거의 전적으로 정적부역 방식의 경작부역만 행하고 있다는 것은 자유인 신분의 농민들의 토지가 장원 체제에 편입될 때 정적부역 방식의 노동지대 지불이 관례화되었음을 보여 준다고 하겠다.

이런 소규모의 토지와는 달리 하나의 정상적인 농민보유지를 이룰 만큼 큰 규모의 토지가 고전장원제적 토지경영체제에 편입되어 흔히 정적부역 방식의 노동지대가 부과되었음을 보여주는 영지명세장의 기록도 존재한다. 생제르맹데프레 수도원의 영지명세장 제IX장 제264~268항에는 이례적으로 망스라는 5개의 농민보유지가 "기증(donatio)"을 통해 성립되었음이 특별히 명시되어 있다. 7~16bun 크기를 가진 이들 망스 보유자의 대부분은 수도원의 '연등(燃燈)을 위해(ad luminaria)' 일정 금액의 금전을 납부하는 가운데 3개의 망스는 "… facit rigam"이라는 식의 표현으로 경작부역의 의무를 지고 있다. 'riga'는 밭고랑을 지칭하는 것으로, 제264항의 "반쪽 이랑을 경작한다."는[46] 기록과 제266항의 "파종기마다 7페르티카(pertica)를[47] 같이 질한다."는[48] 기록으로 볼 때, 일정 면적의 경작부역을 의미한다.

또 기증토지는 아니지만 개간을 통해 새로이 형성된 토지들도 그 보유자가 자유인인 경우에는 지대가 정적부역 방식의 노동지대였음을 나타내는 영지명세장의 기록도 있다. 앞의 제2부 제II장 제2절에서도 거론한 바 있는 생르미 수도원의 영지명세장 제XXVIII장 제22~27, 46~50, 52항에는 12개의 '자유인아콜라(accola ingenuilis)'가 나타난다. 'accola'라는 말은 고전라틴어에서 '인근에 살다'는 뜻의 동사 'ac-

---

46   "facit dimidiam rigam"
47   'pertica'는 원래 측량용 막대기 또는 장대를 가리켰던 것으로, 1페르티카의 면적은 생제르맹데프레 수도원의 영지명세장에서는 2.57아르쯤 되었다. B. Guérard, *Prolégoménes*, pp. 177~182, 197 참조.
48   "… arat perticas VII ad unamquamque sationem."

colo'에서 유래한다. 이런 의미와 영지명세장에 명시되어 있는 크기
및 이름 그 자체의 접미사의 의미로 볼 때, 아콜라는 기존 농지의 외곽
에서 개간된 소규모의 농민보유지라고 할 수 있다. 따라서 자유인아콜
라란 자유인 신분에 의해 비교적 뒤늦게 창출된 작은 농민보유지라고
하겠다. 이와 같은 12개의 '자유인아콜라' 가운데 화폐지대를 지불하
는 2개를 제외하고 나머지 10개 모두 일정 면적의 영주직영지를 할당
받아 경작하는 정적부역 방식의 경작부역 의무를 지고 있다.[49] 그리고
공동보유자를 포함해서 12개의 자유인아콜라를 보유한 13명의 농민
가운데 2명이 노예인 것을 제외하고는 나머지 11명의 보유자 모두의
신분은 콜로누스다.[50] 따라서 이와 같은 자유인아콜라의 정적부역 의
무는 자유인 출신의 농민이 고전장원제적인 구조의 봉건적 토지소유
에 편입되면서 정적부역 방식의 노동지대를 지불했음을 말해 주는 것
이라고 하겠다.

뿐만 아니라, 영지명세장들 중에는 간혹 이례적으로 나타나는 이
런 부분적 기록 외에 영지 전체적으로 정적부역은 자유인망스와 관련
되어 있다는 흔적이 보이는 것이 있다. 영지명세장들 가운데 비교적
빠른 9세기 초엽에 작성된 것으로 추정되는 생제르맹데프레 수도원의
영지명세장에는 농민보유지의 종류에 관계없이 부역노동의 방식이 서
로 심하게 뒤섞여 있다. 그러나 영주직영지에 대한 농민보유지 보유자
의 경작부역이 정적부역 방식과 정기부역 방식으로 구분되는 한편, 이
례적으로 정적부역의 면적이 곡물경작지와 포도밭으로 나뉘어 명시되

49 제46항의 자유인아콜라는 정적부역과 더불어 화폐지대도 지불할 의무가 부과된다.
50 2개의 자유인아콜라 보유자가 노예인 것은 이런 보유지가 창출된 후 고전장원제 아래서
    시간의 경과에 따라 농민보유지의 종류와 보유자의 신분이 불일치하는 추세 속에서 보
    유자에 변동이 생겼기 때문일 것이다.

어 있고 가끔 초지에 대한 정적부역 면적도 명기되어 있다. 그런데 원래 곡물경작지에 대한 경작부역은 식량 확보를 위해 곡물경작지 위주로 농사를 짓던 일반 자유농민의 토지가 수도원에 기증되면서 형성된 자유인망스 보유자의 특징적 의무인 데 비해, 포도밭에 대한 부역노동은 로마시대부터 시장생산을 목표로 하는 주인의 대규모 포도밭에서 많은 작업을 하던 노예망스 보유자의 특징적 의무라고 볼 수 있다. 우리는 생제르맹데프레 수도원의 영지명세장의 이런 상세한 기록을 통해 부역노동의 수행방식과 농민보유지의 종류와의 관계를 어느 정도 파악할 수가 있다.

이 영지명세장에는 고전장원제적 장원구조 속에 편성되어 있으며 경작부역을 비롯한 의무가 기록되어 있는 자유인망스가 대략 1,310개, 노예망스가 174개가량 나타난다.[51] 앞에서 보았듯이 원래 정기부역 방식과 포도밭에 대한 경작부역은 노예망스와 관련되어 있는 데 비해 정적부역 방식과 곡물경작지에 대한 경작부역은 자유인망스와 관련되어 있음에도 불구하고, 174개의 노예망스 가운데 순전히 매주 며칠씩의 정기부역만 부과되는 것은 없고 주부역과 같은 정기부역이 부과되더라도 정적부역과 함께 부과되고 있으며, 상당수가 영주직영지 내의 곡물경작지에 대해서만 정적부역 방식의 경작부역이 부과되어 있다든지 아니면 포도밭과 곡물경작지에 동시에 정적부역 방식으로 부역이 부과되고 있다. 또 상당수의 자유인망스도 곡물경작지에

---

51 게라르는 그가 편찬한 이 영지명세장에 나타나는 자유인망스가 1,430개, 노예망스가 191개라고 말하지만(B. Guérard, *Prolégoménes*, pp. 891~899), '망스'(mansus)라고 분명하게 기록되거나 망스로 간주될 수 있으면서 고전장원제적 장원구조 속에 편입되어 경작부역을 비롯한 의무가 기록되어 있는 농민보유지는 그가 말하는 수보다 적다. 일부 기록의 애매모호함으로 말미암아 정확한 숫자는 산출하기 어렵지만, 대략 자유인망스의 수는 1,310개, 노예망스는 170개를 약간 상회하는 수준이다.

대한 정적부역과 동시에 포도밭에 대한 정적부역이 부과되기도 하고, 정적부역과 더불어 매주 1~2주씩의 주부역 의무가 부과되기도 하며, 심지어 매주 3일씩의 주부역만이 부과되거나 포도밭에 대해서만 정적부역 방식으로 부역이 부과되는 경우도 각각 4개와 18개나 된다.[52]

그러나 174개의 노예망스 가운데 56%를 차지하는 97개가 포도밭에 대해서만 정적부역이 부과되고 있고, 포도밭과 곡물경작지에 동시에 정적부역 방식으로 부역이 부과되더라도 곡물경작지에 대한 정적부역 면적보다 포도밭에 대한 정적부역 면적이 대부분 더 크며, 자유인망스보다 포도밭에 대한 정적부역 면적이 훨씬 크다. 또 1,310여개의 자유인망스 가운데 주부역이나 포도밭에 대한 정적부역만이 부과되는 22개를 제외한 거의 모두가 곡물경작지에 대해 정적부역 방식의 경작부역이 부과되고, 80%에 가까운 1,040개 정도가 포도밭에 대한 정적부역 없이 곡물경작지에 대해서만—가끔 초지에 대한 정적부역이 함께 부과되기는 하지만— 정적부역이 부과되고 있다. 그리고 곡물경작지와 더불어 포도밭에 대해 정적부역이 부과되더라도 포도밭에 대한 정적부역 면적보다 곡물경작지에 대한 정적부역 면적이 압도적으로 더 크며, 노예망스보다도 곡물경작지에 대한 정적부역 면적이 훨씬 크고 76%인 995개가량이 영주직영지에 대한 주부역 없이 정적부역 방식의 경작부역이 부과된다.[53] 이와 같이 자유인망스에 대해서 정

52 주부역만이 부과되는 자유인망스가 나타나는 곳은 제XXV장(제24~27항)이고, 영주의 포도밭에 대해서만 정적부역 방식의 경작부역이 부과되는 자유인망스는 제I, XVI, XVII장에 각각 10개, 7개, 1개씩 보인다.

53 많은 경우에는 그냥 'corvada를 한다.'거나 '필요한 때에는 corvada를 한다.'고 기록되어 있다. 이것은 파종기나 추수기에 정적부역 외에 추가로 더 일한다는 것이지, 주부역 형태의 정기부역을 한다는 것을 의미하지는 않는다. 이에 비해 여기서 주부역이라고 하는 것은 정적부역과 더불어 '매주 corvada II~III'이나 '매주 1~2일의 작업'이라고 기록되어 있는 것을 말한다. 이 경우에도 제XXI장과 제XXV장에서 '파종기마다 매주

적부역 방식의 경작부역이 압도적으로 많이 부과된다는 사실은 양자 사이의 관계가 본래 매우 긴밀했음을 의미하는 것이다.

영지 전체적으로 정적부역은 자유인망스와 관련되어 있다는 형적은 바이센부르크 수도원의 영지명세장에서도 엿보인다. 이 명세장에는 망스의 종류와 경작부역이 명기되어 있지 않은 경우가 많고, 노예망스가 화폐지대를 바친다든가 정적부역이 함께 부과되든가 하는 경우도 있지만 그 다수가 매주 3일 정도의 정기부역이 부과되는 데 반해, 유일하게 자유인망스임이 명시되어 있는 제VI장의 장원에 있는 33개의 자유인망스는 연간 14일의 작업과 3일간의 풀베기 작업과 더불어 정적부역이 부과된다. 또 몽티예랑데 수도원의 영지명세장에도 제XII장의 장원에만 유일하게 나타나는 노예망스들에 대해 정적부역이 부과되기는 하나, 자유인망스들은 많은 경우에 연간(年間) 30일간의 정기부역이 부가되기는 하지만 주부역은 부과되지 않고 거의 예외없이 일정 면적의 영주직영지를 경작해야 하는 정적부역 방식으로 부역이 부과된다.[54]

이상의 많은 문헌기록을 볼 때, 콜로누스를 비롯하여 자유인 신분 출신의 농민은 지주의 직영지를 경작하는 부역농민이 된 경우에 일반적으로 정적부역 방식의 경작부역을 수행했음이 틀림없다고 하겠다. 그렇지만 정적부역을 수행했던 자유인 출신의 부역농민에게는 잡역의 의무가 거의 부과되지 않았던 것으로 보인다. 그 이유는 노예 신분과

curvada II를 수행한다.'고 한 것으로 볼 때, 일년 내내 주부역을 행하는 것이 아니라 주로 농번기에 한정해서 주부역을 행했다고 하겠다.

54   A. Verhulst, "Grundherrschaftsentwicklung im ostfränkischen Raum", pp. 37~40, 44에 의하면 바이에른을 비롯한 라인 강 동부독일 지역에서도 8~10세기에 1주일에 3일씩의 주부역은 노예망스에 특유한 부역방식인 데 비해 정적부역은 자유인망스에 특유한 부역방식이라고 한다.

달리 자유인 신분은 부역농민이 되기 전에는 타인을 위해 잡다한 일을 수행하지 않았기 때문일 것이다. 앞 절에서 보았듯이, 토지를 보유한 외거노예의 매주 3일씩의 주부역은 주인의 직영지에 대한 이틀 정도의 경작부역과 주로 주인의 의식주 생활과 관련된 하루 정도의 여러 가지 잡역으로 구성되어 있었다. 이에 비해 바바리아 법 제Ⅰ장 제13항에서와 같이 정적부역 방식으로 부과되어 수행되는 콜로누스의 부역노동은 파발마 제공이나 "명령받는 곳으로의" 전령 임무 그리고 수레를 이용해서 50리(里, lewa)[55] 즉 약 112km를 수송하는 작업 정도를 제외하면 거의 경작부역으로만 구성된다. 이 가운데 파발마 제공은 부역이라기보다는 일종의 공출(供出)이며 수송부역은 수확물 등을 경작부역의 연장선상에서 운반하는 일이므로, 이들을 제외하면 콜로누스에게는 고작 전령 업무와 관련된 잡역만 부과된 셈이다. 특히 특징적인 것은 콜로누스가 수송과 전령 업무를 수행했다 할지라도 이런 잡역은 노예 출신이 지주의 집안에서 수행하는 가사노동과는 성격이 다른 작업이라는 점이다.

자유인 신분 출신의 부역농민이 잡역을 거의 수행하지 않았거나 전혀 수행하지 않았다는 증거는 그 밖에도 많이 있다. 이는 앞에서 자유인 신분 출신의 농민이 토지의 기증이나 개간을 통해 부역농민이 되면서 수행한 경작부역이 정적부역 방식으로 부과되었다는 증거로 인용된 여러 문헌기록에서도 충분히 확인된다. 장크트갈렌 수도원에 대한 763년과 809년의 토지기증 문서나 고르즈 수도원에 대한

---

55   여기서 '리(里)'라고 한 것은 라틴어 원문의 'lewa'를 번역한 말이다. 다른 문헌기록에서는 'leuca', 'legua' 등으로도 불리는 것으로, 거리 측정의 단위다. B. Guérard, *Prolegomènes*, pp. 161~164, 196에 의하면 1lewa=2222미터이고, J. F. Niermeyer, *Mediae Latinitatis Lexicon*, p. 597에 의하면 1lewa=2250미터다.

795년의 토지기증 문서에서 부역농민으로 전락한 토지기증 농민에게는 경작부역 외에는 잡역이 부과되지 않는다. 생베르탱 수도원의 영지명세장에 나타나는 소토지 보유자들도 제XXXII장에 기록된 한 농민만 수송부역의 의무가 추가될 뿐, 순전히 정적부역만을 행하고 있다. 그리고 토지의 기증으로 형성된 농민보유지들이 기록되어 있는 생제르맹데프레 수도원의 영지명세장 제IX장 제264~268항 가운데서도 제266항에서만 '손일 대신에 금납을 한다.'고 할 뿐, 잡역이 거의 부과되지 않는다. 또 생르미 수도원의 영지명세장 제XXVIII장에 기록된 12개의 자유인아콜라에 대해서도 제22~27항에서 막연히 '수송부역과 손일(Carropera et manopera)'을 하고 '땔나무 베기(caplim)'를 하며, 제48항에서 전령(傳令, ambasciatura) 임무를 수행한다고 할 뿐, 잡역의 부담이 가볍다.

자유인 출신의 부역농민에게는 잡역이 부과되지 않는 대신에 현물 형태의 공납 의무가 부과되는 경우가 더 많고 공납의 종류와 부담량이 노예 출신의 부역농민에 비해 훨씬 더 많다는 점이 특징이다. 물론 앞 절에서 언급한 바 있는 알레만 법 제XXII조에 의하면, 토지를 보유한 노예 신분도 일정량의 세르부아즈 주, 1두의 돼지, 2md의 빵 제조용 곡물, 4마리의 닭, 20개의 계란 등을 지주인 그의 주인에게 공납한다. 그러나 바바리아 법 제I조 제13항에 의하면 콜로누스는 전술한 경작부역과 일부 잡역을 수행하는 외에 아마 다발들 및 10통의 벌집 그리고 4마리의 닭, 15개의 계란의 공납과 더불어 농지세(agrarium) 및 방목세(pascuarium)와 같은 세들도 납부할 의무를 진다. 그리고 카롤링시대의 영지명세장들을 보면 주부역 방식의 부역노동이 부과되는 노예망스에는 공납에 관한 언급이 없는 경우가 상당히 많다. 부역노동이 주부역 방식으로 부과되지 않는 노예망스도 자유인망스에 비하면 공납이 부과되는 경우가 훨씬 적은 편이다. 게다가 노예망스에 공납 의무가 부과되는 경우에도, 군역세, 방목세, 농지세 따위와 같은 세의 명목으로 주로 현물 형태의 공납이 많이 부과되는 자유인망스의 공납 부담보다 그 종류와 부담량이 훨씬 적다.

노예망스보다 자유인망스에 부과되는 공납의 종류와 부담이 많은 것은 방금 서술한 데서도 짐작할 수 있듯, 자유인 신분 출신의 장원 농민이 부담하는 공납의 성격이 상이한 두 가지 종류로 구성되어 있기 때문으로 추측된다. 하나는 영주에 대한 공경의 표시로 제공하는 선물 성격의 공납이다. 바바리아 법 제I조 제13항에서 자유인 신분 출신이 아마와 벌집을 공납한다거나, 카롤링시대의 영지명세장들에서 볼 수 있듯 자유인망스 보유자들이 거의 예외 없이 대략 3~5마리의 닭과 10~20개의 계란을 바치는 것이 바로 그런 예다. 또 앞서 인용된 장크트갈렌 수도원에 대한 763년의 토지기증 문서에서 토지투탁 농민이 정적부역 형태의 경작부역과 더불어 일정량의 세르부아즈 주와 빵 및 일정 무게의 새끼돼지를 공납할 의무를 진 것도 그런 성격의 것이라고 할 수 있다. 하지만 이런 종류의 현물 공납은 알레만 법 제XXII조에서 보듯이 노예 출신의 부역농민도 마찬가지로 부담한다. 또 카롤링시대의 영지명세장들에서 노예망스 보유자들도 영주에게 닭과 계란 등을 바치고 있다. 그리고 869~878년경 작성된 현존 생모르데포세 수도원의 영지명세장[56] 제10장에 기록된 플로리아쿰(Floriacum) 장원에서도 자유인망스 보유자고 노예망스 보유자고 다 여러 가지 공납을 하는 외에 별도로 영주에 대한 '선물(eulogia)'로 6개의 빵, 2데나리우스(denarius)어치의[57] 육고기, 2마리의 닭, 2sext(sextarius)의[58] 포도주,

---

56 생모르데포세 수도원의 영지명세장의 작성연대에 관해서는 D. Hägermann, ed., *Polyptychon von St. Maur-d..-Fossés*, pp. 10~19 참조.

4sext의 귀리를 바친다.

그러나 자유인 출신과 노예 출신의 부역농민이 영주에게 부담하는 이와 같은 현물 형태의 공납은 결과적으로는 거의 같아졌지만, 타키투스의 『게르마니아』, 제XV장을 보면 원래는 매우 다른 성격을 띠는 것이었다. 이에 의하면 고대 게르만족 사회에서 주민들이 '수장에게 경의(敬意)의 표시로 가축이나 곡물로 된 선물을 바치는 것이 관습'이었다. 그런데 같은 출처에 의하면 게르만사회에서는 노예도 가족을 거느리고 집을 갖고 외거하면서 주인에게 곡물이나 가축 또는 피륙의 형태로 된 현물을 바쳤다. 그렇지만 외거노예의 이런 공납은 자발적인 성격의 선물이라기보다는 부역노동을 수행하지 않는 데 대한 대가로 치르지 않으면 안 되는 현물 형태의 지대와 신공(身貢)이라고 해야 할 것이다. 그래서 노예가 외거하지 않고 솔거하면서 부역노동을 수행했었더라면 이런 의무를 지지 않았을 수도 있었을 것이다. 그러므로 고전장원들에서나 고전장원제의 성립 전에 부역노동을 수행하는 토지보유 외거노예가 영주에게 일부 공납을 하는 것은 자유인 출신 부역농민의 공납 관습에 영향을 받았다고 봐야 할 것이다. 한편 게르만족 사회뿐만 아니라 로마사회에서도 소작인이 지주에게 선물 형태의 공납을 하는 관행이 있었다.[59] 그것은 원래 미개사회에서 수장에 대한 공동체 구성원의 자발적인 선물의 성격을 띠었던 공납이 그 후 지주에 대한 소작인의 강제적인 의무로 변질되어 나타난 것으로 짐작된다.

자유인 신분 출신의 부역농민이 부담하는 공납의 또 다른 측면은

57   '데나리우스(denarius)'는 로마시대부터 카롤링시대에 이르기까지 사용된 은화다. 카롤
      링시대에 데나리우스는 솔리두스(solidus)와 함께 계산화폐로 사용되었다. 12데나리우
      스=1솔리두스(solidus)이고, 20솔리두스=1리브라(libra)였다.

58   1sext=4.25리터쯤 되었다. B. Guérard, *Prolegomènes*, pp. 185~187, 197 참조.

59   J. Percival, "Seigneurial aspects", pp. 465~468 참조.

세의 성격을 띤다는 것이다. 우리는 9세기의 영지명세장들에서 노예
망스에 비해 자유인망스에 방목세, 농지세, 군역세 등의 명목으로 현
물 형태의 각종 공납이 부과되는 경우가 아주 많음을 볼 수 있다.[60] 자
유인 신분 출신의 부역농민이 노예 출신보다 공납 의무가 훨씬 자주
부과되고 월등히 무거운 것은 노예 출신에게는 없는 바로 이런 성격의
공납 때문이라고 볼 수 있다. 세의 성격을 띠는 공납은 영주가 공권면
제 특권(immunitas) 등을 통해 공권력을 사점하여 행사한 데서 기인
한다.[61] 결국 자유인 출신의 부역농민에게는 잡역 대신에 공납의 의무
가 노예 출신에 비해 그 종류와 부담량에서 훨씬 크다는 점이 가사노
동 위주의 잡역 의무가 부과되는 노예 출신의 부역농민과 대조를 이루
는 특징이라고 하겠다.

4. 맺음말

8세기 초반의 알레만 법과 바바리아 법을 비롯한 중세 초기의 여러 문
헌사료들을 분석해 볼 때, 토지를 보유하고 외거하게 된 노예가 주인
의 직접경영지 경작을 위해 제공해야 하는 부역노동은 애초에 매주 3
일씩의 주부역 방식으로 부과되었던 데 비해, 콜로누스를 비롯한 자유
인 신분 출신의 부역농민이 수행한 지주직영지에 대한 경작부역은 일
정한 면적의 농경지를 할당받아 경작하는 정적부역 방식으로 부과되
었음이 확실하다고 하겠다. 토지보유 노예의 주 3일 부역에는 주인의

---

60 세 성격의 각종 공납 부담에 관해서는 필자의 논문, 「고전장원제 하의 농민의 의무와 부
    담」, 28~39쪽 참조.
61 같은 논문의 같은 곳 참조.

직접경영지를 경작하는 경작부역뿐만 아니라 주인의 의식주를 중심으로 한 일상생활에 필요한 하루 정도의 여러 가지 잡역도 포함되어 있다. 이와는 달리 자유인 신분 출신 부역농민의 지주에 대한 부역노동에는 곡물경작지를 중심으로 한 지주직영지의 일정 면적을 배정받아 스스로 책임지고 농사를 짓는 경작부역 외에는 잡역이 거의 부과되지 않는다. 단지 잡역이 부과된다고 하더라도 지주의 의식주 생활과 관련된 가사노동과 같은 잡역은 부과되지 않고, 경작부역의 연장선상에서 수행되는 부역이라고 볼 수 있는 농산물 등의 운반을 위주로 한 수송부역과 전령 업무만 부과될 뿐이다. 잡역이 거의 부과되지 않는 대신에, 지주에 대한 공경의 표시로서 부담하는 공납 외에 세의 성격을 띠는 여러 가지 공납이 부과됨으로써 공납의 의무가 노예 신분에 비해 더 무겁다는 것이 특징이다.

이런 것이 신분이 기본적으로 자유인과 노예로 구분된 고대사회로부터 중세 봉건사회로 이행해 가는 과정에서 형성된 봉건적 부역노동제도의 원초적 형태라고 할 수 있다. 봉건적 부역노동제도의 이런 원초적 모습은 카롤링시대의 영지명세장들에도 어렴풋이 남아 있지만, 특히 8세기의 문헌기록들에서 뚜렷하게 드러난다. 반면에 법적으로 노예와 자유인의 중간 신분에 해당하는 반자유인의 경우에는 신분 특유의 부역노동제도를 발견할 수 없었다.

노예 출신과 자유인 출신 사이에 존재하는 봉건적 부역노동제도 상의 이와 같은 차이는 고대사회로부터 내려오는 양 신분의 기본적 조건의 상이성에서 기인한다. 노예는 원래 주인을 위해 무보수의 강제노동을 언제나 무제한으로 행하고, 농업노예의 경우에는 농사일과 더불어 주인의 일상생활에 필요한 잡다한 가사노동을 주인을 위해 수행하지 않으면 안 되었다. 그에 비해 자유인 신분의 농민은 농업경영의

자율적인 주체였고, 지주와의 관계에서도 원칙적으로 지주–소작인이
라는 비교적 순 경제적 관계만을 띠었으며, 노예 신분과 달리 세금 등
을 부담해야 할 법적 행위의 주체였기 때문이다. 봉건적 부역노동제도
의 초기 형태는 이런 고대적 신분제도와 신분별 기본조건의 차이를 바
탕으로 해서 형성되었다고 할 수 있다.

　봉건적 부역노동제도의 원초적 형태는 8세기 초반쯤에 형성되어
서 8세기 중반 이후 점차 프랑크왕국 전체의 영지로 확산된 것으로 추
측된다. 그러나 봉건적 부역노동제도가 고전적 형태를 띠고 본격적으
로 작동된 것은 9세기 초에 성립한 고전장원제 아래서다. 그래서 봉건
적 부역노동제도의 참다운 모습과 기제를 이해하기 위해서는 고전장
원제 아래서의 부역노동제도를 살펴봄이 요구된다. 그런데 고전장원
제 아래서 본격적으로 실시된 봉건적 부역노동제도는 8세기 초반에
성립된 봉건적 부역노동제도의 원초적 형태가, 이 제III장의 머리말에
서도 간략히 말했듯이 크게 변질되고 복잡화된 것임이 틀림없다. 이
논문은 고대사회의 노예적 부역노동에서 봉건적 부역노동제도로의 이
행 과정을 파악하기 위한 작업일 뿐만 아니라, 복잡한 현상을 보이는
고전장원제 아래서의 봉건적 부역노동제도에 대한 이해와 연구를 위
한 선행작업이기도 하다.

IV. 봉건적 부역노동제도의 고전적 형태와 그 형성

1. 머리말

중세의 장원제 가운데 후기의 순수장원제 아래서는 영주직영지가 거의 사라지다시피 한다. 따라서 영주의 장원경영에서 부역노동은 별 의미를 갖지 못한다. 이와는 대조적으로 중세 전기의 고전장원제에서는 장원의 토지가 영주직영지와 농민보유지들로 이분되어 직영지의 압도적 부분이 농민보유지 보유자들의 부역노동으로 경작되었다. 따라서 고전장원제 아래서는 부역노동이 장원 조직의 근간을 이루고 절대적 중요성을 지닌다고 할 수 있다. 이처럼 장원의 조직과 경영에서 부역노동이 중추적 역할을 담당한 중세 전기의 고전장원제 아래서 실시된 봉건적 부역노동제도를 고전적 형태의 봉건적 부역노동제도라고 해도 좋을 것이다.

앞에서 거듭 말한 바와 같이, 중세의 봉건적 부역노동은 부역노동이라는 본질에 있어서는 고대의 노예노동과 동일하다. 그리고 앞의

제2부 제II장 "봉건적 부역노동의 기원"에서 고찰한 것처럼, 실제로 장원농민이 영주를 위해 수행하지 않으면 안 되었던 부역노동을 따져 보아도 봉건적 부역노동은 본래 고대적 사회에서 주인을 위해 무상의 강제노동을 무제한으로 수행하지 않으면 안 되었던 노예노동에서 기원한다. 그러나 그럼에도 불구하고 봉건적 중세사회가 노예제적 고대사회로부터 구별될 만큼 부역노동제도상에 현저한 차이가 존재한다는 사실은 고대 후기로부터 중세 초기에 걸쳐 노예노동의 본질인 부역노동이 유지되면서도 그것이 행해지는 제도상에 큰 변화가 일어났음을 뜻한다. 그러므로 노예노동으로부터 고전적 형태의 봉건적 부역노동제도로의 변화과정을 살펴봄은 필요하고도 중요한 연구과제라고 하겠다. 이런 고찰은 고대사회로부터 중세 봉건사회로의 이행이 어떻게 이루어졌는지를 이해하기 위해서도 요구된다.

이와 관련하여 바로 앞의 제III장에서는 노예노동으로부터 봉건적 부역노동으로의 이행과 그 과정에서 성립된 봉건적 부역노동제도의 최초 형태에 대해 살펴봤다. 그 결과, 토지를 보유한 노예 신분과 자유인 신분을 양대 축으로 하여 그 각각의 신분에 대해 매주 3일씩 부역이 부과되는 주부역 방식과 일정 면적의 영주직영지를 할당하여 경작부역이 부과되는 정적부역 방식으로 된 봉건적 부역노동제도의 원초적 형태가 8세기 전반(前半)에 형성되었음을 알 수 있었다. 고대사회로부터 8세기 전반에 이르는 부역노동의 변화과정은 이와 같이 봉건적 부역노동제도의 원초적 형태를 중심으로 분석된 바 있으므로, 이 논문에서는 원초적 형태가 성립한 8세기 전반 이후부터 고전적인 봉건적 부역노동제도의 성립에 이르는 변천과정이 고찰되어야 할 것이다. 고전적 형태의 봉건적 부역노동제도는 8세기 전반에 성립한 원초적 형태로부터 변화하고 발전하여 형성된 것이 틀림없을 것이므로, 원래는 봉건적 부역노동제도의 고전적 형태를 논하기 전에 원초적 형태로부터 고전적 형태로의 이행과정을 먼저 검토해야 할 것이다. 그러나 그 변화과정의 추적작업에 지침을 제공하기 위해서는 봉건적 부역노동제도의 고전적 형태가 어떤 요지의 것인지가 먼저 추출될 필요가 있다. 그래서 여기서는 편의상 봉건적 부역노동제도의 고전적 형태를 먼저 간략히 분석하도록 하겠다.

2. 봉건적 부역노동제도의 고전적 형태

바로 앞서 제III장에서 보았듯이 알레만 법 제XXII조와 바바리아 법 제I조 제13항을 비롯한 중세 초기의 여러 문헌사료들에 의하면 토지를 보유한 외거노예가 주인의 직접경영지 경작을 위해 제공해야 하는 부역노동은 애초에 매주 3일씩의 주부역 방식으로 부과되었던 데 비해, 콜로누스를 비롯한 자유인 신분 출신 소작농민의 지주직영지에 대한 경작부역은 일정 면적의 농경지를 할당받아 스스로 책임지고 경작하는 정적부역 방식으로 부과되었다. 토지보유 노예의 주 3일 부역에는 주인의 직접경영지에 대한 경작부역뿐만 아니라, 주인의 의식주 등 일상생활에 필요한 하루 정도의 가내 하인으로서의 잡역도 포함되어 있다. 이와는 달리 자유인 출신 부역농민의 지주에 대한 부역노동에는 지주 직영지의 일정 면적에 대한 경작부역 외에는 거의 잡역이 부과되지 않는다. 바바리아 법의 제I조 제13항에 의하면 자유인 신분 출신의 부역농민에게는 농사일과 직접적 관련이 없는 수송 및 전령 업무와 같은 부역이 일부 부과되고 있기는 하다. 그러나 이런 부역은 노예들이 주인의 집에서 수행하던 가사노동과는 성격이 다른 것이다. 더욱이 수송부역은 주로 지주의 농산물 따위를 수레로 운반하는 것인 까닭에, 경작부역의 연장이라고도 볼 수 있다. 자유인 출신 부역농민에게는 가사노동 성격의 잡역이 부과되지 않는 대신에 공납 부담이 세 성격의 부담이 더해짐으로써 노예 출신보다 무거운 것이 또 하나의 특징이기도 하다.

이와 같은 것이 신분이 기본적으로 자유인과 노예로 구분된 고대사회로부터 중세 봉건사회로 이행하는 과정에서 형성된 봉건적 부역노동제도의 원초적 형태이자 특징적 주요 내용이라고 할 수 있다. 이런 원초적 형태는 부역노동을 수행하는 농민의 생계유지를 위한 물적 기반이 되는 농민보유지의 성립과 불가분의 관계를 갖고 거의 동시에 형성되었다. 원초적 형태가 고대의 기본적 신분제도에 따라 주부역 방식과 정적부역 방식이라는 두 가지 형태를 띠었듯이, 지주의 직영지를 경작하는 농민의 노동력 재생산수단으로서의 농민보유지도 메로빙시대 후기에 최초 보유자의 신분에 따라 기본적으로 노예망스(mansus servilis)와 자유인망스(mansus ingenuilis)로 구분되어 형성되었다.[1] 따라서 토지를 보유한 외거노예의 매주 3일씩의 주부역이라는 원초적 부역방식은 메로빙시대 후기 이후에는 노예망스의 부역노동 수행방식이고, 자유인 출신 소작농민의 정적부역 방식은 자유인망스의 부역방식에 다름 아니라고 할 수 있다.

봉건적 부역노동제도의 원초적 형태와 비교할 때, 이의 고전적 형

---

1   망스 제도의 기원과 성립에 관해서는 F. L. Ganshof, "Observations sur le 《manse》à l'époque merovingienne", *RHDFE*, 33(1955), p. 633; D. Herlihy, "The Carolingian mansus", pp. 79~89; R. Boutruche, *Seigneurie et féodalité*, I. *Le premier âge des liens d'homme a homme* (Paris: Aubier, 1959), pp. 78, 80~81; R. Latouche, *Origines de l'économie occidentale*, pp. 81~82, 85, 94~95; E. Perroy, *Le monde carolingienne*, p. 35; 필자의 논문, 「고전장원제 하의 농민보유지 제도」, 391~393쪽 참조.

태는 어떠했을까? 이를 파악하기 위해 9세기 초에 성립하여 발달했던 고전장원들에서 많이 볼 수 있는 자유인망스와 노예망스의 부역노동 관련 의무내용을 분석해 보자.

봉건적 부역노동제도의 고전적 형태를 파악하기 위해서 가상 중요한 사료는 말할 것도 없이 장원별로 영주직영지와 농민보유지들을 비롯한 재산의 현황과 더불어 부역노동을 중심으로 한 농민보유지 보유자의 의무내용을 상세하게 기술한 영지명세장이다. 이런 영지명세장들의 대부분은 카롤링조 르네상스 덕분에 프랑크제국의 중심지였던 센 강과 라인 강의 사이지역에서 주로 9세기에 작성되었다. 지리적으로 이 두 강의 사이지역은 바로 고전장원제의 발상지이자 발달의 중심지이기도 했다. 한편 시간적으로 고전장원제 발전의 전성기는 9세기였다고 할 수 있다. 9세기 말경이나 10세기 이후에는 곳에 따라서 부역노동의 금납화 현상이 부분적으로 나타나기도 하고 11세기 중반부터는 고전장원제 자체의 해체와 순수장원제로의 이행이 본격화되기 때문이다. 그래서 여기서는 센 강과 라인 강의 사이지역에서 9세기에 작성된 영지명세장들을 중심으로 해서 봉건적 부역노동제도의 고전적 형태를 살펴볼 것이다.

이 두 강의 사이지역에서 9세기에 작성된 영지명세장은 단편적인 것까지 포함하면 10여개에 이를 정도로 비교적 많은 편이다. 우리는 지면 관계상 여기서 그 모두를 다룰 수는 없다. 뿐만 아니라 봉건적 부역노동제도의 고전적 형태가 어떻게 형성되었는지를 검토하기 위해 고전적 형태의 골자 정도만 파악하려고 할 때는 그 모두를 다룰 필요도 없을 것이다. 그래서 이 논문에서는 센 강과 라인 강 사이지역 가운데서도 특히 고전장원제의 핵심적이고도 그야말로 고전적인 발달지역이라고 볼 수 있는 파리 분지의 중심부에 대부분의 소유지가 위치하고

기록내용이 비교적 온전하게 전해지는 9세기 말엽 이전의 영지명세장
들을 중심으로 고전적 형태를 고찰하고자 한다.

이런 조건을 갖추었다고 볼 수 있는 영지명세장으로는 수도원이
오늘날의 파리 시내에 위치하고 영지가 파리를 중심으로 하여 그 주
변 일대에 산재하며 영지명세장들 가운데 비교적 가장 빠른 820년대
에 작성된 것으로 추정되는 생제르맹데프레 수도원의 영지명세장과,
수도원이 역시 현재의 파리 시내에 위치하고 영지가 그 주변과 마른
강 하류 유역 일대에 분포하며 869년에 작성된 생모르데포세 수도원
의 영지명세장, 그리고 수도원이 마른 강 상류에 위치하고 영지가 그
주변 일대의 하부 샹파뉴 지방에 분포하며 9세기 중엽에 작성된 것으
로 추정되는 몽티예랑데 수도원의 영지명세장[2] 및 수도원이 상부 샹
파뉴 지방의 랭스에 위치하고 영지가 그 주변 일대에 분포하며 860년
대에 작성된 것으로 추정되는 생르미 수도원의 영지명세장을 들 수 있
다. 이들 영지는 대부분의 토지가 영주직영지와 농민보유지들로 이분
되고 영주직영지는 농민보유지 보유자들의 부역노동으로 경작되는 고
전장원들로 조직되어 있다.[3]

2   몽티예랑데 수도원의 영지명세장 가운데 주요 본문(제I~XXXV장)의 작성연대에 대해
     서는 학계의 견해가 다소 엇갈린다. C. B. Bouchard는 그가 편찬한 *The Cartulary of
     Montier-En-Der*, pp. 25, 28에서 그 작성연대가 827년 수도원 개혁이 있은 지 한 세
     대 후인 9세기 중엽 즉 840년대와 850년대라고 하며, Y. Morimoto, "Le polyptyque
     de Montier-en-Der: historiographie et état des questions", Y. Morimoto, *Études sur
     l'économie rurale*, p. 427에서도 845년 이후라고 한다. 그러나 F. Lot는 일찍이 1924
     년에 "Note sur la date du polyptyque de Montierender", pp. 107~115에서 845년
     직전으로 보았으며, É. Renard와 A. Verhulst도 845년 이전이라고 본다. É. Renard,
     "Genèse et manipulations d'un polyptyque carolingien: Montier-en-Der, IX{e}-XI{e}
     siècles", *Le Moyen Âge*, 110(2004), pp. 55~57 및 A. Verhulst, "Economic organiza-
     tion", p. 490; 같은 필자, *Carolingian Economy*, p. 37 참조.
3   이들 영지가 기본적으로 고전장원제적 구조로 되어 있음에 대해서는 필자의 논문, 「고
     전장원의 공간적 기본구조와 크기」, 10~14, 18~20, 26~28쪽 참조.

먼저, 이런 영지명세장들 가운데 가장 일찍 작성된 생제르맹데프레 수도원의 영지명세장부터 살펴보자. 이 영지명세장은 그 전부가 완벽하게 보존되어 전해지고 있는 것은 아니다. 현존 영지명세장에는 이 명세장의 말미에 첨부된 은대지 형태의 2개 장원에 대한 단편적인 기록("Fragmenta" I과 II)까지 포함해서 모두 27곳의 토지에 관한 기록이 존재한다. 이 가운데 기증토지에 관한 기록인 제XII장을 제외하면, 모두 26곳의 장원이 기록되어 있다. 그런데 장원의 수는 그리 많은 것이 아니지만, 여타의 영지명세장들과는 달리 장원별 농민보유지가 적게는 수십 개, 많게는 수백 개에 달할 정도로 많다. 이 때문인지 같은 장원 안에서 같은 종류의 농민보유지들끼리도 의무가 다른 경우가 제법 있다. 그래서 이 영지명세장의 경우에는 부역노동과 관련된 의무내용을 장원 단위로 살펴볼 것이 아니라 망스 단위로 분석할 필요가 있다.

영지명세장에는 일부 모호한 기록이 있어 정확하게 산출하기는 어렵지만, 고전장원제적 구조 속에서 경작부역을 비롯한 의무가 기록되어 있는 자유인망스는 대략 1,310개이고 노예망스는 174개쯤 된다. 여기서 먼저 눈에 띄는 것은 174개의 노예망스 중 순전히 매주 3일씩의 주부역 의무가 부과되는 것은 하나도 없다는 점이다. 반면에, 모든 노예망스는 빠짐없이 일정 면적의 영주직영지를 할당받아 경작하는 정적부역이 부과된다. 매주 1~3일씩의 주부역이 부과되는 30개의 노예망스가 있기는 하지만, 이들 또한 정적부역이 동시에 부과된다. 오히려 주부역과 같은 정기부역은 대폭 축소되어 사실상 사라지고, 상당한 면적의 정적부역이 부역노동의 주축을 이루는 가운데 거기에다 역축과 쟁기를 지참한 파종기의 부가적 갈이질 부역을 뜻하는 코르베(corvada)가 1~3일 정도 추가된 노예망스가 92개나 된다. 심지어 정기부역은 전혀 부과되지 않고 오로지 정적부역만 부과되는 노예망스도 무려 52개에 이른다. 이로 볼 때, 9세기 초엽에 생제르맹데프레 수도원의 영지에서는 토지보유 노예와 관련된 매주 3일씩의 원초적 부역방식은 거의 사라지고 노예망스의 부역방식이 정적부역화하고 있었다고 할 수 있을 것이다. 그런 변화과정에서 주부역이나 코르베 등이 추가되었다고 할지라도, 노예망스 보유자들의 부역노동 방식이 매주 3일씩의 주부역에서 정적부역으로 바뀌었다는 사실은 대체로 노예망스의 경우에는 부담이 크게 경감되었음을 뜻한다.[4]

한편 이 영지명세장에는 망스 보유자의 정적부역이 많은 경우에 곡물경작지와 포도밭으로 구분되어 기록되어 있으며, 농민보유지의 종류에 따라 이들 농지에 대한 정적부역에 차이가 난다. 그래서 이 점도 함께 살펴볼 필요가 있다. 고대 로마시대부터 상업적 경영을 하는 포도밭에서는 노예노동이 많이 사용되었던 것이 특징이다. 이에 비해 자유인 신분 출신의 부역농민은 원래 자유로운 소농으로서 식량 확보를 위해 곡물경작지 중심으로 농사를 지었던 때문에 그들의 경작부역은 주로 영주의 곡물경작지에서 행해졌던 것으로 추측된다. 일찍부터 포도밭이 비교적 많았던 생제르맹데프레 수도원영지에서도 노예망스가 오직 곡물경작지에 대해서만 정적부역이 부과되는 경우는 63개인데 비해, 오로지 포도밭에 대해서만 정적부역이 부과되는 노예망스는 전체 노예망스의 56%인 97개로 곡물경작지에 대한 정적부역보다 오히려 많다. 그리고 부역이 포도밭과 곡물경작지에 동시에 정적부역 방식으로 부과되더라도 곡물경작지에 대한 정적부역 면적보다 포도밭에

---

4   정적부역과 매주 3일씩의 주부역이 동시에 부과되는 경우에는 예외적으로 부역노동의 부담이 늘어났다고 할 수 있을 것이다. 그러나 정적부역과 매주 3일씩의 주부역이 동시에 부과된 것으로 보이는 노예망스는 제Ⅷ장 제36항에 기록된 1개의 노예망스에 지나지 않는다.

대한 정적부역 면적이 대부분 더 크며, 포도밭에 대한 정적부역 면적
이 자유인망스보다 훨씬 크다. 포도밭에 대한 노예망스 보유자의 경작
부역과 관련된 이와 같은 특징은 노예제적 농업경영의 유습이라고 하
겠다. 따라서 9세기 초엽의 이 수도원 영지에서 노예망스들에는 고대
적 부역노동제도의 흔적이 부분적으로나마 잔존한 셈이다.

   170여 개의 노예망스에 비하면 그 수가 훨씬 더 많았던 1,310여
개의 자유인망스의 경우에는 부역노동에 관한 언급이 없는 것이 가끔
존재할 뿐만 아니라 영지명세장에 애매모호한 기록이 더러 있어 정확
하게 부역노동 방식을 유형화해서 통계화하기가 어렵다. 따라서 자유
인망스의 부역노동제도에 관한 다음의 통계는 정확한 것이 아니라 대
략적인 것임을 염두에 둘 필요가 있다.

   자유인망스가 주부역 없이 정적부역만 부과되는 경우는 전체 자
유인망스의 52%인 686개가량 된다. 이 가운데 자유인망스가 곡물경
작지―가끔 곡물경작지와 더불어 초지에도 정적부역을 행할 의무를
지닌 32개를 포함해서―에 대해서만 정적부역 수행의 의무를 지는
것은 전체 자유인망스의 37%인 482개이고, 곡물경작지와 포도밭에
동시에 정적부역이 부과되는 것은 186개이며, 포도밭에만 정적부역
이 부과되는 것은 18개다. 그리고 자유인망스가 정적부역과 매주 1~
3일씩의 주부역을 동시에 수행할 의무를 지는 것이 전체 자유인망스
의 47%인 612개다. 이 중 초지를 포함해서 곡물경작지에만 정적부역
을 행하면서 동시에 주부역을 행하는 것은 521개이고, 곡물경작지와
포도밭 둘 다에 정적부역을 행하면서 주부역을 동시에 행하는 것이 89
개이며, 오직 포도밭에 대해서만 정적부역을 행하면서 주부역을 행해
야 하는 것은 2개이다. 자유인망스가 전혀 정적부역을 행함이 없이 오
직 매주 3일씩의 주부역만 수행하는 것은 4개다.[5]

따라서 자유인망스의 다수는 자유인 신분 출신의 토지보유 농민과 관련된 원초적 형태의 부역노동제도와 마찬가지로 아직도 정적부역 방식으로 부역노동이 부과되고 있으며 포도밭보다는 곡물경작지에 압도적으로 많이 정적부역을 행하고 있다고 할 수 있다. 그리고 곡물경작지와 더불어 포도밭에 정적부역이 부과되더라도 포도밭에 대한 정적부역 면적보다 곡물경작지에 대한 정적부역 면적이 압도적으로 더 크며, 곡물경작지에 대한 정적부역 면적이 노예망스보다도 훨씬 더 큰 편이다. 그러나 비교적 다수의 자유인망스에 대한 부역노동이 정적부역 방식으로 부과되고 있다고 하더라도 곡물경작지에만 정적부역이 부과되는 자유인망스는 전체 자유인망스의 37%에 지나지 않으며, 이미 적지 않은 자유인망스들이 정적부역과 더불어 주부역 수행의 의무를 지고 있다. 그리고 정적부역 없이 오직 주부역만 부과되는 자유인망스도 몹시 드물기는 하지만 나타나고 있으며, 원래 노예들이 흔히 수행하던 포도밭에 대한 경작부역도 상당수의 자유인망스에 부과되는 등의 큰 변화가 일어나고 있다. 이와 같이 자유인망스와 관련하여 곡물경작지에 대한 정적부역 외에 정적부역과 주부역이 동시에 부과된다든가 하는 이러한 변화는 자유인망스 보유자의 부담이 원초적 형태에 비해 늘어나고 있음을 뜻한다.

요컨대, 9세기 초엽의 생제르맹데프레 수도원의 영지에서는 노예망스의 경우에 포도밭과 관련된 경작부역이 아직 크다는 면에서 고대 노예제적 유풍이 일부 남아 있기는 하지만, 봉건적 부역노동제도의 원초적 형태는 거의 사라지고 오히려 자유인망스처럼 부역노동의 수행 방식이 정적부역화하고 있다고 할 수 있다. 자유인망스의 경우에는 봉

---

5   매주 3일씩의 주부역만 부과되는 자유인망스는 제XXV장 제24~27항에 기재되어 있다.

건적 부역노동제도의 원초적 형태인 정적부역 방식이 아직도 그 다수에서 유지되고 있지만, 순전히 곡물경작지에 대해서만 정적부역이 부과되는 경우는 오히려 적은 편이고 결코 적지 않은 수가 정적부역 외에 주부역이 부과되는 등의 큰 변화를 겪고 있다고 할 수 있다. 이와 같은 변화는 당시에 완료된 것이 아니라 진행 중이었던 것으로 보인다.

잡역과 관련해서는, 원래 노예 신분과 관련된 부역노동제도의 특징인 무제한적 부역이 자유인망스에 대해서도 부과되고 있다는 점이 주목된다. 물론 노예망스에 대해서도 '지시받는 곳에서 수송부역이나 손일을 한다(carroperas, manoperas, ubi ei injungitur).'는 식으로 표현되는 무제한적 잡역이 흔히 부과되고 있기는 하다. 그렇지만 이런 무제한적 잡역의 의무가 노예망스보다는 자유인망스에 대해 명기되어 있는 장원이 훨씬 더 많다. 이것은 노예망스의 원초적 부역방식인 매주 3일씩의 주부역 안에는 잡역이 포함되어 있기 때문이라고 생각할 수도 있다. 그러나 앞에서도 보았듯이 매주 3일씩의 주부역이 이 영지명세장에서 자유인망스에 비해 노예망스에 더 많이 부과되고 있는 것은 아니다. 이런 무제한적 잡역 외에 운반거리가 일정하게 제한되고 운반물품도 구체적으로 명시된 수송부역, 영주의 저택이나 농경지의 일정 부분에 대한 울타리 치기 등의 잡역도 농민보유지의 종류를 불문하고 두 종류의 농민보유지 모두에 가끔 부과되고 있다. 결국 잡역에 관한 한, 무제한적 잡역이 노예망스보다는 자유인망스에 더 자주 부과되고 있다는 것은 특별히 주목할 만한 현상이기는 하지만 두 종류의 농민보유지 다 기본적으로 비슷한 셈이다. 다만 약간의 차이가 있다면, 일정하게 제한된 수송부역이나 울타리 치기 의무가 노예망스들보다는 자유인망스들에 더 자주 보이는 데 비해 노예망스들에서 가끔 볼 수 있는 파수의 의무가 자유인망스들에서는 보이지 않는다는 점 정도다.

　영지가 생제르맹데프레 수도원과 마찬가지로 파리 지방 일원에 위치하면서도 그보다 늦은 869년에 작성된 생모르데포세 수도원의 영지명세장에는 16개의 장원이 기록되어 있다. 그 가운데 제4장의 장원을 제외한 15개의 장원이 고전장원들이다. 15개의 장원들 가운데 노예망스는 제2, 8, 10, 11, 12, 15장의 장원들에 기록되어 있으며, 자유인망스는 이보다 더 적은 제10, 14, 16장에만 기록되어 있다. 여타의 농민보유지는 쟁기를 가지고 가서 부역노동을 수행해야 하는지 아니면 쟁기 없이 손으로 부역노동을 수행해야 하는지 여부에 따라 '쟁기부역망스(mansus carroperarius)'와 '손부역망스(mansus manoperarius)'로 표기되거나, 종류미상의 망스들이다.

　노예망스들 가운데 제10장을 제외한 제2, 8, 11, 12, 15장에 기재되어 있는 장원들의 노예망스들은 제14장의 장원에 나타나는 12개의 자유인망스들과 마찬가지로 정적부역 방식으로 일정 면적의 동곡지와 하곡지를 갈이질할 의무를 지며, 그중 3개의 장원에 있는 노예망스들은 자유인망스와 마찬가지로 코르베가 부과된다. 다만 차이가 있다면, 자유인망스의 정적부역 면적이 대체로 노예망스보다 다소 더 큰 경향이 있다. 제14장의 자유인망스들과 유사한 이와 같은 다수 노예망스들의 부역노동은 원초적 형태의 주부역 방식을 상실하고 기본적으로 자유인망스와 비슷한 정적부역 방식으로 부역노동이 부과되고 있음을 보여 주는 것이다. 한편 제16장에 기재된 장원에 있는 8개의 자유인망스는 제14장의 자유인망스와는 달리 코르베 수행의 의무가 있기는 하지만 정적부역은 부과되지 않고 매달 3일씩의 정기부역이 부과되며, 수송부역을 부담하고 있다. 따라서 제16장의 자유인망스의 부역노동 방식은 원초적 형태의 정적부역 방식을 상실하고 정기부역을 행한다는 점에서 노예망스의 원초적 부역방식에 접근하고 있는 셈이다. 그러나 이들 현상은 어느 쪽으로 동화되든 결과적으로 노예망스와 자유인 망스의 부역노동 의무가 기본적으로 유사해졌음을 보여준다.

생모르데포세 수도원의 영지명세장에서 이례적으로 같은 장원 안에 자유인망스와 노예망스가 각각 12개와 7개씩 병존하는 제10장의 장원에서는 두 종류의 망스가 다 똑같이 매주 5일의 주부역과 일정 면적의 정적부역 및 코르베가 부과된다. 다만 자유인망스의 경우에는 아마도 곡물경작지를 대상으로 하여 정적부역(napatica)을 행하는 것으로 보이는 데 비해 노예망스는 포도밭에서 정적부역을 수행한다. 그리고 자유인망스에는 영주직영지의 건초를 그 보유자의 수레로 거둬들이거나 곡식을 물방앗간에 운반하는 등 경작부역의 연장으로서의 수송부역을 수행할 의무가 부과된다. 이에 비해 노예망스 보유자는 자신의 수레로 거름을 밭에 내다가 뿌리는 경작부역과 관련된 농사일을 하기도 하지만, 한편으로는 '영주의 저택과 뜰을 지키고 외양간을 돌보며 무슨 일이든 한다.'는 등 노예제의 잔재인 영주의 가내하인으로서의 노릇도 하고 있다. 그러나 이런 차이에도 불구하고, 제10장에서는 경작부역을 비롯한 부역노동이 자유인망스와 노예망스의 원초적 부역노동 방식인 정적부역과 주부역이 서로 결합하여 양자에 거의 같은 형태로 부과되고 있다. 그러면서 정적부역에다 매주 5일이나 되는 주부역이 함께 부과된다는 사실은 망스 보유자들의 부역노동 부담이 대폭 증가했음을 뜻한다.

생모르데포세 수도원의 영지명세장을 통해서 이 영지의 경작부역을 비롯한 부역노동제도를 전체적으로 봤을 때, 노예 신분 출신과 자유인 신분 출신의 장원농민의 의무는 비록 아직도 서로 간에 다소의 차이가 존재하고 같은 종류의 농민보유지 사이에도 다양한 변형과 차이가 생겨나고 있지만 기본적인 면에서는 유사하다고 할 수 있다.

샹파뉴 지방에 위치한 몽티예랑데 수도원의 9세기 중엽쯤 작성된 영지명세장에서 고전장원으로 판단되는 장원은 36개다. 36개의 고전 장원들 가운데 애초 보유자의 신분에 따른 농민보유지의 종류가 명기된 장원은 30개이고, 거기에 포함된 망스의 수는 453개쯤 된다. 453개의 이들 망스 중 토지를 경작할 보유자가 있는 'mansus vestitus'가 377½개이고, 항구적인 보유자가 없어서 의무가 제대로 기재되어 있지 않은 'mansus apsus'가[6] 75½개 정도 된다. 종류가 명기된 30개의 장원에서 농민보유지는 일부 'mansellus'나 'hospicium' 또는 'accola'라고 표기된 비정상적인 소규모의 농민보유지들을 제외하면, 어느 장원에서나 자유인망스들로 되어 있으며, 노예망스는 단지 제XII장의 장원에서만 26개의 자유인망스와 함께 8개가 보일 뿐이다.

대체로 자유인망스는 정적부역(antsinga, ansinga)뿐만 아니라 코르베와 연간 2회의 15일간 부역이 부과되며, 경작부역의 연장이라고 볼 수 있는 초지나 곡식밭 또는 포도밭의 울타리 치기와 일정 거리의 수송부역을 수행할 의무도 진다. 자유인망스에는 이런 부역뿐만 아니라, 원래 노예들이 수행했던 영주 저택에 있는 뜰의 울타리 치기와 심지어 파수(waita)와 같은 잡역의 의무도 부과된다.

제XII장의 장원에만 유일하게 나타나는 8개의 노예망스는 부역노동이 주부역 방식으로 부과되지 않는다. 노예망스도 같은 장원 내에 병존하는 26개의 자유인망스와 영지 전체의 자유인망스들과 꼭 마찬가지로 정적부역과 코르베 및 연간 2회씩의 15일간 부역을 수행하는 동시에, 수송부역(carropera), 파수 등의 잡역을 행할 의무를 진다. 단지 자유인망스와 다소 다른 점이 있다면, 노예망스는 자유인망스와

---

6   'mansus apsus'에 관해서는 필자의 논문, 「고전장원제 하의 농업노동력」, 21~26쪽 참조.

달리 심부름(missaticus)을 수행하고, 원래 노예가 담당하던 일이었던
파수뿐만 아니라 요리와 양조(pastus et bratioum) 작업을 하고 공납
의 부담이 다소 작아 보인다는 정도이다.

몽티예랑데 수도원의 영지명세장에 기록된 노예망스는 그 수가 워
낙 적어서 일반화하기에는 어려운 점이 있기는 하지만, 요컨대 이 영지
에서는 자유인망스와 노예망스에 대해 기본적으로 동일한 부역노동제
도가 적용되고 있다고 할 수 있다. 경작부역은 원래 자유인 신분 출신
의 장원농민에게 부과되던 부역방식인 정적부역을 중심으로 해서 거기
에 노예 신분 출신의 토지보유 농민이 수행하던 주부역의 퇴화 형태라
고 볼 수 있는 15일간의 연부역(年賦役)이 추가된 모양새를 취하고 있
다. 이것은 특히 자유인 신분 출신으로 봐서는 경작부역의 부담이 크게
늘어났음을 의미한다. 잡역도 양 신분 고유의 원초적 부역들이 서로 뒤
섞임으로써 종류를 불문하고 농민보유지의 부담이 증가했다.

몽티예랑데 수도원처럼 수도원과 영지가 역시 샹파뉴 지방에 위
치하고 이보다 조금 더 늦은 860년대에 작성된 것으로 추정되는 생르
미 수도원의 영지명세장에서는 여기에 기록된 25곳의 토지 가운데 23
곳의 토지가 고전장원들이라고 볼 수 있다. 이들 고전장원에 관한 기
록에서 노예망스의 부역노동 의무가 매주 3일씩의 주부역으로 되어
있는 경우는 발견되지 않으며, 단지 두 곳의 장원에 관한 기록에서 매
주 4일씩의 주부역이 보일 뿐이다.[7]

이 수도원의 영지에서 이처럼 노예망스의 주부역에 관한 언급이

---

7   B. Guérard, ed., *Polyp. de St. Remi*, 제VI, XXVIII장. 제VI장에서는 18개의 노예망스
    보유자에 대해 "닭과 계란을 공납하고 4일을 일한다(Solvit in censum pullos III, ova
    XV. Facit dies IIII)"고 되어 있어서, 얼마만의 기간에 4일을 일한다는 것인지 분명하지
    않지만 아마도 매주 4일의 주부역을 한 것으로 보인다.

나타나는 2개의 장원을 제외하면, 노예망스는 11개의 고전장원들에 걸쳐 184개가 보인다. 노예망스의 대부분은 경작부역이 주부역 방식으로 부과되지 않고 대체로 동곡지와 하곡지에 각각 일정 면적의 정적부역과 코르베가 부과된다. 이런 방식의 경작부역은 18개 장원에 걸쳐 410개쯤 나타나는 자유인망스들의 경작부역 방식과 대체로 같은 것이다. 그리고 7개에 이르는 상당수의 장원에서 망스의 종류와 관계없이 경작부역으로 정적부역과 코르베 외에도 영주직영지에 있는 초지의 건초작업이나 포도수확 작업 또는 곡식의 타작 작업 등을 3일이나 15일간 추가로 할 것이 요구된다. 다만 제VIII장의 장원에 있는 13개의 노예망스들은 정적부역과 코르베가 부과되면서도 성 요한의 날(6월 24일)로부터 성 르미(St. Remigius)의 날(10월 1일)까지는 매주 4일씩의 주부역을 수행할 의무를 지고, 제XV장의 고전장원에 있는 17개의 노예망스는 영주의 포도밭에 대해서만 면적 미상의 정적부역을 수행할 의무를 진다. 또 제VII장의 장원에 있는 자유인망스들은 자유인망스답지 않게 정적부역이 부과되지 않고 코르베만 부과된다. 따라서 이런 이례적인 몇몇 장원을 제외하면, 9세기 중엽에 생르미 수도원의 영지에서는 일반적으로 노예망스의 경작부역이 정적부역화하여 두 종류의 농민보유지 사이에 경작부역의 방식이 서로 비슷해졌다고 할 수 있다.

잡역과 관련해서는 자유인망스에 대해 포도밭의 울타리 작업이나 수송부역이 부과되는 외에도, 원래 노예 신분 출신의 토지보유자에게 부과되었던 영주 저택의 뜰 및 외양간의 울타리 작업, 건축작업(maceria), 이엉이기, 나무 베기(caplim) 등의 잡역이 부과되는 경우가 더러 있다. 그리고 제XVII장에 기재된 장원의 노예망스들과 제XX장의 장원에 있는 노예망스들의 일부는 잡역의 종류와 부담이 대체로 자유인망스와 같다. 다만 노예망스의 경우에는 아직도 자유인망스와

는 달리 잡역의 과제와 부담량의 구체적 명시가 없으면서 자유인망스
에는 보이지 않는 파수(wacta), 야경(vigilia), 맥아제조를 하는 경우가
가끔 있고 대체로 주부역이 부과되지 않는 경우에는 '무엇이든 명령받
는 일은 다한다.'고 되어 있다. 따라서 잡역에 있어서 노예망스의 경우
에 원초적 부역노동제도의 유제가 잔존하기는 하지만, 대체로 자유인
망스의 잡역이 노예망스의 잡역에 가까워짐으로써 크게 봐서는 서로
비슷해졌다고 할 수 있다. 결국 9세기 중엽의 생르미 수도원의 영지에
서도 앞에서 본 다른 영지들과 마찬가지로 경작부역과 잡역으로 구성
되는 부역노동의 제도가 일부 원초적 부역노동제도의 자취가 남아 있
기는 하지만, 대체로 농민보유지의 종류에 관계없이 서로 동화되어 비
슷한 양상을 띤다고 볼 수 있다.

   이상과 같이 9세기 초엽과 중엽의 고전장원들에서 노예망스와 자
유인망스에 부역노동이 부과되는 방식과 그 부담을 살펴본 결과, 봉건
적 부역노동제도의 고전적 형태는 다음과 같은 몇 가지 특징을 지닌다
고 할 수 있다.

   우선, 가장 주목되는 것은 고전장원제 아래서 장원농민은 거의 누
구나 영주직영지에서 부역노동을 수행하지만, 부역노동의 부과와 수
행 방식이 순수하게 원초적 형태를 간직한 경우는 매우 드물다는 사실
이다. 9세기의 고전장원들에서 거의 예외 없이 지배적인 부역방식은
신분에 따라 상이했던 원초적 형태의 정기부역 방식과 정적부역 방식
이 서로 뒤섞인 혼합적 형태다. 혼합적 형태의 부역노동 방식이 보편
화됨에 따라 봉건적 부역노동제도의 원초적 형태는 그 흔적만 남긴 채
거의 사라지고 있으며, 동시에 부역노동 방식이 영지와 장원에 관계없
이 새로운 차원에서 비슷하게 수렴되고 있다.

   둘째, 원초적 형태의 부역노동 방식이 소멸하고 혼합적 형태의 부

역노동 방식이 지배적으로 되자, 노예망스와 자유인망스 사이에 존재하던 부역방식의 대조적 차이도 대폭 줄어들고 부역노동의 부담도 비슷해지는 경향이 나타나고 있다. 원초적 형태에서 농민보유지 종류별로 분명하게 구별되었던 부역방식의 대조적 차이가 대폭 좁혀진 것은 한편으로는 자유인망스의 정적부역 방식이 부분적으로 주부역이나 연간 며칠간의 부역과 같은 정기부역 방식으로 바뀐 데에 원인이 있다. 그러나 그보다는 오히려 노예망스의 부역방식이 대부분의 경우에 주부역에서 정적부역으로 옮아간 데서 기인한 바가 훨씬 더 크다. 이와는 반대로 잡역은 자유인망스가 원래 노예망스 고유의 부역이었던 영주의 의식주 생활과 관련된 가사노동을 수행하게 됨으로써 결정적으로 유사해졌다고 할 수 있다. 이와 같이 어느 쪽으로 동화되었느냐의 차이는 있지만, 부역방식이 판이했던 노예망스와 자유인망스의 구별은 상호 동화작용의 결과 무의미해졌다. 그에 따라 부역노동의 부담 격차도 거의 사라졌다. 그리하여 두 농민보유지 사이의 경계는 모호해지고 비슷한 의무의 이행이 따르는 통일적인 제3의 농민보유지가 창출되는 추세가 나타나고 있다.

셋째, 그러나 신분과 거의 관계없는 혼합적 형태의 부역노동 방식이 고전장원들에서 지배적으로 되는 동시에 영지와 장원에 관계없이 보편적인 부역방식이 형성되고 있었다고 하더라도, 새롭게 형성되는 부역방식이 획일적이었던 것은 아니다. 영지와 장원에 따라, 그리고 때로는 심지어 같은 장원 안에서도 농민보유지 군(群)에 따라, 혼합의 과정과 양태 및 수준에 상당한 차이와 다양성이 존재했다.

이를테면, 생제르맹데프레 수도원의 영지에서는 자유인망스의 경우에 정적부역 방식이 다른 영지들에 비해 상대적으로 많이 유지되고 있는 것이 특징이다. 그렇지만 정적부역에 매주 1~3일씩의 주부역이 추가됨으로써 부역방식이 전체적으로 정적부역 중심에서 정기부역 위주로 바뀐 듯한 양상을 보인다. 잡역에 있어서도 원래 노예 신분의 고유한 특징이었던 '무제한적' 잡역과 가사노동 성격의 잡역이 노예망스보다는 자유인망스에 훨씬 너 자주 부과된다. 생모르데포세 수도원의 영지에서는 자유인망스들이 정기부역을 행하는 장원이 있는가 하면, 정적부역에다 매주 5일로 폭증된 주부역이 함께 부과되는 장원이 존재하는 등 다른 영지에서는 보기 드물게 원초적 형태의 부역방식이 다양하게 변형되어 뒤섞이는 특징이 있다. 몽티예랑데 수도원의 영지는 자유인망스와 노예망스 사이에 부역노동의 방식과 내용이 다른 어떤 영지에서보다도 유사성을 띤다는 것이 특징이다. 생르미 수도원의 영지는 노예 신분과 관련된 원초적 부역노동제도가 다른 영지들에 비해 비교적 많이 노예망스에 잔존한다는 것이 특징이라고 할 수 있다. 영지에 따라 이처럼 부역노동의 방식과 내용이 제법 다양한 것은 신분에 기준을 둔 봉건적 부역노동제도의 원초적 형태와는 달리 두 종류의 원초적 부역방식이 고전장원제 아래서 서로 혼합되고 수렴되는 과정에서 다양한 조합이 이루어졌기 때문일 것이다.[8]

8　A. Verhulst는 라인 강 동부의 독일 지역에서 진행된 장원제의 발전과정을 프랑크 제국의 서부와 비교하여 고찰한 그의 논문 "Die Grundherrschaftsentwicklung im ostfränkischen Raum vom 8. bis 10. Jahrhundert. Grundzüge und Fragen aus westfränkischer Sicht"에서 8세기에서 10세기 사이에 라인 강 동부 지역에서는 작센, 바이에른, 튀링겐, 남서부 독일 등 지방에 따라 부역노동의 부과방식에 얼마간의 차이가 존재한다고 한다(pp. 35~40). 그러나 이런 차이에도 불구하고 전체적으로 일반적인 균일성이 존재하며, 시간이 갈수록 점점 더 유사해지고 균일해진다고 한다(pp. 44~46). 한편 L. Kuchenbuch는 9세기 말의 프륌 수도원의 영지명세장에 근거해서 지대의 형태를 분석한 그의 논문 "Probleme der Rentenentwicklung"에서 부역노동을 중심으로 한 지대형태가 하나의 영지 안에서도 지역별로 상당한 차이가 있음을 강조하고 상이한 존재 양상을 체계화하고 있다(pp. 142~151). 그렇지만 그 역시 지대형태의 지역별 차이나 농민보유지 종류별 차이가 줄어들고 비슷해지고 있다고 본다(pp. 166~170). 그러면서 특별히 그는 지역별로 지대형태가 달랐던 요인을 분석하여 교환경제의 발달수준, 영주

넷째, 고전장원제 아래서 주부역 중심의 정기부역과 정적부역 방식이 뒤섞이어 함께 부과됨으로써 봉건적 부역노동제도의 고전적 형태에서는 원초적 형태에 비해 농민보유지 보유자의 부담이 대체로 대폭 증가했다. 무엇보다도 자유인망스의 부역노동 부담은 기존의 정적부역에다 잡역이 포함된 주부역 형태의 정기부역이 새로이 추가되는 경우가 많았으므로, 어느 영지에서나 거의 예외없이 폭증했다.[9] 그러나 자유인망스와는 달리 노예망스는 종종 매주 2~3일 정도의 주부역에다 정적부역이 추가된 경우를 제외하면, 매주 3일씩의 원초적 주부역이 정적부역과 얼마간의 정기부역으로 바뀐 경우가 많았기 때문에 대체로 부역노동의 부담이 줄었다고 할 수 있다.[10] 그러나 고전장원들에서 자유인망스가 노예망스에 비해 압도적으로 많았음을 고려할 때,[11] 뒤의 제VI장 "중세 초기 봉건농민의 부역노동 부담추이"에서 보

와 농민층 사이나 농민층 내부의 사회적 역학관계에 따라 규정되는 토지보유자 신분의 상이한 영향, 토지보유 노예의 노동용구 소유와 작업수행 능력의 향상 수준, 곡물재배지로서의 적합성, 경합하는 영주 세력의 영향 등을 제시하고 있다(pp. 156~171).

9 블로크도 7세기 전반의 게르만 부족법들과 2세기 후 카롤링시대의 영지명세장들과 비교할 때 자유인망스의 경우에는 부역노동의 부담이 크게 증가했다고 지적하고 있다. M. Bloch, "The rise of dependant cultivation", pp. 288~290.

10 그런데 이와는 달리 페르헐스트는 라인 강 동부의 프랑크왕국에 분포한 고전장원들에 나타나는 부역 관련 현상과 흔히 노예망스들에는 명령을 받을 경우에는 언제든 일해야 한다는 무제한적 부역노동이 부과되는 현상에 근거하여, 고전장원에서 노예망스와 노예의 부역노동 부담은 언제나 반자유인이나 콜로누스 및 자유인보다도 훨씬 무거웠다고 한다(A. Verhulst, *Carolingian Economy*, p. 494 참조). 전술한 그의 논문 "Grundherrschaftsentwicklung im ostfränkischen Raum", pp. 45~46에 의하면, 라인 강 동부의 독일 지역에서는 부자유인 신분에 대해 원래의 매주 3일씩의 주부역에다 자유인 신분에게 부과되던 정적부역이 추가됨으로써 자유인보다는 부자유인의 부역노동 부담이 더 무거워졌던 게 사실인 것으로 보인다. 그러나 고전장원제가 전형적으로 발달한 라인 강 서쪽의 프랑크왕국에서는 그렇지 않았다. 그리고 서부 프랑크왕국에서는 노예망스에 대한 무제한적 부역노동 부과도 언급되지 않는 고전장원들이 언급되는 장원들보다 더 많다.

11 자유인망스와 노예망스가 생제르맹데프레 수도원의 영지에서는 각각 87%와 12%를, 생

듯이 전체적으로는 고전장원제 아래서 원초적 형태에서보다 장원 예
속농민의 부역노동 부담은 늘었다고 하겠다.

　다섯째, 고전장원제 아래서 부역노동 방식은 일정하게 정형화되
어 고정되어 있었던 것이 아니다. 그것은 기본적으로 비슷한 양상을
보이면서도 영지에 따라 다양한 모습으로 전개되었고, 정적부역과 정
기부역 사이에나 경작부역과 잡역 사이에 다양한 방식의 조합이 진행
되었으며, 다양성 속에 일정한 방향으로 융합·수렴되는 유동적 변화
과정에 있었다. 그리하여 앞에서도 말한 바와 같이 노예망스와 자유인
망스 사이에 존재하던 부역노동 부과방식상의 대조적 차이만 하더라
도 대폭 줄어들었고, 그 차이는 무의미할 정도로 계속 줄어드는 추세
가 이어지고 있다.

3. 원초적 형태로부터 고전적 형태로의 이행

앞에서 살펴본 바와 같이, 9세기 초엽과 중엽의 고전장원제 아래서 실
시된 봉건적 부역노동제도의 고전적 형태와 8세기 전반에 성립한 원
초적 형태 사이에는 현격한 차이가 존재한다. 노예와 자유인 신분 출
신의 토지보유 농민에게 각각 매주 3일씩의 주부역과 정적부역 방식
으로 부과되던 원초적 형태의 봉건적 부역노동제도는 고전장원제 아
래서는 그 순수성을 잃고 해체되고 만다. 농민보유지의 종류에 관계없
이 정적부역과 주부역이 동시에 부과되는 농민보유지가 일반화되는
한편, 흔히 노예망스에 정적부역이 부과되기도 하고 자유인 신분의 토

　　르미 수도원의 영지에서는 각각 65%와 35%를 차지한다. 필자의 논문, 「고전장원제 하
　의 농민보유지 제도」, 392~393쪽 참조.

지보유자에게는 경작부역과 더불어 여러 가지 잡역이 부과되기도 하는 등, 원초적 형태에서는 확연히 서로 달랐던 부역노동 부과방식이 서로 영향을 주고받으면서 복잡하게 뒤섞이고 있다. 그 혼합의 과정과 양상은 영지와 장원에 따라 다양하면서도, 부역노동제도가 농민보유지의 종류와 보유자의 신분 및 지역에 관계없이 비슷하게 융합되고 수렴되는 일정한 경향성이 나타난다. 이러한 변화는 어떤 과정을 거쳐 어떤 계기로 일어났을까?

주요한 변화는 틀림없이 봉건적 부역노동제도의 원초적 형태가 성립하는 8세기 전반 이후부터 고전적 형태가 형성되는 9세기 초 사이에 일어났을 것이다. 따라서 이 시기의 사료를 통해 그 과정이 집중적으로 추적되어야 할 것이다. 그러나 봉건적 부역노동제도의 변천과정에 관한 이 시기의 사료는 매우 적다. 그나마 다행인 것은 이를 보충하는 문헌사료가 카롤링조 르네상스로 말미암아 9세기에는 비교적 많다는 점이다. 영지명세장을 비롯한 9세기의 문헌기록에는 그 변천과정을 어느 정도 추적할 수 있는 정보자료가 더러 담겨 있다. 그렇기 때문에 이 문제를 다룸에 있어서는 가능한 한 8세기 후반의 사료를 이용해야 하지만, 그렇지 못한 상황에서는 문헌기록이 많은 9세기의 문헌사료를 활용할 수밖에 없다.

토지보유자의 신분에 따라 상이했던 봉건적 부역노동제도의 원초적 형태는 8세기 중엽 이후에 변화가 일어났겠지만, 변화를 겪기 전에 널리 확산되어 있었다고 봐야 할 것이다. 9세기에 도처의 고전장원들에서 진행된 부역노동 방식의 동화 현상은 원초적 형태의 주부역과 정적부역 방식이 고전장원제의 발달지역에서 그 이전에 보급되어 실시되고 있었음을 전제로 하지 않으면 안 되기 때문이다. 그러나 이처럼 원초적 형태가 확산되어 있었다고 말하는 것은 논리적인 가정일 뿐이다. 역사란 실제로 일어난 일을 연구대상으로 해야 하므로, 우리는 원초적 형태의 변형과정을 고찰하기 전에 그 확산부터 먼저 살펴봐야 할 것이다.

그런데 우리는 바로 앞의 제2절에서 원초적 형태의 부역노동 방식 가운데 하나인 정적부역은 고전장원제 아래서 자유인망스의 고유한 부역노동 방식으로서 비교적 많이 잔존함을 보았다. 많은 잔존은 그 자체가 정적부역이 자유인 출신 부역농민들의 부역방식으로 8세기 전반 무렵부터 널리 확산되어 있었다는 증거가 된다. 게다가 "봉건적 부역노동제도의 원초적 형태"를 다룬 앞의 제III장 제3절에서 정적부역이 자유인 출신 부역농민의 일반적 부역노동 방식임을 8세기 중엽의 교회기관에 대한 토지기증 문서들로부터 9세기의 영지명세장들에 이르기까지 비교적 자세히 다룬 바 있다. 그래서 정적부역의 확산에 대해서는 여기서 다시 다룰 필요가 없을 것이다. 정적부역과는 달리, 토지보유 노예의 매주 3일씩의 주부역은 9세기의 고전장원제 아래서 대개의 경우에 노예망스에 있어서조차 정적부역화하거나 연간 며칠간씩의 정기부역으로 파편화함으로써 노예망스의 부역방식으로서도 온전히 유지되는 경우가 드물다. 그리고 이의 확산에 대해서는 앞에서도 상세히 다루지 못했다. 그래서 여기서는 주부역의 확산에 대해서만 살펴보겠다.

정적부역과 마찬가지로, 토지보유 노예에 대한 매주 3일씩의 주부역 부과방식도 8세기 전반에 알레만 법과 바바리아 법에 그것이 규정될 무렵에는 이 두 법의 관련기록과 여타의 몇몇 문헌들을 통해서 볼 때 프랑크왕국 사회에 널리 보급되어 있었다. 이에 관해서는 앞의 제2부 제III장 제2절에서 이미 언급한 바이지만, 그 외에도 이에 대한 방증은 알자스 북부 지방과 라인란트팔츠 지방의 경계에 위치한 바이센부르크 수도원에 대한 774년의 한 재산기증 문서에서[12] 볼 수 있다. 이 문서에 의하면, 이 수도원에 기증되는 노예(mancipia)는 포도밭에 거주하면서 주인에게 필요에 따라서는 14일의 부역을 더 제공하기는 하지만 기본적으로 1주일에 3일의 부역을 수행한다. 이런 기록은 외거 노예가 주인에게 제공하는 부역노동은 매주 3일이었음과 그런 부역방식이 알레만 법의 적용권역이라고 볼 수 있는 알자스 북부 지방의 주변 일대에서 8세기 후반에도 유지되고 있었음을 확인시켜주는 것이다.

　이 문서를 제외하고는 매주 3일씩의 주부역에 관한 기록을 8세기 후반에는 찾아보기 어렵다. 그렇지만 우리는 그 후의 문헌기록들 속에서 주부역 확산에 대한 증거들을 제법 발견할 수 있다. 9세기의 고전장원제 아래서 부역노동 방식들이 뒤섞이는 일반적 추세에도 불구하고, 영지명세장에 따라서는 노예망스 보유자에게 부과되는 부역노동 방식이 원래 매주 3일씩의 주부역이었고 그런 주부역 방식이 8세기 전반까지 또는 고전장원제가 성립하는 9세기 초까지는 프랑크왕국에서 널리 시행되고 있었을 것임을 추정케 하는 흔적이 제법 남아 있다.

　장원들이 주로 프랑스 북부의 아르투아 지방에 위치하고 844∼859년경에 작성되어 고전장원제의 형성과정에 관한 풍부한 자료를 남기고 있는 생베르탱 수도원의 영지명세장은 토지보유 노예와 관련된 매주 3일씩의 주부역 확산에 대한 가장 확실한 증거라고 할 수 있다. 이 명세장에 의하면, 고전장원제적인 구조를 취하고 있는 이 영지의 장원들에서[13] 망스(mansus)를 보유한 노예(servus)들은 제XXXI장의 장원을 제외하고는[14] 모두 영주직영지에서 매주 3일의 부역노동을

12　C. Zeuss, ed., *Traditiones Wizenburgenses*, 제LXIII장(p. 68).
13　이 수도원의 영지에서 어떤 장원들이 고전장원제 형태를 취하고 있는지에 대해서는 필자의 논문, 「9세기 생베르탱 수도원영지의 경작노동력 구성」, 398∼399쪽 참조.

수행할 의무를 진다. 그리고 이 수도원에 소속된 어떤 기마인(cabal-larius)이 소규모의 직영지와 3개의 망스를 보유하고 있는 제XXX장의 기록에서도 이들 망스를 보유한 노예들은 매주 3일씩의 정기부역을 수행한다. 알레만 법이나 바바리아 법이 적용된 지역과도 멀리 떨어져 있고 고전장원제 발달의 중심지인 파리 분지 가운데서도 북쪽 외곽지대에 위치한 지방에 관한 9세기 중엽의 이런 기록들은 원초적 형태의 주부역 방식이 고전장원제가 발달하기 이전에 프랑크왕국 내에 두루 보급되었을 것임을 시사한다.

생베르탱 수도원의 영지명세장만큼 분명하지는 않지만, 매주 3일씩의 주부역이 고전장원제가 발달하기 이전에 널리 확산되었을 것임을 충분히 짐작케 하는 영지명세장들도 있다. 독일의 아이펠 고원지대에 위치한 프륌 수도원의 영지명세장과 알자스 지방과 라인란트팔츠 지방의 경계에 위치한 바이센부르크 수도원의 영지명세장이 그것이다. 종류미상의 농민보유지들이 많은 프륌 수도원의 영지명세장에서 '노예망스(mansus servilis)'라고 명시된 농민보유지들이 있는 장원은 모두 26개다. 이 가운데 주부역에 관한 명시적인 언급이 없거나 화폐지대로 되어 있거나 하는 등의 장원들을 제외하면, 무려 20개의 장원에서 매주 3일씩의 주부역이 대부분 정적부역과 함께 부과되고 있다. 물론 자유인망스라고 명시된 농민보유지가 있는 2개의 장원 모두에서도 자유인망스는 정적부역과 함께 매주 3일의 주부역이 부과되고 있다. 또한 종류미상의 농민보유지들이 있는 많은 장원들 가운데 상당수도 흔히 정적부역과 함께 매주 3일씩의 주부역이 부과된다. 그러나

14　이 장원에서 망스를 보유한 노예는 매주 2일의 부역노동을 수행한다고 되어 있지만, 영지명세장의 작성과정이나 필사과정에서 3일을 2일로 잘못 기재하는 실수임이 분명한 것으로 보인다. 이에 관해서는 F. L. Ganshof, ed., *Polyp. de St. Bertin*, p. 106 참조.

자유인망스나 종류미상의 망스에 정적부역과 함께 부과되는 주부역은 원래 자유인 출신의 부역농민으로부터 유래하는 것은 아닐 것이므로, 노예망스를 비롯하여 농민보유지들에 매주 3일씩의 주부역이 많이 부과되고 있다는 것은 이 영지에서 고전장원제가 발달하기 전에는 노예의 보유지에 대한 매주 3일씩의 주부역 부과가 일반적이었을 것임을 추측케 하는 것이다.

기록내용이 그리 정확하지도 상세하지도 않지만 장원들이 라인 강 중류 유역 일대에 분포했던 바이센부르크 수도원의 영지명세장에도 노예망스의 주부역 의무에 관한 기록이 꽤 많다. 이 영지명세장에서 노예망스라고 분명하게 기록되어 있고, 보유자가 존재하지 않는 'mansus servilis absus'가 아니며, 노예망스 보유자의 의무에 관한 언급이 조금이라도 있는 장원은 35개다. 35개의 장원 가운데 노예망스 보유자의 영주직영지에 대한 경작부역이나 주부역 의무가 기록된 것은 15개며, 15개의 장원 중에 매주 3일 정도의 주부역이 기록되어 있는 것은 12개다. 매주 3일씩의 주부역에 관한 최초의 문헌기록인 710년대의 알레만 법이 적용되는 독일 남서부의 알레만족 정착지에 인접한 라인 강 중류 유역에서 주부역 실시 장원의 비율이 이렇게 높다는 것은 독일 남서부 지방은 말할 것도 없고 라인란트팔츠 지역을 비롯한 라인 강 중류지역에서도 주부역 방식이 8세기 초 이후 토지보유 노예의 일반적 부역노동 방식으로서 널리 실시되었거나 확산되어 나갔다는 방증이라고 하겠다.

또 740년대의 바바리아 법에 보이는 매주 3일씩의 주부역이 그 법의 시행지역인 바이에른 지방에서도 그 후에 토지보유 노예의 부역 방식으로 계속 실시되고 있었을 것임을 알려 주는 기록이 있다. 그것은 교회기관의 영지와 왕령지의 재산에 관한 명세장 작성의 모범적 사례를 제시하기 위해 810년경에 반포된 "Brevium exempla ad de-scribendas res ecclesiasticas et fiscales"라는 제목의 칙령이다. 앞에서도 인용한 바 있는 이 칙령에 의하면 바이에른 소재 아우크스부르크 주교좌교회의 영지에 속하는 알프스 산맥 인근의 쉬타펠제(Stafelsee) 장원에서 자유인망스들에는 주부역이 부과되지 않고 정적부역만 부과되는 데 비해, 노예망스들에 대해서는 정적부역(aratura)과 더불어 매주 3일씩의 주부역 의무가 부과된다.

단편적인 자료이기는 하지만 영지명세장들에는 주부역의 확산을 시사하는 기록도 있다. 그 대부분이 868~869년간에 작성되고 일부 889년과 960~965년경에 추가 작성되어 현재까지 전해지는 벨기에 에노 지방 소재 로브(Lobbes) 수도원의 영지명세장에는[15] 장원이 영주직영지와 다수의 농민보유지들로 구성됨에도 불구하고 망스 보유자의 경작부역이나 주부역에 관한 기록은 대부분의 장원에서 누락되어 있다. 아주 적은 수의 망스에 대해서 주부역이나 경작부역이 기록되어 있는 경우에도 망스의 종류가 명시되지 않거나 주부역 일수가 누락되어 있다. 그런 가운데서도 두키아(Ducia) 장원의 노예망스 보유자에게는 매주 3일의 부역이 부과된다.[16]

고전장원제 발달의 핵심지역임에도 불구하고 8세기에는 토지보유 노예의 주부역에 관한 기록이 도무지 보이지 않는 파리 지방에서도 고전장원제의 발달 이전에는 주부역 방식이 확산되었을 것임을 암

---

15   여기서 참고하는 로브 수도원의 영지명세장은 이 책에서 지금까지 "Polyp. de Lobbes"로 줄여 쓰고 있는 전술의 J, Warichez, ed., "Une 《Descriptio villarum》 de l'abbaye de Lobbes à l'époque carolingienne", pp. 249~267과 더불어, J. ‑P. Devroey, édition critique, *Le polyptyque et les listes de biens de l'abbaye Saint-Pierre de Lobbes(IXᵉ‑XIᵉ siècles)* (Bruxelles: Palais des Académie, 1986), pp. 3~28이다.

16   J, Warichez의 편찬본, p. 258; J. ‑P. Devroey의 편찬본, p. 15 참조.

시하는 일부 흔적이 남아 있다. 생제르맹데프레 수도원의 영지명세장
에는 앞에서 본 바와 같이 원초적 형태의 부역방식이 심하게 서로 뒤
섞여 자유인망스의 경우에도 일정 면적의 정적부역과 더불어 주부역
수행의 의무가 부과되는 경우가 많고 노예망스들에도 빠짐없이 정적
부역이 부과되고 있다. 그럼에도 불구하고 제IX장 제212항~230항의
기록에서 노예망스 보유자는 '일정 면적의 포도밭 구덩이 파기 작업을
하며, 그 작업을 하지 않을 때는 매주 3일의 부역과 파수 및 명령받는
모든 일을 한다.'고 되어 있다.

　고전장원제가 확립되고 발달했던 9세기에 농민보유지의 종류에
관계없이 부역방식이 서로 뒤섞여 수렴되는 가운데서도 이와 같이 노
예망스 보유자의 부역노동이 매주 3일씩의 주부역으로 되어 있는 경우
가 영지명세장에 따라 제법 나타난다는 사실은 토지보유 노예의 주인
에 대한 부역노동이 원래 매주 3일씩 부과되었고 그런 주부역 방식이
고전장원제가 성립하기 전부터 프랑크왕국 내에 보급되어 실시되었을
것임을 증명하는 것이다. 어쩌면 주부역의 보편화 시점은 토지보유 노
예의 매주 3일씩의 부역이 처음으로 기록되어 있는 알레만 법과 바바
리아 법의 편찬시기인 8세기 전반까지 거슬러 올라갈지도 모른다.

　이상에서 우리는 신분의 차이에 따른 매주 3일씩의 주부역과 정
적부역으로 된 봉건적 부역노동제도의 원초적 형태가 9세기에 고전장
원제가 성립하고 발달하기 전인 8세기 전반이나 그 이후에 보급되었
을 것임을 살펴보았으나, 고전장원제가 북부 갈리아 지역을 중심으로
일반적으로 성립하기 전까지 원초적 형태의 부역방식이 온전히 유지
되기만 했던 것은 아닐 것이다. 원초적 형태가 그 때까지 고스란히 유
지되다가 고전장원제가 성립하자 갑자기 사라질 정도로 급격한 변동
을 겪었다고 볼 수는 없기 때문이다. 앞의 제1부 제III장에서 본 것처

럼 고전장원제가 9세기 초에 별안간 성립하지 않았듯이, 원초적 형태의 봉건적 부역노동제도도 서서히 여러 가지로 변형되어 갔음이 분명하다.[17] 그러나 우리는 사료부족으로 완만하게 진행된 그 과정을 추적할 수는 없다. 다만 문헌기록을 통해 알 수 있는 범위 안에서 원초적 부역노동 방식이 어떤 양태로 변해 갔는지를 살펴볼 수 있을 뿐이다.

먼저, 주부역의 변형부터 보자. 매주 3일씩의 주부역은 여러 가지 방식으로 늘어났다. 전술한 바이센부르크 수도원에 대한 774년의 재산기증 문서에서 외거노예는 매주 3일씩의 부역 외에 필요에 따라서는 14일간의 연부역을 더 제공한다. 그런가 하면 앞에서 봤듯이, 생르미 수도원의 영지명세장 제VI장 제9항 이하와 제VIII장 제2항 및 제XXVIII장 제20~21항에서처럼 9세기에 작성된 일부 영지명세장들에서는 노예망스에 대해 주 1일이 더 늘어난 매주 4일씩의 주부역이 1년 내내 또는 일정한 기간에 부과되기도 한다. 또 생제르맹데프레 수도원이나 생르미 수도원의 영지명세장 곳곳에서 보듯이, 노예망스 보유자들이 다른 특정 부역을 부과받으면서도 '명령받는 모든 일을 수행해야 한다.'는 경우도 있다. 이처럼 매주 3일 이상으로 증가한 부역노동 부과는 노예가 무제한적으로 사역당하던 고대 노예제 시절의 관행을 영

---

17   앞에서 거듭 언급한 바 있는 페르헐스트의 논문 "La diversité du regime domanial"은 그 15년 전쯤에 발표된 그의 다른 논문 "La genèse du régime domanial classique", pp. 135~160에서 제시된 고전장원제의 성립에 관한 그의 가설(영주직영지와 농민보유지가 부역을 통해 결합되는 고전장원제는 루아르 강과 라인 강 사이지역에서 7~8세기에 생겨나서 9세기에 발달하는 시공간적으로 제한된 현상이며, 이의 발전에는 왕령지의 집중과 교회기관 등에 대한 왕령지의 분배, 곡물재배에 적합한 광대한 황토지대의 존재, 인구밀집과 대규모 개간 등과 같은 인문적·지리적 요인들이 큰 영향을 미쳤다는 것)을 그 동안의 연구성과들에 비춰 틀리지 않았음을 기본적으로 재확인하는 것이지만, 한편으로는 부역노동을 '핵심적' 요소로 하는 고전장원제가 지역과 영지 및 심지어 시기에 따라 다양한 과정을 거쳐 형성되고 다양한 방식으로 존재했으며 9세기에도 변화가 다양하게 진행되고 있었음을 보여 주는 것이기도 하다.

주가 악용하여 장원농민의 부역노동 부담을 크게 증가시킨 시대역행적인 처사의 결과가 아닌가 생각된다.

그러나 주부역은 이처럼 반드시 여타 형태의 정기부역 방식으로 변했던 것만은 아니다. 심지어 주부역이 정적부역으로 완전히 변모하기도 했다. 예컨대, 생베르탱 수도원의 영지명세장 제XX장에는 영주직영지가 존재하지만 농민보유지들은 없고 주로 일정 면적의 곡물경작지에 대해 정적부역을 수행하는 솔거노예(mancipia)만 10명이 존재한다. 이것은 솔거노예가 외거노예로 변모하는 과정에서 정적부역을 행했음을 보여주는 사례이지만, 한편으로는 토지보유 노예와 관련된 원초적 형태의 부역노동 방식이 성립한 이후에 주부역의 정적부역으로의 전환이 진행되었을 것임을 시사하는 것이기도 하다.

자유인 신분 출신의 토지보유 농민에게 부과된 원초적 형태의 정적부역 역시 고스란히 유지되면서 확산되었던 것만은 아니다. 정적부역이 주부역과 같은 정기부역으로 바뀌기도 했다. 이에 대한 결정적인 사례는 바로 생베르탱 수도원의 영지명세장에서 볼 수 있다. 일반적 추세와는 달리, 9세기 중엽의 이 영지에서는 망스가 자유인망스나 노예망스로 구분되지 않고 그냥 '망스(mansus)'로 되어 있으며 부역노동의 부과방식도 모두 주부역 형태를 띤다. 망스의 보유자가 자유인인 경우에는 매주 2일, 노예인 경우에는 매주 3일의 부역이 부과된다.[18] 이처럼 부역노동의 부담크기가 농민보유지의 종류에 따라서가 아니라

18 망스 보유자가 자유인인 경우에 주부역의 일수가 매주 2일이 된 것은, 9개의 장에 걸쳐 기록된 32개의 소규모 농민보유지에서 농민보유지의 면적과 그 보유자가 영주직영지에 행하는 정적부역 면적과의 평균적 비율이 3:1인 것(필자의 논문 「9세기 생베르탱 수도원 영지의 경작노동력 구성」, 404쪽 참조)과 관련이 있는 것으로 보인다. 당시 기독교사회에서 안식일인 일요일을 제외하고 노동할 수 있는 날이 1주일에 6일이므로, 이런 비율 관계를 적용하면 자유인 출신의 부역농민에게는 매주 2일의 부역노동이 배정되는 셈이다.

보유자의 신분에 따라 달라진다는 점에서, 이 영지에서는 부역노동 부
과방식이 8세기 전반에 성립한 원초적 형태나 과도적 형태를 취하고
있는 셈이다.

그리고 이 영지명세장에서는 고전장원 체제의 주변에서 정적부역
이 일부 주부역으로 바뀌는 변화도 볼 수 있다. 이 명세장의 제XVI장
을 비롯한 9개의 장에는 정상적인 농민보유지로서의 망스를 이루지
못한 32개의 소규모 농민보유지들이 기록되어 있다. 이런 토지의 보유
자들 대부분이 의무로서 정적부역만을 행하는 것으로 미루어, 이들 보
유자는 소규모 토지를 뒤늦게 수도원에 기증한 후 영주직영지에 편입
된 기증토지의 일부에 대해 정적부역을 수행하는 자유인 신분 출신으
로 보인다. 그런데 대부분의 보유자들이 정적부역만을 행하는 것과는
달리, 이 영지명세장의 제XXVII장 끝자락에서는 3명의 토지보유자가
일정 면적의 정적부역과 더불어 매주 1일 또는 2일씩의 주부역을 행한
다고 기재되어 있다. 이런 현상은 자유인 출신 장원농민의 부역방식이
정적부역과 주부역이 결합된 형태로 부분적으로 바뀌고 있음을 보여
주는 사례라고 하겠다.

한편 원초적 형태의 정적부역은 주부역으로 바뀌는 외에, 농사일
의 종류에 따라 작업기간을 정하여 부과하는 과제부역(課題賦役) 방식
으로 변하기도 했다. 이런 변화를 엿볼 수 있는 사례가 있다. 이를테
면, 825년에 바이에른 지방의 프라이징 주교좌교회에서 일단의 자유
인들의 대부분이 이 교회의 토지를 보유하고서 제공하기로 한 부역노
동은 매년 3일간의 갈이질과 3일간의 곡식수확 작업으로 된 과제부역
이었다.[19] 여기서는 부역노동의 부담이 고전장원들에서 흔히 볼 수 있

---

19   G. Franz, ed., *Quellen des deut. Bauernstand,* no. 36(p. 96) 참조.

는 것보다 상당히 작다. 이것은 아마도 기존에 부역농민으로서 수행해오던 정적부역이 과제부역으로 바뀐 것이 아니고, 자유인 상태에서 다수가 인신의 투탁을 통해서 비로소 부역농민이 되면서 과제부역을 수행한 데서 기인한 것으로 짐작된다. 그렇지만 이 사례는 자유인 출신의 부역농민이 행하던 원초적 형태의 정적부역이 과제부역 방식으로 바뀔 수도 있었을 것임을 추측케 하는 것이라고 할 수도 있다.

이와 같이 원초적 부역노동 방식이 여러 가지로 변형되게 된 원인과 배경은 무엇일까? 원인과 배경을 논하기 전에 그런 변형에 영향을 미친 요소가 무엇인지부터 당시의 문헌기록들을 통해서 알아보자.

우선, 원초적 부역노동제도의 변화에는 기본적으로 자유인과 노예로 구분되는 고대적 신분제도가 아직도 상당한 영향을 미쳤던 것으로 보인다. 이에 대한 단적인 예는 바로 앞에서 살펴본 생베르탱 수도원의 영지명세장에 나타난다. 농민보유지의 종류가 구분되지 않고 경작부역을 비롯한 부역노동의 크기가 보유자의 신분에 따라 달라지는 이 명세장에서 노예 신분의 부역노동 일수는 매주 3일인 데 비해, 자유인의 경우에는 매주 2일이다. 여기서 우리는 자유인의 원초적 정적부역이 왜 주부역 형태로 바뀌게 되었는지 그 원인을 알 수는 없지만, 원초적 정적부역의 변화에 기존의 신분조건이 절대적 영향을 미쳤음을 볼 수 있다.

이와는 달리 신분제도가 원초적 부역노동제도의 변형에 영향을 미치면서도, 농민보유지의 종류와 그 후 보유자의 신분이 불일치하게 되는 가운데 원초적 부역방식의 일부 특성이 농민보유지에 잔재하거나 따라붙은 데서도 부역노동제도의 변형이 발생하는 경우가 있었던 것으로 추측된다. 원래 봉건적 부역노동제도의 원초적 형태에서는 부역방식이 토지보유자의 신분에 따라 상이했다. 그러나 9세기에는 상황이 전연 달라진다. 농민보유지의 종류와 보유자의 신분이 불일치하는 경우가 상당히 많아진 것이다. 예컨대, 9세기 초엽의 생제르맹데프레 수도원의 영지명세장에서는 이미 자유인망스 보유자의 8%가 비자유인이고 노예망스 보유자의 49%가 비노예 신분이다. 이보다 30년 내지 40년 뒤의 생르미 수도원의 영지명세장에서는 자유인망스의 14%가 비자유인 신분이고 노예망스 보유자의 54%가 노예가 아닌 신분일 정도로 불일치 비율이 더욱 높아진다.[20] 그러면서 한편으로는 앞에서도 봤듯이, 농민보유지의 종류와 원초적 부역방식과의 관계도 기본적으로 단절되어 정적부역과 주부역 중심의 정기부역이 장원과 농민보유지의 종류를 막론하고 심하게 뒤섞이는 변화가 진행된다. 따라서 이런 현상이 생기게 된 원인의 일부는 농민보유지의 종류와 보유자의 신분이 불일치하게 되면서 보유자의 신분에 따른 원초적 형태의 부역방식의 특성들 중 일부가 보유자의 신분변동이 생겼음에도 불구하고 기존의 농민보유지에 잔류하거나 새로이 보유한 농민보유지에 부가된 데 있다고 봐야 할 것이다.

　신분적 요인이 이와 같이 부역노동제도의 변형에 단순히 영향을 미치거나 제한적·간접적으로 영향을 미치는 데 그치지 않고, 적극적인 영향을 미친 경우도 있었다. 프랑크왕국의 법률서식집 가운데 650년대에 작성된 것으로 추정되는 마르쿨프의 법률서식에는 어떤 노예주가 그의 노예에게 노예로서 신실하고 성실히 노역을 수행한 공로를 높이 평가하여 '망스(mansus)' 형태로 된 소규모 토지를 그 부속물과 함께 양도해 주고 일정 면적의 갈이질 부역(riga) 외에는 다른 어떤 부역이나 공납 의무도 면제시키는 조치가 취해지고 있다.[21] 이 법률서식

20　필자의 논문, 「고전장원제 하의 농민보유지 제도」, 404~405쪽 참조.
21　K. Zeumer, ed., *Formulae*, "Marculfi formulae liber II", no. 36(pp. 96~97.).

은 노예 신분의 외거화와 부역농민화를 보여주는 동시에, 노예와 주인과의 신분관계가 인간적인 신뢰를 쌓을 때는 주인의 특별한 호의에 의해 비록 노예라고 하더라도 잡역이 포함된 주부역이 부과되지 않고 정적부역만 부과되는 당시의 관행을 서식화한 것이라고도 볼 수 있다. 이로 미루어 볼 때, 이와 같은 인간적인 신분관계로 인해서 토지를 보유한 외거노예의 부역방식이 주인에 의해 주부역에서 정적부역으로 바뀌는 경우도 있었을 것이다.

이처럼 노예주의 호의에 의해 토지보유 외거노예에게 정적부역이 부과될 수도 있었다고 한다면, 그 반대의 경우도 있었을 것이다. 말하자면, 주인이 노예가 원래 자신의 소유물로서 무제한적으로 사역당했던 노예제 시절의 유습을 새삼스럽게 악용할 수도 있었을 것이다. 이런 경우에 토지보유 외거노예의 부역노동 부담은 9세기의 영지명세장들에서 종종 보듯이 매주 3일 이상의 정기부역이나 무제한적 부역노동 형태로 증가했을 것이다.

이와 같이 원초적 부역노동제도의 다양한 변화에는 신분적 요인이 상당한 영향을 미치기도 했지만, 다른 요인도 작용했다. 앞에서 거듭 인용한 바 있는 740년대에 편찬된 바바리아 법 제I조 제13항에는 토지를 보유한 노예가 '주인의 밭에서 1주일에 3일, 자신의 밭에서 3일을 부역한다.'고 한 바로 앞 문장에서는 '노예는 자신의 보유토지(possessio)에 따라 소작료를 지불해야 한다.'고 하고, 바로 그 다음 문장에는 '주인이 부역노동을 수행하는 노예에게 황소 따위를 제공한다면 그 만큼 더 일해야 한다.'고도[22] 되어 있다. 이런 기록은 토지보유 노예의 영주에 대한 부역노동이 원칙적으로 매주 3일이지만, 이미

---

22 "Si vero dominus eius dederit eis boves aut alias res, quod habet, tantum serviant, quantum eis per possibilitatem inpositum fuerit; ···."

봉건적 부역노동제도의 원초적 형태가 성립하던 8세기 전반부터 그의 보유지의 규모가 크거나 주인으로부터 농사일 수행에서 매우 중요한 황소와 같은 역축이나 쟁기를 제공받는 경우에는 주부역의 일수가 매주 3일 이상으로 늘어날 수 있었음을 말해 주는 것이다.

바바리아 법보다 상당히 늦은 800년에 반포된 "Capitulum in pago cenomannico datum"이라는 제목의 칙령도[23] 장원의 토지보유 농민이 황소와 같은 역축을 가지고 있느냐의 여부와 보유토지의 크기에 따라 영주직영지에서의 부역 일수가 달라짐을 보여 준다. 이 칙령에서 카롤루스 대제는 교회기관 영지 사람들과 왕령지 사람들의 탄원을 받고 'factus'라고 불린 농민보유지의 $\frac{1}{4}$쪽을 보유한 사람들에 대해서 다음과 같이 부역노동을 이행할 것을 규정하고 있다.

> … 교회기관 사람들과 왕령지 사람들로부터 제기된 강력한 탄원에 대해 … 다음과 같이 결정하는 것이 바람직해 보인다. $\frac{1}{4}$쪽의 팍투스를 보유한 사람은 그의 역축과 쟁기를 가지고 가서 영주의 밭에서 꼬박 하루를 갈아야 하고 그 후 그 주에는 영주로부터 손일이 요구되지 않는다. 하루 안에 이 일을 완수할 만한 역축을 갖지 못한 사람은 2일에 걸쳐 그 분량의 일을 수행하고, 혼자서는 갈이질할 수 없을 정도로 역축이 약하여 다른 동료농민들과 함께 4두의 역축으로 일하는 사람은 하루는 밭을 갈고 그 후 그 주일에 하루는 손일을 해야 한다. 그리고 어떤 역축도 갖지 못한 사람은 아침부터 저녁까지 3일간 손일을 해야 하며, 그의 영주는 그에 대해 그 이상의 부역을 요구해서는 안 된다. 부역은 여러 가지 방식으로 수행된다. 곧 어떤 사람은 1주일 내내 일하고, 어떤

---

23   *Capitularia*, no. 31(pp. 81~82).

사람은 1주일의 반을 일하며, 어떤 사람은 2일을 일해야 한다. … 그리
고 $\frac{1}{4}$쪽보다 더 작은 토지를 가진 사람은 그의 토지의 크기에 따라 부역
을 해야 한다.[24]

이 칙령은 기본적으로 보유토지의 크기와 역축의 제공 여부에 따
라 부역 일수가 달라진다는 바바리아 법의 규정을 재확인하는 것이
다. 그러나 이 칙령은 보유지의 크기에 따라 부역노동이 달라진다는
점에서는 바바리아 법과 같지만, 새로운 변화와 요구를 반영하고 있
다는 면에서는 차이가 있다. 먼저, 이 칙령은 바바리아 법에서와는 달
리 토지를 보유한 외거노예와 자유인 출신의 소작농민을 똑같이 부역
노동을 수행한다는 차원에서 신분의 구별 없이 동등하게 처우하고 있
다. 이것은 그 동안에 그만큼 외거노예의 경제적 형편과 사회적 지위
가 향상되었음을 의미한다. 그리고 이제는 토지보유 노예가 주인으로
부터 황소를 제공받느냐의 여부가 아니라 스스로 역축과 쟁기를 소지
하느냐가 기준이 되고 있다. 또 부역노동에 대한 규정이 전에는 바바
리아 법이라는 부족법 수준에서 언급되었다면, 이제는 그런 규정이 프

---

24 "Pro nimia reclamatioe, quae ad nos venit de hominibus ecclesiasticis seu fiscalini
··· visum est nobis ··· statuere, ut, quicumque ··· quartam facti teneret, cum suis
animalibus seniori suo pleniter unum diem cum suo aratro in campo dominico
araret, et postea nullum servicium ei manuale in ipsa ebdomada a seniore suo
requireretur. Et qui tanta animalia non haberet ut in uno die hoc explere valeret,
perficeret praedictum opus in duobus diebus; et qui solummodo invalida, ita ut per
se non possent arare, quattuor animalia haberet, cum eis sociatis aliis araret uno die
in campo senioris, et unum diem postmodum in ipsa ebdomadae opera manuum
faceret. Et nihil ex his facere poterat neque animalia haberet, per tres seniori suo
manibus a mane usque ad vesperum operaretur, et senior suus ei amplius non
requireret. Diversis namque modis hec agebantur; a quibusdam tota ebdomada op-
erabatur, a quibusdam dimidia, et a quibusdam duo dies. ··· Et qui minus quartae
obtime de terra haberet, secundum estimationem sui telluris opera faceret."

랑크왕국 전체 차원에서 정비되고 확립될 필요성이 제기되어 공식적인 제도화를 모색하고 있다는 것도 차이점이다. 800년까지도 새로운 변화를 반영하여 왕국 전체에 통용될 수 있는 부역노동 규정이 제정되지 않아 영주와 농민 사이에 잦은 분규를 겪던 중, 영지 사람들의 요구로 역축과 쟁기의 소유 여부 및 소유 두수 그리고 보유지의 크기에 따라 비로소 프랑크왕국 전체에 적용되는 주부역 형태의 표준노동 일수가 마련되었음을 이 칙령은 전하고 있다.

740년대의 바바리아 법과는 달리 9세기에 들어 토지를 보유한 노예 출신과 자유인 출신의 부역농민이 대등하게 취급되었다는 것은 비단 이 800년의 칙령에서만 볼 수 있는 것이 아니다. 818년이나 819년에 반포된 것으로 보이는 "Capitula per se scribenda"라는 제목의 한 칙령에서도[25] 동등하게 처우되고 있다. 이 칙령 가운데 "De colonis"라는 제목의 조문에는 "교회영지의 콜로누스와 노예가 어떻게 부역을 하고 어떤 종류의 소작료를 지불해야 하는지에 대해(De colonis vel servis aecclesiae qualiter serviant vel qualia tributa reddant)"라는 부제(副題) 아래, 교회영지의 농민보유지 보유자들은 콜로누스든 노예든 신분에 상관없이 일정 면적의 곡물경작지에 대해 각종 경작부역을 수행하고 일정 면적의 초지와 포도밭에 대해 각종 관련작업을 수행하며 그 밖에 여러 가지 잡역과 공납 의무를 진다고 되어 있다. 이 칙령의 부제와 내용은 바바리아 법 제I조 제13항의 제목 및 내용과 동일하다. 그러나 바바리아 법에서는 콜로누스와 외거노예의 부역노동 의무가 상이한 방식으로 각각 별도로 규정되었던 데 비해, 이 칙령에서는 콜로누스이건 노예이건 간에 신분을 불문하고 부역노동이 동일한 정

---

25 *Capitularia*, no. 140(pp. 285~288).

적부역 방식으로 부과된다. 그리고 부역노동이 800년의 칙령에서는
주부역 방식으로 규정된 데 비해, 818년쯤의 이 칙령에서는 정적부역
방식으로 규정되는 발전적인 변화를 볼 수 있다. 그러나 두 칙령 모두
9세기 초에 성립한 고전장원제 아래서는 부역노동을 부과함에 있어서
부역농민의 출신신분을 따지는 것이 별 의미가 없게 되었음을 명확하
게 보여 준다.

　부역노동 부과에서 이제는 부역농민의 출신신분이 의미를 잃은
만큼, 부역노동의 부과기준이 전혀 달라졌다. 봉건적 부역노동제도에
관한 8세기 전반의 알레만 법과 바바리아 법의 규정에 따르면, 원초적
형태가 성립하던 때까지만 하더라도 부역노동은 신분에 따라 그 방식
에 근본적 차이가 나고 보유토지의 크기나 역축의 제공 여부는 어디까
지나 신분에 기준을 둔 부역방식을 토대로 해서 노동량의 차이만 가져
오는 부차적인 요소였다. 그러던 것이 800년의 칙령에서는 출신신분
은 사실상 무시되고 생산수단의 보유수준을 기준으로 해서 부역노동
의 시간이 결정되고 있다. 이런 변천은 영지명세장을 비롯한 9세기의
많은 문헌기록에서 실제로 자주 볼 수 있는 바다. 예컨대, 생제르맹데
프레 수도원의 영지명세장 제XX장과 제XXIV장에서는 코르베를 비롯
한 매주 부과되는 부역노동의 일수가 망스 보유자의 신분에 따라 차이
가 나는 것이 아니라 역축을 갖고 가서 수행하느냐의 여부에 따라 달
라진다. 봉건적 부역노동의 부과 기준이 이처럼 고대적 신분제도로부
터 생산수단의 보유와 그 크기라는 물적 요소로 바뀌었다는 것은 봉건
적 부역노동제도의 형성과 발전과정에서 혁명적 변화라고 하겠다.

　고전장원제의 성립 단계에서 일어난 이런 혁명적 변화의 원인과
배경은 무엇일까? 그것은 로마제국의 정복전쟁 종식 이후 쇠퇴가 진
행되고 있었고 노동력으로서도 비능률적이었던 노예노동을 고전장원

제적 토지소유 구조에서는 더 이상 사용할 필요성이 없어졌기 때문일 것이다. 그 대신에 부역농민이 경작부역을 효과적으로 수행할 수 있는 황소 및 쟁기와 같은 생산도구와 그리고 부역노동의 부과량을 결정짓는 농민보유지의 크기가 결정적인 중요성을 지니게 되었기 때문일 것이다. 그러므로 토지보유자의 신분에 따라 상이했던 원초적 형태의 봉건적 부역노동제도가 8세기 전반에 성립한 이후 여러 가지로 변형되게 된 근본적 원인도 노예제의 쇠퇴와 봉건적 토지소유관계의 성립이라는 심원한 시대전환의 변화에 있었다고 보아야 할 것이다. 고대적 신분제도는 결코 부역노동제도의 변화를 이끈 동인이 아니었다. 고대적 신분제도는 오히려 사회 밑바닥에서의 이런 시대적 변화에 기인한 봉건적 부역노동제도의 변화에 대해 저지요인으로 작용했을 뿐이다. 그러나 그것은 그런 변화를 저지하지도 못하고 원초적 부역노동 방식의 변형에 기여하는 제약 요인으로서만 기능했다고 할 수 있다.

9세기 초에 고전장원제의 성립과 더불어 진행된 이와 같은 부역노동 부과기준의 획기적 전환과 그에 따른 부역방식의 혼합 및 수렴 현상은 앞의 두 칙령과 9세기의 모든 영지명세장들에서 볼 수 있듯이 당시 사회의 보편적인 현상이고 일반적 추세였다. 카롤루스 대제를 비롯한 카롤링조 당국은 고전장원제로 표현되는 봉건적 토지소유관계가 성립하는 시점에서 이런 사회적 대세에 부응하여 부역노동제도를 정비하고 새로운 부역노동제도를 확립하려는 노력을 기울였다고 할 수 있다. 그런 노력은 앞의 두 칙령에서뿐만 아니라 다른 칙령들에서도 나타났다. 예를 들면, 800년이나 그 직전에 반포된 왕령지 관리 칙령이라고 할 수 있는 "Capitulare de villis"는 기본적으로 부역노동에 바탕을 둔 고전장원 체제를 왕령지에서 확립하려는 것이었다.[26] 또 앞에서 본 810년경의 "Brevium exempla ad describendas res ecclesiasticas et fiscales"라는 제목의 칙령은 교회기관의 영지와 왕령지의 재산에 관한 명세장 작성의 모범적 사례를 제시함으로써 영지를 고전장원 체제로 조직하여 그 경영과 관리의 효율성을 도모하려 한 것이라고 할 수 있다.

4. 맺음말

8세기 전반에 성립한 봉건적 부역노동제도의 원초적 형태에서는 부역노동이 고대적 신분제도에 기초하여 토지를 보유한 외거노예에 대해서는 주인의 가내 하인으로서의 잡역이 포함된 매주 3일씩의 주부역 방식으로 부과되었고, 자유인 신분 출신의 토지보유 농민에게는 지주 직영지의 일정 면적을 할당받아 책임지고 경작하는 정적부역 방식으로 부과되었다. 이런 원초적 형태에 비해, 9세기의 고전장원제 아래서 전개된 봉건적 부역노동제도의 고전적 형태에서는 토지보유자의 신분에 따라 상이했던 두 가지의 원초적 부역방식이 여러 가지로 변형되고 뒤섞여서 원초적 형태가 자취 정도만 남긴 채 거의 사라진다. 그러면서 영지와 장원에 따라 진행 과정과 양상에는 꽤 차이가 나기는 하지만, 일반적으로 영지와 장원을 넘어서서, 그리고 무엇보다도 처음 보유자의 신분에 따라 구분되었던 농민보유지의 종류와 관계없이, 장원 농민의 부역노동 부담을 크게 증가시키면서 원초적 부역방식이 혼합되어 비슷하게 수렴되는 경향이 강하게 나타난다. 따라서 봉건적 부역노동제도의 고전적 형태는 복합성, 다양성, 무정형성, 유동성, 역동성

---

26   왕령지가 이런 칙령 등을 통해 부역노동을 토대로 한 고전장원 체제로 조직되어 경영되었음에 대해서는 필자의 논문, 「카롤링조 왕령지의 경영조직」, 533~556쪽 참조.

을 띠는 동시에 통합성과 보편성 그리고 일정한 추세를 보인다는 것이
특징이라고 할 수 있다.

봉건적 부역노동제도의 원초적 형태로부터 발전한 이와 같은 고
전적 형태의 형성은 먼저 원초석 부역방식이 프랑크왕국 내에 확산된
뒤 여러 가지로 결합되고 변형되는 가운데 진행되었다. 중세 초기의
문헌기록을 통해서 볼 때, 이행과정에 영향을 미친 요인은 신분제도와
황소나 쟁기 또는 보유토지의 크기와 같은 생산수단이다. 원초적 형태
의 부역방식이 성립하던 8세기 전반까지만 해도 부역방식과 부역노동
량을 결정하는 것은 고대적 신분제도였다. 그러나 고전장원제가 성립
하는 9세기 초에는 생산수단의 보유여부와 크기가 부역노동의 부과기
준이 된다. 따라서 이행의 동인으로 기능한 것은 생산수단이라고 할
수 있다.[27] 고대적 신분제도는 이행의 제약요인으로 작용하였을 뿐이
다. 이제 고전장원제적 토지경영에서는 고대적 신분제도가 별 의미를
갖지 못하게 되었고, 중요한 것은 부역노동 수행의 효율성을 높이고
부역노동의 확보와 직결되는 생산도구와 농민보유지의 크기였다. 부
역노동의 역사에서 혁명적 변화가 일어난 것이다.

---

27 특히 고전적 형태의 봉건적 부역노동제도 형성에 큰 영향을 끼친 것은 중세 초기에 서
    유럽에서 그 사용이 널리 확산되어 간 바퀴달린 무거운 쟁기였던 것으로 추측된다. 습
    기 찬 중질토((重質土)로 된 북서부 유럽에 적합한 바퀴 달린 무거운 쟁기는 북방의 튜
    턴 문화권에서 기원하여 갈리아 북부에서는 프랑크족의 정착과 함께 채용되었고, 독
    일의 라인란트 지역과 남서부 및 중부 지역에는 7세기쯤 확산되었으며, 영국의 데인로
    (Danelaw) 지역과 노르망디에는 9세기 후반에 노르만족이 전파한 것으로 추정되고 있
    다. L. White, Jr., *Medieval Technology and Social Change* (Oxford: Oxford Univ.
    Press, 1962), pp. 42, 49~54; Ch. Parain, "The evolution of agricultural technique",
    CEHE, vol. 1, *The Agrarian Life of the Middle Ages*, pp. 149~151; R. Doehaerd,
    Early Middle Ages, p. 10; S. D. Skazkin, *Der Bauer in Westeuropa während der
    Epoche des Feudalismus* (러시아어 원서로부터 S. Epperlein의 독일어 번역본. Berlin:
    Akademie, 1976), pp. 29~30 참조.

부역노동 부과기준의 혁명적 변화는 사회의 저변에서 진행된 고대 노예제사회로부터 중세 봉건제사회로의 이행이 완결 단계에 들어섰음을 뜻한다. 고대적 신분제도를 기초로 해서 부역노동 방식이 결정된 원초적 형태의 봉건적 부역노동제도 성립이 노예제로부터 봉건제로의 이행과정에서 중세에 들어 제1단계의 과도기적 현상이라고 한다면, 신분과 관계없이 생산수단의 소유 여부와 크기가 부역노동 부과의 중요한 기준이 되는 고전적 형태의 봉건적 부역노동제도 형성은 고대적 신분제도의 종언과 새로운 봉건사회의 성립을 알리는 제2단계의 획기적 현상이라고 할 수 있다. 이러한 이행과정에서 일반적으로 자유인 신분 출신 부역농민의 부역노동 부담은 원래의 정적부역에다 정기부역이 추가됨으로써 폭증한 데 비해, 노예 출신의 부역 부담은 원초적 형태의 주부역이 정적부역을 중심으로 부분적인 정기부역이 결합하는 형태로 바뀜으로써 대체로 줄어들었다.[28] 이것은 고대사회로부터 중세 봉건사회로의 이행과정에서 노예의 경제적 형편과 사회적 지위는 개선된 반면에 자유인의 경제적·사회적 처지는 악화되었음을 의미한다.

봉건적 부역노동제도가 원초적 형태로부터 확연히 다른 고전적 형태로 이행하고, 부역노동의 부과기준도 전혀 달라지는 이와 같은 유동적 변화과정은 앞에서 본 바 있는 농민보유지의 종류와 보유자 신분의 불일치 현상,[29] 신분에 따라 농민보유지의 종류가 구분되지 않고

28 Kuchenbuch는 정적부역에 의한 주부역의 대체는 자립적 소농경영이 노동력 재생산을 위한 유용한 공간과 지배적 경영단위로 인정되었다는 의의를 지니며, 이에 선행하는 노예의 외거화는 노동력 재생산을 위한 자립적인 소농경영의 우월성을 보여주는 것이라고 한다. L. Kuchenbuch, "Probleme der Rentenentwicklung", pp. 164~165.
29 M. Bloch에 의하면 농민보유지의 종류와 보유자의 신분과의 관계는 10세기 이후에는 마침내 사라진다. M. Bloch, "Personal liberty and servitude", pp. 54~55.

그냥 'mansus'라고만 불린 농민보유지의 증가,[30] 생모르데포세 수도원의 영지명세장 등에서 쟁기를 가지고 가서 부역노동을 수행하느냐의 여부에 따라 농민보유지의 종류가 구분되는 '쟁기부역망스(mansus caroperarius)'와 '손부역망스(mansus manoperarius)'와 같은 농민보유지의 출현 등 고전장원제 아래서 진행된 일련의 새로운 봉건적 변화 추세로 이어진다. 이와 같은 변화 현상도 결국 부역노동의 부과기준이 고대적 신분제도에서 생산수단으로 바뀜으로써 신분에 따른 농민보유지의 종류 구별이 무의미해진 데서 나타난 것이라고 볼 수 있다.

---

30   종류미상 망스의 증가는 이제는 굳이 신분에 따라 농민보유지를 구별할 필요가 없어졌음을 뜻한다. 9세기 초엽에 파리 지방 소재 생제르맹데프레 수도원의 영지명세장에서는 종류미상의 망스가 전체 1,524개쯤 되는 농민보유지 가운데 3%에도 미치지 못하는 40여개에 불과했다. 그러나 같은 파리 지방에 위치한 생모르데포세 수도원의 869년에 작성된 영지명세장에서는 종류미상의 농민보유지가 77개로 전체 311개의 농민보유지 가운데 25%를 차지할 정도로 대폭 증가한다. 더욱이 893년에 작성된 아이펠 고원지대 소재 프륌 수도원의 영지명세장에서는, 종류미상의 망스가 신분에 따라 종류가 명시된 망스에 비해 압도적으로 많다.

V. 고전적 '코르베(corvée)' 제도의 유래와 형성

1. 머리말

고전장원제에 관한 소중한 문서인 영지명세장들에 의하면, 대다수의 고전장원들에서 농민보유지에는 'corvada', 'curbada', 'corrogata', 'chroata' 등으로 불리는 의무가 부과된다. 예컨대, 고전장원제로 조직된 영지에 관한 현존 명세장들 가운데서 가장 상세한 9세기 초엽의 생제르맹데프레 수도원의 영지명세장을 보자. 이 명세장에 기록된 25개 고전장원들 가운데 92%인 23개 장원에서 '망스(mansus)'라는 표준적이고 통상적인 형태의 농민보유지들에 프랑스 말로 '코르베(corvée)'라고 표기될 수 있는[1] 이 의무가 부과된다. 이 수도원과 마찬가지로 파리에 위치한 생모르데포세 수도원이 869년경 작성한 현존 영지명세장에[2] 기록된 15개의 고전적 장원들 가운데 67%인 10개의 장원

---

[1] 이하 앞에 제시된 이들 중세 라틴어 단어와 이들 단어가 의미하는 바를 일반적으로 지칭할 때는 프랑스어의 발음에 따라 '코르베'로 부르도록 하겠다.

에서 역시 망스로 표기된 농민보유지들에 이 의무가 부과된다.[3] 또 하
부 상파뉴 지방에 위치한 몽티예랑데 수도원의 9세기 중엽에 작성된
영지명세장에 기재된 장원들 가운데 고전장원으로 판단되는 36개 장
원의 86%를 차지하는 31개 장원에서, 마른 강 이북의 상부 상파뉴 지
방에 위치한 생르미 수도원이 860년대에 작성한 영지명세장에[4] 기재
된 23개의 고전적 장원들 가운데 96%인 22개 장원에서, 아이펠 고원
에 위치한 프륌 수도원이 893년에 작성한 영지명세장에 기재된 98개
의 고전장원들 가운데 78%인 76개 장원에서 망스들에는 코르베의 이
행이 요구된다.

　　그러나 대부분의 고전장원들에서 이처럼 코르베라는 의무가 거의
모든 농민보유지 보유자들의 주요 의무로 되어 있음에도 불구하고, 막상
은 이 의무가 기록된 영지명세장들에서조차 그것이 어떤 제도인지 자세
하고 명확하게 기록되어 있지는 않다. 대부분의 경우에 그것은 어떻게
수행되고 얼마만한 크기의 부담인지 알 수 없게끔 막연히 'corvada I',
'corvada II', 'corvada III' 식으로 단순하게 기록되어 있다. 물론 코르
베는 일부 기록을 통해 볼 때, 부역노동의 일종임은 확실해 보인다. 그렇
지만 그것은 일정 면적의 토지를 배정받아 경작하는 정적부역, 매주 며
칠씩 부과되는 주부역, 연간 며칠간씩 부과되는 연부역, 월별로 며칠간
씩 부과되는 월부역, 작업과제별로 며칠씩 부과되는 과제부역 등 다양한

2　　이하, 이 책에서 참고하는 이 수도원의 두 가지 영지명세장 편집본 즉 B. Guérard, ed.,
　　"Polyp. de St. Maur-d.-Fossés"와 D. Hägermann, ed., *Polyptychon von St. Maur-d..-*
　　Fossés 중 표기상의 차이가 있을 때는 D. Hägermann의 편집본을 따랐다.
3　　헤게르만은 농민보유지를 중심으로 해서 볼 때, 이 두 수도원의 영지명세장에서 망스의
　　72% 정도가 이 의무를 진다고 한다. D. Hägermann, ed., *Polyptychon von St. Maur-*
　　d..-Fossés, p. 72 참조.
4　　여기서 참고하는 이 수도원의 영지명세장은 B. Guérard, ed., *Polyp. de St. Remi*이다.

형태의 부역노동과 여러 가지 방식으로 조합되어 나타난다. 그래서 코르베는 어떤 제도이고 그 독자적 성격은 무엇인지 이해하기가 쉽지 않다.

고전장원에서 농민들의 중요한 의무이면서도 그 제도적 내용이 분명치 않은 코르베에 대해 지금까지 여러 장원 연구자들이 상당한 관심을 가지고 나름대로의 견해를 피력했다. 그렇지만 대부분의 설명은 의외로 간단하고 개괄적이다.[5] 단지 게라르와 D. 헤게르만이 각각 생제르맹데프레 수도원의 영지명세장과 생모르데포세 수도원의 영지명세장을 편찬하면서 코르베에 대해 비교적 자세하게 분석하여 설명하고 있는 편이다.[6] 그러나 이들의 경우에도 코르베에 관한 자료들을 널리 이용하여 카롤링시대 전반(全般)의 코르베를 논하지 못한 또 다른 한계를 지니고 있다. 어디까지나 자신이 편찬하는 영지명세장을 중심으로 해서 편찬자로서 거기에 나타나는 코르베 현상을 설명하고 있을 뿐이다.[7]

이런 결과, 지금까지는 고전장원과 관련하여 코르베가 어떤 제도였는지 상세하고 분명하게 파악되어 있지 않다고 할 수 있으며, 학계에서는 '코르베(corvée)'란 용어가 단순히 부역노동이란 의미로 통용되고 있기까지 하는 실정이다.[8] 다른 부역노동들과 구별되는 코르베제도의 속성과 실체를 이해하기 위해서는 카롤링시대의 고전장원들에 나타나는 코

---

5 예컨대, Ch.-E., Perrin, *Recherches sur la seigneurie rurale en Lorraine d'après les plus anciens censiers(IXe-XIIe siècles)* (Strasbourg: Commission des publications de la Faculté des lettres, 1935), pp. 627, 633, 749; G. Duby, *L'économie rurale et la vie des campagnes*, p. 105; H. W. Goetz, *Leben in Mittelalter.* p. 158; A. Verhulst, *Carolingian Economy*, p. 67 참조.

6 B. Guérard, *Prolegomnes*, pp. 644~648; D. Hägermann, ed., "Polyp. de St. Maur-d.-Fossés", pp. 71~74 참조.

7 코르베 연구의 자세한 현황소개와 이의 평가에 대해서는 필자의 논문, 「고전장원제 하의 '코르베(corvée)'제도」, 『독일연구』, 18(2009. 12), pp. 6~9 참조.

8 예컨대, Y. Morimoto, "Autour du grand domaine carolingien", pp. 106~109; A. Verhulst, "Quelques remarques à propos des corvées", pp. 89~95 참조.

르베제도뿐만 아니라 코르베제도의 유래와 형성과정도 파악될 필요가 있을 것이다. 그럼에도 불구하고 그 유래와 형성과정에 대한 연구는 더욱 적어 2차 세계대전 이전에 코르베란 말의 어원을 중심으로 해서 간략히 다룬 적이 일부 있을 뿐이며,[9] 오랫동안 전문적인 연구를 찾아보기 어렵다. 그래서 여기서는 고전적 코르베제도라고 할 수 있는 고전장원제 하의 코르베제도가 어떤 것인지 그 얼거리만을 간략히 파악한 후, 그 제도가 어떤 것에서 유래하여 어떻게 형성되었는지를 추적코자 한다.

2. 고전적 코르베제도와 그 유래

9세기의 영지명세장들에 의하면 다수의 고전장원들에서 코르베 의무는, 장원농민이 일정 면적의 영주직영지를 할당받아 동곡파종과 하곡파종을 위한 갈이질을 행하는 정적부역이 기록된 데 바로 뒤이어 언급된다. 이와 같은 코르베 서술방식은 코르베가 동·하곡의 파종을 위한 갈이질 작업과 밀접한 관계가 있음을 암시한다. 일부 영지명세장에는

---

9   Ch. Ed. Perrin, "Une étape de la seigneurie. L'exploitation de la réserve à Prüm, au IXe siècle", *Annales d'histoire économique et sociale*, 6(1934), pp. 458!459 참조. 이에 의하면 이 논문의 필자인 페랭 이전에 O. Siebeck, *Der Frondienst als Arbeitssystem: Seine entstehung und seine Ausbreitung im Mittelalter*(Tübingen: H. Laupp, 1904), pp. 74~75 및 J. Jud, "Zur Geschichte zweier französischer Rechtsausdrücke", *Zeitschrift für schweizersche Geschichte*, II(1922), pp. 412~422 등 몇몇 글에서 코르베의 기원을 다루고 있다고 한다. 페랭에 따르면 이들 선행 글에서는 코르베의 기원이 게르만 변방의 농촌공동체에서 부유한 토지소유자가 마을 사람들의 밭갈이 작업을 무상으로 독점하던 것이 관습화된 데 있다고 본다.(필자는 이들 글을 입수하지 못하여 직접 보지는 못했다.) 그러나 페랭은 이런 학설은 대토지소유제가 지배하고 'opera corrogata'라는 표현이 생겨난 고대의 갈리아 지방에는 적용될 수 없다고 반박한다. 그는 코르베는 고대 갈리아에서 처음에 대토지소유자가 콜로누스들에게 직영지를 공동으로 갈이질해줄 것을 '간청'하여 행해졌으나, 이내 관습적 징발로 변형된 데서 유래한다고 한다.

코르베가 어느 때 무슨 작업을 대상으로 하여 어떻게 수행되는 부역
노동이었는지에 대한 분명한 기록이 나타난다. 이를테면, 생제르맹데
프레 수도원의 영지명세장 제XXII장에서 망스라는 농민보유지의 최
초 보유자가 자유인 신분인 데서 유래하는 자유인망스 보유자는 "1대
의 쟁기를 끄는 데 필요한 만큼의 역축을 가지고 매주 1회의 코르베를
수행한다. 동곡파종을 위해 4ptc, 하곡파종을 위해서 3ptc를 갈이질한
다. 그리고 파종기마다 … 3회의 코르베를 수행한다."고 한다.[10] 그리
고 동 제XXIV장에서도 자유인망스 보유자는 "동곡파종을 위해 4ptc,
하곡파종을 위해 2ptc를 갈이질한다. 파종기마다 매주 2두의 역축으
로 1회의 코르베를 수행한다."고 한다.[11] 이 두 기록은 코르베가 황소
들이 끄는 쟁기를 가지고 동·하곡의 파종기에 정규적인 정적부역에
의한 갈이질 다음에 행하는 부역노동임을 보여준다.

생모르데포세 수도원의 영지명세장 제10장에 기록된 장원에서도
자유인망스 보유자는 "매번 6두의 황소를 갖고 2회의 코르베를 (수행하
고), 2두의 황소를 갖고 세 번째의 코르베를 (수행한다)."고 하고,[12] 망스
의 최초 보유자가 노예 신분인 데서 유래하는 노예망스 보유자는 "매번 2
두의 황소를 가지고 3회의 코르베를 수행해야 한다."고 한다.[13] 또 프륌

10　"Facit in unaquaque ebdomada curvadam I cum quantis animalibus habuerit,
　　quantum ad unam carrucam pertinet. Arat ad hibernaticum perticas IIII, ad trami-
　　sem perticas III. Et facit ad unamquamque sationem curvadas III, …." 여기서 'ptc'
　　라고 한 것은 'pertica'의 줄인 말로, B. Guérard, *Prolegomènes,* pp. 177~182, 197에
　　의하면 1ptc의 면적은 2.57아르이고, F. L., Ganshof, "Die Fränkische Reich", *Hand-*
　　buch der europäischen Wirtschafts- und Sozialgeschichte in Mittelalter (Stuttgart:
　　Klett-Cotta, 1980), B. "Die Entwicklung von Wirtschaft und Gesellschaft in den eu-
　　ropäischen Regionen", p. 178에 따르면 3.46아르다.

11　"Arat ad hibernaticum perticas IIII, ad tramisum perticas II. Facit curvadam in un-
　　aquaque ebdomada cum duobus animalibus per unamquamque sationem; …."

12　"Corbadas .II., unamquamque cum sex bovibus et tertiam corbadam cum duobus."

수도원의 영지명세장 제XXIV장에서도 종류미상의 망스 보유자는 "황소들이 끄는 쟁기를 가지고 3회의 코르베를 수행하며, ···."라고 한다.[14]

위와 같은 기록들은 코르베가 파종기에 영주직영지에서 2두 이상의 황소가 끄는 쟁기를 가지고 수행하는 부역노동임을 거듭 확인하고 있다. 파종기에 2두 이상의 황소가 끄는 쟁기를 가지고 하는 부역노동이란 곧 파종을 위해 영주직영지의 곡물경작지를 갈이질하는 부역에 다름 아니다. 생모르데포세 수도원의 영지명세장 제12장에서 노예망스 보유자는 "코르베로 동·하곡지에 합계 4ptc를 갈이질한다."고 하고,[15] 동 제13장에서는 종류미상의 망스 보유자는 "코르베로 동곡파종을 위해 3ptc, 하곡파종을 위해 3ptc를 갈이질한다."고 한다.[16] 또 프륌 수도원의 영지명세장 제XLVI장에서도 종류미상의 망스 보유자는 "3월 1일부터 파종기 내내 매주 코르베로 1일을 갈이질한다."고 하고,[17] 몽티예랑데 수도원의 영지명세장 제XXXII장의 장원에 관한 기록에서도 종류미상의 망스 보유자는 일정 면적의 토지를 갈이질하고 파종한 후 "코르베로 비슷한 크기를 갈이질하고 파종해야 하며, ···."라고 한다.[18] 이런 기록들을 통해서 볼 때, 코르베는 2두 이상의 황소가 끄는 쟁기를 가지고[19] 영주직영지의 동·하곡 파종을 위해 수행하는 갈이질 부역임이 명확하다고 하겠다. 그렇기 때문에 황소와 쟁기를 지참하고 수행하는 코르베는 이런 갈이질 수

---

13   "Debet corbadas .III. unamquamque de duobus bovibus."

14   "··· facit coruadas .III. cum aratro qui boues habent. ···."

15   "Arat corbadam inter ivernaticum et tramisum perticas .IIII."

16   "···: et arat corbadas III ad ivernaticum, ad tramisium perticas III."

17   "··· a kalendis marcii per totam sationem. arat omni ebdomada. in coruada diem .I."

18   "···, debent corvadam similiter arare et seminare, ···."

19   카롤링시대에 갈이질에 2두 이상의 황소가 필요했던 것은, 고전장원제가 발달한 유럽 북서부 지역은 습기 찬 기후로 인해 땅이 질고 이런 땅의 배수(排水)를 위해 당시 'carruca'라고 불린 바퀴달린 무거운 쟁기로 땅을 깊이 갈아야 했기 때문이다. 이에 대해서는 필자의 박사학위 논문, 「고전장원제 하의 농업경영」, 144~146쪽 참조.

단의 지참없이 수행하는 '손일(manopera)'과 대조를 이루었다.[20]

그러나 코르베는 파종기에 동곡지와 하곡지를 대상으로 해서만 실행된 것은 아니었다. 삼포제가 시행되고 휴경지에도 갈이질이 행해짐에 따라[21] 휴경지에 대해서도 역시 실시되었다. 생모르데포세 수도원의 영지명세장 제14장에 기록된 장원에서 자유인망스 보유자는 "동곡파종을 위해서 7.5ptc, 하곡파종을 위해서 5ptc를 갈이질한다. 동곡파종을 위해서 3회의 코르베를, 휴경지에 대해 3회의 코르베를, 하곡파종을 위해서 3회의 코르베를 한다."고[22] 하는 것이 그 증거다. 한편 몽티예랑데 수도원의 영지명세장 제XXXII장의 장원 기록에서 종류미상의 망스 보유자들은 '4jr을 갈이질하고 파종하며 코르베로 비슷한 크기를 갈이질하고 파종해야 한다.'고 한 기록으로[23] 볼 때, 코르베는 파종기에 곡물경작지

20 생제르맹데프레 수도원의 영지명세장에서 자유인망스 보유자들의 의무에 대해 "필요한 만큼의 코르베를 수행한다. 갈이질하지 않을 때는 3일의 손일을 한다.(Faciunt curvadas, quantumcumque necesse fuerit; et quando non arant, faciunt tres dies; manopera.)"는 제IX장과 "코르베를 수행하지 않을 때는 매주 손으로 3일을 일한다.(… quando curvadas non faciunt, in unaquaque ebdomada III dies operantur cum manu; …)" 는 제XIII장의 기록 참조.
21 삼포제와 휴경지 갈이질에 대해서는 M. Bloch, *Les caractères originaux de l'histoire rurale française* (Oslo: H. Aschehoug & Co, 1931), 이기영 역, 『프랑스 농촌사의 기본성격』(나남, 2007), 91~100쪽; B. H. Slicher van Bath, 『서유럽농업사. 500–1850』, 89~93쪽; L. White, Jr., *Medieval Technology and Social Change*, pp. 69~76; D. Faucher, "L'assolement triennal en France", *Etudes rurales*, 1(1961), pp. 7~17; Ch. Parain, "The Evolution of Agricultural Technique", pp. 136~142; A. Verhulst, *Carolingian Economy*, pp. 61~64; Y. Morimoto, "L'assolement triennal au haut Moyen Âge. Une analyse des données des polyptiques carolingiens", A. Verhulst & Y. Morimoto, ed., *Économie rurale et économie urbaine au Moyen Âge*(Gent, Fukuoka: Kyushu Univ. Press, 1994), pp. 91~125; 이기영, 「고전장원제 하의 농업경영」, pp. 135~142 참조.
22 "Arat ad ibernaticum perticas .VII. et dimidiam, ad tramisium .V. Facit ad ibernaticum corbadas .III. Ad binalia .III. Ad tramisium .III."
23 "…, et debent IIII jornales qui habent L perticas in longum et unam in latum, que pertica habet XV pedes. Debent arare et seminare, debent corvadam similiter arare

를 갈이질하는 데 그치지 않고 갈이질한 땅에 파종하는 작업까지도 포함했다고 할 수 있다.

이와 같이 코르베가 기본적으로 파종기에 영주직영지의 동곡지와 하곡지 및 휴경지를 대상으로 하여 2두 이상의 황소가 끄는 쟁기로 갈이질하는 부역노동이라고 할 때, 장원농민은 코르베를 혼자서는 수행할 수 없고 공동작업을 해야 했다. 혼자서는 갈이질에 필요한 2두 이상의 황소와 쟁기를 다 갖추기 어려웠기 때문이다. 또 2두 이상의 황소가 끄는 쟁기로 밭을 가는 경우에 혼자서 쟁기를 조정하면서 동시에 역축들을 모는 것은 불가능하기도 했기 때문이기도 하다. 밭갈이에 관한 중세의 그림들을 보면, 통상적으로 한 사람은 쟁기를 잡고서 조정하고 다른 한 사람은 쟁기 앞에서 2두의 황소를 몰고 있다.[24] 쟁기를 끄는 황소가 2두를 넘어 6두에 이를 정도로 많은 경우에는 더 많은 사람이 협동작업을 해야 했을 것이다. 그래서 2두 이상의 황소가 끄는 쟁기로 수행되는 코르베는 적어도 2명이 넘는 장원농민들의 공동작업으로 수행될 수밖에 없었다. 생모르데포세 수도원 영지명세장의 제2장에서 코르베 의무가 기록될 위치에 "3주마다 3개 망스당 1jr을 (갈이질한다)."고 하고,[25] 동 제5장에서는 '2개 망스당 매주 3ptc를 갈이질하고 3주마다 3개 망스당 1carrua를 갈이질한다.'고 한다.[26] 이 뒤 문장의 'carrua'란 1대의 바퀴달린 무거운 쟁기로 하루 동안 갈이질할 수 있는 면적을 뜻한다. 따라서 이들 기록에 의

---

et seminare, ….".

24 H. W. Goetz, *Leben in Mittelalter*, p. 149; D. Hägermann, ed., *Das Mittelalter. Die Welt der Bauern, Bürger, Ritter und Mönche* (München: C. Bertelsmann, 2001), p. 62 참조.

25 "A tertia ebdomada inter tres mansos iornalem .I."

26 "Inter duos mansos in unaquaque ebdomada arant perticas .III. A tertia ebdomada inter tres mansos carruam .I."

하면 바퀴달린 무거운 쟁기를 사용한 코르베는 2명 내지 3명의 망스 보
유자들이 1대의 쟁기를 중심으로 한 조를 이루어 수행한 셈이다. 장원
농민들이 쟁기에 기초한 작업조로 편성되어 코르베를 수행했음은 프륌
수도원의 영지명세장 제XXIV장을 통해서도 확인된다. 이 장의 앞부분
(p. 155)에서 종류미상의 망스 보유자들은 "황소들이 끄는 쟁기를 가지
고 3회의 코르베를 수행하고 ….."한 데[27] 이어, "제공되는 음식의 종류와
작업자들(Qualis prebenda detur illis)"이라는 제목을 가진 뒷부분(pp.
156~157)의 기록에서는 "쟁기 1대의 공동작업조당 …(Ad centenam
unoquoque aratro, ….)"이라고 하고 있는 것이다.[28]

영지명세장들의 기록에 따르면 장원농민은 코르베 수행 시 빵을 비
롯한 음식을 제공받기도 했다. 그러나 망스 보유자들에게 코르베 의무가
부과된 대부분의 고전장원들에서 음식제공에 관한 언급이 없음을 볼 때,
음식을 제공받는 경우보다 제공받지 못한 경우가 더 많았다고 할 수 있
을 것이다. 음식이 일부 코르베 수행 때에만 제공되었다는 단적인 증거
는 생제르맹데프레 수도원의 영지명세장 제XIII장에서 자유인망스 보유
자와 노예망스 보유자는 '파종기마다 3회의 코르베를 수행하고 빵과 음
료수를 제공받아 네 번째와 다섯 번째의 코르베를 수행한다.'고 한 기록
에서[29] 볼 수 있다.

이상에서 본 바와 같이, 고전장원제 아래서 장원농민들의 주요 의무
로 되어 있었던 코르베는 동곡과 하곡의 파종기에 그리고 풀이 무성하게

---

27 "… facit coruadas .III. cum aratro qui boues habent. et …."
28 여기서 'centena'란 공동의 작업집단을 뜻한다. H. Beyer, ed., "Güterv. der Prüm", p.
155의 주석 5번과 J. E. Niermeyer, *Mediae latinitatis*, p. 169의 'centena' 항 참조.
29 "… per unamquamque sationem curvadas III, et quartam et quintam, cum pane et
potu."(제XIII장 제1항); "Curvadas III, et quartam et quintam cum pane et potu."(제
XIII장 제77항).

자랄 시기인 5월이나 6월의 휴경지 갈이질 때에 정적부역 방식으로 수행되는 정규적 갈이질 외에 추가로 망스보유 농민들이 가끔 식사를 제공받으면서 황소와 쟁기를 지참하고 영주직영지에서 동료 농민들과 함께 공동작업으로 수행한 갈이질 부역이라고 요약될 수 있을 것이다. 이런 내용의 것이 고전적 코르베제도의 골자라고 할 수 있다.

　이와 같은 고전적 코르베제도는 언제 어디서 유래한 것일까? 이를 알기 위해서는 고전적 코르베제도의 성립시기부터 파악할 필요가 있다. 그러나 그 성립시기를 어림짐작이라도 하기 위해서는 먼저 '코르베'란 말부터 살펴봐야 할 것이다. 코르베의 중세 라틴어 식 표기인 'corvada', 'corrogata' 따위는 고전 라틴어에는 없는 말이어서, 이들 말의 등장시기를 통해 고전적 코르베제도의 성립시점을 어느 정도 추정할 수 있기 때문이다.

　이들 중세 라틴어 단어들의 어원은 고전 라틴어의 동사 'corrogo'다. 'corrogo'는 '함께' 또는 '같이'란 뜻을 지닌 전치사 'cum'에서 유래한 접두사 'com'과 '부탁하다' 또는 '요청하다' 또는 '간청하다'는 뜻을 가진 동사 'rogo'의 합성어로서, '간청을 통해 여러 사람을 함께 소집하다'란 의미를 지니고 있다. 따라서 코르베란 말의 원초적인 뜻은 비록 그것이 무보수의 부역노동이라 하더라도 영주가 일방적 · 강압적으로 부과하고 장원농민이 개별적으로 수행하는 부역노동이 아니라, 영주 측의 정중한 부탁에 의해 여러 장원농민이 집단으로 수행하는 부역노동이었다고 할 수 있다. 그렇지만 고전 라틴어에는 'corrogo'의 명사형으로 '간청을 통한 여러 사람의 소집'이란 뜻을 가진 'corrogatio'란 단어는 존재하지만, 'corvada'나 'corrogata'와 같은 중세 라틴어 형태의 단어들은 존재하지 않는다. 그러므로 코르베를 표현하는 라틴어 용어들은 틀림없이 중세 초기에 생겨났다고 하겠다.

필자가 조사한 바로는, 코르베란 용어는 중세에 들어서도 800년이나 바로 그 직전에 카롤루스 대제가 반포한 왕령지의 장원 관리에 관한 칙령인 "Capitulare de villis"의 제3조에 처음 나타난다.[30] 이 조문에서 고전장원제로 조직되어 경영된 왕령지의 경영인이자 관리자인 'iudex'들에게 그들의 사사로운 목적을 위해 장원 예속민(familia)의 코르베를 사용하지 말라고 하고 있다. 코르베라는 말은 이 칙령이 반포되기 이전의 시기에 작성된 프랑크왕국시대의 특허장, 법령들이나 법률서식집, 공의회 관련 문서 등에는 보이지 않는다. 문헌기록상의 이런 사정에 비춰 볼 때, 코르베란 용어는 중세에 들어서도 고전장원제가 성립하는 시점인 9세기 초두에 본격적으로 사용된 것으로 추정되며, 그 용어가 사용되기 시작한 것은 아마도 8세기 후반쯤이 아닐까 짐작된다.

비록 코르베란 용어가 800년 무렵의 한 칙령에 처음 등장한다고 할지라도, 이 용어의 의미내용에 해당하는 현상은 이 용어가 생겨나기 전에 나타났을 수 있다. 실제로 코르베의 내용에 해당하는 현상은 봉건적 부역노동제도의 원초적 형태가 규정된 8세기 중엽의 한 게르만 부족법에 보인다. 앞의 제2부 제III장에서 고찰한 바 있듯이 710년대에 편찬된 알레만 법의 제XXII조 및 제XXIII조와 740년대에 편찬된 바바리아 법 제I조 제13항에서는 지주의 직접경영지 경작을 위한 토지보유 노예의 부역노동은 노예망스와 관련된 봉건적 부역노동제도의 원초적 형태라고 할 수 있는 매주 3일씩의 주부역 방식으로 부과되고, 토지를 보유한 자유인의 부역노동은 자유인망스와 관련된 봉건적 부역노동제도의 원초적 형태라고 할 수 있는 일정 면적 할당 식의 정적부역 방식으로 부과된다.

---

30 *Capitularia*, no. 32 "Capitulare de villis", "3. Ut non praesumant iudices nostram familiam in eorum servitium ponere, non **corvadas** … nec aliud opus sibi facere cogant, …."(p. 83).

원초적 형태의 봉건적 부역노동제도가 기록된 이와 같은 두 부족법 중 바바리아 법 제I조 제13항의 끝 부분에는 앞에서 거듭 인용한 바 있는 "(교회기관 영지의 노예들은) 그의 보유지(의 크기)에 따라 의무를 이행해야 한다. 그러나 1주일에 3일은 주인을 위해서 일하고, 3일은 자신을 위해 일해야 한다."는 토지보유 노예의 매주 3일씩의 주부역이 기술된 데 바로 뒤이어, "그러나 그들의 주인이 그들에게 그 주인이 가진 황소들이나 다른 것들을 제공한다면, 그들은 그들에게 능력에 따라 부과되는 분량의 부역노동을 수행해야 한다. 그러나 아무도 부당하게 이들을 강압해서는 안 된다."고 되어 있다.[31]

이와 같이 기록된 바바리아 법 제I조 제13항의 끝 부분은 앞 문장에서는 토지보유 노예에 대한 매주 3일씩의 주부역이 규정되고, 뒤 문장에서는 황소 등이 제공되었을 때의 추가적인 부역노동이 규정되는 구조로 되어 있다. 앞 문장에 기록된 매주 3일씩의 주부역 제도는 토지보유 외거노예들이 1주일 중 일요일을 제외한 3일은 주인의 직영지 경작을 위한 부역노동을 수행하고 나머지 3일은 자신의 보유토지를 경작하여 스스로 생계를 유지함을 기본원리로 한다. 앞의 제2부 제III장 제2절에서 보았듯이 주부역 기간에는 농사일 외에 주인의 의식주 생활과 관련된 갖가지 잡역을 수행하기도 했지만, 가장 중요한 부역노동은 갈이질을 중심으로 주인의 직영지를 경작하는 일이었다. 역시 앞에서 거듭 인용한 바 있는 알레만 법 제XXII조 제3항에서 토지보유 외거노예들은 '자신의 밭에서 반, 주인의 밭에서 반씩 갈이질을 해야 하며, 그렇게 하지 않는 경우에는 3일은 자신을 위해서, 3일은 주인을 위해서 일해야 한다.'고 한 것은 매

---

31 "Si vero dominus eius dederit eis boves aut alias res, quod habet, tantum serviant, quantum eis per possibilitatem impositum fuerit; tamen iniuste neminem obpremas."

주 3일씩 행하는 주부역의 핵심내용이 밭갈이임을 입증하는 것이다.

바바리아 법 제I조 제13항의 마지막 부분의 뒤 문장에서 토지보유 노예들에게 주인이 제공하는 '황소들이나 다른 것들'이라고 한 것은 농 사짓는 데 필요한 황소와 기타 농기구들일 것이다. 그러나 낫, 삽, 괭이 등과 같은 그리 비싸지 않은 작은 농기구 정도는 비록 노예 출신의 토지 보유자라 하더라도 농가마다 갖추고 있었을 것이므로, 여기서 지주인 주 인이 제공하는 '다른 것들'이란 쟁기나 수레 같은 비교적 값비싼 큰 농기 구들이라고 봐야 할 것이다. 황소는 수레로 짐을 운반하기 위해서도 필 요하지만, 고대 이후 중세 후기 견인력이 말[馬]로 대체되기 이전까지는 특히 곡물경작에서 결정적 중요성을 지닌 농기구인 쟁기를 끄는 데 절대 적으로 필요한 역축이었다. 그렇기 때문에 '황소들이나 다른 것들'이란 말 속의 다른 것들에는 무엇보다 쟁기가 포함된다고 봐야 할 것이다. 따 라서 결국 토지를 보유한 외거노예는 주부역 기간에 수행하는 기본적인 갈이질 부역 외에, 주인으로부터 황소와 쟁기를 제공받아 추가적인 갈이 질 부역을 수행했다고 할 수 있을 것이다. 그렇지만 "그들은 그들에게 능 력에 따라 부과되는 분량의 부역노동을 수행해야 한다."고 한 것은 추가 적인 갈이질 부역이 무제한으로 이루어지지 않고 제한적이었으며, 토지 보유 노예의 형편에 따라 그 부담의 크기가 달랐음을 표현한다고 하겠 다. 그리고 이런 추가적인 갈이질 부역에 대한 기록 다음의 맨 마지막 문 장에서 "그러나 아무도 부당하게 이들을 강압해서는 안 된다."고 한 것 은, 추가적인 갈이질 작업이 강압에 의해서가 아니라 지주 측의 간청 내 지 부탁에 의해 행해지는 부역이며 요청 방식으로 이루어져야 함을 시사 한다고 볼 수 있을 것이다.

비록 바바리아 법 제I조 제13항에 명문화되어 있지는 않지만, 토지 를 보유한 외거노예가 이처럼 황소 등의 갈이질 수단을 주인으로부터 제공반아 무보수의 추가적 갈이질 작업을 할 때는 집단노동을 하고 음식이 제공되었을 가능성이 높다. 집단노동을 했으리라는 것은 고대나 근대에나 노동노예제 아래서는 보통 노예가 일정 규모의 집단으로 편성되어 공동노동을 했기 때문이다. 더욱이 고전장원제가 발달한 루아르 강과 라인 강 사이지역에서는 습한 기후에서 기인하는 진땅의 배수를 위해 프랑크 왕국 초기부터 2두 이상의 황소가 끄는 바퀴달린 무거운 쟁기가 도입되어 사용되었다.[32] 앞에서 보았듯이, 여러 마리의 황소가 끄는 무거운 쟁기로 밭을 가는 데에는 두 사람 이상의 공동작업이 필요하다.

토지보유 외거노예가 추가 갈이질 작업 때 빵 따위로 된 식사 정도는 당연히 제공받았으리라고 볼 만한 여러 근거가 있다. 원래 노예는 외거하기 전에 주인의 부양을 받았다. 그리고 중세 초기의 여러 문헌기록에 의하면 노예 출신 등으로 구성되어 영주의 저택 주변에 거주하면서 영주로부터 노동도구를 제공받아 잡다한 여러 가지 일상적 일들을 수행하던 'praebendarius' 또는 'hagastaldus'라는 명칭의 예속민도 의복과 함께 식사를 제공받았다.[33] 또 9세기 중엽에 작성된 생르미 수도원의 영지명세장 제XI장에 기록된 고전장원에서도 노예망스 보유자들이 "식사를 제공받는다면, 명령받는 모든 부역노동을 수행한다."고 한다.[34] 이 기록은 노예 출신에게 추가적 부역노동을 시킬 때는 으레 식사가 제공되어야 함을 보여 주는 것이라고 하겠다. 뿐만 아니라 생모르데포세 수도원의 영지명세장 제10장에 기록된 장원에서 망스 보유자는 "코르베를 수

---

32 북서부 유럽 지역에 바퀴달린 무거운 쟁기가 전파된 과정에 대해서는 바로 앞의 제IV장 각주 제27번(제4절 "맺음말" 중) 참조. 바바리아 법 제I조 제13항에서 추가 갈이질 때 제공되는 황소가 복수('황소들')로 되어 있는 것은 바퀴달린 무거운 쟁기를 끄는 데에는 2두 이상의 황소가 필요했기 때문이라고 볼 수 있을 것이다.

33 이런 집단에 대해서는 필자의 논문, 「고전장원제 하의 농업노동력」, 49~52쪽 참조.

34 "Facit omne servitium sibi injunctum, si praebendam habuerit."

행할 때, 가능하다면 3월에는 빵과 콩류 및 사과즙을, 5월에는 빵과 치즈를, 10월에는 빵과 포도주를 제공받아야 한다."고 한다.[35] 이 기록에서는 비록 '가능하다면'이라는 조건이 붙기는 했지만, 코르베 수행 시의 음식 제공이 영주의 의무(debere)로 되어 있다.

이와 같이 8세기 중엽에는 황소 등을 스스로 지참하지 않고 주인으로부터 제공받아 갈이질했다는 점을 제외하면, 바바리아 법 제I조 제13항에서 보는 토지보유 외거노예의 추가적 갈이질 부역은 여러 가지 점에서 9세기의 고전장원들에서 주로 곡식의 파종기에 정적부역 방식의 갈이질 외에 추가로 행하던 갈이질 부역인 코르베와 기본적으로 같다고 할 수 있다. 고전장원제 하의 코르베제도와 흡사한 제도가, 노예 출신 및 자유인 출신과 각각 관련된 봉건적 부역노동제도의 원초적 형태인 주부역과 정적부역 제도가 성립됨과 동시에 토지보유 노예의 추가적인 주요 임무로 대두하고 있는 것이다.[36] 이처럼 원초적 형태의 코르베제도라고 할 수 있는 현상이 고대적 신분에 기준을 둔 원초적 형태의 부역노동제도에 동반되어 나타나는 까닭은 무엇일까? 그것은 지주의 토지가 직영지와 직접생산자의 보유지로 구분되고 직영지가 직접생산자의 부역노동으로 경작되는 고전장원제적 토지소유 구조가 형성되면서 직영지의 곡물재배를 위해서는 무엇보다도 많은 갈이질 노동이 필요했음에도 불구하고, 정적부역이나 주부역 방식으로 제공되는 갈이질 부역으로는 일정한 한계가 있었기 때문일 가능성이 높다. 일찍이 토지를 보유한 외거노예가 수

---

35 "Cum fecerint corbadas, in mense martio debent habere panem et ligumen et siceram. Mense maio panem et caseum. Mense octobrio panem et vinum, si esse potest."

36 그럼에도 불구하고 페랭이 전술한 그의 논문 "Une étape de la seigneurie.", pp. 457-458에서 바바리아 법 속에서나 메로빙시대에는 코르베 형태의 부역노동은 물론 그 흔적조차 찾을 수 없다고 하는 것은 문제가 있다고 하겠다.

행한 것으로 볼 수도 있는 주부역이 6세기 중엽 라벤나 교회의 소유지에서 발견되듯이,[37] 원초적 형태의 코르베제도라고 할 수 있는 외거노예의 추가적 갈이질 부역 현상도 8세기 중엽 이전에 존재했을지 모른다. 그러나 코르베적 현상이 740년대에 프랑크왕국 내의 바바리아 법에서 토지보유 외거노예의 의무사항으로 규정되고 있다는 사실은, 코르베제도의 원초적 형태가 이 시점에 와서 비로소 법제화되고 프랑크왕국 내의 공식 제도로서 정착하게 되었다는 의의를 지닌다고 할 수 있다.[38]

그런데 바바리아 법에서 보듯이 고전적 코르베제도와 유사한 원초적 형태의 코르베가 자유인 신분 출신에게는 부과되지 않고 왜 하필 노예 신분 출신에게 부과되었을까? 그것은 자유인과 달리 원래 노예는 노예주가 언제나 마음대로 사역할 수 있었던 데 근본 원인이 있었던 것으로 추측된다. 노예제의 이런 특성은 노예가 고전장원의 농민이 된 9세기 이후까지도 망스라는 농민보유지의 최초 보유자가 노예 신분인 데서 유래한 노예망스에 대해 '언제 어디서나 명령받는 모든 일을 한다.'는 식으로 끈질기게 잔존한다. 이런 무제한적 부역노동에 관한 기록은 여러 영지명세장들에서 볼 수 있지만, 특히 생르미 수도원의 영지명세장에 많다. 9세기의 고전장원들에서도 토지보유 노예의 처지가 이럴진대, 토지를 보유하게 된 지 얼마 안 되는 그 훨씬 전의 노예는 식사 정도만 제공된다면 주인의 추가적인 갈이질 부역 요구에 응할 수밖에 없었을 것이다.

지주가 이처럼 자신 소유의 노예 출신자를 마음대로 부려먹을 수 있다는 생각에서 토지보유 노예에게 추가적인 갈이질 부역을 부과할 경우

---

37 이에 대해서는 제1부 제III장 제3절 참조.

38 바바리아 법을 비롯한 일부 게르만 부족법에서 원초적 형태의 봉건적 부역노동제도에 대해 규정한 것이 프랑크왕국 내에서 보편성을 띤다는 데 대해서는 앞의 제2부 제III장 제2절 참조.

에는, 황소 및 쟁기와 같은 갈이질 수단을 제공하지 않을 수 없었을 것이다. 왜냐하면 노예 출신은 형편상 이런 값비싼 농기구를 갖추기 어려웠을 것이기 때문이다. 원래 솔거노예는 토지는 물론 어떤 생산수단도 소유하지 못했다. 비록 주인으로부터 토지를 분양받아 보유하고 외거하게 되었다 할지라도, 처음에는 간단한 농기구 정도는 쉽사리 갖출 수 있었겠지만 값비싼 황소와 쟁기를 구입하는 것은 쉽지 않았을 것이다. 이런 노예 출신의 형편은 자유인 출신들이 세력가에게 토지를 잃고 예속민으로 전락하기 전에는 대부분의 생산수단을 소유하고 예속민이 된 이후에도 흔히 황소나 여타의 농기구들을 여전히 소유했을 상황과는 대조적이다. 고전장원제 아래서 같은 농민보유지라 하더라도 노예망스의 크기는 일반적으로 자유인망스보다 작았으며 평균적으로 자유인망스의 $\frac{3}{5}$ 수준에 불과했음을 고려할 때,[39] 노예 출신은 토지를 보유하게 된 이후에도 한참 동안 빈궁한 상태를 면치 못하여 황소와 쟁기를 갖추지 못했을 가능성이 크다. 노예 출신들이 실제로 이런 갈이질 수단을 갖추기 어려운 형편에 있었다는 것은, 800년 무렵에 반포된 왕령지의 장원 관리에 관한 칙령인 "Capitulare de villis" 제23조의 "그리고 뿐만 아니라 (iudex들은) 우리의 외거노예들이 부역노동을 (잘) 수행하도록 하기 위해 (우리가) 맡긴 소들을 잘 관리하여, 영주직영지를 위한 부역노동에 사용될 소 떼나 쟁기들이 절대로 줄어들지 않도록 해야 한다."고 한 기록을[40] 통해서 간접적으로 확인되는 바다. 이 기록은 토지를 보유한 외거노예들이 소나 쟁기를 소유하지 못했다는 전제 아래 영주직영지에 이들의 갈이질

---

39   필자의 논문 「고전장원제 하 농민보유지의 종류별 크기와 영주직영지와의 크기관계」, 342~356쪽 참조.

40   "Et insuper habeant vaccas ad illorum servitium perficiendum commendatas per servos nostros, qualiter pro servitio ad dominicum opus vaccaritiae vel carrucae nullo modo minoratae sint."(*Capitularia*, no. 32 "Capitulare de villis"[p. 85]).

작업에 필요한 도구들을 비치해 두었음을 분명히 하는 것이라고 할 수 있다. 또한 노예 출신의 토지보유자가 갈이질 수단을 소유하기 어려웠음은 다음의 제3절에서 보는 바와 같이, 9세기의 고전장원들에서 자유인망스 보유자보다는 노예망스 보유자가 쟁기와 같은 갈이질 수단을 소유하지 못한 경우가 더 많았다는 사실을 통해서도 확인된다.

3. 고전적 코르베제도의 형성

9세기의 고전장원들에서 실시된 고전적 코르베제도가 740년대에 편찬된 바바리아 법에서 지주가 토지보유 외거노예에게 매주 3일씩의 주부역 외에 황소 따위의 갈이질 도구를 제공하고 추가적인 갈이질 부역을 부과한 데서 유래한다고 할 때, 그 후에 이런 원초적 형태의 코르베제도로부터 고전적 코르베제도는 어떻게 형성되어 갔을까? 앞에서 보았듯이, 코르베제도의 원초적 형태는 봉건적 부역노동제도의 원초적 형태들인 주부역과 정적부역 제도가 성립됨과 동시에 나타난다. 이런 사실과 고전장원제가 성립하는 9세기 초입에 카롤루스 대제의 한 칙령에 '코르베'란 말이 처음 나타나고 곧 이어 9세기 초엽에는 생제르맹데프레 수도원의 영지에서 고전적 코르베제도가 광범위하게 실시되는 사실로 봐서, 고전적 코르베제도의 성립시점은 고전장원제의 성립시점과 일치한다고 할 수 있다. 따라서 고전적 코르베제도의 형성이 진행되는 시기는 이 제도의 원초적 형태가 생성되는 740년대부터 고전장원제가 성립하는 9세기 초두에 이르는 기간이 되는 셈이다. 이 기간은 불과 50년 정도밖에 안 될 만큼 짧은 데다, 중세 초기의 사료 사정이 일반적으로 그렇듯이 고전적 코르베제도의 형성과정을 자세히 추적할 수 있을 만한 자료가 있는 것도 아니다. 그렇기 때문에 고전적 코르베제도의 형성과정에 대한 고찰은 코르베제도의 원초적 형태와 고전적 형태 간의 주요 차이점이 무엇인지를 명확히 하고, 차이가 나는 부분들이 어떤 계기로 어떻게 생겨났는지를 규명하는 방식으로 할 수밖에 없을 것이다.

코르베제도의 원초적 형태와 고전적 형태 사이에 보이는 주요 차이점 가운데 하나는 앞에서 말한 바와 같이 전자에서는 코르베 수행자가 황소와 같은 갈이질 수단을 지주로부터 제공받은 데 비해 후자에서는 수행자가 스스로 지참한다는 것이다. 다른 또 하나의 주요한 차이점은 원초적 형태에서는 코르베가 토지를 보유한 외거노예에게만 부과된 데 비해, 고전적 형태에서는 바로 앞의 제2절에서 일부 볼 수 있듯이 외거노예의 보유지 즉 노예망스뿐만 아니라 자유인 출신의 농민보유지인 자유인망스에도 부과된다는 것이다. 그 밖의 차이점으로 들 수 있는 것은 코르베제도의 원초적 형태가 기록된 바바리아 법에서는 '황소 따위를 제공받는다면'이라는 전제가 붙어 코르베가 지주의 생산도구 제공과 더불어 '부탁' 또는 '간청'에 의한 조건부의 부역인 데 비해, 고전적 형태에서는 의무로 되어 있다는 점이다. 또 처음에는 코르베 부과 시 반드시 음식이 제공되었을 것이지만, 9세기의 고전장원들에서는 일부의 코르베 수행 때만 제공된다는 것도 차이점이라고 할 수 있을 것이다.

그런데 두 가지 주요 차이점과 관련해서는 자유인 출신의 토지보유자가 전술한 바와 같이 노예 출신에 비해 황소 및 쟁기와 같은 농사일에 필수적이면서도 값비싼 갈이질 수단을 소유할 가능성이 훨씬 높기 때문에, 코르베 수행에 있어 갈이질 수단을 제공받는 방식으로부터 지참하는 방식으로의 변천과 코르베 부과대상이 토지보유 노예에서 자유인 신분으로 확대되는 변화는 상호 연관되어 있다고 할 수 있다. 따라서 고전적 코르베제도의 형성에 있어 중요한 것은 코르베 부과대상이 노예망스에서 자유인망스로 확대된다는 점이라고 할 수 있다. 이런 면에서 먼저 살펴봐야 할 것은 9세기에 발달한 고전장원제 아래서 코르베가 과연 740년대의 원초적 형태에서처럼 노예망스에는 모두 부과되는 데 비해 자유인망스에는 거의 부과되지 않는지, 아니면 두 종류의 농민보유지에 비슷한 수준으로 부과되는지, 또는 오히려 노예망스보다 자유인망스에 더 많이 부과되거나 심지어 자유인망스에만 부과되고 노예망스에는 거의 부과되지 않는지 하는 점이다. 고전적 코르베제도의 형성 계기와 과정에 대한 해명은 고전장원제 아래서 코르베가 노예망스와 자유인망스라는 농민보유지의 종류별로 어느 정도 부과되는가에 따라 달라질 수 있기 때문에, 먼저 이런 고찰을 하는 것이 필요하다. 그래서 고전장원들에 관한 기록이라고 할 수 있는 카롤링시대의 영지명세장들에 의거해서 농민보유지의 종류와 코르베와의 관계를 먼저 검토하도록 하자.

현존 영지명세장들 가운데서 비교적 가장 일찍 작성되었다고 볼 수 있는 파리 지방 소재 생제르맹데프레 수도원의 영지명세장에는 거의 모든 농민보유지가 농민보유지 형성 당시의 최초 보유자의 고대적 신분에 따라 자유인망스와 노예망스 및 반자유인망스로 구분되어 일일이 명기되어 있다. 현존하는 이 명세장은 총 25개의 장과 "Fragmenta duo"라는 이름이 붙은 2개의 장원에 관한 단편적인 기록으로 구성되어 있다. 이 중 기증토지에 관한 기록인 제XII장과 농민보유지에 관한 기술이 전혀 없어 고전장원제인지의 여부조차 분간하기 어려운 제X장을 제외한 총 25곳에 기록된 토지가 영주직영지와 농민보유지들로 구성되고 영주직영지는 농민보유지 보유자들의 부역노동으로 경작되는 고전장원들이라고 할 수 있다. 그렇지만 고전장원이라고 하더라도 제XI장의 장원에서는 농민보유지가 모두 그냥 '망스(mansus)'라고만 기록되어 있어 그 종

류를 알 수 없다. 이를 제외한 24개 장원에서 농민보유지의 종류와 코르
베와의 관계를 살펴볼 수 있다. 그러나 다음에서 보는 바와 같이 이들 24
개 장원에서 코르베는 노예망스보다는 오히려 자유인망스와 더 밀접한
관계를 갖는다.

24개의 고전장원 가운데, 노예망스는 전혀 없고 자유인망스들만
다수 존재하는 제III, XVIII, XX, XXIII장과 "Fragmenta" I 및 "Frag-
menta" II 등 6개의 장원에서는 모든 자유인망스에 빠짐없이 코르베가
부과된다. 자유인망스와 노예망스가 병존하는 제V, VI, XV장 등 3개의
장원에서도 극소수를 제외한 거의 모든 자유인망스에 코르베가 부과되
는 반면에,[41] 코르베가 부과되는 노예망스는 하나도 없다. 다른 2개의 장
원에서는 코르베가 노예망스에 부과된다 하더라도 극히 이례적으로 부
과된다. 이 두 장원 가운데 제II장의 장원에서는 제2~112항에 기록된
자유인망스들 가운데 4개 항을[42] 제외한 107개 항에서 코르베가 부과되
는 데 비해, 이 장의 끝부분에 기록된 6개의 노예망스[43] 가운데 코르베
가 부과되는 것은 첫 번째로 기재되어 있는 단 하나의 항뿐이다. 그리고
제XVII장의 제3~38항과 제40항에 기록된 자유인망스들 가운데

41 제V장에서는 제3~75, 78~85항에 기록된 자유인망스들 가운데 제49~52항의 4개 항에
     서만, 제VI장에서는 제3~34, 36, 41, 43항에 기록된 자유인망스들 가운데 제33항의 단 1
     개 항에서만, 제XV장에서는 제3~75항에 기록된 자유인망스들 중 제82항의 단 1개 항에
     서만 코르베가 부과되지 않는다. 그런데 이 제XV장의 제82항에 기록된 자유인망스는 같은
     장의 제76~90항에 연속 기록된 노예망스들 속에 끼어 있어 원래는 노예망스일 가능성이
     높다.
42 제38, 73~74, 110항. 코르베가 부과되지 않는 이들 4개 항의 자유인망스에는 정적부역이
     곡물경작지에 대해서가 아니라 포도밭에 대해 부과된다는 것이 특징이다. 따라서 이들 자
     유인망스에 코르베가 부과되지 않는 것은 추가적 갈이질 부역이라고 할 수 있는 코르베가
     아마도 포도밭에는 불필요했기 때문일 가능성이 있다.
43 A. Longnon, ed., *Polyp. de St. Germain*와 D. Hägermann, ed. *Polyp. von St. Ger-
     main*의 제113~118항. B. Guérard, ed., *Polyp. de St. Germain*에서는 새로 매긴 1~
     5항(pp. 21~22).

단 1개 항(제40항)을 제외한 36개 항의 모든 자유인망스에 코르베가 부과되는 데 비해, 제39, 41~45항에 기록된 6개 항의 노예망스들 가운데 코르베가 부과되는 것은 제39항의 1개 항뿐이다.

또한 코르베가 다수의 노예망스들에 부과된다 하더라도 노예망스에 부과되는 비율보다 자유인망스에 부과되는 비율이 훨씬 높은 장원들이 제법 존재한다. 제VII장의 장원에서 제4~54항과 제58항에 기록된 52개 항의 자유인망스들 가운데 코르베가 부과되는 것은 38개항으로[44] 73%를 차지하는 데 비해, 제62~68항에 기록된 7개 항의 노예망스들 가운데 코르베가 부과되는 것은 제62~63, 65~66항 등 4개 항으로 57% 정도다. 제IX장의 장원에서는 제9~145, 153~155, 159~208, 231~233, 243, 271~276항 등에 기록된 200개 항의 자유인망스들 가운데 제148, 201, 243항 등 단 3개 항을 제외한 99%라는 절대다수의 자유인망스에 코르베가 부과되는 데 비해, 제212~230항과 제234~242항에 기록된 28개 항의 노예망스들 가운데 제234~238항의 5개 항을 제외한 전체의 82%인 23개 항의 노예망스들에 코르베가 부과된다. 또 제XXIV장의 장원에서는 자유인망스가 기록된 제2~29, 31, 35~37, 41~44, 56~66, 71~96, 113~117, 119~144, 170~176, 179~180항 등 113개 항의 자유인망스 가운데 제45~46, 97~104, 145~153, 155항 등 20개 항을 제외한 전체의 82%인 93개항의 자유인망스에 코르베가 부과되는 데 비해, 제32~34, 38~40, 118, 154, 156~158항 등에 기록된 11개항의 노예망스 가운데 제154, 156~158항 등 4개 항을 제외한 전체의 64%인 7개 항의 노예망스에 코르베가 부과된다. 심지어 제VIII장의 장원에서는 코르베가 제3~27항에 기록된 모든 자유인망스에 부과되는 데 비해

---

44   코르베가 부과되지 않는 항은 제22~25, 27, 38~39, 41, 47, 50~52, 54, 58항 등 14개 항이다. 이 밖에 화폐지대를 지불하는 자유인망스가 제69, 76항에 별도로 2개 존재한다.

제28~38항에 기록된 11개 항의 노예망스 중 코르베가 부과되는 것은 제28~34, 37항 등 8개 항으로 73%이며, 제XIII장의 장원에서는 코르베가 제1~38항에 기록된 모든 자유인망스들에 부과되는 데 비해 제64~95항에 기록된 32개항의 노예망스들 가운데 제64~76항의 13개 항을 제외한 전체의 59%인 19개의 노예망스에 부과된다.

　물론 제I장의 장원과 제XIX장의 장원에서는 노예망스는 물론 자유인망스에도 코르베가 전혀 부과되지 않으며,[45] 자유인망스만 존재하는 제XXV장의 장원에서는 코르베가 제3~18항의 16개 항에 기록된 자유인망스에는 부과되는 데 비해 이보다 훨씬 수가 많은 제19~44항의 26개 항의 자유인망스에 대해서는 부과되지 않는다. 뿐만 아니라 제IV, XIV, XVI, XXI, XXII장의 장원에서는 모든 노예망스에 빠짐없이 코르베 의무가 부과되고 있기도 한다. 그러나 이들 장원 가운데 제IV, XIV, XXII장의 장원에서는 모든 자유인망스에 대해서도 코르베가 부과된다. 코르베가 노예망스에는 빠짐없이 모두 부과되면서도 자유인망스에는 모조리 다 부과되는 것은 아닌 제XVI장과 제XXI장의 장원에서도 노예망스의 수는 각각 7개와 15개 정도로 적은 데 비해, 자유인망스는 이보다 각각 10배와 4배나 많으며 이렇게 노예망스보다 훨씬 많은 자유인망스들의 79%와 89%에 코르베가 부과된다. 그렇기 때문에 이 두 장원에 대해서도 코르베가 자유인망스보다는 노예망스와 더 밀접하게 연관되어 있다고 보기는 어렵다.

　이와 같이 현존 생제르맹데프레 수도원의 영지명세장에 의하면 농

45　제I장의 장원에서는 자유인망스와 노예망스에 부과되는 정적부역이 곡물경작지에 부과되는 경우는 드물고 대부분 포도밭에 대해 부과되며, 자유인망스만 존재하는 제XIX장의 장원에서는 정적부역이 곡물경작지와 더불어 포도밭에 대해서도 부과된다는 점이 특징이다. 이들의 경우 역시 그 원인은 추가적 갈이질 부역이라고 요약될 수 있는 코르베가 포도밭에는 필요하지 않은 데 있다고 할 수 있을 것이다.

민보유지의 종류가 구분되어 기록된 24개의 고전장원들 가운데 22개의 장원에서 코르베는 자유인망스들에 부과되며, 노예망스보다는 주로 자유인망스에 부과된다. 24개의 장원 가운데 11개 장원에서 코르베가 자유인망스에는 빠짐없이 모두 부과되거나 극소수를 제외한 거의 모두에 부과되는 반면에, 노예망스에는 전혀 부과되지 않거나 극소수에만 부과된다. 그리고 노예망스에 대한 코르베 부과비율이 50% 이상으로 높은 5개의 장원 가운데서도 2개 장원에서는 자유인망스에는 빠짐없이 코르베가 부과되며, 3개의 장원에서는 노예망스보다 자유인망스의 코르베 부과비율이 훨씬 높다. 또 제XXV장의 장원에서는 노예망스가 존재하지 않지만 상당수의 자유인망스에 코르베가 부과된다. 요컨대, 전체 장원의 적어도 $\frac{5}{6}$ 이상이라는 압도적 다수에서 코르베는 노예망스보다는 자유인망스에 높은 비율로 부과되고 있는 것이다.

아이펠 고원에 위치한 프륌 수도원의 영지명세장을 통해서도 고전장원들에서 코르베가 노예망스보다는 자유인망스에 더 자주 부과되었음이 어느 정도 확인된다. 이 명세장에는 다수의 장원에서 농민보유지가 그 종류를 알 수 없게끔 그냥 'mansus'로만 기록되어 있다. 자유인망스라고 명기된 장원은 2개뿐이고, 노예망스라고 명기된 장원은 이보다 훨씬 더 많다. 자유인망스가 존재하는 장원은 제XLV장과 제XLVII장에 기록된 2개 장원으로 매우 적기는 하지만, 이들 2개 장원의 자유인망스들은 모두 코르베 의무를 진다. 이에 비해 노예망스들이 기록되어 있는 제I~VIII, XXXI, XXXVII, XLVI, LXV, LXXII, LXXVI, LXXXIII, XCIIII, XCVI, CIIII~CX, CXIIII, CXVI~CXVII 등 27개 장원 가운데서 코르베는 제XXXI, XLVI, LXV, LXXVI, XCIIII, XCVI, CIIII~CVI, CVII~CX, CXIIII, CXVI~CXVII 등 16개 장원에서는 부과되지 않고 이보다 적은 제I~VIII, XXXVII, LXXII, LXXXIII 등 11개 장원에서만 부과된다. 노예망스에 코르베가 부과되지 않는 16개 장원 가운데 제XCIIII, XCVI, CIIII~CX, CXIIII, CXVI~CXVII장 등 12개의 장원에서는 노예망스에 일부 정적부역이 함께 부과되는 경우가 있기는 하지만 노예망스의 원초적 형태의 부역부과 방식인 매주 3~4일씩의 주부역이 부과되고, 제XXXI, XLVI장 등 2개 장원에서는 노예망스의 기원상 특징인 '명령받는 부역노동은 무엇이든 모두 수행한다.'는[46] 무제한의 부역노동이 부과된다는 점이 특징이다.[47]

그 밖에 몇몇 영지명세장들에서도 단편적이나마 코르베가 오히려 자유인망스에 부과되는 경우가 많음을 볼 수 있다. 생모르데포세 수도원의 영지명세장에는 상당수의 장원에서 농민보유지가 영주직영지 경작 시의 쟁기소지 여부에 따라 '쟁기부역망스(mansus carroperarius)'와 '손부역망스(mansus manoperarius)'로 구분되거나 종류미상의 'mansus'로 되어 있다. 그렇지만 그런 가운데서도 일부 장원에서는 망스가 자유인망스와 노예망스로 구분되어 있다. 제10장과 제16장의 장원에 기록된 자유인망스들은 모두 코르베의 의무를 진다. 이에 비해 노예망스가 존재하는 제2, 8, 10~12, 15장의 장원들 가운데서 제8, 10, 12, 15장의 장원에서는 코르베가 노예망스에 부과되지만, 제2장과 제11장의 장원에서는 노예망스에 부과되지 않는다.

생르미 수도원의 영지명세장에 의하면 코르베는 고전적 형태의 장원마다 거의 빠짐없이 부과된다. 코르베는 자유인망스고 노예망스고 농민보유지의 종류에 관계없이 대부분의 망스에 부과되며, 같은 장원 안에

---

46   "facit omnia opera servilia"(제XXXI장); "facit araturam. et wactas. et omne seruitium. quicquid ei iubetur."(제XLVI장)

47   나머지 2개 장원에서는 정적부역과 거름운반 작업을 하거나 일부 현물만 공납하는 의무를 진다.

서는 이들 두 종류의 코르베 부담량이 대체로 같다. 그러나 제VI장의 장원에서는 12⅓개의 자유인망스에는 코르베가 부과되는 데 비해, 18개의 노예망스에 대해서는 코르베가 부과되지 않고 매주 4일의 주부역만 부과된다.[48] 또 제XXVIII장의 'Colonicae'라는 제목을 가진 장원에서는 30여개의 자유인망스에는 코르베가 부과되지만, 단 2개만 존재하는 노예망스에는 코르베가 부과되지 않고 "매주 4일 작업하고 자신에게 명령되는 부역노동(opera servilis)은 무엇이든 한다."고 되어 있다. 그렇지만 앞의 두 장원을 제외하고 제III, VIII, XI, XII, XIV, XV, XVII~XX, XX-II장 등 11개 장의 장원들에는 노예망스들에 코르베 의무가 부과된다. 이 가운데 제XI, XIV, XV, XVIII~XX, XXII장 등 7개 장의 장원들에서는 코르베와 더불어 '명령받는 모든 노역을 해야 한다.'는 식의 무제한적 부역노동이 부과되고, 제VIII장에서는 코르베와 함께 정적부역과 성 요한의 날(6월 24일)로부터 성 르미(Remigius)의 날(10월 1일)까지 매주 4일씩의 주부역이 부과된다. 따라서 생르미 수도원의 영지 가운데 자유인망스와는 달리 일부 장원의 노예망스에는 코르베가 부과되지 않으며, 다수의 장원에서 코르베가 노예망스 고유의 특성인 무제한적 부역노동이나 주부역과 함께 부과된다고 할 수 있다.

물론 몽티예랑데 수도원의 영지명세장이나 트리어 교구의 메트로흐(Metloch) 수도원의 영지명세장에는 자유인망스와 마찬가지로 노예망스에도 코르베가 부과된다. 몽티예랑데 수도원의 영지명세장에서는 농민보유지들의 대다수가 자유인망스이며, 노예망스는 단지 제XII장의 장원에 26개의 자유인망스와 함께 8개가 기록되어 있다.[49] 비록 그 수가 적

---

48 기록상으로는 '매주'란 말이 없이 그냥 "4일의 작업을 수행한다.(Facit dies IIII.)"고만 되어 있으나, 제VIII장의 제2항과 제XXVIII장의 제20항에 기록된 노예망스들의 주부역에 비춰볼 때 '4일'이란 매주 단위로 부과되는 4일임이 확실하다고 하겠다.

기는 하지만 이 제XII장의 장원에 존재하는 노예망스에는 대부분의 자유인망스들과 마찬가지로 코르베가 부과되고 있는 것이다. 10세기 중엽쯤에 작성된 메트로흐 수도원의 일부 영지명세장[50] 기록에 의하면,[51] 2개의 장원에 각각 존재하는 5개의 자유인망스와 $16\frac{1}{2}$개의 노예망스 모두에 코르베가 부과된다.[52]

그러나 그럼에도 불구하고 지금까지 살펴봤듯이 카롤링시대의 고전장원에 관한 영지명세장들 전체로 볼 때, 일반적으로 코르베는 노예망스보다는 자유인망스에 훨씬 많이 부과되고 있으며 노예망스보다는 주로 자유인망스에 부과되는 경향이 매우 강하다. 9세기의 고전장원제 아래서 코르베가 노예망스보다는 자유인망스에 오히려 더 자주 부과되는 이와 같은 부과 경향은 원래 740년대의 바바리아 법에서 코르베가 토지를 보유한 노예 신분에만 부과되던 것과는 판이한 것이다. 이런 변화는 어떻게 해서 일어났을까?

---

49   8개의 노예망스 외에 2개의 노예망스가 더 존재하지만, 항구적인 경작자가 없는 'mansus apsus'다.

50   이 영지명세장의 작성연대에 대해서는 Ch.-E., Perrin, *Recherches sur la seigneurie rurale en Lorraine*, p. 108 참조.

51   이 저서에서 참조하는 이 수도원의 영지명세장은 앞에서 말했듯이 "Fragmenta Mediolacensis"이다. 그러나 B. 게라르가 생르미 수도원의 영지명세장의 부록으로 게재한 이 메트로흐 수도원의 영지명세장은 일부만 발췌되어 수록된 것이다. 필자는 그 명세장 전부를 보지는 못했다.

52   5개의 자유인망스가 존재하는 발라모나스테리움(Walamonasterium) 장원에는 장원농민의 코르베로 경작되는 영주직영지의 밭뙈기를 뜻하는 6개의 "corruada"가 존재하지만, 자유인망스 보유자가 코르베를 수행한다는 직접적인 기록은 없다. 그러나 영주직영지에 코르베로 경작되는 토지가 존재하고, 망스보유자들이 농사철마다 영주직영지의 갈이질 부역을 한다고 되어 있으며, "4월에는 corruada에 울타리를 친다."고 하는 등의 기록으로 봐서 자유인망스 보유자가 코르베를 수행함은 틀림없다고 하겠다. $16\frac{1}{2}$개의 노예망스가 존재하는 로스마(Lohsma) 장원에는 앞에 말한 장원과는 달리 영주직영지에 "corruada"에 관한 언급이 없이 그냥 영주직영지만 존재한다. 그러나 "2월에 … croada를 갈이질한다."고 한 것으로 봐서, 노예망스 보유자들이 코르베를 수행함이 확실하다고 하겠다.

먼저 말할 수 있는 것은 이 기간에 봉건적 부역노동제도 전체가 원초적 형태로부터 고전적 형태로 이행하면서 토지보유자의 출신신분에 따라 분명히 서로 달랐던 부역노동의 부과방식이 상호 영향을 주고받으면서 뒤섞이어 비슷하게 수렴되는 추세가 전개되었다는 사실이다. 봉건적 부역노동제도의 원초적 형태에서는 부역노동의 부과방식이 토지보유자의 출신신분이 노예냐 자유인이냐에 따라 주부역과 정적부역으로 명확하게 구분되었다. 그러나 고전장원제 아래서는 거의 예외 없이 영지와 장원을 불문하고 노예망스라고 해서 주부역만 부과되거나 자유인망스라고 해서 정적부역만 부과되는 경우는 아주 드물다. 뿐만 아니라 부역노동의 부과방식으로 주부역과 정적부역만 존재한 것이 아니라, 이 장의 제1절 "머리말"에서 말했듯이 연간 또는 월별로 며칠간씩 부과되는 연부역이나 월부역, 작업과제별로 며칠간씩 부과되는 과제부역 등 다양한 형태의 부역노동 방식이 존재하고, 이런 여러 부역방식이 여러 가지로 조합되어 함께 부과된다. 심지어 원래 외거노예의 보유지에만 부과되던 각종 잡역이 자유인망스에도 널리 부과되는가 하면, 주로 자유인의 보유지에 부과되던 여러 가지 공납이 노예망스에도 자주 부과된다.[53] 이와 같이 토지보유자의 고대적 신분에 따라 상이했던 부역노동의 부과방식과 의무의 종류가 혼합되어 동시에 부과됨으로써 장원농민의 의무와 부담량은 전체적으로 비슷해지고 대폭 증가하는 경향을 보인다.[54] 이런 현상은 처음에는 토지보유자의 고대적 신분에 따라 확연히 달랐던 의무의 내용과 부과방식이 고전장원제가 형성되고 전개되는 과정에서 노예 신분 출

---

53 본래 원칙적으로 잡역은 노예 출신의 부역농민에게, 공납은 자유인 출신의 부역농민에게 부과되었다는 데 대해서는 이 책의 제2부 제III장 제2절과 제3절의 각각 말미 부분 참조.
54 고전장원제 하의 부역노동 부과방식과 봉건적 부역노동제도의 원초적 형태로부터 고전적 형태로의 이행 과정 및 원인에 대해서는 이 책의 제2부 제IV장 참조.

신이든 자유인 신분 출신이든 상호 작용하는 가운데 같은 처지의 장원농민으로 통합되고, 영주의 지배권이 강화되어 감에 따라 영주가 자신에게 유리하게 장원농민의 부담을 증대시켰던 데서 기인하는 것으로 추측된다. 봉건적 부역노동의 일종인 코르베도 부역노동을 비롯한 의무의 이와 같은 변화추세에 따라 처음에는 토지보유 외거노예에게 부과되던 것이 점차 자유인 출신의 장원농민에게도 부과되었다고 할 수 있을 것이다.

그러나 이런 설명만으로는 왜 원초적 형태에서는 토지보유 노예에게만 부과되던 코르베가 고전장원제 단계에 이르러서는 노예망스보다 오히려 자유인망스에 훨씬 많이 부과되게 되었는지는 이해되지 않는다. 틀림없이 또 다른 요인이 코르베가 자유인망스에 더 많이 부과되는 데 작용했을 것이다. 그것은 8세기 초반으로부터 고전장원제가 발달하는 9세기 사이에 봉건적 부역노동의 부과방식과 부과량을 좌우하는 결정적 부과기준이 고대적 신분으로부터 보유토지의 크기와 역축 및 쟁기의 소유여부로 바뀌는 변화가 일어났다는 사실이다. 앞의 제2부 제IV장 제3절과 현 제V장의 제2절에서도 거듭 인용한 바 있는 바바리아 법제I조 제13항의 앞 부분에는 자유인 출신의 정적부역이 규정되고, 끝 부분에서는 토지보유 외거노예의 부역방식에 대해 "(교회기관 영지의 노예들은) 그의 보유지(의 크기)에 따라 의무를 이행해야 한다. 그러나 1주일에 3일은 주인을 위해서 일하고, 3일은 자신을 위해 일해야 한다. 그러나 그들의 주인이 그들에게 그 주인이 가진 황소들이나 다른 것들을 제공한다면, 그들은 그들에게 능력에 따라 부과되는 분량의 부역노동을 수행해야 한다."고 규정되어 있다. 이 기록에 의하면 부역노동의 부과방식과 부과량을 결정하는 기본 기준이 740년대의 원초적 형태에서는 신분이었고, 보유지의 크기와 역축 따위의 제공여부는 부역노동을 비롯한 의무의 추가적인 크기에만 영향을 미치는 부차적 요인으로 작용했다.

그러나 고전장원제가 성립하는 800년경에 이르면 740년대와는 달리 부역노동의 방식과 부담량을 결정하는 기준이 갈이질 수단의 소유 여부 및 수준과 농민보유지의 크기로 바뀌고, 신분은 아무런 부과기준이 되지 못한다. 800년에 카롤루스 대제가 '교회영지 사람들과 왕령지 사람들의 탄원'을 받아 반포한 "Capitulum in pago cenomannico datum"이라는 제목의 칙령은[55] 부역노동 부과의 이런 기준변화를 분명하게 보여 준다.

> … 앞에 말한 사람들 가운데 ¼쪽의 팍투스를 보유한 사람은 누구나 그의 역축과 쟁기를 가지고 가서 영주의 밭에서 꼬박 하루를 갈아야 하고 그 후 그 주에는 영주로부터 손일이 요구되지 않는다. 하루 안에 이 일을 완수할 만한 역축을 갖지 못한 사람은 2일에 걸쳐 그 분량의 일을 수행하고, 혼자서는 갈이질할 수 없을 정도로 역축이 약하여 다른 동료농민들과 함께 4두의 역축으로 일하는 사람은 하루는 밭을 갈고 그 후 그 주일에 하루는 손일을 해야 한다. 그리고 어떤 역축도 갖지 못한 사람은 아침부터 저녁까지 3일간 손일을 해야 하며, 그의 영주는 그에 대해 그 이상의 부역을 요구해서는 안 된다. 부역은 여러 가지 방식으로 수행된다. 곧 어떤 사람은 1주일 내내 일하고, 어떤 사람은 1주일의 반을 일하며, 어떤 사람은 2일을 일해야 한다. … 그리고 ¼쪽보다 더 작은 토지를 가진 사람은 그의 토지의 크기에 따라 부역을 해야 한다.[56]

---

55 *Capitularia*, no. 31(pp. 81~82).

56 여기서 인용되는 이 칙령은 바로 앞의 제IV장 제3절에서도 인용한 바 있다. 그렇지만 이 칙령은 토지를 보유한 외거노예 신분에게 처음 부과되던 코르베가 어떻게 하여 9세기의 고전장원들에서 노예보유지보다 자유인보유지에 더 자주 부과되게 되었는지를 이해하기 위해서는 매우 중요한 자료이기 때문에 여기에서 재인용한 것이다. 이 인용문의 라틴어 원문은 앞의 제IV장 제3절의 각주 24번 참조.

이 칙령에서 보듯이 부역노동의 수행방식과 부담크기를 결정하는 것은 신분이 아니다. 신분에 관해서는 아무런 언급이 없이 그리고 신분과는 무관하게 부역노동의 수행방식과 부담크기가 규정되고 있다. 이것은 고전장원제가 성립하는 800년 무렵이 되면 노예 출신도 같은 영주의 지배 아래서 자유인 출신과 비슷한 토지보유자의 처지로 상승했기 때문일 것이다. 이 칙령에서도 암묵적으로 노예 신분 출신과 자유인 신분 출신을 구분하지 않고 두 신분이 동등하게 취급되고 있지만, 818년이나 819년에 반포된 것으로 추정되는 "Capitula per se scribenda"라는 제목의 칙령 중 첫 번째 칙령은[57] 고전장원제가 발달하는 9세기에는 토지를 보유한 노예 출신도 자유인 출신과 대등한 위치로 상승했음을 더욱 잘 보여준다. 내용 면에서 2개의 칙령으로 구성된 이 칙령의 첫 번째 칙령 제목은 앞에서도 언급한 바와 같이 "콜로누스에 대하여(De colonis)"이고 부제목은 "교회영지의 콜로누스와 노예가 어떻게 부역을 하고 어떤 종류의 소작료를 지불해야 하는지에 대해(De colonis vel servis aecclesiae qualiter serviant vel qualia tributa reddant)"이다. 이 부제목은 바바리아 법 제I조 제13항의 제목과 똑같으며, 그 내용도 정적부역과 수송부역, 공납, 직영지의 시설물 등에 관한 것으로 바바리아 법의 앞부분 기록과 거의 동일하다. 그러나 바바리아 법에서는 토지를 보유한 노예 신분과 '콜로누스'라는 자유인 신분의 부역노동이 각각 주부역과 정적부역으로 구분되어 있는 등 의무내용이 서로 아주 다르고 따로따로 차별적으로 규정되어 있는데 비하여, 이 칙령의 부제에서는 콜로누스와 노예를 구분하면서도 내용 면에서는 신분에 관계없이 의무내용이 일괄적으로 똑같이 규정되고 있다.

---

57   *Capitularia*, no. 140(pp. 285~286).

위에서 인용된 800년의 "Capitulum in pago cenomannico datum"이라는 칙령에서도 부역노동의 수행방식과 부담크기를 결정하는 기준은 이처럼 토지보유자의 신분이 노예냐 자유인이냐가 아니라 역축 및 쟁기의 지참과 보유지의 크기다. 740년대의 원초적 형태에서는 부역노동의 수행방식과 부담크기를 결정하는 기준이 고대적 신분이었던 것이 고전장원제가 성립하는 9세기 초입에는 갈이질 수단의 지참과 보유지의 크기로 바뀐 것이다. 이런 새로운 두 가지 부과기준 가운데서도 이 칙령에서 결정적인 것은 보유지의 크기가 아니라 역축과 쟁기의 지참여부다. 갈이질 수단의 지참여부와 지참수준이 결정적이게 된 것은 고전장원제가 성립한 9세기 초 이후에 영주직영지의 곡물재배지를 경작하기 위해서는 역축과 쟁기로 구성된 갈이질 수단의 확보가 장원경영의 성공을 좌우할 만큼 관건적 사안이 되었기 때문일 것이다. 당시 장원경영에서 쟁기와 같은 갈이질 수단의 중요성이 얼마나 컸는지를 알 수 있는 한 증거는 생모르데포세 수도원의 영지명세장에 기록된 상당수의 고전장원들에서 농민보유지가 영주직영지의 경작을 위한 부역노동 수행 때의 쟁기소지 여부에 따라 '쟁기부역망스(mansus carroperarius)'와 '손부역망스(mansus manoperarius)'로 구분되고 있다는 사실이다.

이와 같이 고전장원제가 성립하는 9세기 초에 이르면, 갈이질 부역을 비롯한 봉건적 부역노동의 부과기준으로서 농민보유지 보유자의 신분은 이제 무시되고 갈이질 수단의 소유여부가 결정적 기준이 되며 보유지의 크기는 부차적 기준이 된다. 이런 상황에서 역축과 쟁기를 소지하고 추가적인 갈이질 부역인 코르베를 수행하는 경우는 당연히 노예망스보다 자유인망스에서 더 많을 수밖에 없었을 것이다. 왜냐하면 앞에서도 말한 바와 같이 9세기의 고전장원들에서 자유인망스의 토지면적이 노예망스보다 대체로 1.5배가량 더 컸던 데다, 특히 원래 생산수단이라곤 전

혀 소유하지 못했던 노예 출신보다 여러 생산수단을 소유하고 있었던 자
유인 출신의 갈이질 수단 소유비율이 훨씬 높았을 것이기 때문이다.

자유인망스보다는 노예망스에서 쟁기와 같은 갈이질 수단을 갖
지 못하는 경우가 많았다는 것은 9세기의 일부 영지명세장 기록을 통
해서도 엿볼 수 있다. 생제르맹데프레 수도원의 영지명세장 제Ⅵ장
의 제3항에서 45항까지 기록된 망스 가운데 자유인망스가 기록된
제3~32, 36, 41, 43항에서는 코르베가 부과되는 데 비해, 노예망스
가 기록된 제35, 37~40, 42, 44항에서는 코르베가 부과되지 않고 갈
이질 수단 없이 행하는 '손일'인 'manopera'가 부과된다. 생모르데포
세 수도원의 영지명세장 제2장의 장원에 관한 기록의 첫 머리에는 쟁
기를 지참해서 부역노동을 수행하는 농민보유지인 '쟁기부역망스'가
18개 있고 쟁기지참 없이 수행하는 '손부역망스'가 $6\frac{1}{2}$개가 보인다. 그런
데 이들 망스의 의무내용에 관한 기록에서는 전자의 경우에는 동일한 이
름으로 기술되지만, 후자의 경우에는 $6\frac{1}{2}$개의 '노예망스'라는 이름으로
기술된다. 따라서 이 기록에서는 노예망스가 쟁기 없이 부역노동 의무를
수행하는 손부역망스와 동일시되고 있다고 할 수 있다. 그리고 이 영지
명세장에서 망스의 의무내용을 대조해 보아도, 노예망스와 손부역망스
의 의무가 거의 같고 자유인망스와 쟁기부역망스의 의무가 같다. 그러므
로 생모르데포세 수도원의 영지명세장에서는 영주직영지에서의 의무이
행 시 쟁기의 소지여부를 중요시하여 여타의 영지명세장들과는 달리 상
당수의 장원에서 농민보유지를 쟁기부역망스와 손부역망스로 구분하여
표기했지만, 이들 망스 각각은 사실상 자유인망스나 노예망스와 동일한
셈이다. 이것은 적어도 자유인망스의 경우에는 쟁기 소유자가 많았던 데
비해 노예망스의 경우에는 쟁기 소유자가 거의 없거나 적었음을 표시한
다고 할 수 있다.

물론 노예 신분 출신도 앞에서 보았듯이 그 보유지의 크기가 평균적으로 자유인망스의 $\frac{2}{3}$ 수준에 불과할지라도 기본적으로 생계를 유지할 만한 토지를 보유하게 된 이상, 차츰 황소와 쟁기를 갖추게 되었을 것이다. 예컨대, 생르미 수도원의 영지명세장 제XI장에서 노예망스 보유자는 "황소들을 가지고 있는 경우에는 2회의 코르베를 수행한다."고 한 기록은[58] 노예망스 보유자의 일부가 황소와 같은 역축을 가지고 있음을 뜻하는 것이다. 그러나 그럼에도 불구하고 9세기의 고전장원들에서도 노예 출신의 토지보유자는 자유인 출신의 토지보유자보다 쟁기와 같은 갈이질 수단을 갖추지 못하여 그런 도구 없이 부역노동을 수행하는 경우가 많았던 것이다. 황소와 쟁기를 장원농민 스스로 지참하고 추가적으로 갈이질하는 부역인 고전적 형태의 코르베가 9세기 이후의 고전장원제 단계에서 자유인망스보다는 노예망스에 부과되는 비율이 낮았던 연유는 바로 이런 데 있었다고 하겠다. 이와 같이 본래부터 갈이질 수단을 소유하는 경우가 많았던 자유인 출신의 망스 보유자에게 코르베가 점점 더 자주 부과되게 됨에 따라, 코르베 수행자가 영주로부터 갈이질 수단을 제공받을 필요 없이 스스로 지참하는 관행이 생기게 되었을 것이다.

이상이 740년대의 바바리아 법에서 토지보유 외거노예가 황소 따위의 갈이질 수단을 제공받아 수행하던 원초적 형태의 코르베제도로부터 9세기의 고전장원들에서 노예망스 보유자보다는 오히려 훨씬 더 많은 수의 자유인망스 보유자들이 스스로 갈이질 수단을 지참하여 코르베를 수행하는 고전적 코르베제도로 이행하게 된 연유와 과정에 대한 설명이다. 고전적 코르베제도의 형성과정에는 이런 주요한 변화 외에도 소홀히 볼 수 없는 변화들도 있었다. 그런 변화들 가운데 하나는 740년대에만 하더

---

58   "Facit conrogatas II, si boves habuerit."

라도 코르베가 원래의 말뜻 그대로 '부탁'이나 '간청'에 의해 이루어졌으
나 9세기의 고전장원들에서는 일종의 의무로 된 것이다. 이런 변화가 어
떻게 일어났는지를 이론적으로 이해하는 것은 그리 어려운 일이 아니다.
그것은 장원농민에 대한 영주의 지배권이 점차 강화되는 가운데, 부탁을
통해 행해지던 코르베가 매년 여러 번 반복됨에 따라 장기적으로 관습화
하고 결국에는 장원농민의 의무처럼 굳어져 버렸다고 할 수 있을 것이다.

코르베의 이런 의무화에 따라, 처음에는 코르베 수행 시 코르베 수
행자에 대해 반드시 제공되었을 음식도 꼭 제공할 이유가 없게 되었을
것이다. 앞의 제2절에서 인용한 바 있는 생모르데포세 수도원의 영지명
세장 제10장에 기록된 장원에서 망스 보유자는 "코르베를 수행할 때, 가
능하다면 3월에는 빵과 콩류 및 사과즙을, 5월에는 빵과 치즈를, 10월에
는 빵과 포도주를 제공받아야 한다."고 한 기록은 이런 점에서 아주 시사
적이다. 이 기록에서 망스농민의 코르베 수행 시 음식제공은 영주의 의
무로 되어 있다. 그러나 사실은 이 기록에서도 중요하면서도 힘든 농사
일의 무보수 수행에 대한 음식제공이 영주의 최소한의 의무라는 인식이
엿보이기는 하지만, 음식제공이 추가적 갈이질 부역인 코르베 수행을 어
디까지나 유도하기 위한 수단으로 이용되고 있다고 할 수 있다. 그러면
서 '가능하다면'이라는 조건이 붙음으로써 음식제공이 영주의 의지에 좌
우되고 있음을 볼 수 있다. 영주로서는 부담스러워 회피하고 싶은 음식
제공이 이처럼 영주의 자의에 맡겨지고 코르베가 의무화하는 상황에서,
코르베가 수행된다고 해서 음식이 제공되지는 않았을 것이다. 본래 추가
적인 부역노동을 수행케 하기 위한 유인책으로 제공되었던 음식은, 망스
보유자는 "파종기마다 3회의 코르베를 수행하고 빵과 음료수를 제공받
아 네 번째와 다섯 번째의 코르베를 수행한다."고 한 생제르맹데프레 수
도원의 영지명세장 제XIII장의 기록에서 보듯이, 9세기 초에 고전장원제

가 성립한 이후에는 장원농민의 관행상의 기본적 코르베 수행 때는 제공
되지 않고 추가적인 코르베 수행 때만 제공되는 것으로 귀결되었다고 할
수 있을 것이다.

4. 맺음말

9세기 초엽 이후 작성된 고전장원제에 관한 영지명세장들에 의하면,
고전장원의 농민들은 대부분의 경우 일정 면적을 할당받아 경작하는
정적부역을 수행했다. 고전장원제 아래서 시행되었던 고전적 코르베
제도는 자유인망스와 노예망스를 보유한 장원농민이 이런 정적부역
외에, 추가로 동·하곡의 파종기와 5~6월의 휴경지 갈이질 철에 일부
식사를 제공받으면서 스스로 황소와 쟁기를 지참하여 동료농민들과
공동으로 영주직영지를 갈이질하는 부역 방식으로 되어 있었다. 이런
내용의 고전적 코르베제도를 표현하는 중세 라틴어 'corvada', 'cor-
rogata' 등은 고전 라틴어에는 없는 말이며, 고전장원제가 성립하는
800년 무렵의 왕령지 관리에 관한 "Capitulare de villis"라는 카롤루스
대제의 칙령에 처음으로 나타나는 것으로 보인다.

　　그러나 코르베에 해당하는 현상은 이보다 앞서 봉건적 부역노동 제
도의 원초적 형태가 기록된 740년대의 바바리아 법에서 볼 수 있다. 이
법 제I조 제13항의 앞부분에서는 자유인 신분 출신 토지보유자들의 원
초적 부역노동 제도라고 할 수 있는 정적부역이 기술되고, 뒷부분에서는
토지보유 외거노예들의 원초적 부역노동 수행방식인 매주 3일씩의 주부
역이 기술된다. 바로 이 주부역의 기술에 뒤이어 이들 외거노예가 "황소
따위를 제공받는 경우에는 부과되는 만큼의 부역노동을 수행해야 한다."

는 기록이 나타난다. 비록 지주로부터 황소와 같은 갈이질 수단을 제공
받기는 하지만, 이 기록에 보이는 부역노동은 토지보유자가 갈이질 수단
을 사용하여 추가로 수행하는 갈이질 부역인 코르베와 본질적으로 같은
것이다. 따라서 고전적 코르베제도는 토지를 보유한 외거노예가 이처럼
주부역 외에 황소와 같은 갈이질 수단을 지주로부터 제공받아 추가로 갈
이질 부역을 수행한 데서 유래한다고 할 수 있다.

그렇지만 이런 원초적 형태의 코르베제도는 갈이질 수단을 지주로
부터 제공받고 코르베가 토지보유 외거노예에게만 부과된다는 점에서,
토지보유자가 스스로 갈이질 수단을 지참하며 외거노예의 보유지 즉 노
예망스보다는 오히려 자유인망스에 코르베가 부과되는 비율이 훨씬 높
은 고전적 형태의 코르베제도와는 현격한 차이가 있다. 뿐만 아니라 원
초적 형태에서는 코르베가 강압에 의해서가 아니라 정중한 부탁에 의해
행해지고 코르베 수행 때마다 음식이 제공되었을 가능성이 높은 데 비
해, 고전적 형태에서는 코르베가 의무화하고 음식도 일부의 경우에만 제
공된다는 차이도 존재한다.

9세기 초엽에 성립하는 고전적 코르베제도는 740년대의 이런 원초
적 형태로부터 기본적으로 두 가지 주요한 계기와 변화과정을 거쳐 형
성되었다고 분석된다. 하나는, 고대적 신분에 따라 상이한 방식으로 부
과되었던 원초적 형태의 봉건적 부역노동제도가 토지보유자의 신분이
나 농민보유지의 종류에 관계없이 서로 뒤섞이어 비슷하게 수렴되는 추
세가 이 기간에 전개되었다는 점이다. 이에 따라 원래 노예 출신에게만
부과되던 코르베도 자유인 출신들에게도 부과되게 된 것으로 보인다. 다
른 하나는 "Capitulum in pago cenomannico datum"이라는 800년경
카롤루스 대제의 한 칙령에서 보듯이, 이 기간에 경작부역의 부과기준
이 고대적 신분에서 갈이질 수단의 소지여부와 보유지의 크기로 바뀌었

다는 점이다. 이 두 가지 부과기준 가운데서도 결정적인 것은 황소 및 쟁기와 같은 갈이질 수단의 소유여부와 소유수준이었다. 이와 같은 갈이질 수단은 원래 토지와 함께 주로 자유인들이 소유하고 있었던 데 비해 노예들은 소유하기 어려웠으므로, 고전장원제가 성립한 이후에 갈이질 수단을 지참하고 추가적인 갈이질 부역을 수행하는 코르베 의무는 노예망스보다는 자유인망스에 더 많이 부과될 수밖에 없었다고 할 수 있다. 코르베가 갈이질 수단을 소유하고 있던 자유인망스에 더 많이 부과됨에 따라 차츰 코르베 수행 시 갈이질 수단을 영주로부터 제공받을 필요가 없어지고, 그 지참이 당연한 관행으로 자리 잡았을 것이다. 이와 동시에 원래 부탁을 통해 수행되던 코르베는 영주권이 강화되는 가운데 관습적으로 매년 반복됨으로써 결국 의무화하는 단계에까지 이르렀던 것으로 추측된다. 코르베의 의무화에 따라 처음에는 코르베 수행 때마다 제공되던 음식도 차차 드물어지고, 장원농민이 수행하는 여러 차례의 코르베 가운데서도 기본적인 코르베 수행 때는 음식이 제공되지 않고 추가적인 코르베 수행을 유도하기 위한 수단으로만 일부 제공되게 된 것으로 보인다.

이상이 이 논문을 통해 고전적 코르베제도의 유래와 형성에 대해 밝힌 연구의 요지다. 이 논문은 지금까지 거의 다뤄지지 않던 코르베제도의 기원과 형성과정을 어느 정도 규명했다는 데 의미가 있다고 할 수 있다. 그러나 고전적 코르베제도의 형성과정에 대해서는 사료가 거의 없어, 그것이 원초적 형태로부터 어떤 단계들을 거쳐 어떻게 변천해갔는지는 여기서 구체적으로 추적할 수가 없었다. 이 문제는 앞으로도 계속적인 연구과제로 남을 것이다.

한편 코르베는 원초적 형태에서는 외거노예의 보유지에만 부과되고 고전적 형태에서는 노예망스보다는 주로 자유인망스에 부과되기는 했으나, 고전장원제 아래서 이 두 가지 기본적인 농민보유지 외에 반자유인망스에도 자주 부과되고[59] 심지어 개간지로부터 새로이 창출된 호스피키움, 아콜라, 만셀루스(mansellus) 등과 같은 소규모 농민보유지들에도 더러 부과되기도 한다.[60] 또한 고전장원제 아래서 코르베는 금납화(金納化)되는 조짐도 나타난다.[61] 이와 같이 고전적 코르베제도는 이미 고전장원제 아래서도 여러 면에서 변화가 일어난다. 고전적 형태의 코르베제도는 고전장원제가 해체되고 순수장원제가 유행하는 11세기 이후에도 잔존하여 영주직영지의 경영과 관련하여 유지되기는 하지만,[62] 그 본래의 의미와 내용이 변질되고 금납화도 크게 진전되는 것으로 보인다. 고전적 코르베제도의 유래와 형성이 코르베 역사의 전반부(前半部)라고 한다면,

---

59 현존 생제르맹데프레 수도원의 영지명세장에서는 제XIII장의 장원에만 제39~63항에 걸쳐 기록되어 있는 반자유인망스들의 모두에 코베르가 부과된다. 프륌 수도원의 영지명세장에서 제XXXI, XCVII~XCVIII, CIIII~CVIII, C, CXIII~CXIIII, CXVI 등 12개의 장원에 기록된 반자유인망스 가운데 제XXXI, XCVII~XCVIII, CXIIII, CXVI 등 5개의 장원에서는 코르베가 부과되지 않지만, 제CIIII~CVIII, CX, CXIII 등 7개의 장원에서는 코르베가 부과된다.

60 생제르맹데프레 수도원의 영지명세장 제VI장 제46~54항에 기록된 호스피키움들 가운데 제52항과 제54항, 제XXI장 제74~78항에 기록된 호스피키움들 가운데 제74~76항, 제XXIII장의 제2~4항에 기록된 만셀루스들 가운데 제2항, 제XXIV장의 제67~70항에 기록된 호스피키움들 가운데 제67항에서 코르베가 부과된다. 몽티에랑데 수도원의 영지명세장 제XII, XVIII장에 기록된 아콜라(acle)들과 제XVIII장에 기록된 만셀루스에는 코르베가 부과되지 않지만, 제I, II, III, IX, XI, XIII, XXI, XXVIII 장의 장원들에 기록된 호스피키움들 중 제II, XI장의 호스피키움에는 코르베가 부과된다. 생르미 수도원의 영지명세장 제VI~X, XV~XIX, XXII~XXIV, XXVII~XXVIII장에 기록된 아콜라들 가운데 제XIX장과 제XXVIII장에서 코르베가 부과된다.

61 금납화 현상은 9세기 말에 작성된 프륌 수도원의 영지명세장의 일부 기록에 보인다. 이 명세장의 제XLV장에(pp. 167~168) 기록된 고전장원의 망스 보유자들은 'coruadas .IIII. per denarios .XVII.' 등의 표현으로 1~4회의 코르베를 4~17데나리우스의 화폐로 대납할 수 있었다. 또 동 제XLVI장에서도(p. 171) "coruadam per denarios .V."이라고 하여, 코르베는 5데나리우스의 화폐로 금납될 수 있었다.

62 예컨대, Ch.-E. Perrin, *Recherches sur la seigneurie rurale en Lorraine*, pp. 708, 725~727, 731; B. Guérard, ed., *Polyp. de St. Germain*, vol. II, "Appendix"의 제XL장(p. 384)과 제XLI장(p. 389) 참조.

고전적 코르베제도의 성립 이후의 변화는 그 후반부의 역사를 이룬다고 할 수 있을 것이다. 고전장원제 아래서 코르베는 장원농민이 값비싼 황소와 쟁기를 스스로 지참하고 농번기에 동료농민들과 함께 집단으로 수행하는 힘들고 무거운 부담이었던 만큼 그 이후 어떻게 이런 코르베가 변화하고 사라지게 되었는지는 궁금한 문제가 아닐 수 없다. 코르베 역사의 후반부도 연구되어야 할 것이다.

VI. 중세 초기 봉건농민의 부역노동 부담추이
―고전장원제 성립 전후를 중심으로―

1. 머리말

앞에서 거듭 말한 바와 같이, 고대 로마사회와 중세 초의 서유럽사회
는 노예제사회였다. 노예제는 한 사회에서 특정 인간들이 비인격화되
어 무상의 강제노동 즉 부역노동 형태로 남에게 잉여노동을 철저히 착
취당하는 체제라고 할 수 있다. 이에 비해 고전장원제가 루아르 강과
라인 강을 중심으로 일반적으로 성립하는 9세기 초 이후의 서유럽사
회는[1] 봉건사회였다. 고전장원제는 장원의 대토지가 영주직영지와 농
민보유지로 나뉘어 영주직영지는 재판권과 같은 영주의 경제외적 강
제에 뒷받침되어 농민보유지 보유자들의 부역노동으로 경작되는 봉
건적 토지소유의 고전적 형태다. 따라서 중세 초의 노예제사회로부터
9세기 초 이후의 봉건사회로의 이행은 노예제적 부역노동으로부터 봉

---

1 봉건제발달의 중심부에서 고전장원제가 일반적으로 성립하는 시점이 800년 무렵임에
   대해서는 앞의 제1부 제Ⅲ장 제2절 참조.

건적 부역노동으로의 이행과정이라고 할 수 있다. 이 과정에서 대부분의 노예는 주인으로부터 토지를 분양받아 외거하면서 주인의 직영지를 경작하는 부역농민으로 상승했고, 자유인 신분의 농민은 과도기적 혼란상황 속에서 세력가에게 토지를 잃고 남의 토지를 경작하는 부역농민으로 전락했다.[2] 우리는 점점 강화되는 영주권에 지배되어[3] 영주직영지 경작을 위한 부역노동을 수행하지 않으면 안 되는 처지에 놓인 이들 새로운 예속농민과 고전장원제 하의 장원농민을 봉건농민이라고 불러도 좋을 것이다.

서유럽에서 봉건사회 형성과 관련하여 중요한 문제들 중의 하나는 봉건농민의 형성과 더불어 이들의 부역노동 부담이 증가했느냐 하는 점이다. 중세 초기에 서유럽에서 고전장원제가 형성되면서 장원농민의 부역노동이 증가했음은 일찍이 여러 학자들에 의해 지적되었고, 오늘날까지도 이에 대해 부정하는 연구자는 찾아보기 어렵다. 이를테면, 서양 봉건사회 연구의 새로운 전기를 마련한 블로크는 1941년에 『케임브리지 경제사』에 기고한 전술의 「예속적 경작과 장원제의 형성」이라는 글에서 로마제국 후기 이후 노예제가 쇠퇴함에 따라 자유인 출신의 예속농민에 대한 부역노동 수요가 게르만족 대이동 후까지 지속되었을 뿐만 아니라 더욱 커졌으며, 교회기관에 소속된 콜로누스의 의무를 규정한 메로빙시대의 몇몇 게르만 부족법을 카롤링시대의 토지대장들(surveys)과 비교할 때 자유인 출신의 예속농민들에게 요구되는 부역노동은 분명히 크게 증가했다고 한다.[4] 블로크와 거의 같

---

2   농노화과정이라고 할 수 있는 이런 부역농민화의 과정에 대해서는 필자의 논문, 「서유럽 중세 초기 노예제사회로부터 농노제로의 이행과정」, 267~289쪽 참조.
3   중세 초기 영주권의 성장과 강화에 대해서는 앞의 제1부 제IV장 제3~4절 참조.
4   M. Bloch, "The rise of dependant cultivation", pp. 287~289 참조.

은 시기에 장원제를 중심으로 봉건적 농촌사회에 대해 집중적으로 연
구한 페랭도 게르만 부족법과는 달리 893년에 작성된 프륌 수도원의
영지명세장에서는 자유인보유지고 노예보유지이고 간에 농민보유지
의 종류별로 메로빙시대에 고유한 방식으로 부과되던 부역노동 외에
여러 가지 새로운 부역노동이 추가되었다고 함으로써,[5] 부역노동 부
담이 증가했다고 본다. 그 후 1970년대에 두아르트는 자유인보유지나
노예보유지의 보유자에게 요구된 노동량은 현물공납과 더불어 메로빙
시대 말기에 비해 카롤링시대에 상당히 증가했다고 한다.[6] 1990년대
에 페르헐스트는 8~9세기에 주로 자유인 신분의 부역노동이 크게 증
가한 프랑크제국의 서부지역과는 대조적으로 라인 강과 엘베 강 사이
의 프랑크제국 동부지역에서는 특히 부자유인의 부역노동을 중심으로
농민보유지 보유자의 부역노동이 증가했다고 한다.[7]

그러나 이렇게 블로크를 비롯한 여러 연구자들이 메로빙시대에 비
해 카롤링시대에 영주에 대한 봉건농민의 부담이 증가했다고 주장하면
서도, 그 증가에 대해서 구체적으로 자세히 분석한 경우는 드물다. 따
라서 실제로 부역노동 부담이 얼마만큼 증가했는지는 알려지지 않고
있다. 블로크와 두아르트는 단순히 예속농민의 의무에 관한 일부 게르
만법의 규정을 카롤링시대의 토지대장들과 비교해 보면 부역노동을 비
롯한 부담이 크게 증가했음이 선명하게 드러난다고 할 뿐이다. 이들과
는 달리 페랭은 메로빙시대의 게르만법과 비교하여 9세기 말의 프륌
수도원 영지명세장에서는 몇몇 새로운 종류의 부역노동이 추가되었음

---

5   Ch. Ed. Perrin, "Une étape de la seigneurie", pp. 453~466; 같은 필자, *Recherches sur la seigneurie rurale en Lorraine*, pp. 632~633 참조.

6   R. Doehaerd, *Early Middle Ages*, pp. 119~122.

7   A. Verhulst, "Die Grundherrschaftsentwicklung im ostfränkischen Raum", pp. 35~46, 특히 44~46 참조.

을 지적한다. 그러나 그 역시 그 이상 자세히 분석하지는 않으며, 카롤링시대의 많은 영지명세장들 가운데서도 비교적 뒤늦게 작성된 프륌 수도원의 영지명세장에 국한해서 살펴볼 뿐이다. 페르헐스트는 이들 가운데 카롤링시대의 부역노동 부담추이를 가장 상세히 분석하는 편이다. 그는 라인 강과 엘베 강 사이의 오늘날 독일지역을 4개 권역으로 구분하여 장원농민의 부역노동 부담을 비롯한 장원제의 여러 주요 양상을 추출한다. 그렇지만 부역노동 부담에 대한 그의 고찰은 시간적 추이보다 지역별 다양성에 초점이 맞춰져 있다. 그리고 그는 원래 각각 자유인과 부자유인에게 고유했던 종류의 부역노동들이 서로 뒤섞이는 양상이 나타난다는 점에서 부역노동 부담이 증가한다고 할 뿐, 부역노동 증가에 대한 계량화와 같은 그 이상의 분석은 없다.

필자도 앞의 제2부 제IV장에 제시된 「봉건적 부역노동제도의 고전적 형태와 그 형성」이라는 논문에서 8세기 초반의 일부 게르만법에 보이는 봉건적 부역노동제도의 원초적 형태에서보다 9세기의 영지명세장들에 나타나는 고전적 형태에서 봉건농민의 부역노동 부담이 대체로 큰 폭으로 증가했다고 말한 바 있다. 대폭 증가했다고 본 것은, 토지를 보유하고 외거한 노예 신분에게 원래 고유하게 부과되던 매주 3일씩의 주부역 방식의 정기부역과 일정 면적의 토지를 할당받아 경작하는 자유인 출신 토지보유자의 고유한 부역부과 방식인 정적부역이 고전장원들에서 신분에 관계없이 여러 가지로 뒤섞이어 함께 부과되는 현상이 많이 나타나기 때문이었다. 그러나 필자의 이 논문에서도 부역노동 부과방식의 혼합이라는 차원을 넘어서 부역노동의 증가크기가 실제로 어떠했는지는 분석되지 않았다.

이와 같은 연구상황에서 이 논문에서는 중세 초기에 봉건농민의 부역노동 부담이 과연 증가했는지, 증가했다면 얼마나 증가했는지를 구체적으로 검토하고자 한다. 그런데 중세 초기의 부역노동 부담추이는 크게 두 부분으로 구분되어 논의되어야 할 것이다. 하나는, 봉건적 부역노동제도가 고전장원제가 9세기 초에 널리 성립하기 전의 원초적 형태로부터 고전장원제 성립 후의 고전적 형태로 이행함에 따라 봉건 농민의 부역노동 부담에 어떤 변화가 일어났는가 하는 것이다. 다른 하나는, 고전장원제가 일반적으로 성립한 후부터 고전장원제와 부역노동이 쇠퇴하는 11세기에 이르는 기간에 부역노동의 부담추이가 어떠했느냐 하는 것이다. 중세 초기의 부역노동 부담추이에 관한 이 두 가지 연구과제는 하나의 논문에서 다 다루기는 어렵다. 고전장원제의 전개양상은 성립 직후의 초기단계와 그 후의 발전 및 쇠퇴 단계 사이에 뚜렷한 차이가 존재하고, 이에 따라 봉건적 부역노동제도의 전개단계도 구분되기 때문이다. 또 고전장원제의 맹아적 형성으로부터 쇠퇴에 이르는 전개과정이 매우 장기적이기 때문이기도 하다. 이런 이유로 이 논문에서는 이 두 가지 고찰과제 가운데 첫 번째의 부역노동 부담 변화만 다룰 것이다.

그렇지만 고전장원제 성립 전후의 부역노동 부담추이를 여기서 논한다고 하더라도, 고전장원제가 성립한 지 한참 지난 뒤의 부역노동 부담을 살펴볼 필요는 없을 것이다. 그것은 두 번째 연구과제에 속한다고 할 수 있기 때문이다. 고전장원제 성립 후의 장원농민의 부역노동 부담변화를 고찰할 만한 자료가 그런대로 충분히 존재하는 한, 고전장원제가 일반적으로 성립한 직후의 얼마간, 다시 말하면 9세기 초엽의 몇몇 자료를 분석할 것이다. 부역노동 부담의 실제 변화수준을 파악하기 위해서는 부역노동의 핵심을 이루는 경작부역과 같은 경우에 그 크기를 가능한 한 계량화하여 비교하는 것이 필요할 것이다.

한편 고전장원제 성립 전후의 부역노동 부담추이는 자유인과 노예라는 고대적 신분구분 체계에 따라 추적되어야 할 것이다. 고대와 중세 초의 노예제사회에서 기본적으로 자유인과 부자유인 즉 노예로 엄격하게 구별되었던 신분제는 고전장원제의 일반적 성립 전에는 물론이고 성립 후에도 상당기간 봉건적 부역노동제도에 지대한 영향을 미쳤기 때문이다. 뒤에서도 보게 되듯이, 원초적 형태의 봉건적 부역노동제도가 규정된 게르만 부족법들에서 봉건농민의 부역노동 수행방식과 종류는 신분에 따라 판이했다. 9세기 초 이후의 고전장원제 아래서도 농민보유지는 고대적 신분구분 기준에 따라 기본적으로 자유인망스와 노예망스로 구분되었으며, 이들 농민보유지는 같은 장원 안에서도 의무의 종류와 크기에 상당한 차이가 존재했다. 자유인망스와 노예망스는 '망스(mansus)'라는 농민보유지가 형성되는 과정에서 최초 보유자가 자유인이거나 노예인 데서 생겨났다. 대체로 자유인망스는 자유인 신분 출신이 세력가에게 토지를 빼앗기고 지주의 직영지 경작을 위한 부역노동의 재생산 수단으로서 토지를 보유하게 된 데서 유래한다. 노예망스는 정복전쟁의 중단 등으로 노예제에 의한 대토지경영이 어려워짐에 따라 솔거노예가 외거 및 가족생활 영위와 동시에 주인의 직영지 경작을 위한 부역노동 재생산 수단으로서 작은 토지를 주인으로부터 분양받아 보유한 데서 생성된 봉건적 농민보유지다.

2. 고전장원제 성립 전 봉건농민의 부역노동 부담

자유인 신분의 소작농민이 지주에게 부역노동을 수행하는 현상은 로마제국시대부터 나타나며, 중세 초에도 자유인의 부역노동 수행에 관한 언급이 매우 드물기는 하지만 보이지 않는 것은 아니다. 그러나 로마사회에서 지대 가운데 부역노동이 차지하는 비중은 낮았다. 앞에서 본 바와 같이, 로마시대에 지배적인 지대는 화폐지대나 현물지대였다. 중세에 들어서도 북부 이탈리아 소재 라벤나 교회의 6세기 중엽 토지문서에서나[8] 7세기 프랑스 투르 지방 소재 생마르탱 수도원의 단편적인 토지문서에서나,[9] 법적으로 자유인인 콜로누스가 자신의 보유지('colonia', 'colonica')에 대해 지불하는 지대는 대부분 현물지대이거나 화폐지대였다.

중세 최초로 자유인 출신 토지보유자들의 대대적 노동지대 지불 가능성을 보여 주는 문헌기록은 710년대에 집성된 알레만 법이다. 앞에서도 여러 번 보았고 뒤에서도 보게 되듯이, 이 법 제XXII조 제3항에는 노예 출신 토지보유자의 지주를 위한 매주 3일씩의 주부역이 규정되어 있다. 그에 바로 뒤이어 제XXIII조에는 앞의 제1부 제IV장에서도 언급한 토지보유 콜로누스의 지대에 관해 다음 인용과 같이 기록되어 있다.

1. 콜로누스라고 불리는 교회의 자유인은 국왕의 콜로누스와 마찬가지로 교회에 대해 모든 것을 이행해야 한다.
2. 만약 어떤 사람이 정당한 소작료(tributum)를 거부하면, 영지관리인 (iudex)의[10] 명령으로 6솔리두스의 벌금형에 처해진다.

---

8   L. Kuchenbuch, *Grundherrschaft im früheren Mittelalter*, pp. 68~70 참조.
9   L. Kuchenbuch, *Grundherrschaft im früheren Mittelalter*, pp. 90~91 및 P. Gasnault, "Les documents comptables du VIIe s.", pp. 1~18 참조.
10   여기서 '영지관리인'이라고 한 것은 라틴어 원문의 'iudex'를 번역한 말이다. 장원관리인이라고도 번역될 수 있을 것이다. 'iudex'는 원래 재판관이라는 뜻이다. 따라서 앞의 제1부 제IV장에서 말한 바와 같이 영지관리인은 단순한 토지 관리인이 아니라 영지의 농민들을 통제할 수 있는 사법권을 행사하는 상당한 권력자였다. 교회기관의 영지에 관한 이런 기록에서 나타나는 사법권은 프랑크왕국의 국왕들이 교회기관과 같은 대영주들

이 조항에서는 콜로누스의 의무내용이 구체적으로 제시되지 않고, 교회영지에서 자유인은 왕령지의 콜로누스와 같은 '소작료(tribu-tum)'를 이행한다고만 되어 있다. 따라서 이 조문 자체로 봐서는 콜로누스가 노동지대를 지불했는지가 불분명하다. 그렇지만 콜로누스가 지불하는 지대가 노동지대일 가능성은 매우 크다. 왜냐하면 곧 뒤에서 보게 될 바바리아 법의 교회영지 소속 자유인 출신 토지보유자에 관한 지대규정에서나 왕령지 및 교회영지의 관리에 관한 카롤링시대 칙령들에서[11] 콜로누스와 같은 예속농민의 지대는 기본적으로 부역노동으로 구성되었기 때문이다. 이 조문에서 소작료 내지 지대를 가리키는 'tributum'이란 말은 중세 초기에 때로 '공납'이란 뜻으로 사용되기도 하고 때로는 공납과 부역을 모두 포함하는 뜻으로도 쓰였지만, 여기서는 후자의 의미로 사용된 셈이다.

서유럽에서 자유인 출신의 토지보유자들이 지주에게 부역노동 형태의 노동지대를 전면적으로 지불한다는 명시적 기록은 740년대에 편찬된 바바리아 법 제I조 제13항에 "교회기관의 콜로누스와 노예가 어떻게 부역을 하고 어떤 종류의 소작료를 지불해야 하는지에 대해(De colonis vel servis aecclesiae qualiter serviant vel qualia tributa red-dant)"라는 제목 아래 처음 나타난다. 이 조항 전체의 ⅔ 이상을 차지하는 앞부분에서는 9세기 초 서유럽에서 고전장원제가 성립하기 이전에 자유인 출신의 토지보유자와 관련된 봉건적 부역노동의 원초적 형태가 규정되어 있다. 이 조항은 고전장원제가 성립하기 전에 유일하게 자유인 출신 봉건농민의 노동지대에 관해 자세하게 기술한 것이기 때

에게 공권면제(immunitas) 특권을 거듭 부여하고 확인한 데 근거를 두고 있다.

11 *Capitularia*, no. 32 "Capitulare de villis", no. 31 "Capitulum in pago cenomannico datum", no. 140 "Capitula per se scribenda" 등 참조.

문에, 9세기 이후 고전장원들에서 보는 장원농민의 부역노동 부담크기에 대한 비교기준이 된다. 그래서 자유인 출신 토지보유자의 의무와 관련된 이 조문의 전문을 인용할 필요가 있다.

> 다음은 영지관리인의 사정에 따른 지대이며, 영지관리인은 그(콜로누스)가 가진 것에 비례해서 그가 지불하도록 감독해야 한다. 즉 그(콜로누스)는 30md[12] 중 3md를 납부하며, 지방의 관습이 정하는 바에 따라 방목세를 지불해야 한다. 그는 법정(法定) 크기, 즉 폭 4장대―1장대의 크기는 10피트임―, 길이 40장대의 정적부역지(定積賦役地, andecena)를 갈이질하고, 파종하고, 울타리 치고, 수확하고, 운반하고, 저장해야 한다. 〔그는 1아르팡의 초지에 울타리를 치고 (풀을) 베고 (건초를) 모으고 운반해야 한다.〕 토지보유자는 각자 2md의 하곡 씨앗을 선별하고, 파종하고, 수확하고, 저장해야 한다. 그리고 포도밭에서 (포도나무를) 심고, 파 일구고, 접붙이고, 가지치기를 하며, 포도따기를 해야 한다. 그들은 〔1/10〕 다발의 아마와 10개의 벌통, 4마리의 닭과 15개의 계란을 바쳐야 한다. 그들은 파발마를 제공하거나 아니면 명령받는 곳으로 그들 자신이 직접 (심부름을) 가야 한다. 그들은 수레로 50리까지[13] 수송부역을 수행해야 하며 그 이상 가서는 안 된다.
>
> 그들은 영주의 건축물들을 유지하기 위한 건초창고나 곡식창고 또는 울타리의 보수작업에서 응분의 부역노동을 담당해야 하며, 필요한 때에는 완전히 새로 지어야 한다. 가까운 곳에 있는 석회가마에는 50명이 땔

---

12 앞에서 밝힌 바와 같이 'md'는 'modius'의 준말로, 1modius는 50리터 전후에서 68리터 사이였다.

13 앞에서 밝힌 바와 같이 1리(里)란 라틴어 원문의 'lewa'를 번역한 말로, 2,222미터 내지 2,250미터쯤 되었다. 따라서 50리는 약 112km쯤 되는 셈이다.

나무나 돌을 제공해야 하고, 먼 곳에 있는 석회가마에는 100명이 이런 작업을 수행해야 하며, 필요한 경우에는 석회를 도시나 장원으로 운반해야 한다.[14]

이 인용문에 따르면 740년대에 영주를 대리하여 'iudex'라는 사법권을 행사하는 영지관리인이 관리하는 교회영지에서 자유인 출신 소작농민의 의무는 방목세, 일정량의 아마와 벌통, 일정량의 닭과 계란을 공납하는 것 외에는 주로 부역노동으로 이루어졌다. 부역노동 가운데서도 그 핵심적 부분은 일정 면적의 곡물재배지 경작과 파종량으로 표시된 일정 크기의 하곡재배, 포도밭 작업, 그리고 바바리아 법의 세 가지 수사본 중 두 가지 수사본에 기록되어 있는 초지의 건초작업 등으로 구성된 넓은 의미의 경작부역이다. 자유인 출신은 경작부역 외에 전령 역할이라고 할 수 있는 심부름, 수송작업, 영주 저택의 보수와 건축 작업도 수행해야 했다. 그러나 이런 기타 부역들 중 수레로 먼 거

---

14 "Hoc est agrario secundum estimationem iudicis; provideat hoc iudex, secundum quod habet donet: de 30 modiis 3modios donet, et pascuario dissolvat secundum usum provinciae. Andecenas legitimas, hoc est pertica 10 pedes habentem, 4 perticas in transverso, 40 in longo arare, seminare, claudere, colligere, trahere et recondere. 〔Prato arpento uno cludere, colligere et trahere.〕 A tremisse unusquisque accola ad duo modia sationis excollegere, seminare colligere et recondere debent; et vineas plantare, fodere, propaginare, praecidere, vindemiare. Reddant 〔decimum〕 fasce de lino; apibus 10 vasa; pullos 4, ova 15 reddant. Parafretos donent, aut ipsi vadant, ubi eis iniunctum fuerit. Angaria cum carra faciant usque 50 lewas, amplius non minentur.

"Ad casas dominicas stabilire, fenile, granica vel tunimo recuperanda pedituras rationabiles accipiant, et quando necesse fuerit, omnino conponant. Calce furno, ubi prope fuerit, ligna aut petra 50 homines faciant, ubi longe fuerit, ipsa calce trahantur." 이 전체 문장은 "Lex Baiuwariorum, Textus legis primus", pp. 278~280에서 인용한 것이지만, 〔 〕 속의 글귀는 "Textus legis secundus"(p. 341)와 "Textus legis tertius"(p. 385)를 통해 보충된 것이다.

리를 수송하는 부역은 그 대부분이 현지 농민이 생산한 농산물을 멀리 떨어진 수도원이나 주교좌가 위치한 곳까지 운반하는 부역이라는 점에서 경작부역의 연장이라고 볼 수 있다. 영주 저택의 보수와 건축 작업도 비록 건물의 유지보수와 축조에 필요한 석회 가공과 관련된 작업 수행을 수반하기는 하지만, 울타리 설치 작업 외에는 수확된 농산물의 저장 시설인 건초창고나 곡식창고를 대상으로 한 것이란 점에서 역시 경작부역과 연관된 부역이라고 볼 수 있을 것이다.[15] 앞의 제2부 제III장 제2절에서 살펴본 것처럼, 경작부역 외에 영주의 의식주 생활과 관련된 잡역은 원래 가내하인으로서 주인집의 온갖 일을 수행하던 노예 출신이 행하던 것이다. 바바리아 법에서는 자유인 출신 소작농의 경우 아직 영주의 식생활과 의생활에 관련된 잡역은 부과되지 않으며, 주거생활과 관련된 잡역도 울타리 작업 외에는 주로 경작부역과 연관된 농산물 저장창고의 수리 및 건축 작업이고, 9세기의 고전장원들에서 가끔 보게 되는 외양간 짚 깔기나 물 긷기와 같은 잡역은 보이지 않는다.

중세의 라틴어 용어로 'andecena', 'andecinga', 'antzinga' 등으로 불린 정적부역지는 위의 인용문에서도 보듯이 봉건농민이 일정 면적의 영주직영지를 배정받아 파종부터 수확까지 책임지고 경작하는 토지다. 인용문에서 이런 정적부역은 동곡재배지를 대상으로 한 것임이 분명하다. 왜냐하면 그 다음 부분에 하곡재배를 위한 경작부역이 언급되고 있기 때문이다. 그 크기는 폭이 4장대(pertica)이고 길이가 40장대다. 원문에서 1장대=10피트라고 했다. 1피트는 오늘날에

---

15 9세기 이후의 고전장원들에서 자유인망스 보유자들은 영주직영지에 있는 곡물재배지와 초지 및 포도밭에 대해서도 가축의 침해를 방지하기 위해 울타리 설치 작업을 했다. 이런 사실에 비춰볼 때, 영주 저택의 울타리 작업도 그런 울타리 작업의 연장이라고 볼 수 있기 때문에 경작부역과 전혀 무관하다고 보기는 어렵다.

는 30.48cm 정도이고, 로마시대에는 29.6cm쯤이었으며[16], 근대에는 31cm 내지 32cm로 계산되는 경우가 많았다.[17] 피트의 이런 역사적 크기에 비춰 1피트를 약 30cm라고 보면, 1장대는 3m인 셈이다. 따라서 폭 4장대×길이 40장대＝12m×120m로서, 결국 1명의 자유인 출신 토지보유자가 경작하는 정적부역지의 면적은 1,440㎡ 즉 14.4아르쯤 된 셈이다.

그런데 바바리아 법에서 하곡재배를 위한 경작부역지의 크기는 동곡재배지와는 달리 면적으로 표시되지 않고 2md 분량의 하곡 씨앗으로 표기되어 있다. 이런 분량의 하곡이 파종되는 곡물재배지의 크기는 얼마나 되었을까? 이에 관해 어느 정도 짐작할 수 있는 비교적 가까운 시기의 문헌기록은 각각 9세기 초엽과 중엽에 작성된 생제르맹데프레 수도원의 영지명세장과 생르미 수도원의 영지명세장이다. 8세기 무렵부터 서유럽에서 실시된 삼포제 아래서 춘경지에는 하곡으로 보통 귀리와 콩이 재배되었으며, 보리도 동곡으로서보다는 하곡으로 더 많이 재배되었다.[18] 그러나 이 두 명세장에는 콩과 보리에 관한 파종량은 보이지 않고 귀리에 관해서만 단위면적당 파종량을 알 수 있으며, 그것도 다수의 장원들 중 각각 하나의 장원에만 나타난다. 그렇지만 우리는 아쉬운 대로 이런 자료라도 활용하지 않을 수 없다.

생제르맹데프레 수도원의 영지명세장 제XI장에서 귀리는 40bun(bunarium) 크기의 영주직영지에 5md가 파종되고, 생르미 수도원의 영지명세장 제XX장에서는 24mp(mappa) 크기의 영주직영지에

---

16 B. Guérard, *Prolegomènes*, p. 196; P. Guilhiermoz, "De l'équivalence des anciennes mesures", pp. 278, 283, 286 등 참조.

17 P. Guilhiermoz, "De l'équivalence des anciennes mesures", pp. 277, 292 등 참조.

18 필자의 박사학위 논문, 「고전장원제 하의 농업경영」, 140쪽 참조.

48md의 귀리가 파종된다. 따라서 1md의 씨앗은 각각 8bun과 0.5mp 면적의 토지에 뿌려진 셈이다. 앞의 제2부 제III장 제3절에서 인용한 것처럼 1bun의 크기는 대략 1.3헥타르쯤 되었으므로, 1md의 종자가 파종되는 8bun의 크기는 10.4헥타르가 되고, 바바리아 법 제I조 제13 항에서 2md의 하곡이 파종되는 경우의 토지면적은 20.8헥타르가 되는 셈이다. 생르미 수도원의 영지명세장에서 영주직영지의 곡물재배지에 대한 망스 보유자들의 경작의무 면적에 관한 기록들을 통해서 알 수 있듯이,[19] 'mappa'는 다른 문헌들에서 흔히 'andecena', 'andec-inga' 등으로 불린 정적부역지에 다름 아니다. 따라서 1mp의 크기는 바바리아 법의 'andecena'와 같은 크기인 14.4아르쯤 되었다고 볼 수 있으므로, 생르미 수도원의 영지명세장에서 1md의 씨앗이 파종되는 0.5mp는 7.2아르가 되고, 바바리아 법에서 2md의 하곡이 파종되는 토지면적은 결국 14.4아르가 되는 셈이다.

한편 벨기에 에노 지방에 소재한 로브 수도원의 영지명세장 27번째의 베르케이아(Berceia) 장원에 관한 기록에는 하곡의 파종량과 파종면적이 별도로 명시되어 있지는 않지만, 하곡과 동곡이 파종되는 분량과 그 전체 파종면적이 기재되어 있다. 따라서 곡물의 파종량과 파종면적과의 대체적인 관계에 대한 참고자료가 될 수 있다. 이에 의하면 이 장원에서 영주직영지의 곡물재배 면적은 34bun이고, 여기에 50md의 동곡과 38md의 하곡 및 2md의 콩이 파종된다. 이는 전체적으로 34bun 크기의 토지에 총 90md의 곡물이 파종되는 셈이므로, 동·하곡 1md가 파종되는 토지면적은 49.1아르(=34bun×1.3ha÷

19 생르미 수도원의 영지명세장에서 영주직영지에 대한 망스 보유자들의 경작부역 면적은 보통 추경동곡지와 춘경하곡지에 각각 1mp씩이며, 1mp의 크기는 장원에 따라 다소간의 차이가 있지만 바바리아 법에서처럼 폭 4장대×길이 40장대인 경우가 더러 있다.

90md)가 된다. 따라서 바바리아 법에서처럼 2md의 하곡이 파종된다고 하면, 그 면적은 98.2아르가 된다.

비록 당시의 단위면적당 파종량이 지역과 상황에 따라 큰 차이가 있었다고 하더라도,[20] 이와 같은 산출결과 중 2md의 하곡이 파종되는 토지면적이 20.8헥타르가 된다든가 98.2아르가 된다는 것은 이 바바리아 법의 규정에 적용될 수 없다. 왜냐하면 카롤링시대에 실시된 삼포제 아래서 일반적으로 하곡재배 면적은 동곡재배 면적보다 작거나 기껏해야 같았기 때문이다[21]. 따라서 2md의 하곡 파종량으로 기록되어 있는 바바리아 법 제I조 제13항에서 자유인 출신 토지보유자의 영주직영지의 하곡재배 면적은 생르미 수도원의 영지명세장을 통해서 보듯이 14.4아르 크기의 동곡재배 면적과 같다고 할 수 있다.[22] 결국 이들 농민은 각자 동곡지와 하곡지를 합쳐 모두 28.8아르 크기의 영주직영지를 경작했다고 볼 수 있을 것이다.

바바리아 법 제I조 제13항에서 자유인 출신 토지보유자가 건초작업을 해야 했던 초지의 면적은 1아르팡(arpentum, aripennis)이다. 1아르팡의 크기는 게라르에 의하면 12.64아르다.[23] 초지와는 달리 이 조항에는 포도밭을 대상으로 수행해야 할 부역면적에 대해서는 아무런 명시가 없다. 그러나 초지 면적이 1아르팡이듯이, 그 크기는 1아르팡일 가능성이 크다. 왜냐하면 카롤링시대의 영지명세장들 가운데 유

---

20 당시 같은 영지 안에서도 장원에 따라 단위면적당 파종량의 격차는 매우 컸다. 필자의 박사학위 논문, 164쪽과 이에 첨부된 〈표 2〉 및 〈표 3〉 참조.

21 같은 논문, 139~140쪽 참조.

22 페랭도 바바리아 법에서 파종량으로 표기된 하곡재배 면적은 동곡지의 정적부역 면적과 비슷하다고 본다. E. Perrin, "De la condition des terres dites 《ancingae》", *Mélanges d'histoire du Moyen Âge offerts a M. Ferdinand Lot* (Paris: Champion, 1925), pp. 623~624 참조.

23 B. Guérard, *Prolegomènes*, pp. 165~169, 197.

일하게 영주직영지와 농민보유지의 토지이용 형태별 면적이 거의 모든 장원별로 기록되어 있는 9세기 초엽의 생제르맹데프레 수도원의 영지명세장에 의하면, 영주직영지의 초지와 포도밭 크기가 비슷하고 농민보유지 보유자의 포도밭에 대한 부역면적이 1아르팡인 경우가 많기 때문이다. 이 영지의 24개 고전장원들에서 영주직영지를 구성하는 초지와 포도밭의 합계면적은 각각 176헥타르와 196헥타르이다. 따라서 그 면적비율은 1:1.1로서, 거의 같다고 볼 수 있다.[24] 그리고 다수의 자유인망스 보유자들에게 포도밭에 대한 부역노동이 부과되는 제I, V, VI, XIV, XVII, XVIII, XIX장 및 "Fragment" II에 기록된 8개의 장원들 가운데 다수를 차지하는 제V, VI, XIV, XVIII, XIX장 등 5개의 장원에서 자유인망스 보유자는 1아르팡 크기의 포도밭에 대해 포도재배 부역을 수행한다.

요컨대, 바바리아 법 제I조 제13항에 의하면 메로빙시대 말기에 자유인 출신 토지보유자의 부역노동 부담은 28.8아르 크기의 곡물재배지 경작과 각각 1아르팡(12.64아르) 크기쯤의 초지 및 포도밭 작업 등의 직접적인 경작부역을 중심으로 해서, 기타 심부름, 110km 거리의 수송작업, 영주 저택의 보수 및 건축 작업 등으로 구성되었다고 할 수 있을 것이다.

고대 로마시대나 중세 초의 노예제사회에서 인격성이 부정된 노예는 원래 토지를 비롯한 생산수단을 소유할 수도 없었고 남의 토지를 독자적으로 소작할 수도 없었다. 따라서 노예가 고전장원제가 지배하는 중세 전기의 서유럽 농촌사회에서 봉건농민으로 전환하기 위해서는 토지를 보유하고 부역노동 형태의 노동지대를 지불함이 필요하다.

---

24   필자의 박사학위 논문, 「고전장원제 하의 농업경영」, 134쪽 참조.

앞의 제2부 제III장 제2절 등에서 더러 말한 바와 같이 노예의 토지보유와 노동지대 지불은 이미 로마제국 시절부터 나타나는 현상이지만, 중세에 들어서면 문헌기록상으로는 오히려 드물어진다.

　전술한 6세기 중엽 라벤나 교회의 단편적인 토지문서에 기재되어 있는 매주 1~3일씩의 주부역이 토지를 보유한 외거노예의 노동지대일 가능성이 높지만, 확실치는 않다. 왜냐하면 이 문서에서 주부역 형태의 지대를 바치는 6명이 어떤 사람들인지 그 신분은 물론, 보유자의 이름이나 농민보유지의 종류에 관해 전혀 언급이 없기 때문이다. 두 난(kolumna)으로 구분된 이 문서에서 뒤의 난에는 콜로누스의 보유지를 뜻하는 'colonia'란 이름으로 화폐와 현물 형태로 된 지대의 지불이 기록되어 있으나, 주부역이 기록된 앞의 난에는 지대지불 이외에는 아무런 기록이 없다. 앞의 제2부 제III장에서 보았듯이, 9세기 초에 고전장원제가 일반적으로 성립되기 전 원초적 형태의 봉건적 부역노동제도에서 정적부역은 자유인 신분 출신의 토지보유자에게 고유한 부역노동 방식이었던 데 비해, 주부역 형태의 정기부역은 노예 출신 토지보유자의 고유한 부역방식이었다. 따라서 주부역이 부과되는 토지의 보유자가 노예 신분 출신일 가능성은 크다고 할 수 있다. 그러나 이 문서에서 주부역 수행자들은 화폐나 현물 형태의 지대 납부자들과 함께 기재되어 있기 때문에, 그렇게만 보기도 어렵다.

　유럽 봉건제의 발상지이고 고전적 발달지역이었던 북부 갈리아 지역에서 노예 출신의 토지보유를 보여주는 문헌기록은 7세기 후반부터 가끔 보인다.[25] 그러나 이들 기록에서는 토지보유 노예의 노동지대

25　이를테면, F. Bluhme, ed., *Leges Langobardorum*(*Legum tomus IV* 중 "Edictus Rothari", 제132(p. 30), 134(p. 31), 137(p. 31), 234(p. 58), 352(p. 81)조; A. Bruckner, ed., *Regesta Alsatiae*, I. *Quellenband*, no. 67(pp. 26~27); C. Zeuss, ed., *Tradi-*

에 관한 언급이 없다. 물론 로마제정시대 이래 노예주가 자신의 직영지 경작을 위한 부역노동을 수행하던 솔거노예에게 생계유지용의 작은 토지를 분양하고 외거시켰던 이유는 노예노동력의 조달이 어려워진 상황에서 직영지를 계속 경작할 수 있는 노동력을 재생산하기 위함이었다고 볼 수 있으므로, 토지보유 노예의 지대는 당연히 노동지대였을 것이다. 그럼에도 불구하고 8세기 초엽 이전에는 토지보유 노예의 노동지대에 관한 명시적 기록을 찾아보기 힘든 것은 아직 노예 출신 토지보유자의 노동지대 지불이 주목을 받을 만한 사회제도로서 정착하지 못했음을 의미한다고 하겠다.

그러나 8세기에 이르면 프랑크족의 살리 법과 같은 그 이전의 법전에서는 보이지 않던 노예 출신의 토지보유와 노동지대 지불이 일부 게르만 부족법들에서 법제화되는 추세가 나타난다. 710년대의 알레만 법 제XXII조 제1항은 교회기관의 영지에서 토지를 보유한 외거노예들(servi)은 교회기관에 일정량의 세르부아즈 주와 빵 및 닭과 계란 그리고 1두의 돼지를 공납해야 한다고 하고, 앞에서 거듭 인용한 바 있는 제3항은 부역노동 형태의 노동지대 지불에 관해 "노예들은 자신의 밭에서 반, 주인의 밭에서 반씩 경작노동을 해야 하며, 그렇게 하지 않는 경우에는 3일은 자신을 위해서, 3일은 주인을 위해서 일해야 한다."고 규정되어 있다.

이 조항에 의하면 노예들이 토지를 보유하고 외거하고 있으며, 이런 외거노예들이 주인의 직영지와 자신의 보유지에서 반반씩 경작노동을 행한다. 기독교적 생활규범이 지배하게 된 당시의 사회에서 휴일을 제외한 1주일의 6일 가운데 3일은 주인을 위해서, 다른 3일은 자신

tiones Wizenburgenses, 제CCXXVIII장(pp. 218~219) 참조.

을 위해서 일한 셈이다. 이것은 노예 출신 토지보유자의 경우에는 그의 노동이 필요노동과 잉여노동으로 절반씩 나뉘어 1주일에 3일씩의 주부역 방식으로 부역노동을 부담했음을 뜻하는 것이다.

알레만 법보다 30년쯤 뒤에 작성된 740년대의 바바리아 법 제I조 제13항의 말미에도 바로 앞의 제V장 제2절 등에서 인용된 바 있듯이 이와 비슷하게 노예 출신 토지보유자의 부역노동이 규정되어 있다.

"(교회영지의 노예들은) 그의 보유지(의 크기)에 따라 의무를 이행해야 한다. 그러나 1주일에 3일은 주인을 위해서 일하고, 3일은 자신을 위해 일해야 한다. 그러나 그들의 주인이 그들에게 그 주인이 가진 황소들이나 다른 것들을 제공한다면, 그들은 그들에게 능력에 따라 부과되는 분량의 부역노동을 수행해야 한다. 그러나 아무도 부당하게 이들을 강압해서는 안 된다."

바바리아 법의 이 조항은 "1주일에 3일"이란 말을 씀으로써 알레만 법에서 막연히 '3일'이라고 한 것이 1주일 중 3일임을 분명히 하는 한편, 노예 출신 토지보유자의 부역노동이 알레만 법에서처럼 주부역 방식으로 부과되어 수행되었음을 확인하고 있다. 그러나 이 조항은 토지보유 외거노예가 매주 3일씩의 주부역 외에도 '주인이 황소 등을 제공하는 경우에는 부역노동을 수행해야 한다.'는 말을 덧붙이고 있다. 바로 앞의 제V장에서 논했듯이, 이 부분의 기록은 9세기 초엽 이후의 고전장원들에서 장원농민들이 황소와 쟁기를 지참하고 집단으로 영주 직영지를 갈이질하는 특수한 형태의 부역노동인 '코르베(corvée)'의 원초적 형태를 규정한 것이다. 아직 이 초기 단계에서는 황소와 같은 갈이질 수단을 코르베 수행자들이 스스로 지참하지 않고 지주로부터 제공받으며, "아무도 부당하게 이들을 강압해서는 안 된다."고 함으로써 직접적인 강제를 통해서가 아니라 지주의 정중한 부탁과 코르베 부과 대상자의 동의를 구하는 방식을 취하고 있다. 그렇지만 알레만 법이 편찬된 710년대에는 없었던 코르베라는 결코 쉽지 않은 집단적 갈이질 부역이 바바리아 법이 편찬된 740년대에는 노예 출신 토지보유자에게 추가로 부과된 것이다. 따라서 8세기 중엽에 이르러 토지보유 외거노예의 부역노동 부담은 한층 무거워졌다고 할 수 있다.

　그럼에도 불구하고 8세기 초반에는 노예 출신 봉건농민의 부역노동 부담은 지주를 위해 1주일에 절반을 일하는 주부역이 주를 이루었다. 앞의 제2부 제III장 제2절에서 논한 바와 같이 영지명세장을 비롯한 중세 초기의 여러 문헌기록을 살펴볼 때, 매주 3일씩의 주부역은 2일간의 경작부역과 1일간의 잡역으로 구성되었으며 주부역 기간에 영주의 직영지 경영에 필수적인 여러 종류의 경작부역은 물론 온갖 잡역이 수행되었다. 이런 주부역과 비교할 때, 토지보유 외거노예가 지주로부터 갈이질 수단을 제공받아 갈이질 부역을 추가적으로 수행하는 코르베는 부역노동 부담으로서는 아직 부차적이었다고 할 수 있다.

　8세기 전반의 알레만 법과 바바리아 법에 규정된 자유인과 노예 출신 토지보유자들의 부역노동 수행방식과 크기가 이러하다고 할 때, 두 가지 의문이 생길 수 있다. 한 가지는 두 부족법에서 자유인 출신이나 노예 출신이 토지를 보유하고 사법권을 가진 영지관리인의 지배를 받으면서 지주의 직영지를 경작했다고 하면, 이미 8세기 전반에 고전장원제가 형성되어 있는 것이 아닌가 하는 점이다. 그러나 이미 앞의 제1부 제III부 제2절에서 본 바 있듯이, 고전장원제가 부분적으로가 아니라 일반적으로 성립되는 시점은 800년 무렵이다. 8세기에는 고전장원제의 기본 틀이 마련되고 곳에 따라 고전장원제가 완전한 형태로 형성되는 과정이 진행된 시기였다.

　　다른 하나의 의문은 알레만 법과 바바리아 법이 알레만족과 바바리아족이 거주하던 지역에만 적용된 것이므로, 고전장원제가 성립하기 전에 이들 부족법에 규정된 봉건농민의 부역노동 부담이 서유럽에서 고전장원제 성립 후의 봉건농민의 부역노동 부담과 비교될 수 있을 만큼 보편성을 띠느냐 하는 점이다. 그러나 앞의 제1부 제Ⅲ장 제2절 및 제2부 제Ⅲ장 제2절에서 자세히 논한 바와 같이 이 두 부족법의 이런 규정은 상당한 보편성을 지닌다. 토지보유 외거노예에게 부과된 주부역의 경우 한 부족도 아니고 두 부족에 걸쳐 거의 똑같은 내용으로 규정되고 있을 뿐만 아니라, 이들 두 부족은 그들의 부족법이 성문법으로 편찬될 무렵에는 이미 프랑크왕국에 편입되어 있었으며, 프랑크왕국의 주도로 편찬된 두 부족법의 전문(前文)이나 머리말은 각 부족법에서 규정된 내용이 프랑크왕국의 전체 입장을 반영함을 밝히고 있기 때문이다. 특히 자유인 출신 토지보유자의 정적부역과 노예 출신 토지보유자의 주부역이 함께 규정되어 있는 바바리아 법 제Ⅰ조의 표제는 앞에서 인용한 바 있듯이 "이 법령은 메로빙왕국 안에 있는 왕족과 고관대작 및 모든 기독교도들에게 (적용됨)"이라고 하여, 이 조항이 메로빙왕국의 모든 주민에게 보편적으로 적용됨을 천명하고 있다.

3. 고전장원제 성립 후의 부역노동 부담

고전장원제가 서유럽의 주요 지역에서 일반적으로 성립한 직후라고 할 수 있는 9세기 초엽의 고전장원에서 봉건농민이 부담한 부역노동의 종류별 크기를 알 수 있는 현존 문헌사료로는 세 가지를 들 수 있다. 하나는 810년경에 반포된 "교회영지와 왕령지 명세장 작성의 사례 (Brevium exempla ad describendas res ecclesiasticas et fiscales)"라는 제목의 칙령이다.[26] 다른 하나는 818~819년 이전에 작성된 것으로 추정되는 바이센부르크 수도원의 영지명세장 중 제1~25장이다.[27] 다른 또 하나는 829년 이전에 작성된 것으로 추정되는 생제르맹데프레 수도원의 영지명세장이다.

"교회영지와 왕령지 명세장 작성의 사례"라는 칙령은 말 그대로 교회영지와 왕령지의 재산에 관한 명세장 작성의 모범적 사례를 제시하기 위해 카롤루스 대제가 반포한 것이다. 이 칙령의 앞부분에는 교

26   *Capitularia*, no. 128(pp. 250~256).
27   이 책에서 참고하는 바이센부르크 수도원의 영지명세장은 앞에서 말한 바와 같이 C. Zeuss, ed., *Traditiones Wizenburgenses*, pp.269~316에 게재된 "Edelini abbatis liber possessionum"와 Ch. Dette, ed., *Liber possessionum Wizenburgensis*, pp. 95~160이다. 이 두 영지명세장 사이에 표기상의 차이가 있을 경우, 여기에서는 후자를 따른다. 300여개의 장으로 구성된 이 명세장 전체는 어느 한 시점에 한꺼번에 모두 작성된 것이 아니고, 9세기부터 명세장이 편찬되던 13세기까지 상이한 시기에 걸쳐 작성된 부분적인 여러 명세서들로 구성되어 있다. 그러나 그 대부분은 9~10세기의 카롤링시대에 작성되었다. 이런 이 명세장에서 카롤링시대에 속하면서도 가장 오래된 부분은 제1~25장과 제241, 250, 252장으로서, 818~819년 이전에 작성된 것으로 추정된다. 이런 연대 추정에 대해서는 Ch. Dette, ed., *Liber possessionum Wizenburgensis*, pp. 32~53, 72, 171 및 같은 필자, "Die Grundherrschaft Weißenburg", pp. 181~182 참조. 여기에서는 818~819년 이전에 작성된 제1~25장과 제241, 250, 252장 가운데서도 제1~25장 부분만을 대상으로 해서 고찰한다. 제241, 250, 252장은 제1~25장과 같은 시기에 작성되었지만, 13세기 편찬 당시에 다른 원본을 바탕으로 한 것이고(Ch. Dette, ed., *Liber possessionum Wizenburgensis*, p. 48 참조) 제1~25장과는 한참 동떨어져 삽입되어 있기 때문이다. 또 이렇게 몇 안 되고 짧은 제241, 250, 252장 부분을 제외하고 제1~25장만을 고찰대상으로 한다고 하더라도, 이것만으로도 부역노동 부담의 크기를 고찰하는 데는 충분하기 때문이기도 하다. 제1~25장 부분의 작성연대가 855-860년이라고 보는 연구자도 있으나(L. Kuchenbuch, "Probleme der Rentenent-wicklung", p. 148), 학계에서는 818-819년 이전으로 보는 Ch. 데터의 연대추정이 면밀한 고증을 거친 것이기 때문에 일종의 정설로 받아들여지고 있다. 예컨대, 중세 초기의 장원제를 집중적으로 연구한 A. 페르헐스트도 그의 저서 *Carolingian Economy*, p. 37과 그의 논문, "Economic organization", p. 490에서 이를 수용한다.

회기관의 영지명세장 작성의 모범적 사례로서 독일의 바이에른 지방에 위치한 아우크스부르크 주교좌교회의 영지 현황이 기술되어 있다. 이 칙령의 제9조에 의하면 이 주교좌교회의 영지는 8개의 장원(curtis)으로 구성되어 있으나, 그중의 하나인 알프스 산맥 인근 소재 쉬타펠제 장원에 관해서만 제7~8조에 자세하게 기록되어 있다. 이 장원은 740jr(iurnalis) 크기의 곡물재배지와 610수레의 건초를 수확할 수 있는 초지로 구성되고 각종 가축과 연장 및 설비가 갖춰진 영주직영지와, 영주직영지에 각종 부역노동과 공납을 수행하는 22개의 자유인망스와[28] 19개의 노예망스로 된 총 41개의 농민보유지로 조직되어 있다. 따라서 이 장원은 전형적인 고전장원이라고 할 수 있다. 이 장원이나 이 장원을 소유한 아우크스부르크 주교좌는 모두 740년대에 자유인 출신과 노예 출신의 토지보유자에 대한 원초적 형태의 부역노동 부과 방식이 규정된 바바리아 법이 적용되던 바이에른 지역에 소재한다. 따라서 동일한 지역에서 고전장원제 성립 전과 그 직후의 장원농민의 부역노동 부담이 어떻게 변화해 갔는지를 비교할 수 있다는 점에서 쉬타펠 장원에 관한 고찰은 또 다른 의미를 지닌다.

쉬타펠제 장원에 있는 22개의 자유인망스는 5개의 그룹으로 구분되어 그 의무가 기재되어 있다. 그 가운데 한 그룹인 5개 망스 보유자는 매년 2두의 황소를 제공하고 명령받는 곳은 어디로나 말을 타고 간다고만 되어 있다. 이 5개의 자유인망스 보유자는 기록상으로는 군수품 수송에 필요한 황소 제공과 말을 이용한 심부름 수행 외에는 경작부역과 같은 여타의 부역을 수행하지 않는다. 이런 5개를 제외한 나머지 17개의 자유인망스 보유자는 각자 매년 2~3jr이나 9jr—17개 중 정적

---

28 자유인망스의 수가 기록상으로는 23개로 되어 있으나, 실제 내용에서는 22개다.

부역 면적이 2jr인 경우는 6개이고 나머지 6개는 3jr이며 5개는 9jr이다— 크기의 영주직영지에 대해 갈이질 및 파종 작업으로부터 수확 작업에 이르는 모든 경작부역을 행하고, 초지에서 대체로 3수레분의 건초를 거둬들이는 부역노동을 하며, 매년 2~6주의 연부역을 수행할 의무를 진다. 그 외에 절반 이상의 보유자가 영주의 심부름을 하고, 4명의 보유자는 포도주 수송작업과 1jr 크기의 밭에 시비할 의무가 있다.

곡물재배지의 면적단위로 사용된 'iurnalis'란 당시의 쟁기로 하루 동안 갈이질되는 면적을 가리킨다. 앞에서 말한 바와 같이 B. 게라르에 따르면 1jr=34.13아르다. 따라서 이 장원에서 자유인망스 보유자의 대부분은 68.26아르 이상의 크기로 된 정적부역지를 갈이질한 셈이다. 초지에 대한 부역 크기로 표시된 3수레 분의 건초작업이 면적으로는 얼마나 되는지에 대해서는 이 기록을 통해서는 알 수 없다. 그렇지만 9세기 초엽에 작성된 생제르맹데프레 수도원의 영지명세장에는 바바리아 법에서 초지의 면적단위로 사용된 아르팡당 건초 생산량에 관한 기록이 비교적 많다. 이에 관한 기록에 의거해서 1아르팡당 평균 건초 생산량을 산출하면 1.4수레다.[29] 따라서 영주직영지의 초지에서 다수의 자유인망스 보유자가 3수레분의 건초를 베서 거둬들인다는 의무는 대략 2아르팡 크기의 초지에서 건초작업을 하는 것과 같다고 할 수 있을 것이다.

쉬타펠제 장원에서 자유인망스 보유자의 이와 같은 부역노동 부담을 740년대의 바바리아 법 제I조 제13항에 규정된 자유인 출신 토지보유자의 부역노동 부담과 비교해 보자. 전자에는 포도밭 작업과 영주 저택의 보수 및 건축 작업 의무가 없고 대부분의 경우에 장거리 수

---

29   필자의 박사학위 논문, 164쪽의 〈표 2〉 참조.

송부역이 부과되지 않는다. 그러나 심부름은 양자 모두에 부과되는 가운데, 농민들에게 가장 큰 부담이고 영주직영지 경영을 위해서는 가장 중요한 곡물재배지에 대한 경작부역 면적 68.3아르 이상의 크기는 28.8아르 크기인 740년대의 바바리아 법에서보다 쉬타펠제 장원에서 적어도 2배 이상 크고 초지에 대한 부역노동도 1아르팡인 바바리아 법에서보다 2배가량 크다. 따라서 쉬타펠제 장원에서 갈이질 부역 면적이 68.3아르가 훨씬 넘는 102.4아르나 307아르인 자유인망스가 다수라는 점을 고려하면, 대체로 자유인 출신 봉건농민의 부역노동 부담은 메로빙시대 말기의 바바리아 법에서보다 810년경의 고전장원에서 적어도 2배 정도 증가했다고 할 수 있을 것이다.

쉬타펠제 장원에서 19개의 노예망스에는 매주 3일씩의 주부역이 부과된다. 그 뿐 아니라 $\frac{1}{2}$쪽의 정적부역지(aratura)에 대한 갈이질 부역과 영주의 작은 돼지 4두 사육 및 심부름 부역이 부과되며, 노예망스 보유자의 부인은 일정 크기의 아마포와 모직을 짜고 맥아를 제조하며 빵을 구워야 한다. 이와 같은 노예망스 보유자의 부역노동 부담은 노예 출신의 토지보유자에게 매주 3일씩의 주부역만 부과되던 710년대의 알레만 법에 비하면 훨씬 증가한 것이다. 뿐만 아니라 810년경의 쉬타펠제 장원에서는 주부역과 함께 정적부역지 갈이질 부역도 부과되고 있으므로, 노예망스 보유자의 이와 같은 여러 가지 부담은 740년대의 바바리아 법에서 노예 출신 토지보유자에게 매주 3일씩의 주부역과 원초적 형태의 코르베라고 볼 수 있는 추가적 갈이질 부역을 합친 것보다도 상당히 늘어났다고 할 수 있다. 결국 바이에른 지방에 위치한 810년대의 고전장원에서는 노예 출신이든 자유인 출신이든 봉건농민의 부담이 8세기 초반의 봉건농민보다도 크게 증가했다고 하겠다.

다음에는 818~819년 이전에 작성된 것으로 추정되는 바이센부르크 수도원의 영지명세장에 기록된 장원농민의 부역노동 부담을 살펴보자. 7세기에 다고베르트 왕의 후원 아래 창설된 바이센부르크 수도원은 알자스 지방의 중심지 스트라스부르로부터 북쪽 60km쯤 거리에 있는 오늘날 프랑스와 독일의 국경지대에 위치한다. 이 수도원의 영지명세장 전체는 여러 시기의 단편적인 토지대장, 지대대장, 봉토 관련 문서 등을 토대로 1280년경에 수도원장 에델린(Edelin)의 주도로 작성되었다. 앞의 각주 27번에서 보는 바와 같이, 무려 300여개의 장에 걸쳐 기록된 이 영지명세장 가운데 제1~25장 부분이 818~819년 이전에 작성된 것으로 추정되고 있다. 제1~25장에 기록된 장원들의 대부분은 남쪽 카를스루에로부터 북쪽 마인츠 사이의 라인 강 중류 주변에 분포한다.[30] 이 지역은 그 대부분이 710년대에 토지보유자의 신분별 부역노동을 규정한 알레만 법이 적용된 알레만족의 거주지에 속한다.[31] 25개 장에 걸쳐 기재된 25개 장원 가운데 제2장의 장원을 제외하고는,[32] 장원의 토지가 영주직영지와 '후페(hoba, huoba)'라고 표기된 농민보유지들로 구성되고 영주직영지는 농민보유지 보유자들의 부역노동으로 경작되는 고전장원들이다.

---

30 이들 장원의 위치에 대해서는 Ch. Dette, ed., *Liber possessionum Wizenburgensis*, p. 49 참조. 제1~25장의 장원 이름들을 포함하여 이 수도원의 영지명세장 전체에 나타나는 지명의 현재 위치에 관해서는 같은 책, pp. 176~183 참조.

31 중세 초기 알레만족의 거주 권역에 관해서는 M. Innes, *State and Society in the Early Middle Ages*, pp. 170~171이 일부 참고가 된다.

32 제2장에는 영주직영지에 관한 언급이 전혀 없다. 그리고 농민보유지 보유자들은 포도밭과 초지에 대한 부역노동은 수행하지만, 영주직영지의 곡물재배지를 경작하는 부역노동에 관한 언급도 없다. 이와는 달리 제24장에는 농민보유지에 관한 기록이 없지만, 각종 부역노동을 비롯한 의무가 기재되어 있는 것으로 봐서 농민보유지가 실제로는 존재하는데도 이에 관한 기록이 누락된 것으로 보인다. 이 수도원의 영지명세장 전체에는 장원에 관한 기록이 누락되거나 생략된 경우가 많다. 무엇보다 상당수의 토지가 영주직영지나 경작부역에 관한 기록이 없다.

그러나 바이센부르크 수도원의 영지명세장에는 대부분의 농민보유지가 노예망스나 자유인망스로 구분되어 있지 않다. 다수의 농민보유지가 농민보유지의 종류를 표시하는 수식어 없이 그냥 'mansus'나 'huobe'라고 기록되어 있거나, 항구적인 보유자가 존재하는지 여부와 미경작 상태로 버려져 있는지 여부에 따라 'mansus(또는 'huobe') vestitus'와 'mansus absus' 또는 'mansus devastatus', 'huobe desorte', 'huobe possesse' 등으로 구분되어 표기되어 있다.[33] 특히 제1장에서 제25장까지는 거의 모든 농민보유지가 최초 보유자의 신분에 따른 농민보유지의 종류로 구분되어 있지 않다. 다만 제6장의 포르자(porza) 장원에 관해서만 "… huobe .LXXII. In huobis .XXX.III. liberi homines sedent, mansi ingenuales uestiti .XXX.III.; …."라고 하여, '총 72개의 후폐 가운데 자유인들이 거주하는(즉 보유하는) 33개의 후폐가 자유인망스'라고 하고 있을 뿐이다. 그래서 여기서는 신분을 기준으로 한 농민보유지의 종류에 따른 부역노동의 부담 정도를 명확히 파악하기가 어렵다. 그렇지만 제6장에서는 농민보유지가 자유인망스라고 명시되어 있고, 제1~25장 이외의 장원 기록에는 노예망스가 더러 명기되어 있으며, 또 원초적 형태의 부역노동 방식이 어느 정도 잔존해 있기 때문에, 이 영지의 9세기 초엽 고전장원들에서 농민보유지 보유자들의 부역노동 부담수준을 고전장원제 성립 전의 부담수

---

33   'mansus('huobe') vestitus'는 토지를 항구적으로 경작하는 고정된 보유자가 존재하는 농민보유지를 의미하며, 'mansus absus'는 그와 반대로 보유자가 없거나 고정된 보유자가 없는 농민보유지를 의미한다. 'mansus devastatus'와 'huobe desorte'는 마자르족 등 외세의 침략으로 황폐화되거나 버려진 농민보유지를 뜻한다. 'huobe possesse'는 아마도 'mansus('huobe') vestitus'처럼 보유자가 있는 농민보유지를 뜻하는 것으로 추측된다. 필자의 논문, 「고전장원제 하의 농업노동력」, 21~26쪽 및 「고전장원제 하의 농민보유지 제도」, 398쪽 참조.

준과 토지보유자의 신분이나 농민보유지의 신분적 특성에 따라 비교
할 수 없는 것은 아니다.

　제6장의 포르자 장원에서 자유인망스 보유자들은 영주를 위한 부
역노동으로 각자 "'partes'로 3jr을 갈이질한다.(arare in partes iurnales
.III.)"고 하고, 수도원을 위해 14일간의 연부역을 하며, 3일간 건초를
베고, 말을 사용하여 왕에게로 심부름을 해야 한다. "arare in partes
iurnales .III."이라고 한 기록에서 연간 갈이질 부역의 크기를 단순히
3jr이라고만 보더라도, 그 면적은 102.4아르에 이른다. 이런 경작부역
면적은 740년대의 바바리아 법 제I조 제13항에 규정된 자유인 출신
토지보유자의 경작부역 면적인 28.8아르의 3.5배가 넘는 크기다. 비록
포르자 장원에는 포도밭 부역에 대한 의무가 보이지 않고 초지에 대한
작업도 다만 3일간 건초를 벤다고 할 뿐 건초를 모으고 창고로 반입한
다는 말이 없지만, 102.4아르 크기의 경작부역 면적은 바바리아 법에
서 곡물재배지 경작면적에다 각각 면적이 1아르팡 즉 12.64아르씩인
초지와 포도밭을 합한 면적 54.1아르보다도 두 배 가까이 더 크다. 바
바리아 법의 장거리 수송부역이나 영주 저택의 보수 및 건축 부역이
비록 포르자 장원에서는 부과되지 않지만, 이 장원의 14일간의 연부
역이 그런 수송부역 및 건축보수 부역과 맞먹는 부담이라고 봐도 좋을
것이다. 이렇게 볼 때, 818~819년 무렵에 바이센부르크 수도원 영지
명세장의 제6장에 기록된 포르자 장원에서 자유인망스 보유자의 부역
노동은 경작부역을 중심으로 740년대의 바바리아 법에 비해 근 2배가
량 증가했다고 할 수 있다.

　그러나 우리는 자유인망스 보유자들의 경작부역에 관한 "arare in
partes iurnales .III."이라는 기록을 망스 보유자가 각자 매년 갈이질
부역으로 3jr이 아니라 6jr을 갈이질한 것으로 이해해야 할 것이다. 왜

냐하면 이 명세장의 제1~25장의 장원 기록 가운데 오기(誤記)일 가능성이 큰 제5장의 한 곳을 제외하고는 대부분의 경우 갈이질 부역이 가을철과 봄철로 구별되어 각각 보통 2~3jr의 토지를 갈이질한다고 기록되어 있으나, 가을철과 봄철로 구별되지 않고 연간 총 갈이질 면적이 기재된 제1, 3, 4, 25장에서는 제6장에서처럼 'in partes'로 2~3jr을 갈이질한다고 명시되어 있기 때문이다.[34] 후자의 장들에서 갈이질 부역과 관련하여 '부분'을 뜻하는 'pars'의 복수를 써서 'in partes'라고 한 것은 갈이질 부역이 삼포제가 실시되는 가운데 동곡파종을 위한 가을갈이와 하곡파종을 위한 봄갈이라는 두 부분으로 구성되었기 때문일 것이다. 따라서 포르자 장원에서 자유인망스 보유자의 연간 경작부역 면적은 6jr 즉 204.8아르라고 보면, 810년대 후반쯤 바이센부르크 수도원영지에서 자유인망스 보유자의 부역노동 부담은 740년대의 바바리아 법에서 곡물재배지와 초지 및 포도밭을 합한 면적 54.1아르보다 3.8배쯤 증대한 셈이 된다.

바이센부르크 수도원의 영지명세장 제1~25장에는 제6장 외에도 노예 신분 출신의 토지보유자에게 고유한 원초적 부역부과 방식인 주부역이 부과되지 않고, 자유인 출신의 봉건적 예속민에게 고유한 원초적 부역부과 방식인 정적부역이 부과되는 농민보유지들이 상당수 존재한다. 농민보유지의 종류가 명시되어 있지는 않지만, 이런 정적부역 의무로 봐서 틀림없이 이들 농민보유지는 자유인망스라고 할 수 있다. 이런 농민보유지가 존재하는 장원은 제1, 7, 8, 11, 16~19, 21장 등에

---

34 이런 점에서 제V장의 "…; arare in partes in autumno iurnales .III., in verno .II.; et .VII. alii arare in partes in autumno .II., in verno .I.; …"라는 기록에서, 후페 보유자들이 일정 크기의 영주직영지를 가을철과 봄철로 나누어 갈이질 부역을 수행하는 데도 불구하고 'in partes'란 말을 쓴 것은 오기일 가능성이 크다고 하겠다.

기재된 9개다.

이들 9개 장원 모두에서 후페 보유자에게는 제6장의 포르자 장원에서처럼 일정 크기의 경작부역과 14일간의 연부역이 부과된다. 이들 장원에서 영주직영지의 곡물재배지에 대한 경작부역 면적은 가을철과 봄철에 각각 보통 2~3jr 크기이지만, 3jr인 경우가 가장 많으며 제19장의 장원에서는 연간 총 12jr에 이르기도 한다. 14일간의 연부역 횟수는 흔히 1회이지만, 2회를 수행하는 장원도 2개(제7, 19장)가 존재한다. 이들 장원 가운데 이런 경작부역과 연부역만 부과되는 장원은 제XXI장의 장원뿐이다. 이 장원을 제외하고 후페 보유자들은 곡물재배지 경작부역과 14일간의 연부역 외에도 흔히 (아마도 농사철에) 매주 1일씩의 주부역(제1, 8, 17, 19장), 포도수확 작업(제1, 7, 11, 16~19장), 건초수집 작업(제8, 11, 16~19장), 수레나 배를 이용한 수송작업(제1, 7, 11, 17, 18장), 후페 보유자의 부인이 수행하는 피륙 짜기나 음식물 만들기 작업(제1, 7, 8, 11, 16, 17, 19, 20장), 건축물 수리나 건축 작업(제11, 16, 18, 19장), 울타리 작업(제11, 16, 17, 19장), 쟁기(carruca)를 가지고 수행한다고 함으로써 코르베로 추측되는 추가적 갈이질 부역(제7, 11, 16장) 등의 부역이 부과되고 있으며, 기타 겨울철 돼지사육(제11, 17, 18장), 심부름 대신 수행되었을 파발마 제공(제11, 17장), 야경(제11, 16장) 등의 의무가 부과된다. 이와 같이 다수의 장원에서 흔히 3jr 즉 102.4아르 이상 크기의 곡물재배지에 대한 경작부역과 14일간의 연부역을 수행하는 외에도 코르베 의한 추가적인 갈이질 부역, 포도밭과 초지에 대한 부역 등 농업 관련 부역과 건축 및 수리 부역, 수송부역 등과 각종 잡역이 많이 부과됨을 볼 때, 810년대에 바이센부르크 수도원영지의 자유인 출신 토지보유자의 부역노동 부담은 대체로 바바리아 법에서보다 적어도 2배 이상 컸으리라고 짐작된다.

바이센부르크 수도원의 영지명세장 제1~25장에는 노예보유지라고 명시된 농민보유지는 하나도 없다. 그러나 제3~5, 6(일부 후폐), 9, 10, 12~15, 17(일부 후폐), 18(일부 후폐), 20, 21(일부 후폐), 22~25장 등 18개의 장에 기재된 장원들의 후폐들에는 원래 노예 출신 토지보유자에게 특유한 부역노동 방식인 매주 3일씩의 주부역이 부과되고 있는 것을 볼 때, 이들 농민보유지는 노예보유지일 가능성이 크다. 더욱이 이들 장원에 관한 명세서처럼 오래 전에 작성되고 이들 명세서들과 함께 이 수도원 영지명세장의 첫머리에서 제6장의 포르자 장원에 관해 "노예들이 39개의 후폐에 거주하며 이들은 매주 3일씩 부역노동을 한다."고 한 기록[35]은 그런 가능성을 더욱 높여준다. 왜냐하면 이와 같은 포르자 장원에 관한 기록에서 전술한 바와 같이 총 73개의 후폐 중 자유인들이 '거주하는' 33개의 후폐가 자유인망스라고 한 것처럼, '매주 3일씩 부역노동을 수행하는 노예들이 거주하는 후폐'는 노예보유지일 것이기 때문이다.[36] 따라서 제1~25장에 기록된 장원들 중 매주 3일씩의 주부역이 부과됨으로써 농민보유지가 노예보유지라고 볼 수 있는

35   "In huobis .XXXVIIII. sedent serui et debent in unaquaque ebdomada .III. dies seruire …"

36   바이센부르크 수도원의 영지명세장 제46, 193, 198, 229, 230, 236, 249, 286장에 기록된 장원의 노예망스들에는 거의 모두 매주 3일(제229장에서만 노예망스의 주부역이 매주 2일)씩의 주부역 의무가 부과되지만, 이보다 훨씬 더 많은 제191, 192, 194, 196, 200~205, 209, 228, 231, 233~235, 240, 257, 259, 270, 271, 273~275, 281, 290, 298장 등의 장원들에서는 노예망스에 주부역이 부과되지 않는다. 그러나 이들 장의 기록에서 노예망스의 의무에 관한 언급이 전혀 없는 경우가 가끔 발견되는 것을 보면, 이런 현상의 일부는 주부역에 관한 기록이 누락되거나 생략된 데서 기인하는 것으로 추측된다. 또 이런 현상의 일부는 이들 장이 노예 출신 토지보유자 고유의 부역노동 방식이 약화되는 후기에 작성되었기 때문일 수도 있다. 앞의 각주 제27번에서 인용한 Ch. 데터의 연구에 의하면, 이 영지명세장의 뒷부분에 기재된 이들 장의 명세서는 818~819년 이전에 작성된 제1~25장과 제241, 250, 252장보다 뒤에―주로 10세기에― 작성된 것들이다. 심지어 제286, 290, 298장은 11세기 초엽에 작성되었다.

장원은 앞에서 말한 18개의 장에 기록된 장원들이라고 할 수 있다.

　이들 18개 장원에서 후페 보유자들에게는 매주 3일씩의 주부역 외에 총 18개 장원의 78%인 14개 장원에서 가을과 봄에 각각 3jr씩의 갈이질 부역이 부과되며, 7개의 장원(제3, 5, 9, 10, 13~15장)에서 'carruca'를 갖고 수행한다고 함으로써 아마도 코르베로 보이는 추가적인 갈이질이 2~3회 부과되고, 7개의 장원(제13~15, 17, 18, 20, 21장)에서 포도밭 부역이나 곡식 및 건초 수확 부역이 부과되며, 제3장의 모든 후페 보유자들과 제12장의 1명의 후페 보유자는 겨울철에 영주의 돼지 3두를 사육해야 한다. 그리고 8개의 장원(제3, 12, 20~25장)에서는 수레로, 1개의 장원(제14장)에서는 선박으로 수송부역을 수행하고, 3개 장원(제14, 20, 21장)에서는 울타리 작업과 건축 작업을 하며, 5개의 장원(제6, 14, 17, 20, 25장)에서는 야경을 하고, 제17장의 장원에서는 포도주 통을 제조해야 한다. 또한 13개 장원(제3, 4, 6, 9, 10, 12, 14, 15, 20~22, 24, 25장)에서는 후페 보유자의 부인이 일정 크기의 피륙을 짜거나 빵과 맥아 또는 맥주를 제조해야 한다. 영주의 의식 생활과 관련된 부인들의 이런 부역은 제6장의 포르자 장원에서 자유인망스 보유자들의 "부인들은 아무런 부역노동을 수행하지 않는다."고 한 것과는[37] 대조가 된다.

　이와 같이 810년대 무렵에 바이센부르크 수도원영지의 고전장원들에서 노예 출신의 보유토지로 추측되는 후페에는 매주 3일씩의 주부역 외에도, 압도적 다수의 장원에서 3jr 즉 102.4아르씩의 갈이질 부역이 부과될 뿐만 아니라, 여러 가지 농사일 관련 부역과 각종 잡역이 적지 않은 장원들에서 부과되고 있다. 노예 출신 토지보유자의 이런

37　"…, et eorum femine nichil seruiunt."

많은 부역노동 부담은 경작부역과 잡역 양 면에서 8세기 전반에 비해
엄청나게 증가한 것이다.

829년 이전에 작성된 파리 소재 생제르맹데프레 수도원의 영지명
세장에는 망스로 불리는 거의 모든 농민보유지가 최초 보유자의 신분
에 따라 자유인망스와 노예망스 및 반자유인망스로 구분되어 기재되
어 있다.[38] 현존하는 이 영지명세장은 그 절반 이상이 18세기에 수도
원의 화재로 소실되고 남은 부분으로, 단편적(斷片的)인 자료인 "Frag-
menta" I과 "Fragmenta" II를 포함해서 총 27장에 걸쳐 장원들이 기록
되어 있다. 그 가운데 기증토지에 관한 제XII장과 농민보유지에 관한
기록이 전혀 없는 제X장을 제외한 25개 장에 기록된 토지들이 영주직
영지와 농민보유지들로 구성되고 영주직영지가 농민보유지 보유자들
에 의해 경작되는 고전장원제로 조직되어 있다. 비록 제I, XXIII장과
"Fragmenta" II의 장원에는 영주직영지에 관한 기록이 없지만, 영주직
영지에 대한 농민보유지 보유자의 경작부역 의무가 존재하는 것으로
보건대 직영지에 관한 기록이 누락되었다고 하겠다. 이 명세장은 카롤
링시대의 영지명세장들 가운데 기록이 자세하기로 유명하지만, 특히
농민보유지의 토지이용 형태별 크기와 보유자의 가족상황 및 각종 의
무가 일일이 상세하게 기록되어 있다. 부역노동을 비롯한 장원농민의
의무는 장원에 따라 다소 다르고 같은 장원 안에서도 차이가 나는 경

---

38 생제르맹데프레 수도원의 영지명세장에 기록된 총 1,646개의 망스 가운데 가장 많은 것
은 전체의 87%를 차지하는 자유인망스이고, 그 다음 노예망스가 12%를 차지하며, 반자
유인망스는 2% 미만을 차지한다(필자의 논문, 「고전장원제 하의 농민보유지제도」, 393
쪽 참조). 반자유인망스는 제XIII장의 장원에만 25개가 기록되어 있다. 반자유인망스는
이처럼 숫자가 매우 적을 뿐만 아니라, 자유인망스나 노예망스에 비해 부역노동제도상
의 독자성이나 특수성이 발견되지 않는다(앞의 제2부 제III장 제2절 끝 부분 참조). 따라
서 반자유인망스의 부역노동 부담은 이 논문에서 고찰의 대상이 아니다.

우가 있다. 그러나 농민보유지의 의무는 토지이용 형태별 크기나 가족 상황과는 달리 장원별로 일정하거나 몇몇 유형으로 분류될 수 있을 정도로 같은 경우가 많다. 그래서 장원별로나 전체적으로 부역노동의 종류와 부담크기를 범주화해서 살펴볼 수 있다.

생제르맹데프레 수도원의 영지명세장에 의하면 영주직영지의 곡물재배지에 대한 자유인망스 보유자의 경작부역이 거의 부과되지 않는 장원이 있는가 하면(제I장),[39] 거의 모든 자유인망스 보유자의 경작부역이 춘경하곡지에 대해서만 2ptc(pertica)가 부과되는 장원도 있고(제VI장), 그 면적이 추경지 3ptc, 춘경지 2ptc로 합계 5ptc인 장원도 있다(제XIX장). 그러나 25개의 고전장원 가운데 절반이 넘는 15개 장원에서 자유인망스 보유자의 정적부역 면적은 추경지가 4ptc이고 춘경지가 2ptc로서 합계 6ptc이며, 5개의 장원에서는 각각 4ptc와 3ptc로서 합계 7ptc이다. 심지어 망스당 곡물재배지 갈이질 면적이 추경지와 춘경지 및 휴경지에 각각 4ptc씩 합계 12ptc에 이르는 장원도 있고(제XIII장), 추경지 8ptc, 춘경지 26ptc로 합계 34ptc에 달하는 장원까지 존재한다(제XI장). 따라서 9세기 초엽의 생제르맹데프레 수도원영지에서 25개 고전장원 가운데 압도적 다수를 차지하는 22개 장원에서 1개 자유인망스당 영주직영지의 곡물재배지에 대한 경작부역 면적은 6ptc 이상이었다고 할 수 있다. 여기서 'ptc'라고 한 것은 'pertica'의 줄인 말로, 앞에서도 언급한 바와 같이 게라르에 따르면 1pertica의 면적은 2.57아르이고,[40] 항숍에 의하면 3.46아르다.[41] 따라서 6ptc의 면

---

39 이 제I장에는 영주직영지에 관한 기록이 없으며, 대부분의 망스 보유자들의 의무에는 경작부역이 결여되어 있다. 그래서 그 이유가 영주직영지가 곡물재배지가 거의 없이 주로 포도밭으로 구성된 때문인지 알 수 없다.

40 B. Guérard, *Prolegomènes*, pp. 177~182, 197.

적은 15.4아르 내지 20.8아르가 되며, 대체로 이 영지에서는 자유인망스 보유자의 곡물재배지 경작부역 면적은 15.4아르 내지 20.8아르 이상이었다고 할 수 있다.

생제르맹데프레 수도원영지에서 영주직영지의 포도밭과 초지를 대상으로 하여 자유인망스 보유자의 부역노동이 부과된 장원은 각각 8개(제I, V, VI, XIV, XVII~XIX장 및 "Fragmenata" II)와 3개(제VIII, XXIV, XXV장)다. 포도밭에 대한 부역면적은 8개의 장원 가운데 5개 장원에서 1아르팡이다. 그 면적이 나머지 2개 장원에서는 4아르팡이고(제I장, "Fragmenata" II), 1개 장원에서는 2아르팡이다(제XVII장).[42] 포도밭에 대한 부역노동이 부과되는 다수의 장원에서 그 부역면적이 1아르팡이라는 것은 740년대의 바바리아 법에서 자유인 출신 토지보유자의 포도밭에 대한 부역면적으로 추정되는 크기와 같은 셈이다. 자유인망스에 초지를 대상으로 한 부역노동이 부과되는 3개의 장원 가운데 하나의 장원에서는 부역면적이 바바리아 법에서처럼 1아르팡이고(제VIII장), 다른 2개의 장원에서는 각각 4ptc 즉 10.3아르 내지 13.8 아르(제XXV장)와 2ptc 즉 5.1아르 내지 6.9아르(제XXIV장) 크기의 초지에서 건초 베기만 부과된다. 따라서 이들 3개 장원에서는 초지에 대한 자유인망스 보유자의 부역노동 부담은 740년대의 바바리아 법에서 1아르팡 즉 12.64아르 크기의 초지에 울타리 치기, 풀베기, 건초 수집과 운반 작업까지 수행해야 했던 자유인 출신 토지보유자의 부역노동 부담에 비하면 훨씬 작았던 셈이다.

생제르맹데프레 수도원영지의 많은 고전장원에서 자유인망스

---

41   F. L., Ganshof, "Die Fränkische Reich", p. 178.

42   제I장에서는 자유인망스에 영주직영지의 곡물재배지에 대한 경작부역이 부과되지 않지만, 제XVII장과 "Fragmenata" II에서는 이런 경작부역이 부과된다.

보유자가 영주직영지의 곡물재배지에 대해 수행하는 경작부역 면적 15.4아르 내지 20.8아르는 바바리아 법에서 자유인 출신 토지보유자의 경작부역 면적인 28.8아르보다 더 작다. 더욱이 9세기 초엽의 많은 고전장원에서 자유인망스 보유자의 이런 농업 관련 부역면적은 바바리아 법에서 곡물재배지 경작면적에다 각각 1아르팡 즉 12.64아르씩의 크기인 초지와 포도밭을 합한 면적 54.1아르와 비교하면 훨씬 작다. 생제르맹데프레 수도원영지의 장원들 가운데 소수의 장원에서 곡물재배지에 대한 부역면적에다 보통 1아르팡 크기인 포도밭에 대한 부역면적과 1아르팡 이하인 초지에 대한 부역면적을 합한다고 하더라도 상당히 더 작은 셈이다.

그러나 생제르맹데프레 수도원의 영지명세장에 의하면 이 영지에는 이와 같은 정적부역 외에 이른바 코르베라고 하는 특별한 형태의 경작부역이 존재한다. 장원농민들이 스스로 황소 및 쟁기를 지참하고 가서 집단으로 영주직영지를 갈이질하는 코르베는, 앞에서 보았듯이 메로빙조 말기 바바리아 법의 자유인 출신 토지보유자에게는 없었던 것이다. 이와는 달리 생제르맹데프레 수도원영지의 25개 고전장원들 가운데 23개 장원에서 'corvada'로 표기된 코르베가 부과된다.

그렇지만 이 영지명세장에는 자유인망스 보유자의 코르베에 의한 갈이질 면적이 명시된 경우는 찾아볼 수 없다. 다만 이례적으로 제XXIII장 제1, 2, 4항에 소규모 농민보유지인 'mansellum' 보유자가 코르베로 갈이질하는 면적이 1jr이라고 기록되어 있을 뿐이다.[43] 이를 적용하여 코르베를 통한 자유인망스 보유자의 갈이질 면적이 보통 1jr 즉 34.13아르라고 보면, 이 면적과 자유인망스 보유자의 정적부역

43　"…, et iornalem I in corvada."

면적 15.4아르 내지 20.8아르를 합하면 49.5아르 내지 54,9아르가 된
다. 따라서 9세기 초엽의 생제르맹데프레 수도원영지에서 다수의 자
유인망스 보유자의 영주직영지 경작면적은, 바바리아 법에서 자유인
출신 토지보유자의 곡물재배지와 초지 및 포도밭에 대한 총 부역면적
인 54.1아르와 비슷한 수준이라고 할 수 있다. 그렇지만 코르베에 의
한 갈이질 면적 1jr이란 것은 보통 일반 표준적인 망스 크기의 $\frac{1}{3}$밖에
안 되는 소규모 농민보유지 보유자에게 부과되는 크기다. 9세기의 고
전장원들에서 소규모 농민보유지의 의무는 표준적 일반 망스에 부과
되는 의무의 절반 정도밖에 안 되었다. 따라서 이보다 더 큰 일반 표준
적 망스를 보유한 사람의 코르베에 의한 갈이질 부역면적은 2배 정도
더 컸을 것임을 감안하면, 자유인 출신 토지보유자의 부역면적은 740
년대의 바바리아 법에서보다 9세기 초엽의 생제르맹데프레 수도원영
지에서 두 배 가까이 더 컸다고 할 수 있다.

그럼에도 불구하고 생제르맹데프레 수도원의 영지명세장에 의하
면 11개(제VII, XIII, XIV, XVI, XX~XXII, XXIV, XXV장 및 "Fragmenta"
I과 II)나 되는 적지 않은 장원에서 장원농민의 코르베 부담크기는 '매
주 몇 회' 또는 '파종기마다 몇 회' 식으로 기록되어 있다. 여기서 몇
회란 코르베가 수행되는 파종기의 날〔日〕 수를 가리키는 것으로, 코르
베는 흔히 파종기에 매주 2일씩 부과되었다. 파종기는 동·하곡의 파
종이 이뤄지는 10월과 3월 두 달이고 이것은 8주가 되므로, 망스 보유
자는 16일간의 갈이질을 수행한 셈이다.[44] 한편 'jr'의 본말인 'jornalis'
는 하루 동안의 갈이질 면적이므로, 자유인망스 보유자는 코르베를 통
해 보통 매년 하루 34.13아르씩 16일을 수행한 셈이 된다. 더욱이 이

---

44 이런 추정 과정에 대해서는 필자의 논문, 「고전장원제 하의 '코르베(corvée)'제도」,
    30~34쪽 참조.

영지의 11개 장원(제II~VI, VIII, IX, XV, XVI〔일부 자유인망스의 경우〕, XVII, XVIII장)에서는 자유인망스 보유자의 코르베가 '명령받는 만큼 코르베를 수행한다.(…; corvadas, … quantum ei jubetur)'거나 '명령받는 곳에서 코르베를 수행한다.(…; corvadas, … ubi ei jubetur)'고 하여, 코르베가 무제한적으로 부과된다. 그러므로 740년대의 바바리아 법에 비하면, 장원이 파리 지방을 중심으로 널리 분포한 9세기 초엽의 생제르맹데프레 수도원영지에서 자유인망스 보유자의 농업 관련 부역부담은 엄청나게 증가했다고 할 수 있다. 물론 코르베에는 갈이질과 파종 작업만 포함될 뿐, 바바리아 법에서처럼 울타리 설치나 수확, 운반, 창고 저장과 같은 여타의 작업은 포함되지 않는다.[45] 또 면적을 비롯한 중세의 도량형은 곳과 경우에 따라 달랐고 면적의 추산과 환산 과정에서 상당한 편차와 오차가 발생할 수도 있음을 감안해야 할 것이다. 그러나 그렇다고 하더라도, 봉건농민의 부역노동 부담은 대폭 증가했다고 해도 좋을 것이다.

740년대의 바바리아 법 제I조 제13항에서는 자유인 출신 토지보유자에게는 곡물재배지와 초지 및 포도밭에 대한 부역노동 외에 심부름과 장거리 수송부역, 영주 저택의 보수 및 건축 부역 등과 같은 잡역이 부과되었다. 이에 반해 9세기 초엽의 생제르맹데프레 수도원의 영지에서는 25개의 고전장원 가운데 15개의 장원에서 잡역은 '명령받는 것만큼(또는 '명령받는 곳에서는 어디서나') 손일과 수송부역 및 나무베기를 한다.'는 식으로 무제한적 잡역이 부과된다. 이 영지명세장에서 잡역에 관한 여타의 기록들에 비춰보면, 무제한적으로 규정된 잡역에는 수레나 선박을 이용한 오를레앙 등지에의 수송부역, 곡식이나 나무

45   이에 대해서는 같은 논문, 10~17쪽 참조.

또는 포도주와 같은 생산물의 수송부역, 영주 저택과 농경지의 울타리
치기 부역, 거름운반 부역 등이 포함된다. 따라서 9세기 초엽의 생제르
맹데프레 수도원영지에서 잡역이 흔히 무제한적으로 부과되고 있음을
볼 때, 경작부역 외의 여타 부역에 있어서도 메로빙시내 말기보다 부역
노동 부담이 비교할 수 없을 만큼 커졌다고 할 수 있을 것이다.

생제르맹데프레 수도원의 영지명세장에 의하면 이 영지에는 종
류가 밝혀진 망스 가운데 자유인망스가 1,430개인 데 비해 노예망스
는 불과 191개에 불과할 정도로 매우 적다. 이와 연관된 현상이겠지
만, 망스의 종류가 명시된 전체 24개의 고전장원[46] 가운데 노예망스가
전혀 없는 장원도 8개나 된다. 노예망스가 존재하는 16개의 고전장원
가운데 노예망스에 명확하게 매주 3일의 주부역이 부과되는 장원은
제XV장의 장원 하나뿐이다. 이 외에 제VI장의 장원에서 '매주 2일의
손일(manopera)을 한다.'고 한 것도 부역 일수가 줄기는 했지만, 주
부역일 가능성이 있다. 그러나 제VII장의 장원에서 '매주 2회의 코르
베를 한다.'고 한 것은 앞에서 말한 바와 같이 파종기에 국한해서 코르
베를 수행하는 것이기 때문에 주부역으로 보기 어렵다. 이 영지명세
장에서 노예망스의 부역노동과 관련하여 가장 많은 표현은 자유인망
스의 잡역 규정처럼 '명령받는 곳에서 손일, 수송작업(caropera)을 한
다.'든가 그냥 'manopera, caropera' 등으로 기재된 것이다. 심지어
코르베에 대해서도 이런 방식으로 부과되는 장원이 3개 정도 있으며,
나무베기(caplim)에 대해서도 무제한적 부역노동이 부과되기도 한다.
말할 것도 없이 이와 같은 표현들은 무제한적 부역노동을 뜻한다. 무
제한적 부역노동 의무가 기재된 장원은 노예망스가 존재하는 16개의

---

46 25개의 고전장원들 가운데 제XI장의 장원에 관해서는 종류의 명시 없이 그냥 'mansus'
라고만 기록되어 있다.

장원 중 무려 11개에 이른다. 이렇게 무제한적 부역노동이 부과된 노예망스의 부역노동 수행은 매주 3일 이상이었다고 봐야 할 것이다.

　　이와 같이 노예망스가 존재하는 16개의 장원 가운데 12개 장원에서 매주 3일 이상의 부역이 부과되며, 또한 12개 장원에서 보통 4아르팡 크기의 포도밭에 대한 부역이 부과되고, 일부 모호한 기록이 있어 정확하지는 않지만 대략 9개 정도의 장원에서 대부분 횟수가 명시되지 않은 코르베가 부과되며, 5개 장원에서 일정 크기의 곡물재배지에 대한 정적부역이 부과된다. 그 밖에 장원에 따라 가끔 파수나 울타리 설치, 모직물 제조 등의 부역이 부과되는 경우가 있다. 이와 같이 노예망스가 존재하는 16개의 장원 가운데 절대 다수의 장원에서 매주 3일을 상회하는 무제한적 부역이 부과되는 동시에 포도밭에 대한 부역과 코르베, 그리고 비교적 적기는 하지만 곡물재배지에 대한 부역 등이 함께 부과되고 있다. 따라서 8세기 전반의 부족법들에 나타나는 노예 출신 토지보유자의 부역노동 부담에 비해 9세기 초엽 생제르맹데프레 수도원영지의 고전장원들에서 노예망스 보유자들의 부담은 크게 증가했다고 볼 수 있다.

4. 맺음말

서유럽에서 자유인이나 노예 출신의 봉건농민이 큰 집단으로서나 제도적으로 부역노동 형태의 노동지대를 지불한다는 문헌기록이 처음으로 나타나는 것은 8세기에 들어서다. 그 첫 번째 기록은 710년대에 편찬된 알레만 법이다. 이 법의 제XXII조와 제XXIII조에는 사법권을 행사하는 지주에 대한 노예 출신과 자유인 출신 봉건농민의 지대가 규정

되어 있다. 알레만 법 제XXII조 제3항에 의하면 노예 출신 토지보유
자의 지대는 매주 3일씩 수행되는 주부역 방식의 노동지대였다. 이 법
제XXIII조 제1항과 제2항에는 자유인 출신 토지보유자의 지대지불이
규정되어 있으나, 지대가 노동지대일 가능성은 있지만 구체적인 언급
이 없다. 메로빙시대 말기에 이르면 740년대에 편찬된 바바리아 법에
노예 출신뿐만 아니라 자유인 출신 봉건농민의 노동지대 지불도 명확
하게 규정된다. 바바리아 법 제I조 제13항에 의하면 자유인 출신 토지
보유자가 사법권을 행사하는 지주에게 부담하는 지대 형태의 부역노
동은 지주직영지에 있는 28.8아르 크기의 곡물재배지에 대한 경작부
역, 각각 1아르팡 즉 12.64아르 크기로 추정되는 초지와 포도밭에 대
한 부역, 기타 심부름과 장거리 수송부역, 영주 저택의 보수 및 건축
부역 등으로 구성된다. 같은 조항의 말미에 있는 기록에 의하면 노예
출신 토지보유자의 노동지대는 알레만 법에서처럼 매주 3일씩의 주부
역으로 되어 있으며, 그 외에 부탁과 동의에 기초한 코르베 형태의 갈
이질 부역이 추가된다.

　　그러나 이와 같이 8세기에는 일부 게르만 부족법에서 봉건농민에
대한 노동지대 지불이 제도화되고 노동지대 지불을 법제화할 수 있을
만큼 고전장원제적 토지소유 구조가 형성되고 있었을 것임에도 불구
하고, 고전장원제는 형성과정에 있거나 왕령지를 중심으로 하여 부분
적으로 형성되어 있었다. 고전장원제가 서유럽의 주요 지역에서 보편
적인 봉건적 토지소유로서 성립하는 것은 9세기 초두였다. 고전장원
제가 일반적으로 성립한 후 9세기 초엽의 고전장원들에서 봉건농민에
게 부과된 부역노동 부담을 분석한 결과는 다음과 같다.

　　810년경 반포된 "교회영지와 왕령지 명세장 작성의 사례"라는 제
목의 칙령에 의하면, 바이에른 지방 소재 아우크스부르크 주교좌교회

가 소유한 쉬타펠제 장원은 고전장원으로 조직되어 있었다. 740년대의 바바리아 법에 비해 이 고전장원에서 자유인망스 보유자의 부역노동은 잡역 부분에서는 대체로 부역노동 부담이 오히려 줄어든 양상을 보이지만, 경작부역 면에서는 곡물재배지에 대한 부역면적이 2배 이상 크게 증가하고 초지에 대한 부역도 2배가량 늘어났다. 따라서 자유인망스 보유자의 부역노동 부담은 전체적으로 바바리아 법에 기록된 자유인 출신 토지보유자의 부역노동 부담에 비해 2배 정도 증가했다고 할 수 있다.

쉬타펠제 장원에서 노예망스에는 매주 3일씩의 주부역 외에 일정 면적의 곡물경작지에 대한 갈이질 부역이 부과되고, 돼지사육과 심부름 그리고 직조와 음식장만 부역이 부과된다. 따라서 이런 부담은 노예 출신의 토지보유자에게 매주 3일씩의 주부역만 부과되던 710년대의 알레만 법에 비해서는 물론이고, 매주 3일씩의 주부역과 코르베 형태의 추가적 갈이질 부역이 부과된 740년대의 바바리아 법에 비해서도 상당히 늘어난 것이라고 할 수 있다.

알자스 지방과 라인란트팔츠 지방의 경계선에 위치한 바이센부르크 수도원의 영지명세장 가운데 818~819년 이전에 작성된 것으로 추정되는 명세장의 머리 부분에는 모두 25개의 장원이 기록되어 있다. 25개의 장원 중 1개를 제외하고는 모두 고전장원들이다. 25개 장원에서 대부분의 농민보유지가 종류미상이지만, 유일하게 한 장원에는 농민보유지의 종류가 명시되어 있다. 그것은 자유인망스들로, 그 보유자 각자에게는 204.8아르 크기의 곡물재배지에 대한 경작부역이 부과되고, 14일간의 연부역, 건초작업, 심부름 등의 부역이 부과된다. 따라서 이 장원의 자유인망스 보유자의 부역노동 부담은 경작부역을 중심으로 740년대 바바리아 법의 자유인 출신 토지보유자에 비해 4배 가까이 증대한 셈이 된다.

24개의 고전장원들 가운데는 이 장원처럼 자유인망스임이 명기되어 있지는 않지만 여러 가지 점에서 자유인망스로 추정되는 장원이 여럿 존재한다. 이와 같은 장원들에서 이런 망스 보유자에게는 대체로 102.4아르 이상 크기의 곡물재배지에 대한 경작부역과 14일간의 연부역 외에도 추가적 갈이질 부역과 포도밭 및 초지에 대한 부역, 그리고 건축 및 수리 부역, 수송부역 따위가 부과된다. 대체로 이런 부역노동 부담은 바바리아 법에서보다 적어도 2배 이상 컸다고 할 수 있다.

818~819년 이전에 작성된 바이센부르크 수도원의 영지명세장에 기록된 24개의 고전장원 가운데 노예망스임이 확실해 보이는 농민보유지가 존재하는 고전장원은 18개다. 이들 장원의 이런 농민보유지 보유자에게는 매주 3일씩의 주부역뿐만 아니라 절대 다수의 장원에서 102.4아르 크기의 갈이질 부역이 부과되고, 여러 가지 농사일 관련 부역과 각종 잡역이 적지 않은 장원에서 부과된다. 노예망스 보유자의 이런 부역노동 부담은 주부역 외에도 각종 부역부담이 매우 크다는 점에서, 710년대의 알레만 법은 물론이고 740년대의 바바리아 법에 비해서도 몇 배로 증가한 것이라고 할 수 있을 것이다. 부역노동 부담의 증대는 경작부역과 잡역 양 면에서 다 컸지만, 특히 경작부역 부담의 증가가 두드러진다.

9세기 초엽에 작성된 파리 소재 생제르맹데프레 수도원의 영지명세장에 의하면 이 영지의 많은 고전장원에서 자유인망스 보유자의 정적부역 면적은 740년대의 바바리아 법에서보다 오히려 더 작다. 그러나 이 영지에서는 정적부역에 의한 경작면적보다 코르베에 의한 갈이질 부역면적이 훨씬 컸다. 코르베에 의한 갈이질 면적이 최소 3~4배에서 10여배 정도 더 큰 경우도 있으며, 심지어 '명령받는 대로 코르베를 한다.'고 할 만큼 코르베가 무제한적으로 부과되는 장원도 더러 있다. 정적부역 면적에다 이런 코르베에 의한 갈이질 면적을 합하면, 자유인 출신 토지보유자의 부역면적은 바바리아 법에 비해 최소 2배에서 근 10배까지 증가한 것으로 추산된다. 면적을 비롯한 중세의 도량형이 일정하지 않아서 이런 추산 결과에 상당한 문제가 있다고 하더라도, 파리 지방에서 봉건농민의 부역노동 부담은 고전장원제 성립 전후에 대폭 증가했다고 할 수 있을 것이다. 이 영지에서는 자유인망스의 잡역도 25개의 고전장원 가운데 15개의 장원에서 '명령받는 것만큼 손일과 수송부역 및 나무베기를 한다.'고 함으로써 무제한으로 부과된다. 그렇기 때문에 이 영지에서는 경작부역 면에서뿐만 아니라 여타의 부역 면에서도 메로빙시대 말기와는 비교할 수 없을 만큼 자유인 출신 토지보유자의 부역노동 부담이 커졌던 셈이다.

생제르맹데프레 수도원영지의 절대 다수의 장원에서 노예망스 보유자에게는 매주 3일 이상의 부역이 부과될 뿐만 아니라, 4아르팡 정도의 포도밭에 대한 부역과 무제한의 코르베도 부과된다. 그리고 적지 않은 장원에서 곡물재배지에 대한 정적부역이 부과되고, 파수나 울타리 설치와 같은 잡역이 부과된다. 따라서 대체로 노예망스 보유자의 이런 부역노동 부담은 8세기 전반의 부족법들에 보이는 노예 출신 토지보유자의 부역노동 부담에 비해 포도밭과 곡물재배지를 중심으로 크게 증대되었다고 할 수 있다.

우리는 고전장원제 성립 전후를 중심으로 한 봉건농민의 부역노동 부담추이에 대한 이와 같은 분석으로부터 몇 가지 눈에 띄는 사실과 경향성을 발견할 수 있다.

첫째, 고전장원제가 일반적으로 성립하기 전과 비교해서 고전장원제의 성립 후에 봉건농민의 부역노동 부담은 적어도 2배 이상 대폭 증가했다.

둘째, 봉건농민의 부역부담은 잡역 부분에서도 증가했지만, 영주 직영지의 곡물재배지에 대한 경작부역 부담 증가가 특별히 컸다. 자유인 출신 봉건농민의 경우 경작부역 부담은 정적부역의 증가에 의해시라기보다도 코르베에 의한 증가가 더 컸다. 정적부역 면적은 고전장원제 성립 전보다 심지어 줄어든 경우도 있다. 따라서 봉건농민의 경작부역 부담증가는 영주의 코르베 남용이 큰 영향을 미쳤다고 할 수 있을 것이다.

셋째, 자유인 출신 봉건농민의 부역노동 부담만 증가한 것이 아니라, 블로크는 인식하지 못했지만 노예 출신 봉건농민의 부역노동 부담도 크게 증가했다. 노예 출신 봉건농민의 경우에도 잡역보다 경작부역 부문에서 부역노동 부담이 더 크게 증가했다. 그러나 노예 출신보다는 경작부역을 중심으로 한 자유인 출신의 부역노동 부담 증가가 훨씬 컸다. 따라서 봉건농민의 구성은 노예 출신보다 자유인 출신이 훨씬 더 많았으므로,[47] 전체적으로 봉건농민의 부역노동 부담도 크게 증대되는 결과가 빚어졌다고 할 수 있다.

넷째, 중세 초기 봉건농민의 부역노동은 8세기 초엽부터 계속 증가일로의 추세를 보인다. 710년대보다는 740년대에 노예 출신 토지보유자의 부역노동 부담이 코르베가 추가됨으로써 증가했으며, 800년경 고전장원제의 일반적 성립을 계기로 봉건농민의 부역노동 부담이 대폭 증가했다. 그러나 고전장원제가 보편화된 후에도 810년경의 쉬타펠제 장원에서보다 818~819년 무렵의 바이센부르크 수도원의 영지

---

47 고전장원에 관한 기록인 9세기의 영지명세장들에 의하면 전체 농민보유지 가운데 압도적 부분을 차지하는 것은 자유인망스이며, 나머지 10~20% 정도가 노예망스다. 필자의 논문, 「고전장원제 하의 농민보유지 제도」, 392~395쪽 참조.

에서 장원농민의 부역노동 부담은 더 컸으며, 조금 더 뒤의 생제르맹데프레 수도원영지에서 부담은 더 큰 폭으로 증가했다.

다섯째, 고전장원제 성립 전후의 이와 같은 부역노동 부담 증가는 노예 출신의 토지보유자에게 고유한 부역노동 부과방식이었던 주부역과 자유인 출신 특유의 부역노동 부과방식이었던 정적부역이 서로 뒤섞이면서 진행되는 양상을 보인다.

이와 같이 고전장원제 성립 전후를 중심으로 중세 초기에 봉건농민의 부역노동 부담이 증가한 원인과 배경은 무엇일까? 이 문제는 별도의 논문에서 치밀하게 따져야 할 것이지만, 블로크와 페랭도 지적하듯이[48] 부역노동 증가의 배경에는 틀림없이 노예제의 쇠퇴가 크게 작용했을 것이다. 왜냐하면 지금까지 살펴본 봉건농민의 부역노동 증가 추세는, 로마제국 말기와 게르만족 대이동기의 혼란으로 대량의 노예가 발생하여 성립한 5세기 말엽부터 7세기 말 사이의 서유럽 노예제사회가 8세기에 들어서부터는 쇠퇴하는 반면에 농노제적 생산관계가 본격 형성되어가는 과정과 시기적으로 일치하기 때문이다.[49] 그러나 부역노동 증가의 배경으로는 노예제 쇠퇴 외에도 영주권의 성장, 자유농민 소유의 토지 탈취와 개간에 의한 영주직영지의 확대 등과 같은 다른 요인들도 작용했으리라고 짐작된다.

고전장원제 성립 전후에 봉건농민의 부역노동이 폭증한 이면에는 중소농민들로부터 직·간접적인 토지탈취나 기만적인 토지매입 등의 방법으로 대토지를 축적하는 동시에 이의 경작에 필요한 부역노동을

---

48 M. Bloch, "The rise of dependant cultivation", pp. 287~288. : Ch. Ed. Perrin, "Une étape de la seigneurie", p. 458.

49 필자의 논문, 「서유럽 중세 초기 노예제사회로부터 농노제로의 이행과정」, 251~291쪽 참조.

확보하고 증대시키려는 세력가들의 집요한 노력이 있었다. 당연히 농민들은 저항했다. 중세 초기의 문헌기록이 적음에도 불구하고, 우리는 프랑크왕국의 칙령들과 법률서식들을 비롯한 여러 문헌기록 속에서 이런 저항이 자유인 출신 농민의 경우에는 국왕에 대한 탄원이나 법정 제소 등의 형태로, 노예의 경우에는 주로 도망의 형태로 다양하게 표출됨을 많이 볼 수 있다.[50]

---

50   중세 초기의 이런 과정과 현상에 대해서는 앞의 제1부 제II장 제3절과 제III장 제4절의
      끝 부분 외에 R. Doehaerd, *Early Middle Ages*, pp. 121~122; 필자의 논문, 「서유럽에
      서 노예제사회로부터 농노제로의 이행요인 ─생산력발전 및 계급투쟁에 대한 검토─」,
      『서양사론』, 98(2008. 9), 41, 44쪽 참조.

VII. 결론

중세 전기 고전장원제 아래서 장원농민들이 영주를 위해 수행한 봉건적 부역노동은 노예노동과는 부역노동의 크기, 노동력 조달방식, 부역노동자와 생산수단과의 소유관계, 부역노동 수행을 담보하는 경제외적 강제의 성격 등의 면에서는 뚜렷한 차이가 나지만, 둘 다 경제외적 강제가 수반되는 잉여노동의 착취형태이고 무보수의 강제노동이라는 본질 면에서는 동일하다. 그렇지만 서유럽사회에서 노예노동은 봉건적 부역노동에 앞서 로마사회나 중세 초의 대토지경영에서 주요 노동력으로 사용되었다. 따라서 무보수 강제노동으로서의 봉건적 부역노동은 이론적으로 노예노동으로부터 유래했을 가능성이 크다고 할 수 있다.

실제로도 중세 초기의 문헌기록 곳곳에서는 봉건적 부역노동이 노예노동에서 기원함을 시사하거나 증언하는 여러 가지 증거를 볼 수 있다. 9세기의 영지명세장들에는 고전장원의 영주직영지에서 수행하는 장원농민들의 부역노동을 노예의 일이라는 뜻을 지닌 'servitium'이란 말이 흔히 사용되고 있으며, 때로는 이를 'opus servile'라고 하여 노예의 일임을 명확히 하고 있기도 하다. 9세기 중엽에 작성된 생르미 수도원의 영지명세장 기록은 고전장원의 영주직영지에서 장원농민들이 수행하는 부역노동이 무제한적이든 제한적이든 간에 노예 신분이나 노예의 토지보유로 창출된 노예망스와 긴밀한 연관관계가 있음을 보여준다. 이 명세장과 생제르맹데프레 수도원의 영지명세장에서는 뒤늦게 개간되어 작은 농민보유지로 창출된 지 얼마 안 되는 아콜라나 호스피키움의 보유자 신분이 자유인인 경우에는 지대가 화폐지대나 생산물지대인 데 비해, 노예 신분인 경우에는 부역노동 형태의 노동지대로 되어 있기도 하다. 또 원래 고대사회에서 노예적 예속상태나 노예신분을 뜻했던 servitium이라는 말이 중세 초기의 문헌기록 속에서 노예 상태에서의 부역노동이라는 의미를 거쳐, 그 정확한 시점을 알기는 어렵지만 아마도 8세기에 들면서부터는 경작부역을 중심으로 한 장원농민의 부역노동이라는 의미로 사용되는 변화가 일어나고 있음도 볼 수 있다. 무보수 강제노동과 관련한 의미상의 이런 변화는 로마제국 말기와 게르만족 대이동기의 분쟁과 혼란으로 재건된 프랑크 왕국 초기의 노예제가 8세기 초 이후 쇠퇴하고 소농의 부역노동에 기초해서 대토지가 경영되는 고전장원제가 형성되는 사회적 변화추세에 조응한 것이라고 할 수 있다. 8세기에 들어서면서부터는 노예노동의 쇠퇴와 봉건적 부역노동의 발전이 본격화된다.

무보수 강제노동이라는 점에서 노동의 본질은 같음에도 불구하고 중세 초기에 노예노동이 쇠퇴하고 이로부터 기원한 봉건적 부역노동이 발전한 까닭은 무엇일까? 앞의 제1부 제III장 제4절에서 논한 바와 같이, 그 주된 요인은 로마제정시대 이래 대토지소유제가 점점 확대·발전하는 상황에서 노동력의 자체 재생산이 없는 노예노동으로는 대토지경영에 필요한 노동력을 확보하기 어려웠기 때문이라고 할 수 있다. 앞의 제1부 제II장에서 보았듯이, 대토지소유제는 특히 서로마제 국 몰락 후 중세 초기에 세력가들에 의한 자유농민 소유지의 탈취로 더욱 크게 발전했다. 그런데도 서유럽 세계의 강자인 프랑크왕국은 팽 창과정에서 피정복민이 기독교로 개종하는 경우에는 노예로 삼지 않 았다. 그렇다고 해서 무역을 통해 서유럽사회의 대소유지에 대량의 노 예가 공급된 것도 아니었다. 중세 초기에 브리튼 섬의 노예 수출은 활 발하여 서유럽에 적지 않은 수의 노예를 공급했으나, 브리튼 섬 출신 의 많은 노예는 주로 스페인을 비롯한 이슬람세계로 수출되었다.[1] 늦 어도 9세기 이후에는 많은 슬라브인이 노예로 잡혀 수출되는 중세의 노예무역이 활발했지만, 그 대부분도 이슬람세계로 수출되었으며 서 유럽은 슬라브인 노예의 이동경로 역할을 했을 뿐이다.[2]

이와 같은 대토지소유 확대와 노동력 부족의 괴리를 해소하는 직 접적 타개책은 지주의 대토지를 경작하던 솔거노예들에게 결혼과 가 족생활을 허용하여 자식을 양육하도록 하는 것이었다. 노동력 재생산 을 위한 노예의 독자적 가족생활 영위를 보장하려면 무엇보다 노예주 인 지주가 직접경영지의 일부를 노예에게 생계유지용으로 떼어주어야 했다. 이런 조치가 취해진 결과 노예는 여전히 주인의 직접경영지를 경작하는 부역노동을 수행하기는 하지만, 소규모 토지를 보유하고 가 족을 거느린 소농으로 변모하게 된다. 이에 따라 그의 부역노동은 더 이상 노예노동이 아니라 고전장원의 농민으로서 수행하는 봉건적 부 역노동으로 바뀐다. 봉건적 부역노동의 부담크기가 노예노동의 절반

---

[1]   M. Bloch, "How and Why Ancient Slavery Came to an End", pp. 3, 26 참조.

[2]   Ch. Verlinden, "Ist mittelalterliche Sklaverei ein bedeutsamer demographischer Faktor gewesen?", pp. 154~169; M. Bloch, "How and Why Ancient Slavery Came to an End", pp. 27~29 참조.

수준으로 줄고, 봉건적 부역노동의 수행자가 노예와는 달리 생산수단
과 생산물에 대한 일정한 소유권을 가지며, 노예와는 달리 장원농민에
대한 경제외적 강제가 공권적 성격을 띠게 되는 등, 장원농민의 부역
노동과 관련된 그 밖의 특성들은 이와 같은 노동력 조달방식의 변화에
부수되는 현상이라고 하겠다.

　봉건적 부역노동의 형성과 관련해서는 먼저 노예의 외거화와 토
지보유를 통해 노예노동의 봉건적 부역노동화가 이뤄지고 그 뒤에 자
유인의 몰락을 통한 부역농민화가 전개되었다고 할 수 있다. 왜냐하면
자유인의 부역농민화는 노예노동의 봉건적 부역노동화로 부역노동이
대폭 축소됨으로써 지주직영지의 경영에 필요한 부역노동이 크게 부
족해진 것을 보충하기 위해서 진행되었다고 볼 수 있기 때문이다. 8세
기 초부터 대소유지에서 노예노동 대신 봉건적 부역노동의 발전이 본
격화됨에 따라 프랑크 왕실의 주도로 봉건적 부역노동의 부과와 수행
에 관한 제도가 마련된다. 원초적 형태의 봉건적 부역노동제도는 신분
에 따라 달랐고 각각의 신분적 특성을 반영했다. 8세기 초반의 알레만
법과 바바리아 법을 비롯한 여러 문헌기록들에 의하면 노예 신분의 경
우에는 늘 무제한적으로 수행하던 부역노동이 자신의 노동력 재생산
을 위한 토지 보유와 경작활동으로 절반 수준으로 줄어들어 일요일을
제외하고 1주일에 3일씩의 주부역 방식으로 부과되었다. 3일간의 주
부역은 2일간의 경작부역과 주인인 지주의 의식주 생활과 관련된 1일
정도의 잡역으로 구성된 것으로 추측된다. 자유인 신분의 부역노동은
어느 정도 자율성이 존중되어 일정한 면적을 할당받아 책임지고 경작
하는 정적부역 방식으로 부과되었다. 자유인 신분의 경우에는 정적부
역 방식으로 부과되는 경작부역과 이의 연장으로서의 수송부역 및 전
령 업무 정도 외에는 잡역이 거의 부과되지 않고 공경 과세의 성격을

지니는 공납의 부담이 크다는 것이 특징이다.

그러나 9세기 초 이후 갈리아 북부지역을 중심으로 서유럽에서 널리 시행된 고전장원제 아래서 실시된 고전적 형태의 봉건적 부역노동제도는 8세기 초반쯤에 형성된 원초적 형태와 연관성이 없는 것은 아니지만 매우 달랐다. 고전적 형태의 봉건적 부역노동제도에서는 신분에 따라 상이했던 원초적 형태의 부역노동제도가 해체되어 흔적 정도만 남기고 정적부역과 주부역 위주의 정기부역이 영지와 장원에 따라 다양한 형태로 혼합되어 부역방식이 어디서나 비슷하게 수렴되는 경향이 나타난다. 동시에 노예보유지와 자유인보유지 사이에 존재하던 부역방식상의 대조적 차이도 거의 사라지고 부역노동의 부담도 비슷해진다. 그렇지만 원초적 형태의 단계에서 신분 및 농민보유지의 종류에 따라 상이했던 부역방식이 서로 뒤섞임으로써 부역노동의 부담이 전체적으로 증가했으며, 특히 자유인망스의 부역노동 부담이 크게 증대했다. 이것은 지주가 무제한적으로 수행되던 솔거노예의 부역노동이 노예의 토지보유와 보유지 경작으로 대폭 줄어듦으로써 발생한 직영지 경작노동력의 부족난을 무엇보다 자유인의 부역노동 증대를 통해 메우려 했기 때문일 것이다.

봉건적 부역노동제도의 원초적 형태로부터 고전적 형태로의 이행은 원초적 형태가 성립된 8세기 초반 이후 고전장원제가 성립하여 널리 실시된 9세기 초 사이의 기간에 일어났음이 틀림없다. 그러나 이 시기의 사료부족으로 그 이행과정이 구체적으로 언제 어떻게 전개되었는지 자세히 알기는 어렵다. 다만 일부 사료를 통해서 노예 신분 출신 토지보유자의 원초적 부역방식인 매주 3일씩의 주부역에 연부역이 추가된다든가, 주부역 일수가 늘어난다든가, 또는 무제한적 부역방식으로 역전된다든가, 심지어 정적부역으로 바뀐다든가 하는 한편, 자유인 신분 출신 토지보유자의 원초적 부역방식인 정적부역이 주부역으로 바뀐다든가, 농사일의 과제별로 며칠간씩 부과되어 수행되는 과제부역으로 변하는 등 다양한 변형과 조합 과정을 거쳐 이행되었다는 사실만은 확인할 수 있다. 봉건적 부역노동제도가 원초적 형태로부터 고전적 형태로 이행하게 된 배경과 동인은 8세기 이후 노예제의 쇠퇴와 고전장원제의 형성에 따라 고대적 신분제도가 무의미해지는 한편, 토지보유 농민의 쟁기 및 황소와 같은 갈이질 수단의 소유와 농민보유지의 크기가 영주의 직영지 경영에서 중요성을 띠게 된 데 있다고 할 수 있다. 기본적으로 자유인과 부자유인으로 구분된 고대적 신분제도도 이행에 영향을 미치지 않았던 것은 아니다. 그러나 그것은 이행을 촉진한 것이 아니라 저지 내지 제약 요인으로 작용하였을 뿐이다.

이와 같이 해서 9세기 초 이후 고전장원제 아래서 실시된 고전적 형태의 봉건적 부역노동제도가 형성되었지만, 그렇다고 해서 고전적 형태의 봉건적 부역노동제도 전체가 형성된 것은 아니었다. 봉건적 부역노동은 이런 기초적이고도 근간을 이루는 부역노동 외에 코르베라고 불린 추가적 갈이질 부역을 포함했기 때문이다. 코르베는 영주직영지의 경작과 관련되어 있었으므로, 봉건적 부역노동을 구성하는 중요한 부분이었다. 그러나 그것은 봉건적 부역노동의 전체 체계의 일부를 구성하면서도 별개의 제도와 유래를 갖는 특별한 형태의 부역노동이었다. 9세기 초에 고전장원제가 성립한 후 고전장원의 대다수 농민들은 정적부역 방식으로 영주직영지를 갈이질하는 정상적이고도 통상적인 경작부역 외에, 동·하곡의 파종기와 휴경지 갈이질 철에 황소와 쟁기를 지참하여 집단으로 영주직영지를 갈이질하는 특별한 추가적 부역을 수행해야 했다. 고전장원제 아래서 실시된 이런 고전적 형태의 코르베제도에서는 코르베가 노예망스보다도 자유인망스에 부과되는 비율이 훨씬 높았다. 고전적 코르베제도는 고전장원제와 마찬가지로 문헌기록상 800년 무렵에 성립한 것으로 추정되며, 그 원초적 형태는 봉건적 부역노동제도의 원초적 형태가 기록되어 있는 740년대의 바바리아 법에서 발견된다. 이에 의하면 코르베는 노예주인 지주가 황소와 같은 갈이질 수단들을 토지보유 노예에게 제공하면서 직영지 경작을 위한 추가적 갈이질을 부탁한 데서 생겨난 것으로 보인다. 봉건적 부역노동제도의 원초적 형태와 마찬가지로 코르베 역시 노예의 토지보유로 노예의 부역노동이 급감하는 상황에서 생성된 것으로 파악된다. 처음에 지주의 갈이질 수단 제공과 요청으로 생겨난 코르베는 차차 노예제의 쇠퇴 속에 고대적 신분에 의거한 토지보유자의 의무구별이 모호해지고 영주권이 확대됨에 따라, 노예보유지보다 갈이질 수단의 소유 가능성이 훨씬 큰 자유인보유지에 부과되는 경우가 많아지고 장원농민 스스로 갈이질 수단을 지참하여 수행해야 하는 의무로 귀착된 것으로 추측된다.

9세기 초에 고전적 형태의 봉건적 부역노동제도와 코르베제도가 성립함에 따라 봉건농민의 부역노동 부담은 대폭 증가했다. 한편으로는 자유인과 노예로 구분되었던 고대적 신분에 따라 상이했던 정적부역 방식과 주부역 방식이 서로 여러 가지 형태로 뒤섞이며 결합됨으로써 장원농민의 부역노동 부담이 크게 증가했다. 다른 한편으로는 토지보유 외거노예만이 지주의 갈이질 수단 제공과 청탁으로 어쩌다 수행하던 추가적 갈이질 부역인 코르베가 갈이질 수단을 지참한 정규적 의무로 되고 자유인 출신의 토지보유 농민들에게까지 확대됨에 따라 농민의 부역노동 부담이 증대되었다. 그 결과, 봉건농민의 부역노동 부담은 거의 어디서나 최소 2배 이상 증가했다. 부역노동의 부담증가는 잡역 부문에서보다 경작부역 부문에서 훨씬 컸으며, 주부역을 중심으로 한 정기부역의 추가와 특히 코르베의 부과로 자유인 출신 장원농민의 부역부담이 폭증했다. 노예제의 쇠퇴로 크게 부족해진 대토지 경작노동력의 많은 부분이 자유인 출신 장원농민들의 부역노동 증대로 보충된 셈이다.

전체 결론을 대신하여

이 책은 제1부와 제2부로 나누어 제1부에서는 봉건적 토지소유 형태로서의 고전장원제의 형성을, 제2부에서는 특별히 고전장원제에서 핵심적 중요성을 갖는 봉건적 부역노동제도의 형성을 고찰했다. 그 결과 가장 두드러져 보인다고 할 수 있는 현상은 고전장원제와 봉건적 부역노동제도의 성립시점이 대체로 일치한다는 것이다. 세부적으로도 고전장원제의 형성과 관련해서, 노예와 자유인 신분의 부역노동 수행 소작농으로의 전환에 의한 고전장원제적 토지경영체제의 형성과, 영주 직영지에 대한 장원농민의 부역노동 수행을 담보하는 경제외적 강제로서의 영주권의 형성이 병행된다. 이와 더불어 봉건적 부역노동의 일반 제도와 코르베제도의 형성 역시 원초적 형태 및 고전적 형태의 성립시점 면에서 서로 일치한다. 다만 고전장원제라는 봉건적 토지소유의 주요 특성들 가운데 하나인 영주적 대토지소유제의 형성은 조금 빠른 편이다. 이처럼 토지경영체제로서의 고전장원제, 영주권, 봉건적 부역노동의 일반 제도와 코르베제도 등의 형성시기가 일치하는 것은 봉건적 토지소유형태로서의 고전장원제를 구성하는 이들 요소가 상호 불가분의 긴밀한 결합관계를 가지고 있기 때문이라고 할 수 있다. 이 와는 달리 영주적 대토지소유제의 형성시점이 이들 여러 요소들보다 비교적 다소 빠른 것은 대토지소유제의 발전이 고전장원제 형성의 전 제조건이기 때문이라고 할 수 있을 것이다.

중세 초기에 서유럽에서 봉건적 토지소유 형태로서의 고전장원 제와 그 골간을 이루는 봉건적 부역노동제도가 본격적으로 형성된 시 대적 배경은 무엇일까? 그것은 대토지소유제의 발전과 7세기 말 이후 노예제의 쇠퇴라고 할 수 있을 것이다. 대토지소유제는 로마시대 이래 계속해서 크게 발전하고 있었음에도 불구하고 대토지를 부역노동으로 경작하는 주요 노동력이었던 노예노동력은 정복전쟁이나 무역을 통한 대규모 노예공급 부재로 고갈될 위기에 처했기 때문이다. 그래서 대토 지소유자는 노동력의 자체 재생산이 없는 노예노동에 기초한 대토지 경영 체제를, 결혼생활 영위와 생계유지용의 작은 보유지 경작으로 부 역노동력이 영속적으로 재생산될 수 있는 체제로 전환하지 않을 수 없 었다. 이로부터 대소유지가 영주직영지와 농민보유지로 이분되고 전 자는 후자를 보유한 소농들의 부역노동으로 경작되는 고전장원제가 형성되게 되었다고 할 수 있다.

그렇지만 대토지소유제가 발달하는 가운데 노예제가 쇠퇴한다고 해서, 소농들의 부역노동에 의거해서 지주의 직영지가 경작되는 고전 장원제가 위기에 처한 대토지경영의 유일한 대안일 수는 없다. 대토지 소유제가 발달하더라도 대토지를 자본주의사회에서처럼 임금노동을 사용한다든가, 고대 로마사회의 한편에서나 중세 후기와 근대 초기의 서유럽에서처럼 화폐지대나 생산물지대 지불방식의 소작제를 사용하 여 경영할 수도 있기 때문이다. 따라서 중세 초기에 대토지소유자들이 노예제의 쇠퇴에서 오는 위기의 탈출로를 임금노동 사용이나 화폐지대 및 생산물지대 지불방식의 소작제에 토대를 둔 대토지경영 체제에서 구하지 않고 소작농들의 부역노동으로 직영지가 경작되는 고전장원제에서 찾았다는 것은 일찍이 H. 피렌이 주장했듯이 7~8세기에 이슬람세력이 지중해를 장악한 후 서유럽에서 무역과 도시에 기초한 교환경제가 쇠퇴하고 자급자족적 농업 위주의 자연경제가 형성되었기[1] 때문일 가능성도 있다. 그래서 봉건적 토지소유 형태로서의 고전장원제의 형성을 중세 초기 교환경제 내지 자연경제의 동향과 관련시켜 연구할 필요성이 있다고 할 수도 있을 것이다.

그러나 이와 같은 류의 연구를 하는 것은 간단한 문제가 아니다. 우선 무엇보다 고전장원제가 반드시 자연경제와 연관되어 있고 교환경제와는 상충적인 관계에 있는 것은 아니기 때문이다. 이를테면, 잘 알려져 있다시피 영국에서는 12세기 이후 화폐경제가 점차 발전하고 농산물 가격이 오르면서 오히려 12세기 말부터 13세기에 걸쳐 대영지를 중심으로 부역노동에 기초한 고전장원제가 전성기를 맞았으며, 프로이센을 비롯한 발트 해 연안의 동유럽 여러 지역에서는 16세기를 전후해서 서유럽과의 교역이 활발해지자 서유럽 시장에 곡물을 수출하기 위한 고전장원제와 농노제가 형성되어 발달했다. 발트 해 무역에 별 영향을 받지 않던 러시아에서도 15세기 후반 이후 국내시장이 발전하는 가운데 16~17세기에 고전장원제가 주요 지역들에서 형성되었으며, 18세기 후반부터는 상품화폐경제가 한층 크게 발전하면서 고전장원제가 19세기 전반까지 두 배로 확대되었다.[2] 게다가 1920~으

1　H. Pirenne, *Mahomet et Charlemagne* (Paris & Brussels, 1937), 강일휴 역, 『마호메트와 샤를마뉴』 (삼천리, 2010) 참조.
2　필자의 논문, 「토지소유 형태로서의 고전장원제의 역사적 위상―러시아를 중심으

1930년대에 발표된 피렌의 학설을 둘러싸고 지금까지 끝날 줄 모르고 벌어지고 있는 논쟁에서 볼 수 있듯이,[3] 중세 초기 서유럽에서 자연경제 내지 교환경제의 발전에 관한 연구도 결코 간단하게 정리될 수 있는 것이 아니기 때문이기도 하다. 문제는 이뿐만이 아니다. 러시아를 비롯한 동유럽의 봉건제 형성과정에서 대체로 그랬듯이, 교환경제 외에 토지에 비해 이를 경작할 노동력이 절대 부족한 인구학적 요인이 중세 초기의 서유럽에서도 고전장원제가 형성되는 데 작용했을 수도 있는 것이다. 그러므로 봉건적 토지소유 형태로서의 고전장원제의 형성에 미친 요인들을 정확히 밝히기 위해서는 여러 가지 측면에서 그리고 서유럽 대륙지역을 넘어서서 적어도 전 유럽적 차원에서 치밀하게 비교연구함이 요구된다고 하겠다. 이와 같은 연구는 별도의 작업을 필요로 할 수밖에 없다. 이 책에서는 서유럽 대륙에서 고전장원제와 봉건적 부역노동제도의 형성에 미친 요인들을 직접적이고도 가장 중요하다고 판단되는 것들을 중심으로 논했을 뿐이다.

로―」, 228~233, 249~250 참조.

3   피렌의 학설을 둘러싼 지금까지의 논쟁사에 관해서는 A. Verhulst, *Carolingian Economy*, pp. 2~8 참조.

참고문헌

약어

CEHE: *The Cambridge Economic History of Europe.*
DRIG: *Diplomata Regum et Imperatorum Germaniae.*
EHR: *English Historical Review.*
Historia: ZAG: *Historia: Zeitschrift füur Alte Geschichte.*
MGH: *Monumenta Germaniae Historica.*
NCMH: *The New Cambridge Medieval History.*
RBPH: *Revue belge de Philologie et d'Histoire.*
RHDFE: *Revue Historique de Droit Français et Etranger.*
VSWG: *Vierteljahrschrift für Sozial-und Wirtschaftsgeschichte.*
ZG: *Zeitschrift für Geschichtswissenschaft.*

1. 사료

Arnolfi diplomata (Berlin: Weidmann, 1956), *MGH.*

Beyer, H., ed., *Urkundenbuch zur Geschichte der, jetzt die Preussischen Regierungbezirk Coblenz und Trier bildenden Mittelrheinischen Territorien*, Erster Band (Coblenz, 1860), pp. 142~201.

Beyerle, F. & Buchner, R., ed., *Lex Ribuaria* (Hannover: Hahn, 1954), *MGH.*

Bluhme, F., ed., *Leges Langobardorum* (Hannover 1868; 재인쇄: Stuttgart: Anton Hiersemann, 1965), *MGH, Leges*, tomus IIII.

Boretius, A., ed., *Capitularia regum Francorum, MGH*, 2 vols.(Hannover: Hahn, 1883).

Bouchard, C. B., ed., *The Cartulary of Montier-En-Der 666-1129* (Toronto: Univ. of Toronto Press, 2004).

Bruckner, A., ed., *Regesta Alsatiae aevi Merovingici et Karolini 496-918*, I. *Quellenband* (Strasbourg, Zürich: P. H. Heitz, 1949).

Caesar, J., *Commentarii de bello Gallico*, 박광순 역, 『갈리아 전기』 (범우사, 1991).

Conradi I, Heinrici I et Ottonis I diplomata (Hannover: Hahn, 1879-1884; 재인쇄: München, 1980), *MGH, DRIG.*

Dette, Ch., ed. & comment., *Liber possessionum Wizenburgensis* (Mainz: Gesellschaft für Mittelrheinische Kirchengeschichte, 1987).

Devroey, J. -P., édition critique, *Le polyptyque et les listes de biens de l'abbaye Saint-Pierre de Lobbes(IXe-XIe siècles)* (Bruxelles: Palais des Académie, 1986).

"Diplomata maiorum domus e stirpe Arnulforum", *MGH, Diplomata*, tomus I.

"Diplomata regum Francorum e stirpe Merovingica", *MGH, Diplomata*, tomus I (Hannover, 1872; 재인쇄: Stuttgart, Anton Hiersemann, 1981), pp. 1~88.

Franz, G., ed., *Quellen zur Geschichte des deutschen Bauernstandes im Mittelalter* (Darmstadt: Wissenschaftliche Buchgesellschaft, 1974).

Ganshof, F. L., ed., *Le polyptyque de l'abbaye de Saint-Bertin(844-859). Edition critique et commentaire* (Paris: Imprimerie nationale, 1975).

Gasnault, P., "Les documents comptables du VIIe siècle provenant de Saint-Martin de Tours", *Francia*, 2(1974), pp. 1~18.

Giry, A., Prou, M. & Tessier, G., ed., *Recueil des actes de Charles II le Chauve(840-877). Roi de France*, tome II (Paris: Imprimerie nationale, 1955).

Glöckner, K., ed., "Ein Urbar des rheinfränkischen Reichsgutes aus Lorsch", *Mitteilungen des Instituts für österreichische Geschichtsforschung*, Band XXXVIII Heft 2(Innsbruck: Wagner, 1918), pp. 381~398.

Guérard, B., ed., *Polyptyque de l'abbaye Irminon ou dénombrement des manses, des serfs et des revenus de l'abbaye de Saint-Germain-des-Prés sous le régne de Charlemagne*, 2 vols. (Paris: L'Imprimerie royale, 1844).

_____, ed., "Polyptychum Fossatense", B. Guérard, ed., *Polyptyque de l'abbaye Irminon*, 제 2권 부록, I(pp. 283-288).

_____, ed., *Polyptyque de l'abbaye de Saint-Remi de Reims ou dénombrement des manses, des serfs et des revenues de cette abbaye, vers le milieu du neuvième siècle de notre ére* (Paris: L'Imperimerie Impériale, 1853).

_____, ed., "Fragmenta descriptionis bonorum monasterii Mediolacensis, in dioecesi Trevirensi", B. Guérard, ed., *Polyp. de St. Remi*, 부록 IV(pp. 122~123).

_____, ed., "Polyptyque de St. Amand", B. Guérard, vol. 1. *Prolegomènes*, pp. 925~926.

Gysseling, M. & Koch, A. C. F., ed., *Diplomata Belgica ante annum millesinum centesimum scripta*, I. *Teksten* (Brussel: Belgisch Inter-Universitair Centrum voor Neerlandistiek, 1950).

Hägermann, D., ed., *Das Polyptychon von Saint-Germain-des-Prés* (Köln, Weimar, Wien: Böhlau, 1993).

Hägermann, D. & Hedwig, A., ed., *Polyptychon und die Notitia de Areis von Saint-Maur-des-Fossés: Analyse und Edition* (Sigmaringen: Jan Thorbecke, 1990).

Halkin, J. & Roland, C. G., ed., *Recueil des chartes de l'abbaye de Stavelot-Malmedy* (Bruxelles: Kiessling et Cie, P. Imbreghts, 1909).

Heller, J. & Waitz, G., ed., "Flodoardi historia Remensis ecclesia", *MGH, Scriptores in folio*, XIII (Hannover: Hahn, 1881), pp. 409~599.

D'Herbomez, A., ed., *Cartulaire de l'abbaye de Gorze*, Mettensia II (Paris: C.

Klincksieck, 1898).

Hessels, J. H., ed., *Lex Salica: The ten Texts with the Glosses and the Lex Emendata* (London: John Murray, 1880).

Kötzschke, R., ed., *Die Urbare der Abtei Werden a.d. Ruhr*, A. *Die Urbare vom 9.-13. Jahrhundert* (Bonn, 1906; 재인쇄: Düsseldorf, Droste, 1978).

Kuchenbuch, L., *Grundherrschaft im früheren Mittelalter* (Idstein: Schulz-Kirchner, 1991).

Lalore, Ch., ed., *Chartes de Montiérender, Collection des principaux cartulaires du diocèse de Troyes*, tome IV (Paris, 1878), pp. 89~115.

_____, ed., *Le polyptyque de l'abbaye de Montiérender* [Tiré à deux cent cinquante exemplaires numérotés. L'éditeur: J. Carnandet] (Paris, Librairie H. Menu, 1878).

"Leges Burgudionum", *MGH, Leges* (Hannover, 1863; 재인쇄: Stuttgart, Vaduz, 1965).

Lesort, A., ed., *Chronique et chartes de l'abbaye de Saint-Mihiel* (Paris: C. Klincksieck, 1909-1912).

"Lex Alamannorum", *MGH, Legum tomus III* (Hannover: Hahn, 1863; 재인쇄:Stuttgart, Vaduz, Anton Hiersmann · Kraus Reprint Ltd, 1965), pp. 34~170.

"Lex Baiuwariorum", *MGH, Legum tomus III*, pp. 257~334.

Longnon, A., ed., *Polyptyque de St. Germain-des-Prés*, Première partie. *Texte du polyptyque* (Paris: H. Champion, 1886; 재인쇄: Genève, Mégariotis Reprint, 1978).

Ludowici Germanici, Karolomanni, Ludowici Iunioris diplomata (Berlin: Weidmann, 1932-1934; 재인쇄: München, 1980), *MGH, Diplomata regum Germaniae ex stirpe Karolinorum*, tomus I.

Massen, F., ed., *Concilia aevi Merovingici* (Hannover: Hahn, 1893[1956년 재개정]), *MGH, Legum sectio III concilia*, tomus I.

Ottonis II. diplomata (Hannover: Hahn, 1888; 재인쇄: München, 1980), *MGH, DRIG*.

Perrin, Ch.-E., *Recherches sur la seigneurie rurale en Lorraine d'après les plus anciens censiers(IXᵉ-XIIᵉ siècles)* (Strasbourg: Commission des publications de la Faculté des lettres, 1935).

Pertz, G. H., ed., *Scriptores rerum Germanicarum, MGH*, tomus II (Hannover, 1829; 재인쇄: Sttutgart, 1976).

Pippini, Carlomanni, Caroli Magni diplomata (Hannover: Hahn, 1906; 재인쇄: München, 1979), *MGH, Diplomatum Karolinorum*, tomus I.

Rose(수도원장), Roux, J. & Soyez, E., ed., *Cartulaire du chapitre de la cathedrale d'Amiens* (Amiens, 1905).

Tacitus, P. C., *Germania* (Texte établi et traduit par H. Goelzer, H. Borneque & G. Rabaud, Paris: Société d'édition "Les belles lettres", 1922).

Warichez, J., ed., "Une 《Descriptio villarum》 de l'abbaye de Lobbes à l'époque carolingienne", *Bulletin de la Commission Royale d'Histoire*, tome soixante-dix-huitième IV bulletin (Bruxelles, 1909).

Wopfner, H., ed., *Urkunden zur deutschen Agrargeschichte* (Stuttgart : W. Kohlhammer, 1925-1928).

Zeumer, K., ed., *Formulae Merowingici et Karolini aevi* (Hannover : Hahn, 1886), *MGH*.

_____, ed., *Leges Visigothorum* (Hannover, 1902 : Hahn ; 개정판, 1973), *MGH*, Legum Sectio I. *Legum nationum Germanicarum*, tomus I.

Zeuss, C., ed., *Traditiones possessionesque Wizenburgenses. Codices duo cum supplementis* (Speyer : J. F. Kranzbühler, 1842).

이르미노 엮음, 이기영 역, 『생제르맹데프레 수도원의 영지명세장』(한국문화사, 2014).

2. 연구문헌

1) 단행본

Anderson, P., *Passages from Antiquity to Feudalism* (London : Verso, 1978).

Archer, L. J., ed., *Slavery and Other Forms of Unfree Labour* (London : Routledge, 1988).

Atsma, H., ed., *La Neustrie. Le pays au nord de la Loire de 650 à 850* (Sigmaringen : Jan Thorbecke, 1989).

Bergengruen, A., *Adel und Grundherrschaft im Merowingerreich* (Wiesbaden : Franz Steiner, 1958).

Bloch, M., *Les caractères originaux de l'histoire rurale française* (Oslo : H. Aschehoug & Co, 1931), 이기영 역, 『프랑스 농촌사의 기본성격』(나남, 2007).

_____, *Mélanges Historiques*, 2vols. (Paris : Fleury & EHESS, 1983).

_____, *Seigneurie française et manoir anglais*(Paris: Armand Colin, 1960), 이기영 역, 『서양의 장원제―프랑스와 영국의 장원제에 대한 비교사적 고찰―』(까치, 2002).

_____, *Slavery and Serfdom in the Middle Ages* (W. R. Beer, ed. and trans., Berkeley : Univ. of California Press, 1975).

Blum, J., *Lord and Peasant in Russia: from the Ninth to the Nineteenth Century* (Princeton : Princeton Univ. Press, 1961).

Boutruche, R., *Seigneurie et féodalité*, I. *Le premier âge des liens d'homme a homme* (Paris : Aubier, 1959).

Bradley, K. R., *Slaves and Masters in the Roman Empire: A Study in Social Control*, 차전환 역, 『로마제국의 노예와 주인―사회적 통제에 대한 연구―』(신서원, 2001).

Brunner, O., *Land und Herrschaft. Grundfragen der territorialen Verfassungsgeschichte Österreichs in Mittelalter* (5.Aufl., Wien, 1965 ; 재인쇄 : Darmstadt :

Wissenschaftliche Buchgesellschaft, 1990).

Cabrol, F., ed., *Dictionnaire d'archéoloogie chrétienne et de liturgie*, T. 14, Pt. 1(Paris: Letouzey, 1939).

Cameron, R., ed., *Essays in French Economic History* (Illinois: Richard D. Irwin, 1970).

Cameron, A. & Garnsey, P., ed., *The Late Empire, A.D. 337-425* (Cambridge: Cambridge Univ. Press, 1998), *The Cambridge Ancient History*, vol. 13.

Cheyette, F. L., ed., *Lordship and community in medieval Europe* (New York: Holt Rinehart and Winston, 1968).

Collins, R., *Early Medieval Europe 300-1000* (London: Macmillan, 1991).

Cusenier, J. & Guadagnin, R., ed., *Un village au temps de Charlemagne* (Paris: Réunion des musées nationaux, 1988).

Davies, W. & Fouracre, P., ed., *Property and Power in the Early Middle Ages* (Cambridge: Cambridge Univ. Press, 1995).

Devroey, J. P., *Économie rurale et société dans l'Europe franque (VIe-IXe siècles)*, vol. 1. *Fondements matériels, échanges et lien social* (Paris: Belin, 2003).

_____, *Études sur le grand domaine carolingien* (Aldershot & Brookfield: Variorum, 1993).

Dockès, P., *La liberation médiévale* (Paris: Flammarion, 1979).

Doehaerd, R., *The Early Middle Ages in the West. Economy and Society*, trans. by W. G. Deakin from *Le haut Moyen Age occidental. Economies et sociétés* (Amsterdam: North-Holland Publishing Company, 1978).

Dopsch, A., *Die Wirtschaftsentwicklung der Karolingerzeit vornehmlich in Deutschland*, 2vols. (2nd ed., Weimar: Hermann Böhlaus Nachfolger, 1921-1922).

Duby, G., *L'économie rurale et la vie des campagnes dans l'Occident médiéval(France, Angleterre, Empire, IXe-XVe siècles). Essai de synthèse et perspectives de recherches*, 2 vols. (Paris: Aubier, 1962).

_____, *Guerriers et paysans VIIe-XIIe siècle. Premier essor de l'économie européenne* (Paris: Gallimard, 1973).

Duff, A. M., *Freedmen in the Early Roman Empire* (Oxford: The Clarendon Press, 1928).

Ellul, J., *Histoire des institution de l'époque franque à la Révolution* (Paris: Presses universitaires de France, 1967).

Elmshäuser, K. & Konrad, A., *Studien zum Polyptychon von Saint-Germain-des-Prés* (Köln: Böhlau, 1993).

Eltis, D. & Engerman, S. L., ed., *AD. 1420-AD. 1804* (Cambridge: Cambridge Univ. Press, 2011), Bradley, K. 등, ed., *The Cambridge World History of Slavery*, vol. 3.

Erler, A. & Kaufmann, E., ed., *Handwörterbuch zur deutschen Rechtsgeschichte*, vol. II (Berlin: Erich Schmidt, 1978).

Finley, M. I., *The Ancient Economy*, 지동식 역, 『서양고대경제』 (민음사, 1993).

_____, *Ancient Slavery and Modern Ideology*, 송문현 역, 『고대 노예제와 모던 이데올로기』 (민음사, 1998).

Fouracre, P., ed., *c. 500-c. 700* (Cambridge: Cambridge Univ. Press, 2005), *NCMH*, vol. I.

Fourquin, G., *Histoire économique de l'Occident médiéval* (Paris: Armand Colin, 1969).

_____, *Seigneurie et féodalité au Moyen Age* (Paris: PUF, 1970).

Fustel de Coulanges, N. D., *L'histoire des institutions politiques de l'ancienne France*, vol. 4. *L'alleu et le domaine rural pendant l'époque mérovingienne* (Paris: Hachette, 1889).

Goetz, H. W., *Leben in Mittelalter. Vom 7. bis zum 13. Jahrhundert* (1987: C. H. Beck, München).

Goffart, W., *Barbarians and Romans: the Techniques of Accommodation 418-584* (Princeton: Princeton Univ. Press, 1980).

Guérard, B., ed., *Polyptyque de l'abbaye Irminon*, vol. I. *Prolegomènes, Commentaires et Éclaircissements* (Paris: L'Imprimerie royale, 1844).

Hägermann, D., ed., *Das Mittelalter. Die Welt der Bauern, Bürger, Ritter und Mönche* (München: C. Bertelsmann, 2001).

Halsall, G., ed., *Violence and Society in the Early Medieval West* (Woodbridge[Suffolk]: Boydell Press, 1998).

Harper, K., *Slavery in the Late Roman World, AD 275-425* (Cambridge: Cambridge Univ. Press, 2011).

Harries, J., *Law and Empire in Late Antiquity* (Cambridge: Cambridge Univ. Press, 1999).

Hermand, X., Nieus, J.-F. & Renard, É., éd., *Décrire, inventorier, enregistrer entre Seine et Rhin au Moyen Âge: formes, fonctions et usages des écrits de gestion* (Mémoires et documents de l'École des chartes, 92. Paris, 2012).

van Houtte, J. A., ed., *Handbuch der europäischen Wirtschafts- und Sozialgeschichte in Mittelalte* (Stuttgart: Klett-Cotta, 1980).

von Inama-Sternegg, K. Th., *Deutsche Wirtschaftsgeschichte*, vol. I. *Deutsche Wirtschaftsgeschichte bis zum Schluss der Karolingerperiode* (Leipzig: Duncker & Humblot, 1879).

Innes, M., *Introduction to Early Medieval Western Europe, 300-900: the Sword, the Plough & the Book* (London: Routledge, 2007).

_____, *State and Soociety in the Early Middle Ages: the Middle Rhine Valley, 400-1000* (Cambridge: Cambridge Univ. Press, 2000).

Janssen, W. & Lohrmann, D., ed., *Villa-Curtis-Grangia. Landwirtschaft zwischen Loire und Rhein von der Römerzeit zum Hochmittelalter* (München & Zürich: Artemis,

1983).

Jones, A. H., *The Later Roman Empire, 284-602* (Baltimore: Johns Hopkins Univ. Press, 1986).

Lamprecht, K., *Deutsches Wirtschaftsleben im Mittelalter. Untersuchungen über die Entwicklung der materiellen Kultur des platten Landes auf Grund der Quellen, zunächst des Mosellandes*, 3 vols. (Leipzig: Alphons Dürr, 1885-1886).

Latouche, R., *Les origines de l'économie occidentale, IVe-XIe siècles* (Paris: Albin Michel, 1970).

Lemarignier, J. F., *La France médiévale. Institutions et société* (Paris: Armand Colin, 1970).

Little, L. K. & Rosenwein, H. B. H., ed., *Debating the Middle Ages: Issues and Readings* (Oxford: Blackwell, 1998).

Lot, F., *The End of the Ancient World and the Beginnings of the Middle Ages*, trans. by Ph. & M. Leon from *La Fin du monde antique et le début du Moyen Age* (London: Routledge & Kegan Paul, 1931; 재인쇄: New York, Harper, 1961).

_____, *L'impôt foncier et la capitation personnelle sous le Bas-Empire et a l'Europe Franque* (Paris: Presses Univ. de France, 1928).

Lourdaux, W. & Verhulst, D., ed., *Benedictine Culture 750-1050* (Leuven: Leuven Univ. Press, 1983).

Marx, K., 『자본론』 (백의[白衣], 1990), 제 III권.

Mathisen, R. W., ed., *Law, Society and Authority in Late Antiquity* (New York: Oxford Univ. Press, 2001).

McKitterick, R., ed., *c. 700-c. 900* (Cambridge: Cambridge Univ. Press, 1995), *NCMH*, vol. II.

Media in Francia.: recueil de mélanges offert à Karl Ferdinand Werner à l'occasion de son 65o anniversaire (Paris: Hérault, 1989).

Metz, W., *Das Karolingische Reichsgut. Eine Verfassungs- und Verwaltungsgeschichtliche Untersuchung* (Berlin: Walter de Gruyter, 1960).

Mitchell, S., *A History of the Later Roman Empire. AD. 284-641* (Malden[Michigan, USA]: Blackwell, 2008).

Morimoto, Y., *Études sur l'économie rurale du haut Moyen Âge* (Bruxelles: De Boek, 2008).

Mouritsen, H., *The Freedman in the Roman World* (Cambridge: Cambridge Univ. Press, 2011).

Nehlsen, H., *Sklavenrecht zwischen Antike und Mittelalter*, Bd. I. *Ostgoten, Westgoten, Franken, Langobarden* (Göttingen: Musterschmidt, 1972).

zur Nieden, A., *Der Alltag der Mönche: Studien zum Klosterplan von St. Gallen* (Hamburg: Diplomica, 2008).

Niermeyer, J. E., *Mediae latinitatis lexicon minus* (Leiden: E. J. Brill, 1984).

Percival, J., *The Roman Villa. An Historical Introduction* (London: Batsford, 1976).

Perrin, Ch.-E., *Recherches sur la seigneurie rurale en Lorraine d'après les plus anciens censiers(IXe-XIIe siècles)* (Strasbourg: Commission des publications de la Faculté des lettres, 1935).

Perroy, E., *Le monde Carolingienne* (Paris: C.D.U. et SEDES, 1974).

Pirenne, H., *Mahomet et Charlemagne* (Paris & Brussels, 1937), 강일휴 역, 『마호메트와 샤를마뉴』(삼천리, 2010)

Pohl, W., ed., *Kingdoms of the Empire: The Integration of Barbarians in Late Antiquity* (Leiden: Brill, 1997).

Postan, M. M., ed., *The Cambridge Economic History of Europe*, vol. I: M. M. Postan, ed., *The Agrarian Life of the Middle Ages* (2nd Edition, Cambridge: Cambridge Univ. Press, 1966[1971년 재인쇄]).

Postan, M. M., *The Medieval Economy and Society*, 이연규 역, 『중세의 경제와 사회』 (청년사, 1989).

Prinz, F., ed., *Herrschaft und Kirche. Beiträge zur Entstehung und Wirkungsweise episkopaler und monastischer Organisationsformen Festschrift Karl Bosl* (Stuttgart: Anton Hiersemann, 1988).

Rio, A., *Legal Practice and the Written Word in the Early Middle Ages: Frankish Formulae, c. 500-1000* (Cambridge: Cambridge Univ. Press, 2009).

Rösener, W., *Agrarwirtschaft, Agrarverfassung und Ländliche Gesellschaft im Mittelalter* (München: R. Oldenbourg, 1992).

_____, ed., *Strukturen der Grundherrschaft im frühen Mittelalter* (Göttingen: Vandenhoeck & Ruprecht, 1989).

Rosenwein, B. H., *Negotiating Space: Power, Restraint, and Privileges of Immunity in Early Medieval Europe* (Ithaca: Cornell Univ. Press, 1999).

Schulze, H. K., *Grundstrukturen der Verfassung im Mittelalter*, vol. 1. *Stammesverband, Gefolgschaft, Lehenswesen, Grundherrrschaft* (Stuttgart: W. Kohlhammer, 1985), vol. 2. *Familie, Sippe und Geschlecht, Haus und Hof, Dorf und Mark, Burg, Pfalz und Königshof, Stadt* (1986).

Scott, T., ed., *The Peasantries of Europe from the Fourteenth to the Eighteenth Centuries* (London & N.Y.: Longman, 1998).

Sée, H., *Les classes rurales et le régime domanial en France au Moyen Age* (Paris: Giard & Briere, 1901; 재인쇄: Genève, Slatkine Reprints, 1980).

Skazkin, S. D., *Der Bauer in Westeuropa während der Epoche des Feudalismus* (러시아어 원서로부터 S. Epperlein의 독일어 번역본. Berlin: Akademie, 1976).

Slicher van Bath, B. H., *De agrarische geschiedenis van West-Europa, 500-1850* (Utrecht: Het Spectrum, 1960), 이기영 역, 『서유럽농업사. 500~1850』(까치, 1999).

Story, J., ed., *Charlemagne. Empire and Society* (Manchester: Manchester Univ. Press, 2005).

Sweeney, D., ed., *Agriculture in the Middle Ages. Technology, Practice, and Representation* (Philadelphia: Univ. of Pennsylvania Press, 1995).

Verhulst, A., ed., *The Carolingian Economy* (Cambridge: Cambridge Univ. Press, 2002).

_____, *Le grand domaine aux époques mérovingienne et carolingienne. Die Grundherrschaft im frühen Mittelalter* (Gent: Belgisch Centrum voor Landelijke Geschiedenis, 1985).

Verhulst, A., *The Carolingian Economy* (Cambridge: Cambridge Univ. Press, 2002).

_____, *Rural and Urban Aspects of Early Medieval Northwest Europe* (Aldershot: Variorum, 1992).

Vinogradoff, P., *The Growth of the Manor* (3rd Edition, London: George Allen & Unwin, 1920).

_____, *Villainage in England: Essays in English Mediaeval History* (Oxford: the Clarendon Press, 1892; 재인쇄: Clark, New Jersey, The Lawbook Exchange, 2005).

Westermann, W. L., *The Slave Systems of Greek and Roman Antiquity* (Philadelphia: American Philosophical Society, 1955).

White, Jr., L., *Medieval Technology and Social Change* (Oxford: Oxford Univ. Press, 1962).

Wickham, Ch., *Framing the Early Middle Ages: Europe and the Mediterranean, 400-800* (Oxford: Oxford Univ. Press, 2005).

Zöllner, E., *Geschichte der Franken bis zur Mitte des sechsten Jahrhunderts* (München: C. H. Beck, 1970).

역사학회 편, 『노비·농노·노예─예속민의 비교사─』 (일조각, 1998).
임웅, 『로마의 소작과 소작인』 (신서원, 2003).
허승일 외, 『로마 제정사 연구』 (서울대 출판부, 2000).

2) 논문

Agache, R., "Typologie et devenir des villae antiques dans les grandes plaines de la Gaule septentrionale", W. Janssen 외, ed., *Villa-Curtis-Grangia*, pp. 17~29.

Airlie, S., "The aristocracy", *NCMH*, vol. II: R. McKitterick, ed., *c. 700-c. 900*, pp. 431~450.

Airlie, S., "Charlemagne and the aristocracy: captains and kings", J. Story, ed., *Charlemagne. Empire and Society*, pp. 90~102.

Aston, T. H., "The origins of the manor in England", *Transactions of the Royal Historical Society*, 5ᵉ série, 8(1958), pp. 59~83.

Barbier, J., "Du patrimoine fiscal au patrimoine ecclésiastique. Les largesses royales aux églises au nord de la Loire (milieu du VIIIe siècle – fin du Xe siècle)", *Transferts patrimoniaux en Europe occidentale(VIIIe-IXe siècle) (Mélanges de l'Ecole française de Rome. Moyen-Age*, Volume 11, Numéro 111-21) (Rome, 1999), pp. 577~605.

Barnish, S. J. B., "Taxation, land and barbarian settlement in the Western Empire", *Papers of the British School at Rome*, 54(1986), pp 170~195.

Bleiber, W., "Politische Macht und sozialökonomische Grundlagen bei der Ausbildung feudaler Verhältnisse in West- und Mitteleuropa", *ZG*, 21(1973), pp. 810~829.

Bloch, M., "The 'Colliberti'. A study on the formation of the servile class", M. Bloch, *Slavery and Serfdom*, pp. 93~149.

_____, "How and why ancient slavery came to an end", M. Bloch, *Slavery and Serfdom*, pp. 1-31.

_____, "Une mise au point: les invasions" *Mélanges Historiques*, vol. I, pp. 110~141.

_____, "Personal liberty and servitude in the Middle Ages, particularly in France. Contribution to a class study", M. Bloch, *Slavery and Serfdom*, pp. 33~91.

_____, "The rise of dependant cultivation and seigneurial institutions", M. M. Postan, ed., *CEHE*, vol. I: M. M. Postan, ed., *The Agrarian Life of the Middle Ages*, pp. 235~290.

Bolin, S., "Scandinavia", *CEHE*, vol. 1, *The Agrarian Life of the Middle Ages*, Chapter VII, pp. 633~659.

Brunner, K., "Continuity and discontinuity of Roman agricultural knowledge in the early Middle Ages", D. Sweeney, ed., *Agriculture in the Middle Ages*, pp. 21~40.

Carrié, J.-M., "Le 'colonat du Bas-Empire': un mythe historiographique?", *Opus*, 1(1982), pp. 351~370.

_____, "Un roman des origines: les généalogies du 'colonat du Bas-Empire'", *Opus*, 2(1983), pp. 205~251.

Desportes, P. & Dolbeau, F., "Découverte de Nouveaux documents relatifs au polyptyque de Saint-Remi de Reims: à propos d'une édition récente", *Revue du Nord*, 68(1986), pp. 575 – 607.

Dette, Ch., ed., "Die Grundherrschaft Weißenburg im 9. und 10. Jahrhundert im Spiegel ihrer Herrenhöfe", W. Rösener, ed., *Strukturen der Grundherrschaft*, pp. 181~196.

Devroey, J. P., "Au-delà des polyptyques. Sédimentation, copie et renouvellement des documents de gestion seigneuriaux entre Seine et Rhin (IXe-XIIIe siècle)", X. Hermand 외, éd., *Décrire, inventorier, enregistrer*, pp. 53~86.

_____, "The large estate in the Frankish kingdoms", J. P. Devroey, *Études sur le grand domaine carolingien*, pp. 1~8.

_____, "Polyptyques et fiscalité à l'époque carolingienne. Une nouvelle approche?",

RBPH, 63(1985), pp. 783~794.

_____, "Problèmes de critique autour du polyptyque de l'abbaye de Saint-Germain-des-Prés", A. Hartmut, ed., *La Neustrie*, pp. 441~465.

Dopsch, A., "Agrarian institutions of the Germanic kingdoms from the fifth to the ninth Century", *CEHE*, vol. I, pp. 180~204.

Dumas, A., "Quelques observations sur le grand et petite propriété à l'époque carolingienne", *RHDFE*, Ser. 4, vol. 5(1926), pp. 213~279 및 613~672.

Durliat, J., "Du *Caput* antique au manse médiéval", *Pallas*, 29(1982), pp. 67~77.

_____, "Le polyptyque d'Irminon et l'impôt pour l'armée", *Bibliothèque de l'Ecole des chartes*, 141(1983), pp. 183~208.

_____, "Qu'est-ce qu'un polyptyque?", *Media in Francia*, pp. 129~138.

_____, "Le système domanial au début du IXe siècle d'après le capitulaire de villis et le polyptyque d'Irminon", J. Cusenier 외, ed., *Un village au temps de Charlemagne*, pp. 105~109.

Elliott, T. G., "The tax exemptions granted to clerics by Constantine and Constantius II", *Phoenix*, 32(1978), pp. 326~336.

Epperlein, S., "Die sogenannte Freilassung in merowingischer und karolingischer Zeit", *Jahrbuch für Wirtschaftsgeschichte*, 4(1963), pp. 92~110.

Faucher, D., "L'assolement triennal en France", *Etudes rurales*, 1(1961), pp. 7~17.

Fenoaltea, S., "The rise and fall of a theoretical model: the manorial system", *The Journal of Economic History*, 35(1975), pp. 386~409.

Fouracre, P., "Attitudes towards violence in seventh- and eighth-century Francia", G. Halsall, ed., *Violence and Society in the Early Medieval West*, pp. 60~75.

_____, "Eternal light and earthly needs: practical aspects of the development of Frankish immunities", W. Davies 외, ed., *Property and Power*, pp. 53~81.

_____, "Francia in the Seventh Century", *NCMH*, vol. I: P. Fouracre, ed., *c. 500-c. 700* (Cambridge: Cambridge University Press, 2005), pp. 371~396.

Ganshof, F. L., "Die Fränkische Reich", van Houtte, J. A., ed., *Handbuch der europäischen Wirtschafts- und Sozialgeschichte in Mittelalter*, B. "Die Entwicklung von Wirtschaft und Gesellschaft in den europäischen Regionen", pp. 151~205.

_____, "L'immunité dans la monarchie franque", *Recueils de la Société Jean Bodin* (Bruxelles, 1958), vol. I, pp. 171~216.

_____, "Observations sur le manse à l'poque mérovingienne", *RHDFE*, 33(1955), p. 633.

_____, "Problèmes de critique textuelle soulevés par le polyptyque de Saint-Bertin", *Atti del II congresso internationale della Società italiana di storia del diritto* (Firenze: Olschki, 1971), pp. 227~243.

Goetz, H.-W., "Serfdom and the beginnings of a 'seigneurial system' in the Carolingian period: a survey of the evidence", *Early Medieval Europe*, 2(1993) pp. 29~51.

_____, "Social and military institutions", *NCMH*, vol. II : R. McKitterick, ed., *c. 700-c. 900*, pp. 451~480.

Goffart, W., "The barbarians in late antiquity and how they were accommodated in the West", L. K. Little & H. B. H. Rosenwein, ed., *Debating the Middle Ages: Issues and Readings* (Oxford: Blackwell, 1998), pp. 25~44.

_____, "From Roman taxation to medieval seigneurie : three notes", *Speculum*, 47(1972), pp. 373~394.

Grand, G., "Note d'économie agraire medièvale :《mansus vestitus》et 《mansus absus》", *Etudes d'histoire du droit privé offerts à Pierre Petot* (Paris, 1959), pp. 251~256.

Grantham, G., "The early medieval transition. On the origins of the manor and feudal government. Some problems of interpretation", McGill University, Sept. 2003, pp. 1~38(미발간 논문. 출처 : http://people.mcgill.ca/files/george.grantham/Nashville4.doc.).

Grey, C., "Contextualizing colonatus : the Origo of the late Roman Empire", The *Journal of Roman Studies*, 97(2007), pp. 155~175.

Guilhiermoz, P., "De l' équivalence des anciennes mesures. A propos d' une publication récente", *Bibliothèque de l'Ecole des Chartes*, 74(1913), pp. 267~328.

Hägermann, D., "Quellenkritische Bemerkungen zu den karolingerzeitlichen Urbaren und Güterverzeichnissen", W. Rösener, ed., *Strukturen der Grundherrschaft*, pp. 47~73.

Halsall, G., "Violence and society in the early medieval West : an introductory survey", G. Halsall, ed., *Violence and Society*, pp. 1~45.

Heinzelmann, M., "Bischof und Herrschaft vom spätantike Gallien bis zu den karolingischen Hausmeiern. Die institutionellen Grundlagen", F. Prinz, ed., *Herrschaft und Kirche*, pp. 23~82.

Hellie, R., "Russian Slavery and Serfdom, 1450-1804", K. Bradley 등, ed., *The Cambridge World History of Slavery*, vol. 3, pp. 275~296.

Herlihy, D., "The Carolingian mansus", *Economic Historical Review*, 13(1960), pp. 79~89.

Herrmann, J., "Frühe klassengesellschaftliche Differenzierungen in Deutschland", *ZG*, 14(1966), pp. 398~422.

_____, "Der Prozeß der revolutionären Umwälzung zum Feudalismus in Europa und die Herausbildung des deutschen Volkes", *ZG*, 20(1972), pp. 1228~1233.

_____, "Sozialökonomische Grundlagen und gesellschaftliche Triebkräfte für die Herausbildung des deutschen Feudalismus", *ZG*, 19(1971), pp. 752~789.

Hoederath, H. Th., "Hufe, Mansus und Mark in der Quellen der Grossgrundherrschaft Werden am Ausgang der Karolingerzeit. Eine wirtschaftliche Untersuchung", *Zeitschrift der Savigny-Stiftung für Rechtsgeschichte, Germanistische Abteilung*, 68(1951), pp. 211~233.

Jones, A. H. M., "The Roman colonate", M. I. Finley, ed., *Studies in Ancient Society*, pp. 288~303.

Kaiser, R., "Königtum und Bischofsherrschaft im frühmittelalterlichen Neustrien", F. Prinz, ed., *Herrschaft und Kirche*, pp. 83-108.

Koebner, R., "The settlement and colonization of Europe", *CEHE*, vol. I, pp. 1~91.

Kuchenbuch, L., "Die Klostergrundherrschaft im Frühmittelalter. Eine Zwischenbilanz", F. Prinz, ed., *Herrschaft und Kirche*, pp. 297~343.

_____, "Probleme der Rentenentwicklung in den klösterlichen Grundherrschaften des frühen Mittelalters", W. Lourdaux & D. Verhulst, ed., *Benedictine Culture 750-1050*, pp. 132~172.

Leclercq, H., "Polyptyque", *Dictionnaire d'archéoloogie chrétienne et de liturgie*, t. 14, 1, 1939, col. 1394~1395.

Le Jan, R., "Malo ordine tenent. Transferts patrimoniaux et conflits dans le monde franc(VIIe-Xe sièecle)", *Mélanges de l'Ecole française de Rome. Moyen-Age*, 111(1999), pp. 951~972.

Liebeschutz, W., "Cities, taxes, and the accommodation of the barbarians: the theories of Durliat and Goffart", W. Pohl, ed., *Kingdoms of the Empire*, pp. 135~152.

Lot, F., "Du régime de l'hospitalité", *RBPH*, 7(1928), pp. 976~1011.

_____, "Note sur la date du polyptyque de Montierender", *Le Moyen-Âge*, 35(1924), pp. 107~117.

Lütge, F., "Hufe und Mansus in den mitteldeutschen Quellen der Karolingerzeit, im besonderen in dem Brevarium St. Lulli", *VSWG*, 30(1937), pp. 105~128.

MacMullen, R., "Late Roman slavery", *Historia: ZAG*, 36(1987), pp. 359~382.

Magnou-Nortier, E., "Etude sur le privilège d'immunité(IVe-IXe s.)", *Revue Mabillon*, 60(1981-1984), pp. 465~512.

_____, "La gestion publique en Neustrie: les moyens et les hommes", H. Atsma, ed., *La Neustrie*, pp. 271~320.

_____, "Le grand domaine: des maîtres, des doctrines, des questions", *Francia*, 15(1987), pp. 659~700.

_____, "À propos de la villa et du manse dans les sources méridionales du haut Moyen Âge", *Annales du Midi*, 96(1984), pp. 85~91.

_____, "Servus-sevitium: une enquête à poursuivre", *Media in Franci.*, pp. 269~284.

_____, "La terre, la rente et le pouvoir dans les pays de Languedoc pendant le haut Moyen Age", *Francia*, 9(1981), pp. 79~115; 동, 10(1982), pp. 21~66; 동, 12(1984), pp. 53~118.

McDorman, G., "Slaves and slavery in the Burgundian settlement", *Essays in History*, 44(2010), 페이지 표시 없음(출처: http://www.essaysinhistory.com/articles/2011/3).

Melton, E., "Manorialism and rural subjection in East Central Europe, 1500-1800", K.

Bradley 등, ed., *The Cambridge World History of Slavery*, vol. 3, pp. 297~324.

_____, "The Russian peasantries, 1450-1860", T. Scott, ed., *The Peasantries of Europe from the Fourteenth to the Eighteenth Centuries*, pp. 227~266.

Metzler, J., Zimmer, J. & Bakker, L., "Die römische villa von Echternach(Luxemburg) und die Anfänge der mittelalterlichen Grundherrschaft", W. Janssen 외, ed., *Villa-Curtis-Grangia*, pp. 30~45.

Mirkovic, J., "The later Roman colonate and freedom", *Transactions of the American Philosophical Society*, New Series, vol. 87, no. 2(1997), pp. 1~144.

Morimoto, Y., "Aperçu des travaux sur l'histoire rurale du haut Moyen Âge: vers une synthèse équilibrée(1993-2004)", Y. Morimoto, *Études sur l'économie rurale*, pp. 133-188.

_____, "L'assolement triennal au haut Moyen Âge. Une analyse des données des polyptiques carolingiens", A. Verhulst & Y. Morimoto, ed., *Economie rurale et économie urbaine au Moyen Âge* (Gent, Fukuoka: Kyushu Univ. Press, 1994), pp. 91~125.

_____, "Autour du grand domaine carolingien: aperçu critique des recherches récentes sur l'histoire rurale du haut Moyen Âge(1987-1992)", Y. Morimoto, *Études sur l'économie rurale*, pp. 81~132.

_____, "Essai d'une analyse du polyptyque de l'abbaye de St. Bertin(Milieu du IXe siècle). Une contribution à l'étude du régime domanial 《classique》", *Annuario*, 1970-1, pp. 31~53.

_____, "État et perspectives des recherches sur les polyptyques carolingiens(ca. 1980-1986)", Y. Morimoto, *Études sur l'économie rurale*, pp. 31~80.

_____, "Le polyptyque de Montier-en-Der: historiographie et état des questions", Y. Morimoto, *Études sur l'économie rurale*, pp. 425~441.

Müller-Mertens, E., "Zur Feudalentwicklung im Okzident und zur Definition des Feudalverhältnisses", *ZG*, 14(1966), pp. 52~73.

_____, "Die Genesis der Feudalgesellschaft im Lichte schriftlicher Quellen. Fragen des Historikers an den Archäologen", *ZG*, 12(1964), pp. 1384~1402.

Murray, A. C., "Immunity, nobility, and the Edict of Paris", *Speculum*, 69(1994), pp. 18~36.

Nelson, J., "Violence in the Carolingian world and the ritualization of ninth-century warfare", G. Halsall, ed., *Violence and Society*, pp. 90~107.

North, D. C. & Thomas, R. P., "The rise and fall of the manorial system: a theoretical model", *The Journal of Economic History*, 31(1971), pp. 777~803.

Parain, Ch., "The evolution of agricultural technique", *CEHE*, vol. 1, *The Agrarian Life of the Middle Ages*, pp. 125~179.

Percival, J., "Seigneurial aspects of late Roman estate management", *EHR*, 84(1969)", pp. 449~473.

Perrin, Ch. Ed., "De la condition des terres dites 《ancingae》", *Mélanges d'histoire du Moyen Âge offerts à M. Ferdinand Lot* (Paris: Champion, 1925), pp. 619~640.

_____, "Une étape de la seigneurie. L'exploitation de la réserve à Prüm, au IXᵉ siècle", *Annales d'histoire économique et sociale*, 6(1934), pp. 450~466.

_____, "Observation on the Mansus in the region of Paris in the early ninth Century", R. Cameron, ed., *Essays in French Economic History*, pp. 21~32.

Petot, P., "License de mariage et formariage des serfs dans les coutumes françaises au Moyen Âge", *Czasopismo Prawno Historyczny*, 2(1949), pp. 199~208.

_____, "L'origine de la mainmorte servile", *RHDFE*, 19/20(1940-1941), pp. 275~309.

von Petrikovits, H., "L'économie rurale à l'époque romaine en Germanie inférieure et dans la région de Trèves", W. Janssen 외, ed., *Villa-Curtis-Grangia*, pp. 1~16.

Portet, P., "Remarques sur la métrologie carolingienne", *Le Moyen-Âge*, 1(5ᵉ série, 1991), pp. 5~24.

Prinz, F., "Herrschaftsformen der Kirche vom Ausgang der Spätantike bis zum Ende der Karolingerzeit. Zur Einführung ins Thema", F. Prinz, ed., *Herrschaft und Kirche*, pp. 1-21.

Renard, É., "Genèse et manipulations d'un polyptyquecarolingien: Montier-en-Der, IXᵉ-XIᵉ siècles", *Le Moyen Âge*, 110(2004), pp. 55~77.

Rösener, W., "Zur Erforschung der frühmittelalterlichen Grundherrschaft", W. Rösener, ed., *Strukturen der Grundherrschaft*, pp. 9~28.

_____, "Die Grundherrschaftsentwicklung im ostfränkischen Raum vom 8. bis 10. Jahrhundert", W. Rösener, ed., *Strukturen der Grundherrschaft*, pp. 29~46.

_____, "Strukturformen der adeligen Grundherrschaft in der Karolingerzeit", W. Rösener, ed., *Strukturen der Grundherrschaft im frühen Mittelalter* (2. Auflage, Göttingen: Vandenhoeck & Ruprecht, 1993).

Samson, R., "Rural slavery, inscriptions, archaeology and Marx: a response to Ramsay Macmullen's 'Late Roman slavery'", *Historia: ZAG*, 38(1989), pp. 99~110.

Sarris, P., "The origins of the manorial economy: new insights from late antiquity", *EHR*, 119(2004), pp. 279~311.

Schlesinger, W., "Herrschaft und Gefolgschaft in der germanisch-deutschen Verfassungsgeschichte", *Historische Zeitschrift*, 176(1953), pp. 225~275.

_____, "Hufe und mansus im Liber Donationum des Klosters Weißenburg", *Beitrag zur Wirtschafts- und Sozialgeschichte des Mittelalters. Festschrift für H. Helbig zum 65. Geburtstag* (Köln-Wien: Böhlau, 1976), pp. 33~85.

Schmieder, E., "Hufen und Mansus. Eine Quellenkritische Untersuchung", *VSWG*, 31(1938), pp. 348~356.

Searle, E., "Seigneurial control of women's marriage: the antecedents and function of merchet in England", *Past and Present*, 82(1979), pp. 3~43.

Seyfarth, W., "Die Spätantike als Übergangszeit zwischen zwei Gesellschaftssystem",

ZG, 15(1967), pp. 281~290.

Sirks, B., "The farmer, the landlord, and the law in the fifth century", R. W. Mathisen, ed., *Law, Society and Authority*, pp. 257~271.

Smith, R. S., "Spain", *CEHE*, vol. I의 Chapter VII. "Medieval agrarian society in its prime" 중 pp. 506~548.

de Ste, G. E. M., Croix, "Slavery and other forms of unfree labour", L. J. Archer, ed., *Slavery and Other Forms of Unfree Labour* (London: Routledge, 1988), pp. 19~32.

Stevens, E., "Agriculture and rural Life in the later Roman Empire", *CEHE*, vol. I. *The Agrarian Life of the Middle Ages*, pp. 92~124.

Verhein, K., "Studien zu den Quellen zum Reichsgut der Karolingerzeit", *Deutsches Archiv für Erforschung des Mittelalters*, 10(1954), pp. 313~394.

Verhulst, A., "La diversité du regime domanial entre Loire et Rhin a l'époque carolingienne. Bilan de quinze années de recherches", W. Janssen, und D Lohrmann,., ed., *Villa-Cutis-Grangia*, pp. 133~148.

_____, "Economic organization", *NCMH*, vol. II, pp. 481~509.

_____, "Etude comparative du régime domanial classique à l'Est et à l'Ouest du Rhin à l'époque carolingienne", A. Verhulst, *Rural and Urban Aspects of Early Medieval Northwest Europe* (Aldershot: Variorum, 1992), pp. 87~101.

_____, "La genèse du régime domanial classique en France au haut Moyen Age", *Agriculture e mondo rurale in Occidente nell'alto medioevo*, 13(1966), pp. 135~160.

_____, "Die Grundherrschaftsentwicklung im ostfränkischen Raum vom 8. bis 10. Jahrhundert. Grundzüge und Fragen aus westfränkischer Sicht", W. Rösener, ed., *Strukturen der Grundherrschaft*, pp. 29~46.

_____, "Karolingische Agrarpolitik. Das Capitulare de villis und die Hungersnöte von 792/793 und 805/806", *Zeitschrift für Agrargeschchite und Agrarsoziologie*, 13(1965), pp. 175~189.

_____, "Quelques remarques à propos des corvées de colons à l'époque du Bas-Empire et au haut moyen âge", A. Verhulst, *Rural and Urban Aspects*, pp. 89~95.

Verlinden, Ch., "Ist mittelalterliche Sklaverei ein bedeutsamer demographischer Faktor gewesen?", *VSWG*, 66(1979), pp. 153~173.

Weidinger, U., "Untersuchungen zur Grundherrschaft des Klosters Fulda in der Karolingerzeit", W. Röesner, ed., *Strukturen der Grundherrschaf*, pp. 247~265.

Wickham, C., "Rural society in Carolingian Europe", *NCMH*, vol. II: R. McKitterick ed., *c. 700-c. 900*, pp. 510~537.

Willoweit, D., "immunité", A. Erler 외, ed., *Handwörterbuch zur deut. Rechtsgeschichte*, vol. II, pp. 312~330.

Wood, I. N., "The barbarian invasions and first settlement", A. Cameron & P. Garnsey, ed., *The Cambridge Ancient History*, vol. 13, "The Late Empire, A.D. 337—425" (Cambridge: Cambridge Univ. Press, 1998), pp. 516~537.

김경현, "로마 제정기의 경제", 김진경 외, 『서양고대사강의』 (한울, 1996), 295~354쪽.
_____, 「서양 고대세계의 노예제」, 역사학회 편, 『노비·농노·노예—예속민의 비교사—』 (일조각, 1998), 25~73쪽.
김창성, 「콜로누스의 위상과 조세징수」, 허승일 외 지음, 『로마 제정사 연구』, 207~251쪽.
이기영, 「9~11세기 센 강과 라인 강 사이지역의 토지소유제와 농업생산체제」, 『고고역사학지』, 9(1993), 33~54쪽.
_____, 「9세기 생베르탱 수도원영지의 경작노동력 구성」, 『민석홍박사 화갑기념 사학논총』 (삼영사, 1985), 393~414쪽.
_____, 「고전장원의 공간적 기본구조와 크기」, 『서양사연구』, 11(1990. 9), 1~30쪽.
_____, 「고전장원제 하 농민보유지의 종류별 크기와 영주직영지와의 크기관계」, 『역사와 경계』, 69(2008. 12), 339~390쪽.
_____, 「고전장원제 하 농민보유지의 지역별 크기」, 『프랑스사 연구』, 20(2009. 2), 5~44쪽.
_____, 「고전장원제 하 농민의 생활수준」, 『서양사론』, 45(1995. 3), 1~54쪽.
_____, 「고전장원제 하 부역노동의 기원」, 『프랑스사 연구』, 9(2003. 8), 5~32쪽.
_____, 「고전장원제 하 영주직영지와 농민보유지의 지역별 크기관계—라인란트 지역을 중심으로—」, 『독일연구』, 26(2013. 12), 189~223쪽.
_____, 「고전장원제 하 영주직영지와 농민보유지의 지역별 크기관계—파리 분지 동북부 지역을 중심으로—」, 『역사와 경계』, 88(2013. 9), 263~291쪽.
_____, 「고전장원제 하의 농민보유지 제도」, 『유럽사의 구조와 전환』 (느티나무, 1993), 385~411쪽.
_____, 『고전장원제 하의 농업경영—9~11세기 센 강과 라인 강 사이지역을 중심으로—』 (서울대 박사학위 논문, 1990).
_____, 「고전장원제 하의 가족제」, 『역사학보』, 143(1994. 9), 187~224쪽.
_____, 「고전장원제 하의 경작부역과 수송부역 실태」, 『독일연구』, 14(2007. 12), 103~144쪽.
_____, 「고전장원제 하의 농업노동력」, 『서양사론』, 37(1991), 17~74쪽.
_____, 「고전장원제 하의 농민의 의무와 부담」, 『백현 나종일박사 정년기념논총』 (교학사, 1992), 103~144쪽.
_____, 「고전장원제 하의 '코르베(corvée)' 제도」, 『독일연구』, 18(2009. 12), 3~45쪽.
_____, 「고전장원제에서의 영주권과 농민—영주권의 구성과 성격을 중심으로—」, 『역사학보』, 151(1996. 9), 277~334쪽.
_____, 「고전장원제와 영주권의 성립시기」, 『서양중세사연구』, 7(2000. 12), 93~117쪽.
_____, 「고전장원제의 성립과 그 배경」, 『서양사론』, 67(2000. 12), 5~39쪽.
_____, 「고전적 '코르베(corvée)' 제도의 유래와 형성」, 『역사와 경계』, 73(2009. 12), 265~304쪽.
_____, 「고전적 형태의 봉건적 부역노동 부과방식—파리 분지의 중심부 영지들을

중심으로—」,『서양중세사 연구』, 32(2013. 9), 1~51쪽.

_____,「고전적 형태의 봉건적 부역노동 부과방식—파리 분지의 주변부 영지들을
중심으로—」,『역사교육』, 132(2014. 12), 207~247쪽.

_____,「봉건적 부역노동제도의 원초적 형태」,『서양사론』, 83(2004. 12), 57~92쪽.

_____,「서유럽 중세 초기 노예제사회로부터 농노제로의 이행과정」,『역사교육』, 99(2006.
9), 251~292쪽.

_____,「서유럽에서 노예제사회로부터 농노제로의 이행요인—생산력발전 및 계급투쟁에
대한 검토—」,『서양사론』, 98(2008. 9), 5~53쪽.

_____,「서유럽의 봉건적 주종관계 형성(1)—고대의 주종관계와 메로빙시대의 주종관계
발전양상—」,『서양중세사연구』, 26(2010. 9), 215~259쪽.

_____,「서유럽의 봉건적 주종관계 형성(2)—카롤링왕조와 봉건적 주종관계의 제도적
성립—」,『역사교육』, 116(2010. 12), 273~314쪽.

_____,「서유럽의 봉건적 주종관계 형성(3)—카롤링시대의 봉건적 주종관계 확산—」,
『서양중세사연구』, 27(2011. 3), 21~67쪽.

_____,「서유럽의 고전적 봉건제 발달지역에서 영주적 대토지소유제는 어떻게
형성되었는가?」,『역사교육』, 79(2001. 9), 101~130쪽.

_____,「영주권과 농민—영주권의 구성과 성격을 중심으로—」,『역사학보』, 151(1996. 9),
277~334쪽.

_____,「영주권의 형성」,『프랑스사 연구』, 26(2012. 2), 5~38쪽.

_____,「초기 프랑크사회에서의 로마인의 지위」,『서양사연구』, 4(1982. 6), 115~152쪽.

_____,「카롤링조 왕령지의 경영조직」,『이원순교수 화갑기념 사학논총』(삼영사, 1986),
533~556쪽.

_____,「토지소유 형태로서의 고전장원제의 역사적 위상—러시아를 중심으로—」,
『서양중세사 연구』, 34(2014. 9), 217~264쪽.

차영길,「로마 노예의 특유재산(peculium)에 관한 연구—공화정 말~제정 초의 노예제에
미친 영향을 중심으로—」,『사총』, 28(1984), pp. 99~130.

_____,「Peculium과 노예노동의 조직화: 비문사료(碑文史料)를 중심으로」,
『서양고대사연구』, 1(1993. 9), 147~167쪽.

차전환,「노예제에서 소작제로의 이행」, 허승일 외,『로마 제정사 연구』, 175~206쪽.

_____,「로마 공화정 말 제정 초기의 colonus와 소작제의 기원」,『역사교육』, 63(1997),
125~170쪽.

아노스트 클리마(Arnošt Klima),「전산업시대 보헤미아에서의 농업계급구조와 경제발전」,
R. 브레너 외, 이연규 역,『농업계급구조와 경제발전—브레너 논쟁—』(집문당, 1991),
269~294쪽.

찾아보기